원문에서 들려오는
  천상의 음성

모든 인간은 하나님의 형상을 닮은 존엄한 존재입니다. 전 세계의 모든 사람들은 인종, 민족, 피부색, 문화, 언어에 관계없이 존귀합니다. 예영커뮤니케이션은 이러한 정신에 근거해 모든 인간이 존귀한 삶을 사는 데 필요한 지식과 문화를 예수 그리스도의 사랑으로 보급함으로써 우리가 속한 사회에 기여하고자 합니다.

원문에서 들려오는 천상의 음성

펴낸 날 · 2011년 7월 10일 | 초판 2쇄 · 2011년 9월 5일
지은이 · 오세선 | 펴낸이 · 김승태
등록번호 · 제2-1349호(1992. 3. 31.) | 펴낸 곳 · 예영커뮤니케이션
주소 · (136-825) 서울 성북구 성북1동 179-56 | 홈페이지 www.jeyoung.com
출판사업부 · T. (02)766-8931 F. (02)766-8934 e-mail: edit1@jeyoung.com
출판유통사업부 · T. (02)766-7912 F. (02)766-8934 e-mail: sales@jeyoung.com

copyright©2011, 오세선

ISBN 978-89-8350-762-4 (03230)

값 14,000원

■ 잘못 만들어진 책은 교환해 드립니다.

■ 본 저작물은 저작권법에 의하여 한국 내에서 보호를 받는 저작물이므로 무단 전제와 무단 복제를 금합니다.

원문에서 들려오는
천상의 음성

오세선 지음

예영커뮤니케이션

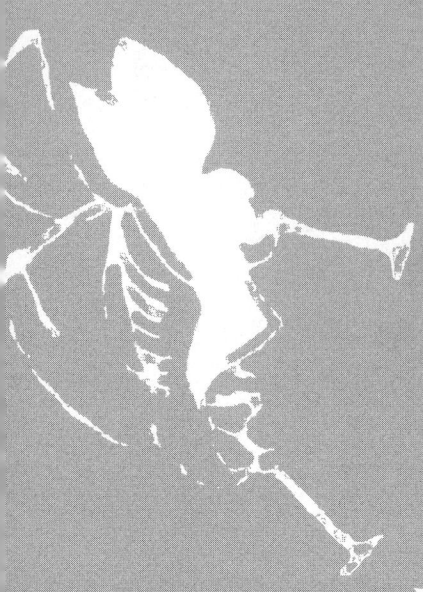

원문에서 들려오는 천상의 음성

들어가는 말

　수십 년을 목회하던 한 목사가 이런 말을 내뱉었다. "설교는 하면 할수록 어려워." 왜 그럴까? 혹시 설교를 너무 잘하려고 하기 때문이 아닐까? 말씀을 증거하는 목회자는 설교를 잘하려는 스트레스에서 벗어나 바르게 하는 것을 더 고민해야 한다.

　신학대학원을 다니면서 "목회자는 죽을 때까지 목회자이면서 동시에 신학자가 되어야 한다"라는 말을 들었다. 그렇다. 목회자는 양을 돌봄과 동시에 말씀의 해석자요, 또한 증거자의 사명을 감당해야만 한다. 그런데 말씀을 바르게 해석하는 일이 그리 쉬운 일인가?

　방송에서 유명한 한 목사의 설교를 들은 적이 있다. 설교 중에 이 목사는 성경 해석에 대한 자신의 실수를 언급하면서 성도들에게 양해를 구했다. 이 목사는 과거에 자신이 출애굽기 25장(언약궤는 조각목으로 만들어야 한다는 내용)에 관해 설교하면서 조각목이라는 단어를 자세히 살피지 않은 채 조각목에 대해 아주 은혜롭게 설교를 했다고 말했다. 그는 '언약궤를 조각목으로 만들라고 한 것은 한 사람 한 사람의 정성을 모으듯이 조각들을 모아 언약궤를 만들어야 한다는 것을 의미하는 것'이라고 설교했다는 것이다. 그러나 이 목사는 설교가 끝난 후 자신이 설교한 내용이 미심쩍어 집에 와서 조각목에 대한 단어를 찾아 보니 그 단어는 나무 조각들이 아니라 아카시아 나무(acasia wood)를 의미하는 것이었다고 했다. 이런 해석은 은혜로울지는 모르지만 바른 해석은 아닌 것이다.

목회자는 말씀의 선포자이면서 또한 말씀의 주석자요, 해석자이다. 말씀을 선포하는 자라면 어떤 목회자도 이 사명에서 벗어날 수 없다. 주석학자들은 "성경을 주석하는 자들은 두 가지 주석의 범주에서 벗어날 수 없다"고 말한다.

첫째 주석(exegesis)이란 말은 "설명", 혹은 "해석"을 의미한다. 주석(exegesis)이란 헬라어 "엑세게오마이"(ἐξηγέομαι)에서 유래했다. 이 "엑세게오마이"(ἐξηγέομαι)는 "밖으로"(ἐκ)라는 말과 "설명하다", "인도하다"(ἡγέομαι)라는 말의 합성어(ἐξηγέομαι)이다. 직역하면 "…로부터 이끌어 내다"라는 의미이다. 그러므로 주석(exegesis)이란 말하고자 하는 본래 의미를 본문으로부터 이끌어 내는 것을 말한다. 그런데 그것이 그렇게 쉬운 일은 아니다. 왜냐하면 바른 주석을 위해서는 원문과 문법, 문맥, 배경 등의 지식을 갖추어야 성경이 본문으로부터 표출하는 소리를 바로 들을 수 있기 때문이다.

둘째로 본문으로부터 표출되는 소리를 듣는 것이 아니라 자기 생각을 본문에 덮어씌우는 해석 방법이 있다. 학자들은 이것을 일명, "자기해석"(eisegesis)이라고 말한다. 이 "자기해석"(eisegesis)이란 쉽게 말하면 '해석자의 생각'을 말하는 것이다. 성경 본문이 밖으로 표출하는 음성을 듣는 것이 아니라 본문에 자기 생각을 덮어씌우는 것이다. 앞에서 언급한 대로 조각목이 본문에서는 "아카시아 나무"(acasia wood)로 되어 있는데 하나하나의 조각들이 조각목이라고 하는 것과 같은 이치이다. 즉, 한마디로 "자기해석"

(eisegesis)인 셈이다.

설교를 듣다 보면 참으로 은혜롭지만 진리가 아닌 경우가 종종 있다. 본문과 상관없이 그저 은혜롭게만 설교할 위험성이 있는 것이다. 그것이 문제다. 필자는 원문을 가까이 하고 힘들게 연구하게 된 계기가 있었다.

신학대학원 전도사 시절의 일이다. 그때 청년부를 지도하게 되었다. 열심히 정성을 다해 나름대로 감동적으로 설교를 했다고 생각했다. 설교를 끝내고 기숙사로 돌아와 설교한 그 본문을 원문으로 더듬거리며 다시 보았다. 그런데 본문에 '덮어씌우기'를 한 것이었다. 본문을 잘못 전한 것이다. 내 생각을 본문에 투사한 것이다. 청년들은 하나님의 음성을 들은 것이 아니었다. 내 왜곡된 생각을 들은 것이다. 충격을 받았다. 그리고 결심했다. '은혜는 못 끼쳐도 말씀은 바로 증거하자.' 잘못하면 성도들이 하나님의 음성보다는 사람의 소리를 들을 수 있는 위험성이 있다는 것을 자각했다. 그때부터 원문을 가까이 하게 되었다. 원문에 대해 열심히 공부하는 나를 보고 신학대학원에서 함께 공부했던 전도사가 "그렇게 하면 교회가 부흥 되냐"라고 놀리기도 했다.

'왜 원문을 가까이 해야 하는가?'에 대해 생각하게 만든 방송의 한 프로그램을 본 적이 있다. 한국에 유학을 온 외국 학생들에게 한 교수가 과제를 냈다. 그것은 속담과 격언에 관한 것들이었다. "그 사람 발이 넓다"의 의미가 무엇인지 알아 오라는 것이었다. 외국 학생들이 한국어를 배워 이 문장을 읽을 수 있었다. 문자적으로는 이해할 수도 있었다. 그러나 뜻을 몰랐다. "그 사람 발이 넓다"는 말이 발의 치수가 크다는 말은 아니지 않은가?

또 이런 과제도 있었다. "귀에 못이 박히도록 들었다", "발 없는 말이 천리 간다", "빈 수레가 더 요란하다." 무슨 뜻인가? 한국 사람들은 다 알지 않는가? 그러나 외국 유학생들에게는 해석이 필요하다. 글도 알고 단어도 안다.

그러나 그 의미까지 아는 것은 아니다.

성경의 해석도 그러하다는 것을 다시 한 번 생각하게 했다. 원문의 단어를 아는 것이 참으로 유익하다. 그러나 때로는 다른 접근도 필요하다. 원문의 단어만 집착할 것이 아니라 전체 문맥에서 그 의미를 고려할 필요가 있다. 예를 들어보자. 히브리어에 "알다"를 의미하는 동사 "야다"(יָדַע)가 있다. 관심이 있는 사람이라면 이 "야다"(יָדַע)라는 동사가 "체험이나 경험을 통해서 안다"라는 뜻을 가지고 있음을 잘 알고 있을 것이다. 그런데 아모스 3장 2절을 보자. "내가 땅의 모든 족속 가운데 너희만을 알았나니…"라는 말씀이 있다. 여기서 "안다"는 말을 문자적인 의미에 매여 "체험이나 경험을 통해서 안다"는 의미로 해석하면 어째 이상해 보이지 않는가? 정황을 보면 여기서 "너만 알았나니"(יָדַע)라는 말은 너밖에 아는 자가 없다는 뜻이 아니라 오직 너만 생각하고 너만을 사랑했다는 의미인 것이다.

원문을 가까이 하든 그렇지 않든 간에 중요한 것이 있다. 바른 말씀 선포를 위해 문자적 의미와 문법과 배경을 알든 모르든 중요한 것이 있다. 그것은 본문에서 말씀하시는 하나님의 음성을 바로 듣는 것이다. 본문에서 오늘 우리를 향한 하나님의 음성을 듣지 못하고 지나친 학문적인 접근에만 그친다면 무슨 의미가 있겠는가? 또한 원문을 무시한 채 자기 생각을 덮어씌움으로 본문이 말하고자 하는 의미를 놓쳐 버린다면 이것 또한 위험하지 않겠는가? 본문에서 하나님의 마음을 읽는 데 실패하면 문제가 있다는 것이다. 필자는 덮어씌우기 식의 해석의 위험성을 경계하면서 원문을 가까이 하다 보니 본문에서 말하는 바른 의미를 조금씩 알아가기 시작했다.

그런데 주변의 목회자들이 그동안 미흡하게나마 연구되었던 말씀들을 함께 나누자는 요청이 있었다. 그래서 본의 아니게 생각지도 못한 설교를 돕는 원문강해 연구원인 "비블로스 아카데미아"(BIBLOS ACADEMIA)를 세우게 되었다. 그리고 여기에서 강의했던 자료들을 모아서 졸저 『원문에서 들려오는 천상의 음성』이라는 책을 출간하게 되었다.

 이 책은 신학적인 전문서적도, 깊이 있는 연구서적도 아니다. 다만 본문의 해석에 있어서 주관적이고 임의적인 자기 해석의 위험성을 지양하고, 가능하면 원문을 통하여 하나님께서 말씀하시고자 하는 그 음성을 바르게 들으려고 했던 것을 나누고자 하는 마음에서 출발했던 것뿐이다. 이 책의 내용들이 여러 면에서 많이 미흡하기에 더 잘 연구된 여러분들의 말씀들로 지도편달을 받았으면 한다. 아무쪼록 하나님 말씀을 사모하고 말씀의 바른 뜻을 이해하려고 갈망하는 모든 사람들에게 이 책이 작은 도움이라도 되었으면 한다.

 부끄럽지만 하나님의 말씀을 바르게 증거하려고 애를 썼던 것들을 도움이 필요한 사람들과 함께 나눌 수 있도록 인도하신 하나님께 깊은 감사를 드린다. 또한 부족한 이 책이 말씀을 사모하고 증거하는 자들에게 말씀을 사랑하고 연구하고 바르게 증거하고자 하는 거룩한 열망을 심어 주기를 기대해 본다. 이 책이 나오기까지 기도와 격려로 애쓴 아내 이미애 사모를 비롯하여 비블로스 아카데미아 목회자 여러 회원들에게도 지면을 대신하여 심심한 감사를 전한다.

2011년 5월
강원도 홍천 한적한 산골에서
오세선

목차

들어가는 말

1. 가인의 제사, 아벨의 제사_무엇이 문제인가? (창 4:1–7)_ 13

2. 복 있는 사람과 그가 누리는 행복 (시 1:1–6)_ 24

3. 인간의 안식을 위해 쉬지 않으시는 하나님 (요 5:5–18)_ 37

4. 재물이냐, 하나님이냐? (마 6:24–33)_ 51

5. 솔로몬이 얻은 지혜란 무엇인가? (왕상 3:3–14)_ 66

6. 사탄 앞에서 욥에 대한 하나님의 자랑 (욥 1:1–8)_ 82

7. 인생의 무거운 짐에서 쉼을 얻는 길 (마 11:25–30)_ 97

8. 광야 훈련에서 얻은 은총들 (신 8:10–20)_ 114

9. 예수님은 수로보니게 여인을 모욕했는가? (마 15:21–28)_ 129

10. 시한부 인생의 지혜는 무엇인가? (시 90:1–17)_ 142

11. 풍부와 가난의 일체의 비결을 배움 (빌 4:10-13)_ 160

12. 욥의 고난에 왜 하나님은 침묵하셨는가? (욥 23:1-12)_ 175

13. 약함이 강함이 되는 역설적인 은총 (고후 12:1-10)_ 192

14. 예수님의 시험의 진의는 무엇인가? (마 4:1-17)_ 209

15. 주기도문에 나타난 4가지 중요한 간구들(1) (마 6:9-10)_ 230

16. 주기도문에 나타난 4가지 중요한 간구들(2) (마 6:11-13)_ 247

17. 요셉의 형통과 하나님의 섭리 (창 39:1-10)_ 265

18. 고넬료 신앙에서 결정적으로 부족한 것 (행 10:1-8)_ 284

19. 영의 눈이 열려 새로운 세계를 보는 자 (민 24:1-9)_ 298

20. 하나님께서 기뻐하시는 예배란? (미 6:1-8)_ 315

21. 땅의 것을 잃고 하늘의 것을 얻은 사람 (눅 16:19-31)_ 332

1. 가인의 제사, 아벨의 제사 _무엇이 문제인가? (창 4:1-7)

{ 생각해 볼 점들 }

　가인과 아벨의 제사는 교회에서 수없이 듣는 말씀이다. 필자도 수없이 들었다. 가인은 농사짓는 자였다. 그래서 가인은 땅의 소산으로 제사를 드렸다. 그런데 하나님께서 가인의 제사를 받지 않으셨다. 그 이유가 무엇인가? 혹자는 이렇게 말한다. 가인의 제사는 피의 제사가 아니라는 것이다. 그래서 하나님께서 받지 않으셨다는 것이다. 또 혹자는 이렇게 말한다. 가인의 제사에는 정성이 부족했다는 것이다. 그래서 하나님께서 받지 않으셨다는 것이다. 그렇게 해석하고 설명하는 근거는 무엇인가? 과연 원문에는 어떻게 되어 있는가?

　아벨은 양을 치는 자였다. 그래서 아벨은 양의 첫 새끼와 기름을 하나님께 드렸다. 하나님께서는 아벨의 제사를 열납하셨다. 그 이유가 무엇인가? 혹자는 아벨은 피의 제사를 드려서 하나님께서 열납하셨다고 말한다. 그렇다면 하나님께서는 곡물의 제사는 받지 않으시는 것인가? 궁금하다. 필자는 섬에서 자랐다. 그렇다면 필자는 하나님께 드릴 예물이 없다. 레위기를 보면 하나님께서 친히 곡물의 제사인 소제에 대해서도 말씀하고 계신다. 아벨의 제사가 피의 제사였기 때문에 하나님께 열납되었다고 설명하는 근거는 무엇인가? 또 혹자는 말한다. 가인은 그의 많은 소산 중의 하나를 정성 없이 아무렇게나 드렸고, 아벨은 그 첫 새끼를 드린 차이 때문이라는 것이다. 그런데 원문에는 가인이 그 소산 중의 하나를 드림과 같이 아벨도 그 첫 새끼들(복수)을 취하여 드린 것으로 되어 있다.

하나님께서 받으시는 제사와 받지 않으시는 것이 예물에 있는 것인가, 아니면 거룩한 삶에 있는가? 과연 원문에는 어떻게 되어 있는가? 이 본문을 통해 하나님께서 말씀하시는바가 무엇인지가 궁금하다. 원문에서 하나님의 음성을 들어보자.

{ 원문에서 듣는 하나님의 음성 }

1. 하나님께서 아벨의 제사는 왜 받으셨는가?

"아벨은 자기도 양의 첫 새끼와 그 기름으로 드렸더니"(창 4:4 上).

하나님께서 아벨의 제사는 왜 받으셨는가? 먼저 4절을 보자. 4절에는 하나님께서 열납하신 아벨의 제사가 기록되어 있다. 하나님께서 왜 아벨의 제사를 받으셨는지 원문으로 들어가 보자.

구약성경은 대체적으로 동사 문장이 많다. 동사 문장이란 주어보다 동사가 먼저 나온 문장을 말한다. 창세기 1장 3절을 보자. 원문대로 번역하면 이렇다. "말씀하셨다. 하나님께서. 있으라. 빛이…." 그리고 사람을 창조한 창세기 1장 27절도 직역하면 이렇다. "창조하셨다. 하나님께서 사람을…." 주어보다 동사가 문장의 서두에 나온 것을 볼 수 있다.

그런데 창세기 4장 4절의 경우는 다르다. 주어인 아벨이 문장의 맨 앞에 나온다. 일반적으로 명사 문장은 명사를 강조할 때 주어 앞에 둔다. 주어인 아벨을 강조하기 위해 맨 앞에 둔 것이다. 그리고 제사자인 아벨을 또 강조한 것을 또 볼 수 있다. 그것은 "드렸다"(הֵבִיא)라는 동사 때문이다. 이 동사에서 주어가 아벨(그가)임이 드러난다. 그런데도 아벨을 강조하기 위한 독립대명사인 "그이"(הוּא He)란 단어가 또 나타나 있다. 뿐만 아니라 "또한", "게다가"(גַם)란 단어가 아벨과 연결되어 있다.

그러니까 4절을 자세히 살펴보면 예물을 드린 아벨을 강조하고 있음을 알 수 있다. 문자적으로 번역하면 이렇다. "그리고 아벨, 바로 그, 그가 또한 양의 첫 새끼들로부터 그리고 그 양들의 그 기름으로 드렸더니." 즉, 이 말씀은 마음과 뜻과 정성을 다해 제사드리는 아벨을 강조하고 있음을 알 수 있다.

그리고 "첫 새끼"(בְּכֹרוֹת)라는 말도 한번 살펴보자. 이 말은 처음 난 것 외에도 "가장 뛰어난 것" 혹은 "우두머리"를 의미하기도 한다. 이 부분에서도 하나님을 경외하고 사랑하는 아벨의 정성을 볼 수 있지 않은가? 본 절에서 양의 첫 새끼들이 복수(מִבְּכֹרוֹת)인 것을 보면 아벨은 첫 새끼 여러 마리를 바친 것을 알 수 있다.

"여호와께서 아벨과 그의 제물은 받으셨으나"(창 4:4下).

"여호와께서 아벨과 그의 제물은 받으셨으나." 이 구절을 짧게 나누어 보면 하나님께서는 제물보다 사람을 먼저 받으신 것을 알 수 있다. 즉, 하나님께서는 제물보다 그 사람의 인격과 믿음을 더 중하게 여기고 계심을 알 수 있다. 4절 하반절을 단문으로 직역하면 이렇다. "받으셨다. 여호와께서 아벨을. 그리고 그 예물을." 하나님께서 예배자인 아벨을 먼저 받으셨다. 사람을 먼저 받으신 것이다. 그리고 나서 하나님께서는 그가 드린 예물을 받으셨다.

여기에서 "여호와께서 받으셨다"라는 말을 살펴보자. 하나님께서 "아벨을 받으셨다"라는 말이 무슨 뜻인가? "받으셨다"(שָׁעָה)라는 말은 "응시하다", "생각하다", "자세히 보다"라는 말이다. 여호와께서는 예배자인 아벨을 보신 것이다. 하나님께서는 아벨의 무엇을 보신 것인가?

이해를 돕기 위해 사무엘상 16장 7절을 보자. "여호와께서 사무엘에게 이르시되 그의 용모와 키를 보지 말라 내가 이미 그를 버렸노라 내가 보는 것은 사람과 같지 아니하니 사람은 외모를 보거니와 나 여호와는 중심을 보느니라 하시더라." 이 구절을 보면 하나님께서 무엇을 소중히 여기시는가를 알 수 있다

그렇다면 '하나님께서 아벨을 보셨다' 는 것이 무엇을 의미하는지 알 수 있지 않은가? 하나님께서는 예물을 드리는 아벨의 중심을 보시고 계셨던 것이다. 예물보다 예배자의 중심을 먼저 보신 것이다. 사람은 사람을 속일 수 있다. 하지만 하나님을 속일 수는 없다. 앞에서 보았듯이 아벨의 제사를 여호와께서 받으심은 아벨의 속마음을 보고 받으신 것을 알 수 있다.

뿐만 아니다. 하나님께서 보신 것은 아벨의 믿음의 삶인 것이다. 아벨의 믿음의 삶과 관련하여 더 깊은 이해를 위해 다른 성경말씀을 볼 필요가 있다. 신약성경 히브리서 11장 4절을 보자. "믿음으로 아벨은 가인보다 더 나은 제사를 하나님께 드림으로 의로운 자라 하시는 증거를 얻었으니 하나님이 그 예물에 대하여 증언하심이라 그가 죽었으나 그 믿음으로써 지금도 말하

느니라."

히브리서 기자는 믿음으로 아벨이 가인보다 더 나은 제사를 하나님께 드렸다고 말한다. 아벨이 무엇 때문에 하나님께 의로운 자라는 인정을 받았는가? 여기에서는 믿음으로 드렸기 때문이라고 말한다.

히브리서 11장 6절에서는 "믿음이 없이는 하나님을 기쁘시게 하지 못하나니"라고 말한다. 그렇다면 믿음으로 드렸다는 것은 무슨 뜻인가? 믿음으로 드렸다는 것은 하나님을 경외하는 믿음의 삶 속에서 드린 것을 알 수 있다. 아벨은 하나님의 말씀대로 살아가는 믿음의 사람이었음을 엿볼 수 있다.

또한 아벨과 가인의 제사 열납에 대한 그 차이를 제물이라는 단어에서 한번 살펴보자. 아벨의 제사가 열납됨이 피의 제사 때문이 아님을 제물이라는 단어에서 볼 수 있다.

혹자는 열납의 기준을 피의 제사와 곡물의 제사로 보기도 한다. 하지만 원문으로 보면 열납의 기준이 제물인지 아닌지는 밝히 드러난다. 아벨이 드린 "제물"이라는 단어가 히브리어로 "민하"(מִנְחָה)이다. 이 "민하"(מִנְחָה)는 레위기 5대 제사 중 소제와 같은 단어이다. 만약에 아벨의 제사가 양으로 드린 번제였다면 히브리어로 번제를 지칭하는 "올라"(עֹלָה)였을 것이다. 가인이 드린 제물도, 아벨이 드린 제물도 모두 "제물", "공물"을 의미하는 "민하"(מִנְחָה)이다. 그러므로 가인과 아벨의 제사의 열납됨의 기준이 제물에 있다고 말하는 것은 설득력이 없어 보인다.

이사야 1장 11-15절을 보자. 이 구절에서 하나님께서는 이스라엘 백성의 제사에 대해 책망하신 것을 볼 수 있다. 이스라엘 백성은 수많은 짐승의 제사를 드렸다. 그런데도 하나님께서는 수송아지나 어린 양이나 숫염소의 피를 기뻐하지 않는다고 말씀하신다. 하나님의 전의 마당만 밟은 것뿐이라고 책망하신다.

왜 하나님께서 피의 제사를 거부하셨는가? 이유는 명확하다. 손에 피가 가득하다는 것이다. 악을 행하면서 드리는 그 제물은 받지 않으시겠다는 말씀이 아니겠는가? 제사에 있어서 제물보다 하나님께서 더 중히 보시는 것이 예배자의 믿음의 삶이요, 인격임을 알 수 있다. 예배자는 이 대목을 놓쳐서는 안 될 것이다.

2. 가인의 제사, 무엇이 문제였는가?

"가인과 그의 제물은 받지 아니하신지라"(창 4:5 上).

그렇다면 하나님께서 왜 가인의 제사를 받지 않으셨는가? 원문으로 들어가 보자. 문자적으로 번역하면 이렇다. "하나님께서 가인을 받지 않으셨다. 그리고 그 예물을 받지 않으셨다." 역시 사람이 먼저임을 알 수 있다. 제물보다는 사람이 먼저 나온다. 가인을 받지 않으신 하나님께서는 당연히 그 제물도 받지 않으시지 않겠는가? 여기에서도 "받으셨다"(שָׁעָה)라는 말을 살펴볼 필요가 있다. 이 "받으셨다"라는 말은 "응시하다", "생각하다", "자세히 보다"라는 말이다.

그렇다면 "받지 아니하신지라"는 말은 무슨 뜻이겠는가? 그것은 하나님께서 가인을 쳐다보지 않으셨다는 것이다. 기뻐하지 않으셨다는 것이다. 가인을 쳐다보지도 않으신 하나님께서 그가 가져온 제물에 관심을 보이시며 기뻐하시겠는가?

잠언 21장 27절에서 악인의 제물과 제사에 관한 이런 말씀을 볼 수 있다. "악인의 제물은 본래 가증하거든 하물며 악한 뜻으로 드리는 것이랴." 악인의 제물은 본래 가증하다는 것이다. 무슨 말인가? 물론 가증한 제물도 있겠지만 악인이 드리는 제물이 어찌 열납되겠느냐는 말씀이다.

"네가 선을 행하면 어찌 낯을 들지 못하겠느냐"(창 4:7上).

그러면 가인과 그리고 그 제물을 하나님께서 쳐다보지 않으신 이유는 무엇인가? 7절에서 그 이유를 더 자세히 볼 수 있다. 하나님께서 가인을 향한 책망 속에 제물을 쳐다보지 않으신 이유가 숨겨져 있음을 알 수 있다. 본문에서 "선을 행하다"(בטיה)라는 말은 "옳다", "좋다", "훌륭하다"라는 말이다. 그런데 이 단어는 문법을 생각할 필요가 있다. 이 단어는 미완료 사역형이다. 미완료는 행동이 계속됨을 의미하고, 사역형은 시키는 것을 말한다.

그렇다면 어떤 말씀인가? 뜻을 살려서 번역하면 이런 말이다. "네가 자신을 쳐서 복종시키고 믿음의 바른 삶을 계속 살아왔다면 어찌 낯을 들지 못하겠느냐"라는 말씀이다. 즉, 가인이 자신을 쳐서 말씀에 복종하고 하나님과의 바른 관계의 삶을 살아왔다면 어찌하여 하나님 앞에서 낯을 들 수 없었겠느냐는 말씀인 것이다. 하나님께서 가인의 제물을 받지 않으시고 책망하시는 말씀 속에 왜 가인의 제사가 열납되지 않았는가를 가늠할 수 있지 않은가?

그리고 "낯을 들지 못하다"라는 말씀이 아주 중요하다. 원어로 살펴볼 필요가 있다. 문자적으로 보면 "낯을 들지 못하다"라는 말은 얼굴을 들 수 없다는 말은 아니다. "낯을 들지 못하다"에서 "들다"(תאש)라는 말은 "들어올리다", "인정되다", "받아들이다"라는 단어인 "나사"(אשנ)란 말에서 나왔다. 이 단어는 "높음", "위엄", "탁월"이란 의미이다. 그러므로 "낯을 들지 못하다"라는 말은 "인정되지 않다", "받아들여지지 않다"라는 뜻임을 알 수 있다.

그러면 "네가 선을 행하면 어찌 낯을 들지 못하겠느냐"라는 말을 원문으로 쉽게 풀어 보면 이런 의미다. "네가 믿음의 바른 삶을 계속 살아왔다면 어찌 너와 네 제물이 받아들여지지 않았겠느냐." 가인의 제사가 하나님께 왜 열납되지 않았는가를 더욱 확실하게 알 수 있는 대목이다. 그래서 영어성경인 KJV나 NIV에서는 7절을 "네가 만약 바르게 행했다면 네가 받아들여지지 않았겠느냐?"(If you do what is right, will you not be accepted?)로 번역하고 있다. 하지만 개역성경에서는 "네가 선을 행하면 어찌 낯을 들지 못하겠느냐"라고 의역되어 있다. 아마도 이것은 하나님께 받아들여짐이 곧 당당하게 얼굴을 드는 것으로 보고 있기 때문으로 생각된다.

가인과 아벨의 제사에서 하나님의 관심은 어떤 것이었는가? 제물보다는 예배자의 믿음의 삶에 있었던 것이다. 가인에 대한 하나님의 책망이 예배자의 태도, 곧 삶에 대한 것임을 알 수 있지 않은가? "네가 믿음의 바른 삶을 계속 살아왔다면 어찌 너와 네 제물이 받아들여지지 않았겠느냐"라고 말이다.

이 하나님의 말씀에서 가인의 신앙생활의 면면을 생생하게 엿볼 수 있다. 가인의 일상의 삶이 어떠했는가를 말이다. 그의 일상의 삶은 경건하지 못했다는 것을 알 수 있다. 가인에 대한 평가는 요한일서 3장 12절에서도 볼 수 있다. "가인의 행위는 악하고"($τὰ\ ἔργα\ αὐτοῦ\ πονηρὰ\ ἦν$). 악하다는 상태를 보여 주는 영어의 be 동사가 "엔"($ἦν$)으로 표기되어 있다. 이는 "–이다"를 의미하는 "에이미"($εἰμί$)의 미완료형이다. 이것을 보면 가인의 악한 상태가 계속되었음을 알 수 있다.

창세기 4장이나 요한일서 3장 모두, 가인의 삶은 일순간이 아니라 늘 하나님을 경외하는 믿음의 삶에서 떠나 있었던 것을 알 수 있다. 특별히 가인이 불신앙과 죄에 붙들린 삶을 살아왔던 것이 창세기 4장 7절 하반절에 나타난 하나님의 경고에서도 확실하게 드러난다. "선을 행하지 아니하면 죄가 문에 엎드려 있느니라 죄가 너를 원하나 너는 죄를 다스릴지니라."

에덴동산의 아담과 같이 가인도 그의 삶을 선택해야 했다. '여전히 죄의 길로 갈 것인가', 아니면 '선을 행할 것인가' 말이다. 하나님께서 가인에게 선을 행하지 아니하면 죄가 문에 엎드려 있다고 경고하셨다.

여기서 "죄가 엎드리다"라는 말이 무슨 의미인가? "엎드리다"(רבץ)라는 말은 "쭈그리다", "잠복하다"라는 말이다. 이 말은 먹이를 낚아채기 위하여 맹수가 자세를 낮추고 웅크리는 모습이다. 이 같이 죄가 인간을 다스리기 위해 끊임없이 기회를 엿보고 있음을 알 수 있다. 왜냐하면 "엎드리다"라는 말이 분사형이기 때문이다(רבץ). 그러므로 "죄가 너를 원하나 너는 죄를 다스릴지니라"고 하나님께서는 가인에게 경고하신 것이다. 직역하면 이렇다. "죄의 소원은 네게 있다. 너는 죄를 다스릴지니라." 죄의 소원이 가인에게 있다는 말이 무슨 뜻인가? "소원"(תשוקה)이란 "욕망", "갈망", "소망"을 말한다. 죄의 욕망이 가인을 둘러싸고 붙잡으려는 것을 알 수 있다. 이것은 아담으로부터 들어 온 죄 때문에 모든 사람이 죄의 권세 아래 놓여 있음을 알 수 있는 대목이다. 죄가 계속하여 가인을 다스리려는 영적 전투 상태임을 알 수 있다.

하나님께서는 이와 같은 죄와의 영적 전투의 현실을 인식하고 죄를 다스리라고 말씀하신다. 본문의 "다스리라"(משל)는 말은 "통치하다", "지배권을 행사하다"라는 말이다. 죄에 대해 끊임없이 다스려야 한다고 말씀하신 것이다. 왜냐하면 "다스리다"는 말이 미완료형이기 때문이다(תמשל). 그렇다. 죄가 아담을 통해 들어온 이후 모든 인간에게는 죄의 욕망이 있다. 아니 이 죄의 욕망에 붙들려 있다. 이 죄의 욕망을 다스리라는 말씀이다.

{ 우리가 들어야 할 하나님의 음성은 무엇인가? }

　본문에서 들어야 할 하나님의 음성은 무엇인가? 하나님께서 받으시는 제사는 어떤 제사인가? 하나님께서 받으시는 제사는 제물이 아니라 드리는 사람의 믿음과 삶에 달려 있다. 하나님께서는 예배자의 중심과 예배자의 삶을 보고 계신다. 또한 열납되는 제사든 아니면 열납되지 않는 제사든 모든 제사는 제물이 드려지는 성전에서 결정되는 것이 아니라 일상의 삶에 의해 결정된다는 사실이다.

　일상의 삶에서, 산제사의 삶에서 실패하면 성전의 제사도 열납될 수 없음을 알 수 있다. 가인의 제사를 받지 않으신 하나님의 말씀에서 그 이유를 볼 수 있지 않은가? "네가 믿음의 바른 삶을 계속 살아왔다면 어찌 너와 네 제물이 받아들여지지 않았겠느냐." 일상의 삶에서 하나님을 경외하는 믿음의 삶을 살아왔다면 그 제사는 열납되었을 것이라는 말씀이다.

　예수님께서도 하나님께서 받으실 만한 예배가 어떤 것인가를 마태복음 5장 23-24절에서 말씀하셨다. "그러므로 예물을 제단에 드리려다가 거기서 네 형제에게 원망들을 만한 일이 있는 것이 생각나거든 예물을 제단 앞에 두고 먼저 가서 형제와 화목하고 그 후에 와서 예물을 드리라."

　하나님께서 받으실 만한 예배는 앞서 설명한 대로 이사야 1장의 말씀과 같다. 하나님께서는 수송아지나 어린 양이나 숫염소의 피를 기뻐하지 않는다고 말씀하신다. 하나님의 전의 마당만 밟은 것뿐이라고 책망하신다. 왜 하나님께서 이스라엘의 제사를 거부하셨는가? 이유는 명확하다. 악을 행하면서 드리는 그 제물은 받지 않으시겠다는 말씀이다.

　그러므로 하나님께서 기뻐받으시는 예배는 예배자의 일상의 삶과 떼려야 뗄 수 없는 관계임을 알 수 있다. 예배당에 앉아 예식을 따라 드리는 예배는 그리 어려운 일이 아닐 것이다. 그러나 죄악 세상 가운데서 우리 몸을 거룩한 산제사로 드리는 일은 어디 그리 쉬운 일이겠는가? 다시 한 번 되새겨 보자. '모든 제사의 열납됨이 성전에서 드려지는 제물에 의해 결정되는 것이 아니라 일상의 거룩한 삶에 의해 결정된다는 사실'을 말이다.

2. 복 있는 사람과
그가 누리는 행복 (시 1:1-6)

{ 생각해 볼 점들 }

복이란 무엇인가? 어쩌면 교회에서 가장 많이 듣는 말 중의 하나가 복일 것이다. 그런데도 갑자기 복이 무엇이냐고 물으면 어떻게 답해야 할지 어리둥절하다. 남이 묻기 전에는 알고 있었던 것 같다. 그런데 누군가가 물으면 쉽게 대답할 수 없다. 교회에서 듣는 말씀 중 헷갈리는 단어가 어찌 이뿐이겠는가?

누가 하나님의 영광이 무엇이냐고 묻지 않을 때는 그것에 대해 알고 있는 것 같다. 그래서 서로 하나님의 영광에 대해 말하고 듣는다. 소통이 된다. 그러나 정작 하나님의 영광이 무엇이냐고 물으면 헷갈린다. 왜 그럴까? 그것은 말씀을 바르게 배우지 않고 두루뭉술하게 지나쳤기 때문이다.

복이란 무엇인가? 국어사전에는 이렇게 정의되어 있다. 복이란 "삶에서 누리는 좋고 만족할 만한 행운, 또 거기서 얻는 행복"이다.

사람들마다 복, 혹은 행복에 대해 나름대로 생각을 가지고 있다. 한 중년 여인이 자신은 행복하다면서 이렇게 말했다. "나는 세상에서 가장 복 많고 행복한 사람이다. 나에게는 훌륭하고 자비로우신 내 부모님께서 아직도 건강히 살아 계신다. 지금 내가 살고 있는 집에는 나를 감동시키는 남편이 늘 나와 함께 있다. 그리고 사랑스러운 장난꾸러기 내 아들도 있다. 비록 재산도, 권력도, 명예도 없고, 사회적 지위가 높지 않아도, 나와 우리 가족 모두 건강하게 화목한 가정을 이루고 산다면 우리는 행복한 사람일 것이다."

세상의 행복은 소유의 문제요, 건강의 문제요, 화목의 문제에 있다. 그렇다면 세상 행복의 기준이 무엇인가? 세상 행복의 기준은 자기만족에 있을 뿐이다. 어떻게 살든 내가 만족하면 행복하다는 것이다. 이러한 생각들은 국어사전의 개념과 일치해 보인다. 철학자들의 행복론도 비슷하다. 건강, 명예, 재산이 있어 기쁨과 만족을 누리는 데 있다.

그렇다면 성경은 복에 대해서 어떻게 말씀하는가? 그것이 궁금하다. 교회에 가면 복에 대한 설교를 많이 듣게 된다. 하나님을 잘 섬기면 복을 받는다는 것이다. 그런데 복의 내용이 대체적으로 물질에 대한 것이요, 성공과 번영에 대한 것들이 대부분이지 않는가? 그것이 성경에서 말하는 복의 전부인가? 아니다. 성경에는 히브리어도, 헬라어도 복에 대한 몇 가지 다른 개념이 있다. 그중에 두 가지만 살펴보자.

첫째 물질, 소유, 번영에 대한 복을 지칭하는 것은 대체적으로 "베라카"(בְּרָכָה)라는 단어다. 이 단어는 창세기 1장 22, 28절에 나타난다. 이 복은 생육하고 번성하는 것임을 알 수 있다. 그리고 신명기 28장 2-3절에도 구체적으로 기록되어 있다. 이 복은 성읍과 들에서도, 몸의 소생과 토지의 소산물 그리고 우양의 새끼에도 미치는 것을 알 수 있다.

신약성경에도 복에 대한 말씀이 있다. 물질, 소유, 번영과 관련된 복인 "베라카"(בְּרָכָה)를 신약성경에서는 "율로기아"(εὐλογία)로 번역하고 있다. 히브리서

6장 7, 13절을 보면 "율로기아"($εὐλογία$)가 물질, 소유, 번영과 관련된 복임을 알 수 있다.

둘째로 복을 지칭하는 "아쉬레"(אשׁרי)라는 단어가 있다. 이 단어는 시편 1편과 32편 등에 나온다. 이 말은 "복 있는" 혹은 "행복한"의 의미다. 이 "아쉬레"(אשׁרי)라는 단어는 "정직하다", "곧다", "똑바로 가다"라는 의미의 "아솨르"(אשׁר)에서 나왔다.

그렇다면 "아쉬레"(אשׁרי)라는 복은 어떤 복인가? 이해를 돕기 위해 구약성경의 몇 군데 말씀을 찾아보자. 시편 32편 1절에서는 "허물의 사함을 받고 자신의 죄가 가려진 자는 복이 있도다"라고 말씀하고 있다. 또 시편 65편 4절에서는 "주께서 택하시고 가까이 오게 하사 주의 뜰에 살게 하신 사람은 복이 있나이다"라고 말씀한다. 그리고 "복 있는 사람은 악인들의 꾀를 따르지 아니하며 죄인들의 길에 서지 아니하며 오만한 자들의 자리에 앉지 아니하고 오직 여호와의 율법을 즐거워하여 그의 율법을 주야로 묵상하는도다"라고 시편 1편 1-2절은 말씀하고 있다.

위의 말씀들에서 "아쉬레"(אשׁרי)가 어떤 복인지 가늠할 수 있지 않은가? 허물의 사함을 받는 것을 말한다. 주님의 택하심을 받아 주님의 뜰에 거하는 자가 복이 있다고 말한다. 그리고 악인의 꾀를 따르지 않고 여호와의 말씀을 묵상하고 그 길로 행하는 자가 복이 있다고 말한다. 돈이 생기는 것이 복인가? 아니다. 성공하는 것도 번영하는 것도 아니다. 그러나 하나님께서는 이것을 복이라고 말씀하신다.

위 본문에서 말하는 복인 "아쉬레"(אשׁרי)는 그 내용이 물질, 소유, 번영과 관련된 복인 "베라카"(ברכה)와는 전혀 다르다. 이것은 성공, 재물, 번영, 소유에 관한 물질적인 복이 아님을 알 수 있다. 이 복은 단어가 의미하는 바와 같이 하나님께서 제시하신 삶의 길을 똑바로 걸어가는 것을 말한다. 일명 하나님의 사람됨의 복이요, 영적 존재의 복이지 않겠는가? 하나님의 사람됨의 복이요, 영적 존재의 복인 이 "아쉬레"(אַשְׁרֵי)를 신약성경, 특별히 마태복음 5장에 나타난 8복에서는 "마카리오스"(μακάριος)로 번역하고 있다. "심령이 가난한 자는 복이 있나니 천국이 그들의 것임이요 애통하는 자는 복이 있나니 그들이 위로를 받을 것임이요…."

우리말 성경에는 물질, 소유, 번영과 관련된 복인 "베라카"(בְּרָכָה)든, "아쉬레"(אַשְׁרֵי)든 모두 복(福)이라고 번역했다. 영어성경도 대부분 이 두 가지 복을 다 "bless"로 번역했다. 그래서 원문을 보지 않으면 이 복의 깊은 뜻을 놓칠 수가 있다. 이 본문을 통해 하나님께서 말씀하시는 복이 무엇인지가 궁금하다. 원문에서 하나님의 음성을 들어보자.

{ 원문에서 듣는 하나님의 음성 }

1. 주 안에서 사는 행복한 사람이란?

"**복 있는 사람은 악인들의 꾀를 따르지 아니하며 죄인들의 길에 서지 아니하며 오만한 자들의 자리에 앉지 아니하고 오직 여호와의 율법을 즐거워하여 그의 율법을 주야로 묵상하는도다**"(시 1:1-2).

"복 있는 사람"이란 말씀에 대한 번역이 다양하다. "복"(אַשְׁרֵי)을 감탄사로 보면 이렇다. "그 사람은 얼마나 행복하겠는가?" 그리고 "복"을 "사람"과 묶은 형태로 보면 "그 사람의 복"이라고 볼 수 있다. 영어 번역본(KJV, NASB,

NIV)에서는 "복"을 감탄사로 보고 "그 사람은 얼마나 행복하겠는가?"(How blessed is the man)로 번역했다.

참으로 행복한 사람은 누구인가? 악인의 꾀를 따르지 않는 사람이다. 꾀란 무엇을 말하는가? 여기서 "꾀"(עֵצָה)란 "충고하다", "협의하다", "조언을 받다", "권하다", "고안하다"라는 의미의 "야아쯔"(יָעַץ)에서 나온 말이다. 꾀란 "모사", "계획", "충고"라는 말이다. 악인의 꾀란 하나님을 떠난 죄인들의 달콤한 유혹을 말한다. 그 끝은 멸망이요, 파탄이다. 그러므로 악인의 꾀를 따르지 않는다는 것은 악한 자들과 어울려 그들의 생각이나 모략들이나 조언을 따라가지 않는 것을 말한다.

이 세상에는 악인의 꾀가 어디에나 넘친다. 노래방 도우미로 적지 않은 돈을 벌 수 있다는 악인의 꾀에 여고생들도, 주부들도 넘어가 타락한다. 미래가 창창한 젊은이들이 딱 한탕만 하자는 악인의 꾀에 걸려 젊은 날을 감옥에서 보내기도 한다.

주부도박단에 빠진 한 주부는 경찰조사에서 이렇게 고백했다. "식당에서 일하면 2-3만 원의 일당이 고작이지만 도박을 하면 큰돈을 벌 수 있다는 꾐에 빠져 하게 됐다." 악인의 꾀에 빠진 것이다. 악인의 소리는 복음처럼 들린다. 그러나 그 끝은 파탄이다. 이것은 사탄의 음성이다. 자신도 죽이고 가정도 파괴한다. 이렇게 멸망과 파탄으로 몰고 가는 악인의 꾀에 빠지지 않고 여호와의 율법을 주야로 묵상하는 자가 참으로 행복한 사람이라는 것이다.

참으로 행복한 사람은 누구인가? 죄인의 길에 서지 않는 사람이다. 죄인의 길이란 무엇인가? 죄인이란 "벗어나다", "빗나가다"라는 뜻의 "하타"(חָטָא)란 말에서 유래되었다. 그러므로 죄인의 길이란 하나님의 길에서, 하나님의 법에서 떠난 자들의 삶을 말한다. 복 있는 사람은 이런 악한 삶에 서지 않는다는 것이다. 여기에서 "서다"(עָמַד)라는 말은 "지속하다", "머무르다", "고수하다"라는 말이다. 그러므로 복 있는 사람은 하나님을 떠난 자들이 사는 삶의 길에 머무르지 않는다. 거기 빠져서 동화되어 살지 않는다.

참으로 행복한 사람은 누구인가? 오만한 자의 자리에 앉지 않는 자다. 여기서 "오만하다"라는 말은 "업신여기다", "입을 삐죽거리다", "거만하게 말하다"라는 뜻이다. 시편 73장 11절을 보면 오만한 자의 모습을 볼 수 있다. 오만한 자는 하나님을 이렇게 조롱한다. "말하기를 하나님이 어찌 알랴 지존자에게 지식이 있으랴 하는도다." 전능하신 하나님을 조롱한다. 무례하기 짝이 없다. 이사야 14장 14절을 보면 하늘을 찌르는 사탄의 교만을 볼 수 있다. "가장 높은 구름에 올라가 지극히 높은 이와 같아지리라 하는도다." 이렇게 주권자이신 하나님을 조롱하거나 대적하는 자리에 앉지 않는 자가 참으로 행복한 사람이라는 것이다.

시편 1편 1절에는 세 동사가 나온다. "따르지 아니하며", "서지 아니하며", "자리에 앉지 아니하고." 모두가 완료형이다. 완료형은 시작된 행동이 지금까지 계속된 것을 말한다. 무슨 뜻인가? 그렇다면 복 있는 사람은 한결같이 악인들의 꾀를 따르지 아니했다는 의미이다. 복 있는 사람은 한결같이 죄인들의 길에 서지 아니하였고 오만한 자들의 자리에 앉지 아니했다는 것이다. 참으로 경건한 삶인 것을 알 수 있지 않은가? 이 어찌 복 있는 사람이 아니겠는가?

그뿐만 아니라. 참으로 행복한 사람에 대해 2절은 이렇게 말한다. "오직 여호와의 율법을 즐거워하여 그의 율법을 주야로 묵상하는도다."

율법(תּוֹרָה)이란 무엇인가? 이 율법이란 말은 "지시", "훈계"를 의미한다. 율법이란 "화살을 쏘다", "가리키다", "교훈하다", "겨누다"라는 의미의 "야라"(יָרָה 또는 ירה 대하 26:15)에서 나왔다. 즉, 방향을 모르는 자들에게 방향을 지시해 주거나 그릇 행하는 자들에게 올바른 규범을 교훈해 주는 것을 의미한다. 그러므로 율법은 죄로 인해 방향을 잃어버린 인간들에게 하나님께 이르는 바른 방향을 제시해 준다. 그리고 하나님께서 바라시는 삶의 바른 방향을 지시하고 교훈해 주는 이정표와 같은 존재이다. 율법이란 생명에 이르는 길인 셈이다.

나침반에 대한 얽힌 일화를 읽은 적이 있다. 침몰하는 배를 버려두고 선원들은 모두 구명보트에 급히 옮겨 탔다. 그런데 한 선원의 얼굴이 보이지 않았다. 선원들 사이에서 "가자", "기다리자"하면서 옥신각신한 사이 그 선원이 황급히 침몰하는 배에서 가까스로 뛰어 나왔다. 흥분한 선원들은 그 선원이 손을 펴는 순간 조용해졌다. 무엇 때문에? 그는 이렇게 말했다. "모두들 나침반을 놓고 나왔기에…."

현대는 생각의 속도가 승패를 가른다고 한다. 하지만 방향이 없는 속도는 의미가 없다. 왜냐하면 생명에 이르는 방향도 있고 죽음에 이르는 방향도 있기 때문이다.

이런 의미에서 보면 율법이나 계명은 무거운 짐이 아니다. 율법은 하나님께 이르는 바른 방향을 가리키는 생명의 나침반과 같은 것이다. 율법은 생명에 이르는 교훈이며 복된 삶으로 나아가기 위한 방향을 지시하고 알려 준다.

이 여호와의 율법을 즐거워하는 사람이 참으로 복된 사람이다. 그렇다면 율법을 즐거워한다는 것은 무슨 뜻인가? "즐거워하다"(חפץ)라는 말은 "소원하는 것", "가치 있는 것으로 여기는 것", "마음에 두는 것", "기뻐하는 것"을 의미한다. 원문의 "즐거워하다"(חפץ)라는 말은 "소원", "기쁨"을 말한다. 그래서 "오직 여호와의 율법을 즐거워하여"를 직역하면 "오직 그의 기쁨이 여호와의 율법에 있다"라는 말이 된다. 그러므로 하나님께 이르는 바른 방향, 삶의 바른 방향을 지시하고 교훈해 주는 이 율법을 생명으로 여기고, 마음에 두며 기뻐하는 사람이 참으로 행복한 사람이라는 말씀이다. 복 있는 자는 율법을 마음에 두고 계속적으로 묵상하는 사람이다. 복 있는 사람은 악인의 꾀를 따르지 않는다. 복 있는 사람은 악인의 소리가 아니라 하나님의 음성을 듣고 사는 사람이다. 복 있는 사람은 죄인의 길에 서지 않고 오만한 자의 자리에 앉지 않는다. 오직 하나님의 말씀을 내 생명의 기쁨으로 여기고 가슴에 품고 살아간다.

1-2절의 말씀을 보면 성경에서 말하는 복, 혹은 행복이란 만족의 문제가 아니라 결국 하나님과의 관계의 문제임을 알 수 있다. 세상의 행복과는 다르지 않은가? 세상의 행복은 소유의 문제요, 건강의 문제요, 화목의 문제요, 자기만족에 있다고들 한다. 세상의 행복의 기준이 무엇인가? 세상 행복의 기준은 자기만족에 있을 뿐이다. 어떻게 살든 내가 만족하면 행복하다는 것이다.

그러나 성경에서 말하는 복은 하나님과의 관계가 기준이다. 하나님과의 관계에 그 아주 중요한 점이 있다. 그런데 하나님과 바른 관계의 시작은 죄 사함과 의로움에 있다는 사실이다. 자기만족을 행복이라는 여기는 세상은 죄 사함도 의로움도 모른다. 관심도 없다. 그러나 성경이 말하는 진정한 행복은 하나님과의 바른 관계에 있고 그 말씀을 따라가는 데 있다.

그리고 1-2절에서 놓쳐서는 안 될 중요한 진리가 있다. 복 있는 사람은 마음으로만 믿는 사람이 아니라는 점이다. 한결같이 악인의 꾀와 죄인의 길과 오만한 자의 자리에 앉지 않고 오직 하나님의 말씀을 따라가는 자들이란 사실이다. 즉, 행동하는 신앙임을 알 수 있다.

이 말씀을 보면 복된 길, 복의 선물은 하나님께서 마련하셨어도 그 복의 선물을 누리는 것은 우리의 책임이요, 우리의 결단에 달려 있다는 것을 알 수 있다. 아무것도 하지 않는 자에게 하나님께서 약속하신 행복의 선물은 절대로 오지 않는다. 복된 자리에 있는 것이 능사가 아니다. 복된 말씀을 듣는 것도 능사가 아니다. 약속하신 은총을 누리고 행동하는 신앙인이 되어야 한다는 것이다.

하나님께서는 악인의 속삭임에 넘어가지 않고 오직 여호와의 말씀을 가슴에 품고 거룩한 길로 행하는 자에게 3절에서 이렇게 은총을 약속하고 계시다.

"그는 시냇가에 심은 나무가 철을 따라 열매를 맺으며 그 잎사귀가 마르지 아니함 같으니 그가 하는 모든 일이 다 형통하리로다"(시 1:3).

듣기만 해도 은혜로운 말씀이지 않은가? 하나님의 말씀을 듣고 살면서 악한 길에 다니지 않는 자는 시냇가에 심은 나무와 같다는 것이다. "심다"라는 말은 참으로 의미가 깊다. 여기에서 "심다"(שתול)라는 말은 "심다", "옮겨 심다"라는 뜻이다. 이 말은 수동태로 "되어 있다"(שתול)라는 의미를 포함한다. 뜻을 생각해 보면 '시냇가에 옮겨 심은 나무와 같다' 는 것이다. 나무 스스로 시냇가에 옮겨 갈 수 없다. 그렇지 않은가?

그렇다면 누가 나무를 시냇가로 옮겨 심은 것인가? 하나님께서 물가로 옮겨 심은 것이다. 얼마나 놀라운 은총인가? 시냇가는 어디를 말하는가? 은총의 자리가 아니겠는가? 하나님께서 복 있는 사람을 친히 죄악의 척박한 광야 같은 삶에서 은총의 자리로 옮겨 심어 놓으신다는 말씀이다.

그렇기 때문에 시절을 따라 과실을 맺는다. 또한 시냇가에 옮겨 심겼기 때문에 그 잎사귀가 마르지 않으며 그 행사가 다 형통하다. 여기서 "형통하다"는 말이 무슨 뜻인가? "형통하다"(צלח)는 "돌진하다", "전진하다", "번영하다", "번성하다"라는 의미이다. 잎사귀가 마르지 아니함도, 형통하다는 말도 모두 미완료형이다. 어떻게 해석해야 하는가? 잎사귀가 계속 마르지 아니하며 그의 형통이 계속됨을 알 수 있다. 그러므로 형통하다는 것은 그의 앞길에 하나님께서 장애물을 제거하셔서 계속하여 탄탄대로를 만드신 것을 알 수 있다.

이 형통의 은총이 저절로 오는 것인가? 복 받기를 기도만 하면 오는 것인가? 아니다. 복에 대한 집요한 갈망을 통한 추구에서 오는 것도 아니다. 진정한 형통의 길은 하나님의 길을 따라가는 데 있음을 알 수 있다. 살아 계신 하나님의 음성을 듣고 그 거룩한 길로 가야 한다. 복된 진리의 말씀의 길로 말이다.

그런데 하나님께서는 이 형통의 은총을 혼자만 누리게 하지 않으신다. 여호수아 1장 8절을 보자. "이 율법책을 네 입에서 떠나지 말게 하며 주야로 그것을 묵상하여 그 안에 기록된 대로 다 지켜 행하라 그리하면 네 길이 평탄하게 될 것이며 네가 형통하리라." 여호수아가 여호와의 말씀을 묵상하고 지킴으로 누리는 형통함을 곧 모든 이스라엘 백성이 함께 누리지 않았는가?

요셉의 형통함도 마찬가지다. 요셉은 여호와께서 함께 하시므로 형통한 자가 되었다(창 39:2). 그런데 이 노예 요셉의 형통함은 곧 그와 함께 하는 보디발의 집에도 함께 임하게 되었다. 뿐만 아니다. 요셉의 형통함은 개인의 영달에 그치지 않았다. 모든 이스라엘 백성이 그의 형통함을 함께 누리지 않았는가? 하늘의 은총을 받아 형통함을 누리는 자들은 또한 복의 통로가 됨을 잊지 말아야 할 것이다.

2. 주 안에서 행복한 사람과 악인의 결말

"악인들은 그렇지 아니함이여 오직 바람에 나는 겨와 같도다 그러므로 악인들은 심판을 견디지 못하며 죄인들이 의인들의 모임에 들지 못하리로다 무릇 의인들의 길은 여호와께서 인정하시나 악인들의 길은 망하리로다"(시 1:4-6).

하나님께서 베푸신 은총은 이 땅에서 끝나지 않는다. 어디까지 계속되는가? 천국으로까지 이어지고 있는 것을 볼 수 있다. 시편 1장 4-6절에서 그렇게 말씀한다.

죄인이 어떻게 최후 심판을 견디겠는가? "견디다"(קום)라는 말은 "서다", "지탱하다", "확고해지다", "일어나다"라는 말이다. 그러므로 악인이 심판을 견디지 못한다는 것은 죄 때문에 감히 하나님 앞에 계속 서 있을 수가 없다는 말이다. 왜냐하면 이 "서다"라는 말이 미완료형이기 때문이다(יקמו). 그러니 죄인이 어떻게 의인의 회중인 천국에 들어갈 수 있겠는가? 죄인들은 의인들의 모임, 천국의 모임에 함께 할 수 없다.

예수님께서는 최후 심판에 대해서 마태복음 25장에서 양과 염소의 비유를 들어 말씀하셨다. 창세 전부터 예비되었던 하나님의 나라를 기업으로 받은 자들은 주님의 길을 따라갔던 양들이었다. 그러나 악인의 꾀를 따르고, 죄인의 길에 섰던 악인들은 마귀와 그 사자들을 위해 예비했던 곳으로 갈 수밖에 없었다. 악인들은 절대로 의인의 모임에 함께 할 수 없다는 것이다.

하나님께서는 악인들의 삶도 알고 계시지만 의인들의 삶도 속속들이 알고 계신다. 그래서 시편 1장 6절에서 "의인들의 길은 여호와께서 인정하시나"라고 말씀하신다. 여기서 "인정하다"라는 말이 "안다"(ידע)라는 말이다. 이 말은 "경험을 통해서 안다"라는 말이다. 의인들이 어떤 길을 가는지, 어떻게 살고 있는지 생생하게 보고 알고 계신다는 말이다.

뿐만 아니다. 악인의 꾀를 따르지 않고 죄인의 길에 서지 않고 오만한 자의 자리에 앉지 아니하고 십자가를 지고 주님을 따르는 것을 알아주시는 것이다. 주님께서는 의의 길로 가기 위해 눈물을 흘린 자들의 눈물을 그 눈에서 씻겨 주실 것이라고 말씀하고 계신다. 얼마나 행복한 사람인가?

요한계시록 14장 13절에서도 복 있는 사람에 대해 이렇게 말하고 있다. "또 내가 들으니 하늘에서 음성이 나서 가로되 기록하라 지금 이후로 주 안에서 죽는 자들은 복이 있도다 하시매 성령이 이르시되 그러하다 그들이 수고를 그치고 쉬리니 이는 그들의 행한 일이 따름이라 하시더라."

누가 복 있는 사람인가? 한마디로 잘라서 말씀하고 계시지 않는가? "주 안에서 죽는 자들은 복이 있도다." 땅에서 얼마를 가졌고, 어떤 것을 누렸고, 어떻게 살았든 마지막 기준은 주 안에서 죽었느냐는 것이다. 왜냐하면 영원한 하늘나라의 은총이 존재하기 때문이다.

혹시 내 인생이 불행하다고 생각한 적이 있는가? 그리고 행복하다고 생각한 적이 있는가? 문제는 기준이다. 무엇을 기준으로 그렇게 생각하는가? 세상 사람들이 말하는 기준인가, 아니면 하나님의 말씀이 기준인가? 성경은 분명하게 말씀하고 계신다. "주 안에서 죽는 자들이 복이 있다." 세상 길로 가지 않고 아버지의 말씀을 따라 사는 자가 행복하다는 것이다. 주께서 택하셔서 주님의 뜰에 거하는 자가 복이 있다는 것이다.

적어도 성도는 세상이 줄 수 없는 이런 신령한 복을 받고 살아가고 있는 행복한 사람들이다. 하나님의 말씀으로 보면 참으로 복 있는 사람인데도 불구하고 혹시 세상 기준으로 생각하면서 스스로 불행하다고 낙심하는 어리석음에 빠져 있지는 않은가?

{ 우리가 들어야 할 하나님의 음성은 무엇인가? }

　오늘 본문을 통해 들어야 할 하나님의 음성이 무엇인가? 참으로 행복한 사람은 누구인가? 성경에서 말하는 참으로 행복한 사람이란 소유 때문에, 건강 때문에, 재물 때문에 만족하는 자가 아니다. 그것은 사람들의 생각일 뿐이다. 세상에서 말하는 행복과 성경에서 말하는 행복은 그 내용이 다르다. 기준도 다르고 추구하는 바도 다르다.

　성경에서 말하는 참으로 행복한 사람이란 하나님의 말씀을 품고 그 길을 따라 살아가는 사람이요, 죄 사함을 받아 하나님의 품에 거하는 사람이다. 그러므로 참으로 행복한 사람은 세상과의 관계가 아니요, 하나님과의 바른 관계에 있음을 알 수 있다.

　하나님께서 이런 사람을 시냇가에 옮겨 심은 나무처럼 척박한 광야의 삶에서 은총의 자리로 옮기시어 그 행사를 다 형통하게 하신다. 이 은총은 이 땅에서뿐만 아니라 하늘나라까지 이어진다.

　그러나 이렇게 형통케 하시는 은총을 입기 위해서는 악인의 길이 아닌 하나님의 말씀의 길로 가야 함을 잊어서는 안 된다. 그러므로 복 받기를 사모하기 전에 먼저 복 있는 사람이 되어야 하지 않겠는가? 하나님께서는 복된 자가 복을 받아 누리게 하셨음을 기억해야 할 것이다. 왜냐하면 성경은 복을 쫓아가는 자가 복을 누리는 것이 아니라 복된 자가 하늘의 복을 누린다고 가르치기 때문이다. 먼저 복된 자가 되라는 것이다.

3. 인간의 안식을 위해 쉬지 않으시는 하나님 (요 5:5-18)

{ 생각해 볼 점들 }

베데스다 못 가에 많은 병자들이 모여 있다. 많은 병자들 곧 맹인, 다리 저는 사람, 혈기 마른 사람들이 누워 연못의 물이 동하기를 기다린다. 여기에 38년 된 병자도 왔다. 38년 동안 병을 고치기 위해 얼마나 많은 애를 썼겠는가? 그런데 한 가지 소문을 들었던 것 같다. 그것은 베데스다 못에 가면 그 병을 고칠 수 있다는 것이다. 여기까지 온 것을 보면 치유의 소망은 어디에도 없었던 모양이다.

그러나 알고 보니 이 못에서 고침 받는다는 것도 그리 쉬운 일은 아니었다. 천사가 가끔 못에 내려와 물을 움직이게 하는데 그것도 먼저 들어간 사람만이 고침을 받는다는 것이다. 사실이든 아니든 이 소문을 듣고 38년 된 환자도 한 자리를 차지하고 앉았다. 기약 없이 이 못 가에 앉아 있는 것이다.

물이 동할 때 다른 사람이 먼저 내려가 기회를 잡지 못했음에도 이 환자는 이 못을 떠나지 못하고 있다. 소망 때문이었다. 언젠가는 물이 동할 때 맨 먼저 들어가게 되면 병을 고칠 수 있다는 소망 때문이었다. 이것을 보면 소망은 인간의 생존 조건이기도 하다. 그러나 진정한 소망은 베데스다 못이 아니었다. 그것은 예수님뿐이었다. 진정한 치유의 은총은 다른 데 있었다. 그것은 베데스다 못이 아니라 예수님이셨다. 그런데 예수께서 치유의 은총을 베푸신 날은 공교롭게도 안식일이었다. 안식일에도 쉬지 않으시고 일하시는 주님의 마음을 읽어야 할 것이다. 하나님께서 이 사건을 통해 우리에게 무엇을 말씀하시려는 것인가? 궁금하다. 원문에서 주님의 음성을 들어보자.

{ 원문에서 듣는 하나님의 음성 }

1. 생명을 지탱하는 능력, 소망

"거기 서른여덟 해 된 병자가 있더라 예수께서 그 누운 것을 보시고 병이 벌써 오래된 줄 아시고 이르시되 네가 낫고자 하느냐"(요 5:5-6).

38년 된 병자가 베데스다 못 가에 있었다. 얼마 동안 이 못 가에 있었는지는 모른다. 하지만 "있다"($\epsilon\iota\mu\iota$)라는 말이 미완료($\tilde{\eta}\nu$)인 것으로 보아 그가 병을 고치려고 그곳에 계속 있었음을 보여 준다. "38년"이란 연수를 어떤 상징적 의미로 보기도 한다. 혹자는 이것을 이스라엘 백성이 38년 동안 광야에서 유리하며 고생한 사실(신 2:14)을 연상하면서 고난을 상징한다고 보기도 한다. 그러나 학자들은 근거가 확실하지 않을 경우 영적인 해석과 상징적 해석을 경계한다. 근거도 확실하지도 않는데 굳이 지나친 자기 해석에 빠질 필요는 없다.

38년 된 병자는 천사가 못에 내려와 물을 휘젓고 난 후 먼저 들어간 사람만이 낫는다는 소문을 듣고 이 못으로 왔다. 그런데 이 구절은 중요한 헬라어 사본에는 없다. 헬라어 성경에도 참고로 각주를 달아 놓았을 뿐이다. 그렇다면 4절의 말씀은 어디서 온 것인가? 사본 중 표준 원문이란 사본에는 이 구절이 있어서 번역해 놓은 것이다. 그래서 우리말 성경이나 영어 성경에도 4절을 괄호로 처리하고 있다. 참고하라는 것이다.

그래서 학자들은 천사가 못에 내려와 휘젓는 것을 민간신앙으로 보기도 한다. 사실일지라도 이 못에서 병을 고칠 수 있는 가망이 희박해 보인다. 다 낫는 것도 아니고 먼저 들어간 사람만 낫는다니 말이다.

그런데도 그 많은 환자들이 이곳을 떠나지 못하고 있다. 그 이유는, 바로 소망 때문이 아니겠는가? 비록 미신 같은 소망이지만 이 실낱같은 소망이 이 환자들로 하여금 이 연못을 떠나지 못하게 붙들어 놓은 것이다. 이것이 바로 소망의 능력이다. 이 환자들을 보면 소망이야말로 인간의 생존 조건임을 알 수 있다. 소망만 있다면 견딜 수 있고 기다릴 수 있다는 것을 보여 준다. 미신일지라도 소망은 생을 포기하지 않게 하는 힘이요, 생존의 조건임에는 틀림없다.

미신 같은 소망에 붙들려 기약 없이 기다리고 있는 환자들을 예수님께서 보러 오셨다. 예수님께서 유월절에 예루살렘에 오셨으나 힘 있는 자들을 만나지 않고 병자들이 모인 이 베데스다 못을 찾아오신 것이다. 예수님의 마음은 늘 가난한 자에게, 그리고 병든 자와 눌린 자에게 향하고 있었다.

예수께서 이 못 가에 와 38년 된 환자가 누워 있는 것을 보셨다. "보셨다" (εἰδῶ)라는 말은 그냥 힐끗 보았다는 말이 아니다. 이 말은 "지식을 갖다",

"생각하다", "쳐다보다", "인지하다", "발견하다", "주의하다"라는 뜻을 갖고 있다. 예수님께서 생각을 갖고 불쌍한 사람을 주의 깊게 보신 것이다.

그리고 주님은 그 환자의 병이 오래된 줄 아셨다. 여기서 "알다"(γινώσκω)라는 말은 경험과 관찰을 통해 아는 지식을 말한다. 그런데 이 "알다"라는 말이 부정과거 분사(γνοὺς)로 되어 있어 예수님께서 보는 순간 단번에 속내를 속속들이 정확하게 아셨다는 의미가 된다. 예수님께서는 전지전능하신 하나님이시다. 그 앞에 감출 수 있는 것은 아무 것도 없다.

이 병자의 "병이 벌써 오래되었다"를 직역하면 "이미 많은 시간 그가 병을 가지고 있었다"라는 의미이다. 투병생활을 한 지 꽤 오래 되었음을 알 수 있다. 그때 예수님께서는 "낫고자 하느냐?"라고 물으셨다. 직역하면 "네가 건강하게 되기를 원하느냐?" 혹은 "네가 완전하게 되기를 원하느냐?"라는 말씀이다. 주님께서는 병자에게 아직도 생의 의지가 있는가를 물으신 것 같다.

예수님께서는 베데스다 못 가의 환자 중 가장 힘든 투병생활을 하고 있는 한 환자에게 다가 오신 것 같다. 예수님께서는 "네가 낫고자 하느냐?"라고 물으셨다. 그것은 소망에 관한 질문이었다. 이 환자는 낫고 싶은 간절한 소망을 이렇게 표현했다. "주여 물이 움직일 때에 나를 못에 넣어 주는 사람이 없어 내가 가는 동안에 다른 사람이 먼저 내려가나이다."

이 환자의 대화 가운데 "나를 못에 넣어 주는 사람이 없어…."라는 절망적인 탄식을 듣게 된다. 주변에 도와주는 사람이 아무도 없다는 것이다. 그 사람은 자기를 도와줄 친구가 없음을 한탄한다. "제겐 아무 사람도 없습니다." 곧 "내겐 그런 친절을 베풀어 줄 친구도 없습니다"라는 의미이다. 어쩌면 그는 가족이나 친척으로부터 혹은 친구들로부터 버림받은 지 오래되었을지도 모른다.

대조적으로 마가복음 2장에는 한 중풍병자를 네 사람이 메고 예수님께 나오는 장면을 볼 수 있다. 이 중풍병자는 친구들의 믿음으로 치유의 은총을 경험했지 않았는가?

그런데 38년 된 이 환자는 주변에 이렇게 도와줄 사람 하나 없이 투병생활을 하고 있었던 것으로 보인다. 예수님의 "네가 낫고자 하느냐?"라고 묻는 물음에 "나를 못에 넣어 주는 사람이 없어 내가 가는 동안에 다른 사람이 먼저 내려가나이다"라고 한탄했다. 이것은 혹시라도 자기에게 호의를 보이고 있는 이 사람으로부터 어떤 도움이라도 받을 수 있지 않을까 하는 안타까운 호소였는지도 모른다.

2. 인간의 소망, 예수 그리스도

"예수께서 이르시되 일어나 네 자리를 들고 걸어가라 하시니 그 사람이 곧 나아서 자리를 들고 걸어가니라 이 날은 안식일이니"(요 5:8-9).

예수님께서는 그 환자를 불쌍히 여기시고 이렇게 명령하셨다. "일어나 네 자리를 들고 걸어가라." 여기서 "걸어가라"(περιπάτει)는 말은 "돌아다니다", "주위를 걷다"라는 말로 이제 한 번 주위를 걸어 다녀 보라는 명령이다. 그리고 예수님의 명령으로 그 사람은 즉시 나았다. "나았다"(γίνομαι)라는 말은 부정과거형(ἐγένετο)이다. 이 말은 점진적인 것이 아니라 단번에 완전하게 회복된 것을 암시하고 있다. 참으로 놀라운 주님의 권능이다. 값없이 베푸신 주님의 사랑이었다. 일어나 걸어가는 그 환자의 뒷모습을 보면서 아마도 예수님께서 이렇게 말씀하지 않으셨겠는가? "네가 연못을 쳐다보고 있느냐? 연못이 네 소망이 아니라 내가 네 소망이니라. 연못이 네 능력이 아니라 내가 네 능력이니라."

"예수는 나의 힘이요"라는 찬송가처럼 예수는 나의 힘이요, 나의 생명되신다. "천사가 휘젓는 물에 소망과 능력이 있는 것이 아니라 내 말씀에 능력과 소망이 있느니라"는 예수님의 말씀이 아니겠는가?

하나님을 알지 못하는 사람들은 생명을 줄 수 없는 이 연못 같은 세상 것들에 소망을 걸고 살아간다. 그런데 더욱 안타까운 것은 하나님의 백성도 이 연못 같은 세상 것들을 의지하고 거기에 소망을 걸며 산다는 것이다. 예수님은 자신을 찾지도 않은 이 38년 된 환자에게 값없이 구원을 베풀어 주셨다. 이것이 바로 하나님 나라의 은혜요, 예수님의 통치의 은혜인 것이다. 이 하나님 나라는 아무도 막을 수 없는 하늘의 능력과 은혜로 죄악 세상을 향하여 침노한 것이다. 이 하나님 나라의 은혜가 38년 된 환자에게 임한 것이다.

예수님의 명령이 떨어지자 그 사람은 곧 나아서 자리를 들고 돌아다녔다. 혹자는 그 환자가 예수님의 명령을 믿고 일어났기 때문에 기적을 경험한 것이라고 한다.

그러나 원문은 그렇지 않다. 8-9절의 원문을 직역하면 이렇다. "예수께서 그에게 말했다. 일어나라. 너의 자리를 들어라. 그리고 걸어라. 그러자 즉시 그 사람이 건강하게 되었다. 그리고 그는 그의 자리를 들었다. 그리고 그는 걸어갔다."

단지 예수님의 말씀 한마디에 38년 동안을 괴롭혔던 병마가 떠나간 것이다. 병으로부터 자유를 얻은 것이다. 치유의 은총은 베데스다 못에 있는 것이 아니었다. 예수님의 말씀에 있었다. 치유의 능력이 천사가 휘저은 못에 있는 것이 아니라 예수님의 말씀에 있었던 것이다.

"유대인들이 병 나은 사람에게 이르되 안식일인데 네가 자리를 들고 가는 것이 옳지 아니하니라 대답하되 나를 낫게 한 그가 자리를 들고 걸어가라 하더라 하니"(요 5:10-11).

한 사람은 병에서 자유를 얻어 감격해 하고 있는데 다른 한 편으로는 이러한 병 고침을 못마땅하게 여기는 자들이 있었다. 유대인들이었다. 그것은 안식일 때문이었다. 예수님께서는 안식일인 줄 아시면서 이렇게 행하신 것이다. 그것은 아마도 예수님의 심중에 유대인들, 특히 종교 지도계층인 제사장 및 바리새인들의 안식일에 대한 잘못된 이해를 바로 잡기 위한 목적이 있었기 때문일 것이다.

유대인들은 병 나은 사람에게 안식일인데 자리를 들고 가는 것이 옳지 않다고 책망했다. 여기서 "옳지 않다"(οἰκ ἔξεστι)라는 말은 잘못되었다는 의미가 아니다. "옳지 않다"라는 문자적인 의미는 율법적이지 않다는 말이다. 영어성경(KJV)은 이렇게 번역했다. "그것은 율법적이지 않다"(It is not lawful). 유대인들은 그 환자에게 안식일에 대한 율법을 범하고 있다고 책망한 것이다. 그러나 그것은 안식일의 율법 정신이 아니다. 그것은 예수님께서 책망하신 대로 단지 사람들의 유전이요, 계명에 불과한 것이었다.

이 "옳지 않다"(οἰκ ἔξεστι)라는 말은 하나님 율법의 준수에 있어서 '합당한 행동이냐, 아니냐' 를 나타내기 위해 쓴 것을 볼 수 있다. 마태복음 12장 1-2절을 보자. "그 때에 예수께서 안식일에 밀밭 사이로 가실새 제자들이 시장하여 이삭을 잘라 먹으니 바리새인들이 보고 예수께 말하되 보시오 당신의 제자들이 안식일에 하지 못할(οἰκ ἔξεστιν) 일을 하나이다." 여기에서 "못할"이란 말이 바로 "옳지 않다"(οἰκ ἔξεστι)라는 말과 같은 말이다. 즉, 율법에 합당하지 않다는 것이다. 바리새인들은 예수님의 제자들이 안식일의 율법을 범하고 있다고 말한 것이다.

사례를 한 군데 더 보자. 마태복음 14장 4절을 보면 세례 요한이 헤롯 안디바를 책망한 것을 볼 수 있다. "이는 요한이 헤롯에게 말하되 당신이 그 여자를 차지한 것이 옳지 않다(οὐκ ἔξεστιν) 하였음이라." 헤롯 안디바가 동생인 빌립의 아내를 취한 것에 대해 세례 요한은 바로 율법을 범한 것이라고 말한다. 안디바는 동생인 빌립의 아내 헤로디아와 불륜의 관계를 맺었다. 요한은 이에 대해 안디바가 자기 아내와 이혼한 후 헤로디아를 아내 삼은 것에 대해 쓴 소리를 한 것이다.

안식일에 병 고치는 문제로 예수님과 시비가 벌어진 사건이 성경 여러 곳에 나온다. 먼저 마태복음 12장 10-12절의 사건을 보자. "한쪽 손 마른 사람이 있는지라 사람들이 예수를 고발하려 하여 물어 이르되 안식일에 병 고치는 것이 옳으니이까 예수께서 이르시되 너희 중에 어떤 사람이 양 한 마리가 있어 안식일에 구덩이에 빠졌으면 끌어내지 않겠느냐 사람이 양보다 얼마나 더 귀하냐 그러므로 안식일에 선을 행하는 것이 옳으니라 하시고."

사람들이 예수님께 물었다. 안식일에 병 고치는 것이 옳습니까? 여기서 "옳습니까?" 하고 묻는 이 단어는 "엑세스티"(ἔξεστι)이다. 이 말은 "율법적입니까?(Is it lawful?)"라고 묻는 것이다. 안식일에 병을 고치는 것이 율법적이냐고 예수님을 다그치는 말이다. 그때 예수님께서 "안식일에 선을 행하는 것이 옳으니라"고 답하셨다. 즉, 안식일에 선을 행하는 것이 율법적이라고 말씀하신 것이다.

그들이 예수님의 이 대답에 얼마나 충격을 받았겠는가? 지금까지 그들은 안식일에 아무 일도 해서는 안 된다고만 배워 왔다. 그런데 안식일에 선을 행하는 것이 율법적이라니…. 그들의 시각으로 보면 예수님의 안식일 해석은 반 율법적인 해석이 아닐 수 없었을 것이다.

그러나 예수님의 생각에는 "병이 있는 동안 병든 자에게 무슨 안식이 있겠느냐"라는 말씀이다. 병든 자는 병에서 놓임을 얻는 것이 안식이 아니겠느냐는 예수님의 항변이다. 안식일이라도 그를 병에서 자유롭게 해야 참된 안식을 누리지 않겠느냐는 의미이다. 자신들의 가축에 대해서는 안식일이라도 구원의 손길을 펴는 이들을 향해 예수님께서는 책망하셨다. "또 그들에게 이르시되 너희 중에 누가 그 아들이나 소가 우물에 빠졌으면 안식일에라도 곧 끌어내지 않겠느냐"(눅 14:5). 이러한 예수님의 해석에 답답하고 무겁게 짓눌려 있던 가슴이 뻥 뚫린 느낌이다.

생각해 보라! 38년 동안 병마에 묶여 있는데 이 환자에게 무슨 안식이 있겠는가? 예수님께서는 38년 동안 환자를 괴롭혔던 병마를 쫓아내시고 그 환자에게 즉시 자유와 안식을 선물로 주신 것이다. 예수님께서는 사람이 안식일을 위하여 있는 것이 아니라 안식일이 사람을 위하여 있다고 말씀하셨다. 이것이 안식일의 법 정신이라는 것이다. 하나님께서 율법을 우리를 위하여 주셨다는 예수님의 해석에 가슴이 뭉클해진다.

"그 후에 예수께서 성전에서 그 사람을 만나 이르시되 보라 네가 나았으니 더 심한 것이 생기지 않게 다시는 죄를 범하지 말라 하시니"(요 5:14).

예수님께서는 후에 성전에서 그 사람을 만나셨다. 그리고 그 환자에게 이렇게 말씀하셨다. "네가 나았으니." 여기서 "나았다"라는 말은 "건강한", "온전한", "완전한"(ὑγιής)이란 단어와 "되다", "만들어지다", "완성되다", "발생되다"(γίνομαι)라는 두 단어로 되어 있다. 그러므로 "나았다"라는 말은 병에서 고침을 받아 완전하게 회복되었다는 말씀이다.

더 이상 점진적인 회복이 필요 없이 주님의 권능으로 완전하게 고침을 받은 것이다. 예수님께서 완전하게 회복되었다고 판정을 내리셨으니 더 이상 말해서 무엇하겠는가?

이어서 주님께서 병을 고쳐 주신 병자에게 이렇게 경고하셨다. "보라 네가 나았으니 더 심한 것이 생기지 않게 다시는 죄를 범하지 말라." 여기서 "죄를 범하지 말라"(ἁμάρτανε)는 말은 현재 명령형이다. 원문대로 보면 "이제부터는 계속하여 죄를 짓거나 반복해서는 안 된다"라는 의미이다. "이제 더 이상 죄 가운데 살지 말라"는 말씀이 아니겠는가?

이 예수님의 말씀을 미루어 보아 38년 동안 중풍병자가 되다시피 하여 고생한 것이 바로 죄 때문임을 알 수 있다. 죄가 질병을 가져 온 인과관계라는 사실이 구약성경 여러 곳에 나타나 있다(출 15장, 신 28장). 모든 경우가 그렇지 않지만 육체의 질병이 죄의 결과라는 사실이다.

이 38년 된 환자의 치유사건을 통해 예수님만이 세상의 소망이며 구원이심을 알 수 있다. 이것이 예수님께서 질병을 통치하시는 하나님 나라의 은혜인 것이다.

그러나 우리는 이 사건에서 예수님의 능력만 쳐다보아서는 안 된다. 놓쳐서는 안 될 말씀이 또 있다. 예수님의 이 말씀은 38년 동안 앓아오던 병에서 고침 받았으니 앞으로는 죄의 종으로 살지 말라는 것이다. 그리고 아울러 만약 계속해서 죄를 짓게 되면 상황이 더 악화될 수 있다고 경고하신 것이나 다름이 없다. 이 말씀은 예수님께서 단순히 재발될 육체적 질병만을 우려하여 죄를 짓지 말라는 소극적인 말씀에 불과한 것이 아니다. 이렇게 말씀하신 예수님의 깊은 의도는 "네가 하나님의 은혜로 값없이 고침을 받았으니 이제 거룩한 삶을 살아야 하지 않겠느냐?"라는 의미이다.

이 말씀에서 우리는 예수님께서 병을 고쳐 주시며 기대하신 깊은 뜻이 있음을 놓쳐서는 안 될 것이다. 즉, 치유보다 더 소중한 치유에 대한 하나님의 기대하심이 있다는 것이다. 치유의 기적만 쳐다보면 소망과 능력의 주님만 남게 되고 거룩한 삶을 기대하는 예수님의 마음은 읽지 못하게 된다. 이 점을 놓쳐서는 안 된다.

3. 인간의 안식을 위해 쉬지 않으시는 하나님

"그 사람이 유대인들에게 가서 자기를 고친 이는 예수라 하니라 그러므로 안식일에 이러한 일을 행하신다 하여 유대인들이 예수를 박해하게 된지라 예수께서 그들에게 이르시되 내 아버지께서 이제까지 일하시니 나도 일한다 하시매"(요 5:15-17).

38년 된 환자는 안식일에 자기를 고쳐 주신 이가 예수라고 유대인들에게 알려 주었다. 이로 인해 유대인들이 더욱 예수님을 박해하게 되었다. 안식일과 관련하여 한마디로 장로의 유전, 사람의 유전으로 하나님의 계명을 지키고 있는 예수님을 박해하는 아이러니가 일어나고 있는 셈이다. 이에 대해 예수님께서 안식일과 관련하여 참으로 놀라운 말씀을 하셨다. "내 아버지께서 이제까지 일하시니 나도 일한다." 무슨 말씀인가? "아버지께서 이제까지 일하시니"에서 "일하다"($ἐργάζομαι$)라는 말은 현재형이다. 하나님께서 쉬지 못하시고 지금까지 계속해서 일하고 계신다는 것이다.

안식일에 대한 주님의 해석은 말할 것도 없고 "지금까지 하나님께서도 계속 일하신다"라는 말은 유대인에게는 얼마나 충격적인 해석인가? 예수님께서 안식일에 일을 하신 것은 다름 아닌 아버지께서 일하시기 때문에 자신도 계속 일한다는 말씀이다. 유대인들이 납득하기 어려운 대목이 아닐 수 없다.

그렇다면 하나님께서는 안식일에 쉬지 않으셨다는 것인가? 만약에 하나님께서 안식일에도 일하시고 계시다면 그것은 무엇을 의미하는 것인가? 이것은 매우 중요한 말씀이 아닐 수 없다.

창세기를 보면 분명 하나님께서 안식하셨다는 기록이 나온다. 창세기 1장 31절에는 "하나님이 지으신 그 모든 것을 보시니 보시기에 심히 좋았더라"는 말씀이 있다. 그리고 창세기 2장 2절에는 "하나님이 그가 하시던 일을 일곱째 날에 마치시니 그가 하시던 모든 일을 그치고 일곱째 날에 안식하시니라"고 기록되어 있다. 하나님께서 일곱째 날에 안식하셨는데 왜 예수님께서는 "내 아버지께서 이제까지 일하시니 나도 일한다"라고 하셨는가?

성경을 자세히 보면 하나님께서 맘 편히 안식하신 것은 두말할 것도 없이 인간의 범죄 이전임을 잊어서는 안 된다. 하나님께서는 그 지으신 모든 것을 보시니 보시기에 심히 좋았기 때문에 안식할 수 있으셨지 않겠는가?

그런데 인간의 범죄가 발생하게 되었다. 그로 인해 땅과 식물도 저주 아래 놓이게 되었다. 이로 인해 우리는 성경 전체를 통해 하나님의 고통과 탄식을 듣게 된다. 하나님의 형상대로 지음을 받은 자녀가 자유를 잃어버리고 죄와 사탄의 노예가 되어 신음하고 있다. 그런데 어찌 하늘 아버지의 마음에 쉼이 있으시겠는가? 어느 종교의 경전에서 자기를 섬기는 자들을 향해 신의 탄식, 즉 창조주의 탄식, 아니 하나님의 탄식을 들을 수 있겠는가?

하나님을 쉬지 못하게 하는 죄악의 사건들을 보자. 아담의 타락, 가인의 살인 사건, 노아시대의 죄악으로 하나님께서 얼마나 탄식하셨는가? 예수님 시대에는 어떠했는가? 예수님께서는 두 번이나 거의 같은 마음으로 예루살렘을 바라보시고 탄식하셨다. "가까이 오사 성을 보시고 우시며 이르시되 너도 오늘 평화에 관한 일을 알았더라면 좋을 뻔하였거니와 지금 네 눈에 숨겨졌도다"(눅 19:41-42).

이사야 62장 1절에서는 구원을 위해 쉬지 못하시는 하나님의 마음을 읽을 수 있다. "시온의 의가 빛 같이 예루살렘의 구원이 횃불 같이 나타나도록 시온을 위하여 잠잠하지 아니하며 예루살렘을 위하여 쉬지 아니할 것인즉."

38년 된 환자에 대해 유대 지도자들은 안식일을 범했다고 비난했다. 유대인들은 한 사람의 육체적 안식에 대해서는 관심이 없다. 하지만 예수님께서는 38년 된 환자를 보면서 "내 아버지께서 이제까지 일하시니 나도 일한다"라고 말씀하셨다. 안식일과 관련하여 얼마나 대조적인 해석인가? 예수님께서 이렇게 말씀하신 것이다. "인간이 죄와 질병으로 이렇게 고통을 당하고 있는데 내 아버지께서 어떻게 쉬시겠느냐? 아버지께서도 일하시니 나 또한 어찌 쉴 수 있겠느냐?" 이 얼마나 생명을 사랑하는 은혜의 말씀인가!

유대인들은 율법 조항과 그에 따른 장로들의 유전만 보고 있었다. 병으로 인해 안식을 잃어버린 한 사람은 염두에도 없었다. 하지만 예수님께서는 아버지의 마음을 읽고 계셨던 것이다. 율법 정신을 꿰뚫고 계셨다. 예수님께서는 병으로 인해 안식하지 못한 한 불쌍한 하나님의 형상을 보신 것이다. 누가 자식을 향한 하나님 아버지의 마음을 알겠는가? 하늘 아버지가 잃어버린 자녀를 찾기까지 쉬지 못하고 일하시니 어찌 예수님께서도 일하지 않으시겠는가?

{ 우리가 들어야 할 하나님의 음성은 무엇인가? }

본문에서 우리가 들어야 할 하나님의 음성은 무엇인가? 인간의 치유와 구원의 소망은 세상 것에 있지 않다는 것이다. 인간의 치유와 구원의 능력은 오직 예수님께 있다. 감사한 것은 죄와 질병으로 신음하는 자들을 위해 주님께서 찾아오신 것이다. 그리고 죄와 사탄의 권세 눌린 자들을 치유하기 위해서 하늘 아버지께서는 오늘도 쉬지 못하신다는 것이다. 안식일에도 쉬지 못하고 구원의 역사를 계속하신다. 이것이 자녀를 향한 하늘 아버지의 끊임없는 사랑이 아니겠는가?

누가 아버지의 이 마음을 알겠는가? 이렇게 쉬지 않으시고 일하시는 하나님의 사랑으로 오늘 우리가 죄와 사망에서, 사탄의 권세에서 자유와 생명을 얻은 것이다. 자유와 생명을 얻은 우리들도 세상 모든 민족이 구원을 얻기까지 쉬지 않으시는 하나님과 함께 하나님의 동역자가 되어 일해야 마땅하지 않겠는가?

4. 재물이냐, 하나님이냐? (마 6:24-33)

{ 생각해 볼 점들 }

"재물은 하나님의 은총인가, 신앙의 걸림돌인가?" 구약성경에는 돈, 재산 혹은 부에 대한 교훈과 가르침이 산재해 있다. 특히 예수님께서는 37번 비유를 말씀하시는 중에 17번에 걸쳐서 '부' 혹은 '재물'에 관한 비유를 말씀하셨다. 이것은 무엇을 의미하는 것인가? 이는 신앙과 재물이 서로 밀접한 영향을 미친다는 것을 알 수 있다.

성경은 재물의 양면성에 대해 말한다. 재물이나 물질적인 부는 하나님의 은총이다. 재물과 부는 하나님께서 선물로 주신 복임에는 틀림이 없다. 성경을 한번 살펴보자. 아브라함, 이삭, 야곱 등의 구약 족장들은 다 부자였다(창 13:2, 26:12). 욥은 어떠한가? 욥은 당대에 보기 드문 부자였다.

특히 신명기에서는 재물은 순종하는 자에게 주시는 보상으로, 곧 하나님의 복으로 강조하고 있다. "네가 네 하나님 여호와의 말씀을 청종하면 이 모든 복이 네게 임하며 네게 이르리니"(신 28:2). "여호와께서 명령하사 네 창고와 네 손으로 하는 모든 일에 복을 내리시고 네 하나님 여호와께서 네게 주시는 땅에서 네게 복을 주실 것이며"(신 28:8). "네게 복을 주사 네 몸의 소생과 가축의 새끼와 토지의 소산을 많게 하시며"(신 28:11下). 그리고 하나님은 재물을 얻게 하는 능력을 인간에게 복으로 허락하셨다(신 8:17-19).

잠언 10장 22절에서는 부를 하나님의 선물이며 복이라고 말하고 있다. 그러나 다른 한편으로 재물은 신앙의 걸림돌이 될 수도 있음을 경고한다. 이 재물은 단순한 소유에서 멈추지 않는다. 재물은 능력이 있다. 재물은 지배하는 힘이 있다. 그러므로 인간은 능력을 주는 재물을 추구하지 않을 수 없다. 재물은 모아진 단순한 재산과 물질이 아니다. 이 재물은 인간에게 능력과 힘을 주는 하나의 신의 자리로 올라간다. 재물에 대한 예수님의 경고의 말씀이 어떤 것인가? 하나님과 재물을 겸하여 섬길 수 없다고 하지 않으셨는가? 그렇다. 예수님께서 말씀하신 재물은 그냥 재물이 아니다. 그것은 재물의 신인 맘몬(Mammon)을 지칭한 것이었다. 그래서 사도 바울은 하나님께서 주신 은총인 재물 때문에 믿음이 파선하게 될 수도 있다고 경고했다(딤전 6:10).

하나님께서 복을 베푸사 선물로 주신 재물과 신앙의 관계는 어떠한가? 이 본문을 통해 주님께서 말씀하시는바가 무엇인지가 궁금하다. 원문에서 주님의 음성을 들어보자.

{ 원문에서 듣는 하나님의 음성 }

1. 인간의 두 주인, 재물과 하나님

"한 사람이 두 주인을 섬기지 못할 것이니 혹 이를 미워하고 저를 사랑하거나 혹 이를 중히 여기고 저를 경히 여김이라 너희가 하나님과 재물을 겸하여 섬기지 못하느니라"(마 6:24).

예수님께서 재물과 하나님을 "두 주인"(κύριος)이라고 하신 것을 기억해야 할 필요가 있다. 여기서 "주인"(κύριος)이란 "하나님", "주님", "소유자"라는 말이다. 재물은 하나님께서 우리 삶의 필요를 위해 선물로 주신 것에 불과하다. 재물은 그 자체로 하나님이 될 수가 없다. 재물은 하나님의 위치를 절대로 점할 수가 없다.

그런데도 예수님께서는 재물과 하나님이 동등한 섬김을 받는 주인의 자리에 올라갈 수 있음을 말씀하셨다. 이것은 무엇을 의미하는가? 이미 재물은 단순하게 모아진 재산과 물질, 소유가 아니라 능력과 힘을 드러냄으로 인간의 섬김을 받는 신의 자리에 올라갈 수 있음을 경고한 것이다.

본문에서 예수님께서 사용하신 "재물"이라는 단어는 부동산(마 19:22 κτῆμα 행 5:1)이나 혹은 소유물(행 7:5 κατάσχεσις), 재물(막 10:23 χρῆμα), 재산(마13:22 πλοῦτος)이라는 단어가 아니라 재물의 신을 의미하는 "맘모나스"(μαμμωνᾶς)라는 단어를 사용하셨다. 그리고 재물(μαμμωνᾶς)을 인간을 지배하는 두 주인(κύριος) 중에 한 주인이라고 말씀하셨다. 재물(μαμμωνᾶς)은 이제 단순한 경제적 효용가치를 넘어서서 종교적인 힘이 되어 버린 것을 알 수 있다.

그런데 인간은 두 주인을 섬길 수가 없다. 본문에서 "섬기다"라는 단어를 살펴보자. "섬기다"(δουλεύω)는 "예속되다", "속박되다", "종이 되다", "봉사하다", "순종하다", "복종하다"라는 말이다. 이 "섬기다"라는 말은 이따금씩 복종하는 행위를 의미하는 것이 아니다. 이것은 완전히 속박된 종, 노예, 주인의 소유물로써 주인 뜻에 항구적이고 전폭적으로 종속된 것을 의미한다. 그러므로 어느 누구도 두 주인을 동시에 섬길 수 없다. 생각해 보라! 한 주인의 노예가 되었는데 어찌 동시에 다른 주인의 노예가 될 수 있겠는가?

또한 "섬기다"라는 말은 "종", "노예"(δοῦλος)에서 나온 말이다. 그리고 "종"이란 말은 "끈으로 묶다", "동이다", "조이다"라는 "데오"(δέω)라는 말에서 나왔다. 참으로 의미 있는 말이지 않는가? "종"이란 존재는 끈으로 묶여 있는 운명이다. 그러므로 재물의 신인 맘몬(Mammon)을 섬기는 자는 맘몬에게 묶여 있는 자요, 하나님을 섬기는 자는 하나님에게 묶여 있는 자라는 뜻이다. 그러니 어찌 동시에 두 주인에게 묶일 수가 있겠는가? 그럴 수 없다는 것이다.

"종"이란 말이 나왔으니 한 가지 더 언급하고 지나가자. 로마서 6장에서 사도 바울은 인간은 죄에 묶여 있었던 죄의 종이라고 말하고 있다. 어떤 상태의 종을 말하는가? 죄의 종의 상태가 일시적이 아니라 항구적으로 묶여 있는 것을 말한다. 그런데 십자가로 인해 옛 사람이 더 이상 죄에게 종노릇하지 않게 풀려났다는 것이다. 종은 스스로의 힘으로는 풀려날 수 없는 존재이다.

인간을 종으로 부리는 주인의 위치에 올라간 재물은 돈(money)을 가리키는 것이 아니다. 예수님께서 언급하신 재물이란 인간의 주인이 되어 버린 맘몬(μαμμωνᾶς)신을 말하는 것이다. 확실하지는 않지만 학자들은 "맘몬"(מָמוֹן) μαμμωνᾶς)이란 말은 아람어로 "사람이 의지하는 것", "믿는 것" 혹은 "사람에게 신뢰를 주는 것", "양육하고 지원하는 것"을 의미하는 "아만"(אמן)에서 파생되었다고 말한다. 그리고 여기에서 "아멘"(אמן)이란 말도 나온 것으로 보고 있다. 맘몬이란 말은 구약성경에는 전혀 나오지 않는다. 다만 탈무드, 미쉬나 등에서 돈, 재물, 소득, 보상, 뇌물 등의 뜻으로 사용되고 있다. 신약성경에서 예수님께서 처음으로 사용하신 단어이다.

이 본문에서 예수님의 재물에 대한 강조점은 무엇인가? 돈이나 재물에 대한 윤리적인 가르침인가? 관점은 다른 데 있다. 부 자체가 하나님처럼 우리의 섬김의 대상이 될 수 있음을 경고하신 것이다. 그리고 인간이 그 부의 노예가 될 수 있다는 재물의 물신적 성격을 교훈하고 있는 것이다.

2. 사람을 먹이시는 분이 하나님이냐, 재물이냐?

예수님께서는 사람이 어떤 주인을 섬겨야 할 것인가에 대해 두 주인의 비유에 이어 마태복음 6장 25-33절에서도 구체적인 비유를 들어 말씀하신다.

"그러므로 내가 너희에게 이르노니 목숨을 위하여 무엇을 먹을까 무엇을 마실까 몸을 위하여 무엇을 입을까 염려하지 말라 목숨이 음식보다 중하지 아니하며 몸이 의복보다 중하지 아니하냐 공중의 새를 보라 심지도 않고 거두지도 않고 창고에 모아들이지도 아니하되 너희 하늘 아버지께서 기르시나니 너희는 이것들보다 귀하지 아니하냐"(마 6:25-26).

본문 말씀의 마태복음 6장 25절의 "그러므로"라는 표현이 아주 중요하다. 그 중요한 의미를 놓쳐서는 안 된다. 무슨 뜻인가? 예수님께서 "그러므로 내가 너희에게 이르노니"라고 말씀을 시작하신 의도는 무엇인가? 문자적인 의미는 "이것 때문에 너희에게 말한다"($\Delta\iota\grave{\alpha}$ $\tau o\hat{v}\tau o$ $\lambda\acute{\epsilon}\gamma\omega$ $\acute{v}\mu\hat{v}\nu$)라는 뜻이다. 즉 재물이냐, 하나님이냐의 문제로 염려하는 것에 대해 한 말씀하시겠다는 의미이다. 예수님께서는 몇 가지 사례를 들어 하나님을 주인으로 섬길 것을 말씀하셨다.

"내가 너희에게 이르노니." 이 말씀은 예수님의 절대적 권위를 나타내 주는 표현이다. 이 권위적 표현은 마태복음 5장 산상수훈에서 반복적으로 나타난 것을 볼 수 있다. "…하였다 하는 말을 너희는 들었으나 나는 너희에게 이르노니…"(마 5:21-22, 27-28, 32-33, 38-39).

예수님께서는 인간의 절대적인 생존인 의식주에 대해 즉, 재물에 대해 염려하지 말라고 말씀하신다. 그러나 "염려하지 말라"는 이 말씀은 하루하루 먹고 살기 힘든 사람들에게는 쉽게 받아들이기 어려운 말씀이지 않는가?

그렇다면 "염려하다"는 도대체 무슨 말인가? 내일 일에 대해서 마음을 쓰거나 계획하지 말라는 뜻인가? 원문에서는 어떻게 말하고 있는가? "염려하다"($\mu\epsilon\rho\iota\mu\nu\acute{\alpha}\omega$)라는 말은 "나누다", "분열되다", "나누어지다"를 뜻하는 "메리조"($\mu\epsilon\rho\acute{\iota}\zeta\omega$)에서 나왔다. 이 말은 지나친 근심 걱정으로 인해 마음이 여러 갈래로 분열되는 상태를 뜻한다.

그렇다면 "염려하지 말라"는 말은 아무 일에도 관심을 갖지 말라는 뜻인가? 그렇지 않다. 이 말은 하나님과 재물로 인해 어떤 것을 따라야 하는지 마음이 나뉘지 말라는 말씀이다. 즉 '하나님을 붙들어야 하나, 재물을 붙들어야 하나' 하면서 그 마음이 나뉘어 분열된 상태, 바로 그러한 마음 상태가 염려라는 것이다.

그러면서 예수님께서는 재물과 하나님에 대해 마음이 나뉘지 말 것에 대해 공중의 새를 예로 들어 말씀하셨다. "공중의 새를 보라." 원문에는 "보라"

($ἐμβλέψατε$)는 동사가 먼저 나와 있다. 즉, "보아라 공중의 새들을…" 여기서 "보다"($ἐμβλέπω$)라는 말은 강조를 나타내는 접두어 "엠"($ἐμ$)과 "생각하다", "보다", "인지하다", "마음의 눈으로 보다", "이해하다"라는 "블레포"($βλέπως$)와의 합성어다. 그래서 "보다"라는 말은 "자세히 주목하다", "관찰하다", "분별하다"라는 뜻이다. 그러므로 예수님께서는 제자들에게 공중의 새가 어떻게 살아가는가를 한번 주의 깊게 관찰해 보라는 대단히 깊은 뜻으로 하신 말씀이다.

누가복음 12장에서 누가는 공중의 새를 구체적으로 까마귀라고 기록하고 있다. 누가는 까마귀를 언급함으로써 말하고자 하는 바를 더욱 분명히 드러낸다. 즉, 유대인들에게 있어서 까마귀는 부정한 새이다(레 11:15, 신 14:14). 그럼에도 불구하고 하나님께서는 그 부정한 새인 까마귀까지 돌보신다는 것이다. "너희 하늘 아버지께서 기르시나니." 하늘 아버지께서는 이 부정한 새들도 기르신다는 것이다.

이 말씀에서 "너희 하늘의 하나님"이 아니라 "너희 하늘 아버지"라고 말씀하신 것을 놓쳐서는 안 된다. 예수님께서 왜 아버지를 강조하시는가? 그것은 하나님이 자녀를 돌보시는 아버지라는 것이다. 또한 "기르시나니"($τρέφω$)라는 말은 "먹이를 주다", "젖을 주다", "키우다"라는 말로 현재형($τρέφει$)이다. 현재형에 주목할 필요가 있다. 무슨 의미겠는가? 매일 매 순간 끊임없이 돌보시고 먹이시는 분이 너희 하늘 아버지라고 말씀하신 것이다.

예수님께서는 "너희는 이것들보다 귀하지 아니하냐"라고 하셨다. "귀하다"라는 말이 무슨 뜻인가? "귀하다"($διαφέρω$)라는 말은 "능가하다", "다르다", "뛰어나다"라는 뜻이다. 그러므로 "귀하다"라는 말은 새와 인간과의 본질적인 차이를 강조하는 말씀이다. 단순하게 귀하다는 의미가 아니다. 하나님의 자녀는 새와는 본질적으로 전혀 다른 피조물이라는 의미이다. 어떻게 다르다는 말씀인가? 새가 단순한 피조물인 반면 인간은 하나님의 형상으로 지음받은 존귀한 하나님의 자녀라는 것이다.

"너희 중에 누가 염려함으로 그 키를 한 자라도 더할 수 있겠느냐"(마 6:27).

사람이 아무리 염려한들 아무 것도 얻을 수 없음을 예수님께서는 27절에서 "키"에 비유하여 말씀하셨다. 그렇다면 예수님께서 말씀하신 "키"란 무엇인가? 본문에 "키"(ἡλικία)는 원래 "삶의 기간", "나이", "세월"을 가리키는 말이다. 헬라어 구약 성경인 70인역에서는 이 단어가 약 20회 정도 사용되었는데 모두 "나이", "수명"의 의미로만 쓰였다. 그런데 나이를 먹으면 키도 커진다는 의미에서 이 단어는 "키"도 의미하게 된 것이다.

이렇게 "키"를 인간의 수명으로 본다면 "한 자나 더 할 수 있느냐"라는 말씀에서 "한 자"(πῆχυς)는 한 규빗이라는 말이다. 한 규빗은 45.6cm이다. 이 의미는 이토록 짧은 시간의 수명도 인간은 어떻게 할 수 없는 존재라는 말이다.

전도서 8장 8절을 보면 인간이 자기 수명에 대해 얼마나 무력한 존재인지에 대해 이렇게 말한다. "바람을 주장하여 바람을 움직이게 할 사람도 없고 죽는 날을 주장할 사람도 없으며…." 그렇지 않은가? 어떤 인간이 자신의 생명을 한 순간이라도 더 머무르게 할 수 있겠는가?

"또 너희가 어찌 의복을 위하여 염려하느냐 들의 백합화가 어떻게 자라는가 생각하여 보라 수고도 아니하고 길쌈도 아니하느니라"(마 6:28).

예수님께서는 이제 들의 백합화를 예로 들어 말씀하신다. "들의 백합화가 어떻게 자라는가 생각하여 보라"는 것이다. 여기서 "생각하다"(καταμανθάνω)라는 말은 "완전히 배우다", "주의 깊게 주시하다", "숙고하다"라는 말이다. 이 말은 "-에 관하여"라는 "카타"(κατα)와 "살피다", "배우다", "보고 배우다"라는 "만다노"(μανθάνω)와의 합성어이다.

그러므로 공중의 새를 "보라"고 말씀하실 때와 백합화를 "생각하여 보라"는 말씀은 관심을 가지고 주목하여 면밀히 관찰해 보라는 의미이다. '누가 공중의 새를 먹이느냐? 재물이냐, 하늘 아버지냐?를 생각해 보라' 는 말씀이다. '누가 들의 백합화를 기르느냐? 재물이냐, 하늘 아버지냐?를 생각해 보라' 는 말씀이다. 공중의 새와 들의 백합화를 보면 하늘 아버지께서 어떻게 놀라운 능력으로 먹이시고 입히시는지 알 수 있게 된다는 말씀이다. 재물(맘몬)이 아무리 많은 능력이 있다고 한들 어떻게 공중의 새와 백합화를 키우겠는가? 생각도 말라는 말씀이 아니겠는가?

"오늘 있다가 내일 아궁이에 던져지는 들풀도 하나님이 이렇게 입히시거든 하물며 너희일까보냐 믿음이 작은 자들아"(마 6:30).

예수님께서는 '재물이냐, 하나님이냐?' 하는 마음의 나뉨으로 오는 염려의 그 주된 이유가 무엇인지 한마디로 정곡을 찔러 말씀하셨다. 그것이 무엇인가? 그것은 바로 믿음의 문제라는 것이다. 믿음이 작기 때문에 마음이 둘로 나뉘어 갈팡질팡하고 있다는 말씀이다.

"믿음이 작은 자들아"(ὀλιγόπιστοι). 이는 예수님께서 제자들에게 조용히 꾸짖듯 말씀하신 것이다. 모든 염려와 근심은 바로 아버지 되시는 하나님에 대한 불신에서 비롯됨을 역설한 것이다.

예수님께서는 "믿음이 작다"라는 표현을 제자들을 향하여 마태복음에서 무려 5번이나 사용하신 것을 볼 수 있다. 마태복음 8장 26절 이하의 풍랑 이는 바다에서, 마태복음 14장 31절 이하의 물에 빠진 베드로에게, 마태복음 16장 6절 이하의 떡 문제로, 그리고 마태복음 17장 20절 이하의 간질하는 귀신을 쫓아내지 못한 제자들을 향해 말씀하셨다.

"믿음이 작다"라는 이 말씀이 모두가 제자들과 관련하여 사용되었다. 이처럼 그리스도의 제자로 부름 받은 자들이라 할지라도 그 마음이 온전히 하나님을 신뢰하지 못하고 환경 때문에 마음이 둘로 나뉘는 것을 알 수 있다. 하나님을 믿는다고 하지만 온전히 신뢰하지 못하는 자들은 항상 이렇게 현실적인 문제에 부딪히면 '재물이냐, 하나님이냐?' 하면서 쉽게 넘어지고 만다. 그리고 '환경이냐, 하나님이냐?' 하는 문제로 갈등한다.

"그러므로 염려하여 이르기를 무엇을 먹을까 무엇을 마실까 무엇을 입을까 하지 말라 이는 다 이방인들이 구하는 것이라 너희 하늘 아버지께서 이 모든 것이 너희에게 있어야 할 줄을 아시느니라"(마 6:31-32).

예수님께서는 의식주에 대해 두려움을 떨쳐버리지 못한 인간을 향해 "그러므로 먹고 마시고 입을 것을 염려하지 말라"고 말씀하신다. 예수님께서는 "하늘 아버지께서 공중의 까마귀와 들의 백합화를 먹이시고 입히시는데 하물며 이보다 훨씬 귀한 하나님의 자녀들을 어찌하여 먹이시지 않겠느냐"라고 말씀하신 것이다. "그러므로 염려하지 말라"는 것이다. 즉, 재물과 하나님으로 마음이 나뉘지 않게 하라는 것이다.

세계적인 강해설교 대가인 존 스토트(John Stott) 목사는 『새 우리들의 선생님』이라는 책을 저술했다. 거기에서 체니(E. Cheney)라는 사람이 울새와

참새와의 대화를 이렇게 소개하고 있다. 울새가 참새에게 말했다. "나는 정말 알고 싶어. 왜 이 근심 많은 인간들은 이토록 안절부절 못하며 바쁘게 사는지." 참새가 울새에게 대답했다. "친구야, 내 생각엔 그들에게 하나님 아버지가 안 계신 게 분명해 너와 나를 돌보아 주시는 그분 말이야."

새들이 불신앙에 빠져 먹을 것과 입을 것을 걱정하는 하나님의 자녀들을 조롱하고 있지 않은가? 부끄럽다. 인간들에게는 하나님께서 계시지 않기 때문에 안절부절 못한다는 것이다. 참으로 새만도 못한 믿음 때문에 염려하고 불안해하는 믿음이 없는 그리스도인들을 향한 따끔한 일침이라 아니할 수 없다. 새와는 비교도 안 될 만큼 중요한 하나님의 자녀를 하나님께서 먹이고 입히시는 것은 지극히 당연한 것이 아니겠느냐고 예수님께서 말씀하신 것이다.

하늘 아버지께서는 이 모든 것이 자녀들에게 있어야 할 것을 아신다. 여기에서 "알다"라는 말을 주의 깊게 볼 필요가 있다. "알다"(εἰδῶ)라는 말이 완료형(οἶδεν)에서는 "알다", "깨닫다", "보다", "생각하다", "지식을 갖다", "이해하다"라는 의미이다. 자녀들이 무엇이 필요한지, 있어야 할 것이 무엇인지 하늘 아버지께서는 다 이해하고 계신다는 말씀이다.

우리에게 있어야 할 것이란 어떤 것을 말하는가? "있어야 할 것"(χρῄζω)이란 말은 "필요하다", "소용되다"의 의미이다. 현재형이므로 하나님께서는 우리가 지금 무엇이 필요한지 알고 계신다는 말씀이다. 여기서 우리는 원하는 것과 필요한 것의 차이를 알 필요가 있다.

사람들에게는 원하는 것이 많다. 그러나 하나님께서는 원하는 모든 것을 채워 주시는 분이 아니다. 다만 하늘 아버지께서는 자녀에게 필요한 것은 반드시 채우시는 분이다. 육신의 부모도 그렇지 않은가?

다윗은 "여호와는 나의 목자시니 내게 부족함이 없으리로다"라고 찬양했다. 하나님께서 다윗의 원하는 모든 것을 채워 주심으로 다윗은 부족함이 없었을까? 아니다. 하나님께서는 다윗의 원함을 다 채워 주셨던 것이 아니었다. 다만 필요를 넉넉히 항상 채워 주셨던 것이다.

만약 하나님께서 인간의 원함을 다 채워 주신다면 인간은 행복한 존재가 아니라 그로 인해 무너질 수밖에 없는 존재이다. 성경의 역사가 그것을 증명하고 있지 않은가?

우리가 만약 먹을 것과 입을 것, 그리고 마실 것만 구한다면 그것은 이방인들이 구하는 것이라고 예수님께서 일침을 놓으셨다. 모르긴 해도 우리들의 기도를 살펴보면 하늘 아버지가 안 계신 이방인의 기도를 드리는 사람들이 얼마나 많겠는가? 오늘도 우리는 이방인의 기도를 드리지는 않는지 살펴볼 필요가 있다.

3. 하나님의 자녀들이 사는 독특한 삶의 방식

"그런즉 너희는 먼저 그의 나라와 그의 의를 구하라 그리하면 이 모든 것을 너희에게 더하시리라"(마 6:33).

예수님께서는 이방인처럼 먹고 사는 것만 구하지 말고 그의 나라와 그의 의를 구하라고 하신다. 그러면 하늘 아버지께서 이방인이 목숨을 걸고 구하는 의식주를 더해 주신다는 말씀이다. 그렇다면 그의 나라는 무엇을 말하는가? 그의 나라는 '하나님의 나라'를 말한다. 그렇다면 '하나님의 나라'는 어떤 것을 말하는가? 하나님의 나라는 첫째 새 하늘과 새 땅으로서 이는 종말론적인 공간을 말한다. 그리고 둘째는 하나님의 통치 개념이다.

하나님의 나라는 하나님의 통치가 온전히 이루어지는 곳을 말한다. 본문에서 말씀하신 그의 나라는 하나님의 통치를 구하라는 말씀이다. 즉, 하나님의 나라를 구하라는 것은 자신의 뜻을 완전히 버리고 하나님의 다스리심을 온전히 받아들이라는 의미이다. 하나님의 다스리심이 각 개인의 마음에, 가정에, 사회에, 세계에 임하도록 구하라는 것이다. 하나님께서 다스리시는 곳에는 죄에서의 자유가 있고 마귀의 결박에서의 해방이 있으며 사망 권세에서 벗어나 영원한 생명을 누리게 된다. 그러므로 맘몬의 다스림이 아닌 하나님의 다스리심을 구하라는 것이다. 얼마나 복된 말씀인가?

그래서 사도 바울은 로마서 14장 17절에서 하나님 나라의 특징을 이렇게 설명했다. "하나님의 나라는 먹는 것과 마시는 것이 아니요 오직 성령 안에 있는 의와 평강과 희락이라." 하나님께서 다스리시는 곳에는 의가 있다. 세상이 줄 수 없는 하늘의 평강이 있다. 그리고 하늘의 기쁨이 있다.

육신이 우리 마음과 가정과 사회를 다스릴 때 무슨 일이 일어나는가? 예수님께서는 마태복음 15장 18-19절에서 우리 마음을 이렇게 말씀하셨다. "입에서 나오는 것은 곧 마음에서 나온다. 그런데 그 마음에서 나오는 것이 악한 생각과 살인과 간음과 음란과 도적질과 거짓 증거와 훼방하는 것이다." 때로 우리는 이런 것들이 사탄의 역사라고 쉽게 단정한다. 이런 것들이 다 우리 부패된 마음에서 나오는 죄의 열매들인 것이다.

그런데 하나님께서 다스리시는 곳에는 인간의 부패한 마음의 열매가 맺히지 못한다. 다만 성령의 아름다운 열매가 맺힐 뿐이다. 의와 평강과 희락, 모두가 성령의 열매가 아닌가?

그리고 하나님의 자녀들이 먼저 구해야 될 것이 "의"라고 말씀하셨다. 예수님께서는 산상수훈을 통해 "의"에 대해 여러 곳에서 말씀하셨다. "의"란 무엇을 말하는가? 예수님께서는 산상수훈에서 이 "의"를 두 가지 의미로 사용하셨다. 한 가지는 "칭의의 의"(δικαιοσύνη)다. 그리고 다른 하나는 "거룩한 행실로서의 의"(δικαιοσύνη)다. 그런데 모두 같은 단어를 사용하고 있다.

마태복음 5장 20절, 6장 1절 등을 살펴보면 이 "의"는 칭의의 의가 아니라 하나님의 자녀로서 마땅히 행할 거룩한 삶을 말하는 것임을 알 수 있다. 이것은 책망받은 바리새인이 행한 위선적인 선행이 아니라 사랑 안에서 행하는 하나님께서 기뻐하시는 선행이다. "내가 너희에게 이르노니 너희 의가 서기관과 바리새인보다 더 낫지 못하면 결코 천국에 들어가지 못하리라"(마 5:20), "사람에게 보이려고 그들 앞에서 너희 의를 행하지 않도록 주의하라 그리하지 아니하면 하늘에 계신 너희 아버지께 상을 받지 못하느니라"(마 6:1).

그렇다면 본문의 "그의 의"를 구하라는 말씀 가운데 "의"(δικαιοσύνη)란 무엇을 말씀하는가? 혹자는 "그의 의"를 "구원의 의"라고 말한다. 그러나 혹자는 산상수훈 마태복음 5장 20절, 6장 1절의 말씀들과 관련하여 "그의 의"를 죄 사함과 관련된 칭의로 보지 않는다.

마태복음 5장 20절, 6장 1절에 나타난 "의"란 거룩한 행실을 말하는 것임을 알 수 있다. 사람에게 보이는 서기관과 바리새인들의 위선적인 삶이 아닌 하나님께서 요구하신 삶의 기준이 바로 "하나님의 의"란 것이다. 그러므로 "하나님의 의"란 사람들의 위선적인 기준이 아닌 하나님께서 요구하시는 대로 살기를 추구하는 것이며 그 말씀에 복종하는 경건한 삶인 것임을 알 수 있다. 그러므로 "그의 의"란 칭의가 아니라 하나님의 말씀에 순종한 의로운 삶인 것이다.

따라서 하나님의 자녀들은 마땅히 하나님의 다스림에 순종하고 그 영광을 추구하며, 또한 아울러 하나님께서 기대하시는 거룩한 삶을 살아야 한다. 그리고 그렇게 살 때 하나님께서 이방인들이 구하는 의식주를 더해 주신다.

이것이 세상과는 다른 하나님의 자녀들이 믿음으로 사는 삶의 방식인 것이다. 하나님의 자녀에게는 예수님의 약속의 말씀을 믿고 이 믿음의 방식대로 살 용기가 있어야 하지 않겠는가?

{ 우리가 들어야 할 하나님의 음성은 무엇인가? }

본문에서 들어야 할 하나님의 음성은 무엇인가? 여기에는 의식주 문제로 치열한 생존경쟁의 한 가운데 서 있는 믿음의 사람들이 들어야 할 하나님의 음성이 있다. 그것은 하나님의 자녀들을 먹이시고 기르시는 것은 재물이 아니라 하나님이라는 것이다. 공중의 새를 보라는 것이다. 들의 백합화를 보라는 것이다. 누가 기르느냐는 것이다. 재물이 아무리 능력이 많아도 재물이 그것들을 기를 수 있겠느냐는 말씀이다. 그러므로 '재물이냐, 하나님이냐'로 마음이 나뉘어서는 안 된다는 것이다.

오직 하나님의 자녀들은 먼저 그의 나라와 의를 구하라는 것이다. 하나님의 다스림에 순종하며 하나님께서 기뻐하시는 삶을 추구하며 살라는 것이다. 그러면 하늘 아버지께서 하나님의 자녀들을 먹이시고 기르신다는 것이다. 왜냐하면 하늘 아버지께서는 자녀들이 필요한 것을 알고 계시기 때문이다. 이것이 세상과는 다른 하나님의 자녀들의 차별적인 믿음의 삶의 방식이 아니겠는가?

5. 솔로몬이 얻은 지혜란 무엇인가? (왕상 3:3-14)

{ 생각해 볼 점들 }

사람들은 너나 할 것 없이 솔로몬의 지혜를 사모한다. 어떤 성도들은 솔로몬이 일천 번제를 드려서 지혜를 얻었다고 믿는지 천 날 동안 새벽 기도를 드리기도 한다. 그것도 정성이 부족해서 새벽마다 헌물도 드린다. 지혜는 하나님께서 정성과 헌물을 보시고 내리시는 은총인가?

하나님께서는 솔로몬의 일천 번제를 받으시고 이렇게 말씀하신다. "내가 네게 무엇을 줄꼬 너는 구하라." 그러나 이사야 1장 11-13절에서는 하나님께서 제물 가져오는 이스라엘을 향하여 이렇게 책망하신다. "너희의 무수한 제물이 내게 무엇이 유익하뇨 나는 숫양의 번제와 살진 짐승의 기름에 배불렀고 나는 수송아지나 어린 양이나 숫염소의 피를 기뻐하지 아니 하노라 너희가 내 앞에 보이러 오니 이것을 누가 너희에게 요구하였느냐 내 마당만 밟을 뿐이니라 헛된 제물을 다시 가져오지 말라."

두 경우 모두 똑같이 하나님께 제사를 드렸다. 그런데 하나님께서는 솔로몬의 제사에 대하여는 다르게 말씀하신다. 솔로몬을 향해서는 "내가 네게 무엇을 줄꼬 너는 구하라"고 하신다. 그런데 유다와 예루살렘을 향해서는 "헛된 제물을 다시 가져오지 말라"고 하신다. 무엇이 문제인가? 하나님께서 솔로몬의 번제를 받으신 이유가 단 한 번의 일천 번제에 있었는가? 지성이면 감천인가?

하나님께서 솔로몬에게 전무후무한 지혜를 선물로 주신 까닭이 무엇인가? 본문을 통해 하나님께서 말씀하시는바가 무엇인지 궁금하다. 원문에서 하나님의 음성을 들어보자.

{ 원문에서 듣는 하나님의 음성 }

1. 솔로몬이 지혜를 얻었던 이유는?

"솔로몬이 여호와를 사랑하고 그의 아버지 다윗의 법도를 행하였으나 산당에서 제사하며 분향하더라"(왕상 3:3).

열왕기상 3장 3절은 솔로몬의 신앙이 어떠한지를 보여 준다. 이 본문에서는 하나님께서 솔로몬의 일천 번제를 기쁘게 받으시는 아주 중요한 단초를 발견할 수 있다. 일천 번제보다 더 중요한 것이 있음을 놓쳐서는 안 된다. "솔로몬이 여호와를 사랑하고…." 본문에서 "사랑하다"(אָהֵב)라는 말을 구약의 헬라어 성경인 70인역에서는 "아가파오"(ἀγαπάω)로 번역했다. 하나님의 사랑을 의미하는 아가페 사랑이다. 여기서 하나님을 사랑했던 솔로몬의 사랑의 깊이를 엿볼 수가 있다.

사람들은 때로 사랑과 감정을 혼동할 때가 많다. 진정한 사랑은 일순간의 감정에 좌우되는 것이 아니다. 책임과 의무를 다하는 데 있다. 목숨을 바치는 데 있다. 그러므로 솔로몬이 하나님을 사랑했다는 것은 어떤 경우에서도 율법에서 명한 책임과 의무를 소홀히 하지 않았다는 것을 알 수 있다.

하나님을 경외하는 솔로몬의 이 경건한 믿음이 어디서 왔겠는가? 솔로몬의 신앙의 모델은 아버지 다윗이었을 것이다. 본문에서도 "그의 아버지 다윗의 법도를 행하였다"라고 말하고 있다. 한글 성경은 "여호와를 사랑하고"와 "다윗의 법도를 행하였으나"라고 번역하여 솔로몬의 행동의 두 모습을 보여준다.

솔로몬은 그의 아버지의 법도를 행했다. 여기서 "행하다"(הלך)라는 말은 걷는다는 말이다. 미완료의 의미인 부정사(ללכת)로 되어 있다. 따라서 솔로몬이 다윗의 법도를 계속 행함으로 하나님을 사랑했던 것을 알 수 있다. 직역하면 "솔로몬이 그의 부친 다윗의 법도를 계속하여 따르면서 여호와를 사랑했다"라는 의미이다. 혹은 "솔로몬이 여호와를 사랑했기 때문에 그의 부친 다윗의 법도 가운데 걸어갔다"라는 말이다. 그러므로 하나님을 사랑한다고 말하면서 그 법도를 따르지 않는 자는 위선자에 불과할 뿐이다.

예수님께서는 요한복음 14장 15절에서 사랑과 계명과의 관계를 이렇게 말씀하셨다. "너희가 나를 사랑하면 나의 계명을 지키리라." 예수님을 사랑하는 자는 반드시 계명을 지킨다는 말씀이다. 그러므로 우리가 하나님을 사랑하는 길은 말씀을 지키고 사랑하는 데 있다고 성경은 말한다(요일 5:3). 예수님께서도 친히 "너희가 나를 사랑하면 나의 계명을 지키리라"고 말씀하셨다(요 14:15).

3절에서는 또한 일천 번제를 드렸던 솔로몬의 평소의 신앙을 엿볼 수 있다. 율법 속에 행하므로 하나님과 동행했던 것이다. 한결 같은 솔로몬의 신앙을 보지 못하고 하나님께서 주신 지혜가 일천 번제에만 있다고 생각한다면 중요한 점을 놓칠 수가 있다. 일천 번제는 한 번의 정성이 아니었음을 잊지 말아야 한다.

일천 번제의 응답도 한결 같은 신앙의 연장선상에 있음을 알 수가 있다. 이것을 놓치면 어떤 종교적인 일회성의 지성으로 하나님의 은혜를 입을 수 있는 것으로 오해할 수 있다.

앞에서 언급한 대로 이사야 1장에서 하나님께서 제물을 거절하시며 책망하신 이유는 그들의 계속되는 타락한 삶에 있음을 알 수 있다. 이사야 1장 13절에서 하나님께서는 "성회와 아울러 악을 행하는 것을 내가 견디지 못하겠노라"고 말씀하신다. 본문에서 "견디지 못하다"(יכל)라는 말이 미완료형(אוכל)인 것을 보면 이스라엘 백성의 악이 얼마나 계속되었는가를 가늠할 수 있다.

> "이에 왕이 제사하러 기브온으로 가니 거기는 산당이 큼이라 솔로몬이 그 제단에 일천 번제를 드렸더니 기브온에서 밤에 여호와께서 솔로몬의 꿈에 나타나시니라 하나님이 이르시되 내가 네게 무엇을 줄꼬 너는 구하라"(왕상 3:4-5).

솔로몬은 백성에 대한 통치를 시작하기 전에 무엇보다도 하나님과의 바른 관계를 정립하기 원했다. 역대하 1장 2절을 보면 솔로몬은 신하들과 백성의 지도자들을 모두 이끌고 기브온 산당으로 올라간 것을 볼 수 있다. 자신과 백성이 하나님께 전적으로 헌신하겠다는 하나의 신앙 고백으로서 '일천 번제'를 드린 것이다. 그리하여 자신과 이스라엘 위에 하나님의 은총이 임하기를 간구한 것이다.

솔로몬은 기브온 산당으로 올라갔다. "산당"(במה)이란 무엇을 말하는가? 우상숭배의 제단인가? 산당이란 문자적으로는 "높은 곳"을 말한다. 2절을 보면 아직 성전이 건축되지 않아서 산당에서 제사했던 것을 알 수 있다. 이런 높은 곳에서 가나안 사람들도 우상숭배를 했던 것이다. 이것 때문에 산당에 대한 오해를 할 수는 있으나 솔로몬의 경우는 하나님께 제사를 드린 것이다.

산당의 위험 가능성은 다음 두 가지이다. 첫째는 여호와의 유일 중앙 성소 명령(신 12:5-14, 18, 21, 26)을 소홀히 할 위험성이 있다. 그리고 둘째는 산당을 중심으로 드려지는(신 12:2,3) 가나안 족속의 우상 숭배 행위를 본받을 위험성이 있다(민 33:52). 그렇기 때문에 여호와의 성전이 완공된 이후, 이러한 산당은 전혀 불필요했다. 그리고 또한 결코 합법적이 될 수 없었다. 다만 철저한 파괴의 대상이 될 뿐이었다.

그러나 이스라엘 백성과 통치자들은 너무나 오래도록 산당 제사에 익숙해져 있었다. 사무엘도 성전이 없어서 산당에서 제사를 드렸던 것을 볼 수 있다(삼상 9:12-14). 그렇기 때문에 이스라엘의 선왕(善王)들조차도 산당을 훼파하는 데 소홀했다. 이로 인해 결국 이스라엘 백성은 산당으로 말미암아 우상 숭배 행위에 빠져들기도 했다(왕상 14:22-23, 대하 11:15, 21:11).

솔로몬이 기브온 산당으로 올라간 것은 그곳에 큰 산당이 있었기 때문이다. 이곳은 광야에서 모세가 지은 성막과 번제단이 안치되어 있는 곳이었다(대상 21:29). 그 당시 언약궤는 예루살렘에 있었다. 그래서 기브온과 예루살렘 두 곳이 이스라엘에게는 공동 성소가 된 셈이다. 솔로몬은 가장 큰 제단이 있는 기브온 산당에서 일천 번제를 드렸다.

보통 제단이라고 하면 성소 전체를 아우르는 말이 아니다. 성경에서 "제단", "단", "놋제단"은 모두 "번제단"(מִזְבֵּחַ)을 의미하는 말이다. 솔로몬은 일천 마리의 번제물을 드리기 위해 아마 가장 큰 번제단이 있는 기브온으로 갔던 것 같다.

솔로몬은 일천 번제를 드렸다. "일천 번제"(אֶלֶף עֹלוֹת)란 무슨 뜻인가? 사람들은 이 단어를 천 날 동안 드린 번제로 오해하기도 한다. 그러나 원문에는 천 날이란 단어는 없다. 단지 천 마리의 번제물(burnt offerings)을 드린 것으로 되어 있다. 70인역에도 이 단어가 숫자 1,000(χίλιοι)으로 되어 있고 기수를 말하고 있다. 솔로몬이 모든 대신들을 대동하고 모든 백성과 함께 전 국가적인 번제를 드리는 것을 천 날 동안 했다는 것은 정황상 맞지 않는 것으로 보인다. 다만 학자들은 약 7-8일에 걸쳐 제사를 드리지 않았나 추측한다.

번제를 의미하는 "올라"(עֹלָה)는 "올라가다, 상달하다"라는 뜻을 가진 "아라"(עָלָה)에서 유래되었다. "드렸다"(עָלָה)라는 말은 미완료 사역형이다(יַעֲלֶה). 이 단어에서 제사 드리는 자의 마음가짐과 정성을 볼 수 있다. 마음과 뜻을 다해 정성껏 드린 것을 알 수 있다. 이 제사를 받으신 하나님께서 꿈에 솔로몬에게 이렇게 말씀하셨다. "내가 네게 무엇을 줄꼬 너는 구하라."

일천 번제를 받으신 하나님께서 기브온에서 예루살렘으로 올라가기 전 은혜를 베푸신 것이다. 직역하면 이렇다. "하나님께서 말씀하셨다. 내가 네게 줄 것을 무엇이든지 너는 구하라." 하나님의 이 말씀을 미루어 보면 솔로몬이 어떤 목적을 이루기 위한 수단으로 일천 번제를 드린 것이 아님을 알 수 있다. 그런데 일천 번제를 드렸기 때문에 솔로몬이 지혜를 선물로 받은 것으로 오해하는 경우도 있는 것 같다. 그래서 무엇을 얻기 위해 일천 번제를 드리는 사람들이 종종 있지 않은가?

만약 솔로몬이 어떤 기도 응답을 위해 번제를 드렸다면 하나님께서는 이런 질문을 하실 필요가 없었을 것이다. 솔로몬이 아무것도 구하지 않고 다만 자신을 왕으로 세우심에 감사제만 드렸다. 그런데 이를 기쁘게 받으신 하나님께서 먼저 기도 제목을 물으셨던 것이다. 이런 제사, 이런 예배, 얼마나 감동적인가? 오직 감사와 영광을 하나님께 돌렸는데 우리에게 "내가 네게 무엇을 줄꼬 너는 구하라"는 음성이 들려오면 얼마나 감격하겠는가?

아브라함, 이삭, 야곱 모든 족장들이 그랬듯이 제사는 은혜 베푸심에 대한 인간의 감사의 반응인 것이다. 솔로몬도 마찬가지였다. 제사를 드림으로 무엇을 얻으려 함이 아니요, 지금까지 은혜 베푸심에 대한 감사와 찬양이었다. 이것이 예배자의 합당한 자세요, 마음이 아니겠는가?

"무엇이든지 구하라"는 하나님의 말씀에 솔로몬은 오히려 6-7절에서 아버지 다윗과 어린아이 같은 자신에게 베푸신 은혜에 감사한 것을 볼 수 있다. 솔로몬은 "주 앞에서 성실과 공의와 정직한 마음으로 행한 부친 다윗에게 크신 은혜를 베푸셨다"고 고백한다.

"성실과 공의와 정직한 마음"을 직역하면 "진실 안에서, 의로움 안에서, 마음의 정직 안에서"이다. 따라서 "성실"(אֱמֶת)은 하나님을 경외하며 진실하게 섬기는 행동을, "공의"(צְדָקָה)는 하나님과의 관계에서 의로움을 말한다. 그리고 "정직"(יָשָׁר)은 하나님의 명령을 순종하는 거짓이 없는 바른 마음임을 알 수 있다. 이것이 바로 다윗의 신앙이었다. 다윗이 하나님께 은혜를 입은 것은 그가 평생 동안 하나님을 떠나지 않고 동행하며 언제나 하나님의 얼굴 앞에서 살았기 때문이다.

6절에서 이런 부친 다윗에게 하나님께서 크신 은혜를 베푸셨다고 솔로몬도 고백하고 있다. 본문의 "은혜"(חֶסֶד)는 상대방의 감정에 공감할 뿐 아니라 상대방을 어려움에서 구원하기 위해 실제적인 행동을 통해 구체적인 도움을 주는 것까지 포함하는 개념을 지니고 있다. 이 "은혜"(חֶסֶד)는 하나님과 이스라엘 백성과의 계약과 관련하여 그 의미를 살펴보아야 한다. 영어에서는

"loving-kindness", "mercy", "steadfast love"로 번역한다. 우리말로 번역하자면, "자애", "은혜", "자비", "꾸준한 사랑", "헌신" 등으로 번역할 수 있다.

학자들은 이 "은혜"(חסד)는 세 가지 기본적인 의미인 "힘", "꾸준함", "사랑"의 교차개념으로 작용한다고 본다. "은혜"(חסד)를 이해함에 있어서 이 세 가지 의미를 함께 파악하지 못한다면 이 단어가 지닌 의미의 풍성함을 놓치게 된다.

힘과 꾸준함이 결여된 사랑은 감상적일 수밖에 없다. 사랑에는 그 사랑을 지킬 힘과 꾸준함이 동반되어야 한다. 힘과 꾸준함이 있어도 사랑이 없으면 그것은 기계적인 관계에 불과하지 않겠는가?

하나님께서는 이 "은혜"(חסד)를 다윗에게 베푸셨다. "베푸셨다"(עשׂה)라는 말은 "행하다", "만들다", "성취하다", "생산하다"라는 말로 완료형이다(עשׂיתה). 완료형은 시작된 행동이 계속된 것을 말한다. 다윗이 하나님 앞에서 행한 것이 완료형인 것처럼 하나님께서 다윗에 크신 은혜를 베푸신 것 또한 완료형이다. 즉, 하나님께서도 계속해서 다윗에게 은혜를 베푸셨음을 알 수 있다.

본문에서 한 가지 특이한 점은 "주께서"(אתה)라는 단어이다. 직역하면 "당신"이다. 동사만으로 충분히 주어가 하나님인 것을 알 수 있다. 그럼에도 불구하고 솔로몬이 "주께서"(אתה)라는 말을 쓰고 있다. 이것은 은혜를 베푸신 주체가 바로 당신, 곧 하나님이심을 강조하고 있는 것이다. 직역하면 "바로 당신께서 큰 은혜를 베푸셨습니다"라는 말이다.

"나의 하나님 여호와여 주께서 종으로 종의 아버지 다윗을 대신하여 왕이 되게 하셨사오나 종은 작은 아이라 출입할 줄을 알지 못하고 주께서 택하신 백성 가운데 있나이다 그들은 큰 백성이라 수효가 많아서 셀 수도 없고 기록할 수도 없사오니 누가 주의 이 많은 백성을 재판할 수 있사오리이까 듣는 마음을 종에게 주사 주의 백성을 재판하여 선악을 분별하게 하옵소서"(왕상 3:7-9).

열왕기상 3장 7-9절에서는 솔로몬의 기도를 볼 수 있다. 솔로몬은 하나님께서 자신을 왕으로 세워 주신 것에 감사하고 있다. "종으로 종의 아버지(אָב) 다윗을 대신하여 왕이 되게 하셨다"는 것이다. 여기서 "종"(עֶבֶד)이란 문자적으로는 "당신의 종"이다. 솔로몬은 철저하게 자신이 하나님의 소유라고 말하고 있다. 하나님께서는 하나님의 종인 솔로몬을 왕이 되게 하셨다. 또한 "왕이 되게 하다"(מָלַךְ)라는 말은 사역, 완료형이다(הִמְלַכְתָּ). 직역하면 "당신이 시켜서 왕이 되었다"라는 말이다. 비록 왕조가 세습으로 마땅히 부친 다윗 왕이 정한 아들이 왕이 될 수는 있지만 그러나 이 모든 일들이 하나님의 다스림 안에 있음을 고백한 것이다. 모든 것이 하나님의 은혜라고 고백한 것이다.

하나님께서 왕으로 세워 주셨지만 솔로몬은 스스로를 "작은 아이"라고 말하고 있다. "작다"(קָטֹן)라는 말은 어떤 의미인가? "작다"라는 말은 "어리다", "소년"의 뜻으로 "권위가 없어 중요한 자리에 앉지 않다"(사 36:9), "세력의 작음을 의미하는 미약하다"(암 7:2), 그리고 "갓난 아이"(출 2:6), "어린아이"(창 21:14)라는 말로 쓰인다.

당시 솔로몬의 나이를 약 20세로 추정한다. 따라서 아이는 단지 문자적으로 "어리다"라는 의미는 아니다. "아이"(נַעַר)는 "소년", "젊은이", "청년"을 가리키는 말이다. 그러므로 솔로몬이 자신을 "작은 아이"라고 고백한 것은 신정 왕국을 통치하는 하나님의 대리자로서 그 자신이 맡은 큰 책임에 비해 경

힘이 없어 미숙하고 연약함을 고백하며 하나님의 도움을 구하는 겸손한 마음인 것이다.

이어서 솔로몬은 "출입할 줄을 알지 못하고"라고 말한다. 무슨 의미인가? 직역하면 "나는 나가고 그리고 들어오는 것을 알지 못한다"라는 말이다. 즉, 맡은바 임무를 수행하기 위하여 활동하는 모습을 가리키는 성경의 관용적 표현이다(민 27:17, 신 31:2, 삼상 18:13). 그러므로 "출입할 줄을 알지 못한다"라는 고백은 왕으로서 어떻게 백성을 성공적으로 잘 다스려야 할지 모르겠다는 말이다.

이 고백에서 솔로몬은 하나님께서 택하신 백성을 하나님의 뜻 가운데서 다스려야 할 무거운 책임을 느끼고 있음을 알 수 있다. 택하신 백성의 왕이 된다는 것은 어떤 자리에 오르는 것인가? 그것은 하나님께서 이 백성을 통해 이루실 중요한 임무를 바르게 수행해야 될 막중한 책임을 져야 할 자리에 있다는 것이기도 하다.

솔로몬은 지금 이 왕의 자리가 한낱 다른 나라 왕의 자리와는 전혀 다르다는 것을 알고 있다. 이 기도는 솔로몬 자신이 자신의 뜻과 계획대로 이스라엘을 다스리고 인도하는 것이 아니라 하나님의 종으로서 하나님의 뜻에 따라 그 일을 감당해야 함을 아뢰고 있는 것이다. 솔로몬이 하나님 앞에서 하나님의 뜻을 바르게 수행함에 있어서 자신의 부족함을 깊이 성찰하고 있음을 알 수 있지 않은가?

그래서 솔로몬은 하나님께서 "내가 네게 줄 것을 무엇이든지 너는 구하라"고 하자 9절에서 이렇게 구했다. "듣는 마음을 종에게 주사 주의 백성을 재판하여 선악을 분별하게 하옵소서."

솔로몬은 "듣는 마음"을 구한 것이다. 여기서 "듣다"(שׁמע)라는 말은 "듣다", "이해하다", "순종하다", "분별하다"라는 말이다. 직역하면 "당신의 종에게 듣는 마음, 곧 분별하고 순종하는 마음을 주소서" 하는 의미다. 이는 하나님의 말씀을 듣고 그분의 뜻에 순종하려는 신앙적 지혜와 결단이다. 하나님의 음성을 듣지 않는 지도자, 백성의 소리를 듣지 않는 지도자야말로 가장 어리석고 악한 자가 아니겠는가?

솔로몬은 왜 듣는 마음을 하나님께 구했던 것인가? 솔로몬의 기도를 직역하면 이렇다. "당신의 종에게 계속하여 듣는 마음을 주십시오. 주의 백성을 재판하기 위해서 그리고 선과 악 사이를 분별하기 위해서. 왜냐하면 누가 이 많은 주의 백성을 재판할 수 있겠습니까?" 영어에서는 "듣는 마음"을 "이해하는 마음"(understanding heart)과 "분별하는 마음"(discerning heart)으로 번역하였다.

여기서 솔로몬이 하나님께 왜 "듣는 마음"을 구했는지 알 수 있다. 첫째는 주의 백성을 재판하기 위함이었다. 듣는 마음을 구하는 목적이 하나님의 뜻대로 재판하고 다스리는 데 있음을 알 수 있다. 둘째는 선과 악 사이를 분별하기 위함이었다. "분별하다"(בין)는 "둘 사이를 나누다", "분별하다"(욥 6:30), "모르고 있던 사실을 순간적으로 깨닫다"(단 9:2)라는 말로 부정사 사역형이다(להבין). 솔로몬은 주의 백성을 바르게 재판하고 다스리기 위해서, 그리고 선과 악을 바르게 분별하기 위해서 하나님께 듣는 마음 곧 순종하는 마음을 구했던 것이다. 이런 솔로몬이 어찌 하나님의 마음에 들지 않았겠는가?

2. 솔로몬의 마음과 제사를 기쁘게 받으시고 지혜를 베푸시는 하나님

"솔로몬이 이것을 구하매 그 말씀이 주의 마음에 든지라"(왕상 3:10).

열왕기상 3장 10절을 보면 "솔로몬이 이것을 구하매 그 말씀이 주의 마음에 든지라"고 되어 있다. 여기서 "들다"(טוב)라는 말은 "즐겁다", "기쁘다", "좋게 여기다"는 의미이다. "마음"이란 단어는 사실 "눈"(עין)으로 되어 있다. 직역하면 "그리고 그 말이 주의 눈에 좋았다"라는 말이다. 하나님께서는 중심을 보시므로 솔로몬이 하나님의 마음에 들었다고 번역한 것으로 볼 수 있다.

11절 이하의 하나님의 말씀을 보면 왜 솔로몬의 기도가 하나님의 눈에 보시기에 좋았던가를 짐작할 수 있다. 솔로몬은 자신을 위해 장수나 부나 원수의 생명을 구하지 않고 오직 송사를 듣고 분별하는 지혜를 구했다. 사실 장수나 부, 그리고 원수의 생명을 구하는 것은 모든 왕들의 소원이 아니겠는가?

그렇다면 솔로몬의 기도가 하나님을 기쁘시게 한 이유는 무엇인가? 그 이유는 때와 상황에 맞는 기도를 드렸기 때문이다. 왕이 마땅히 할 본분이 무엇인가? 그것은 하나님의 음성을 듣고 하나님께서 택하신 백성을 바르게 다스리는 것이다. 그것을 알고 구했다는 점이다. 하나님께서 왕에게 바라시던 바가 아니었겠는가? 왜냐하면 주의 택한 백성을 맡아 다스릴 솔로몬은 이스라엘의 참된 주권자이신 하나님께 무엇보다도 올바른 통치와 재판을 위해 듣는 마음, 순종하는 마음을 구했기 때문이다. 즉, 솔로몬은 하나님께서 보시기에 상황에 아주 적절한 올바른 기도를 드린 것이다.

솔로몬은 하나님께서 자기에게 주신 일을 잘 감당하기 위한 것에만 마음을 모았던 것이다. 하나님께서 솔로몬의 우선순위의 결정을 기뻐하신 것이다. 즉 장수나 부, 원수의 생명을 먼저 구하지 않은 것을 기뻐하신 것이다. 솔로몬에게 가장 절실한 것은 주님의 음성을 듣고 순종하여 하나님의 백성을 바르게 인도하고 판단하는 데 있었다.

솔로몬은 구할 것을 바르게 구한 지혜로운 왕이었다. 하나님께서는 솔로몬의 기도를 들으시고 이렇게 말씀하셨다. "오직 송사를 듣고 분별하는 지혜를 구하였으니." 직역하면 "네가 네 자신을 위해 송사를 이해하기 위한 그 분별력을 구하였으니"라는 말이다. 정말 때와 상황에 맞는 기도가 아닌가?

12절에서 하나님께서는 놀라운 약속을 하신다. "내가 네 말대로 하여 네게 지혜롭고 총명한 마음을 주노니 네 앞에도 너와 같은 자가 없었거니와 네 뒤에도 너와 같은 자가 일어남이 없으리라."

하나님께서는 12절에서 솔로몬이 구한 "듣는 마음"이 "지혜롭고 총명한 마음"이라고 말씀하신 것을 볼 수 있다. "지혜"는 "하캄"(חכם)이다. "총명한"(בין)은 분별력과 동의어이다. 하나님의 음성을 듣고 순종하는 마음이 바로 지혜의 마음이요, 분별력이 있는 마음임을 알 수 있다.

그래서 솔로몬은 잠언 9장 10절에서 "여호와를 경외하는 것이 지혜의 근본이요 거룩하신 자를 아는 것이 명철이니라"고 말했다. 직역하면 "모름지기 지혜란 여호와를 두려워하는 데서부터 시작되는 것이요 거룩하신 자를 아는 것이 총명(분별력)이다"라는 의미이다.

지혜라는 뜻의 이 "하캄"(חכם)이란 말은 이성적 명철함을 의미하는 지혜(신 4:6), 인생의 경험으로부터 생겨나는 기민한 처세술을 의미하는 간교함(삼하 13:3), 그리고 사물의 이치를 깨닫고 기억함을 의미하는 지각(렘 4:22)이라는 다양한 의미로 사용됨을 볼 수 있다. 총명함은 앞에서 언급한 선과 악 사이를 분별하는 분별력을 말한다.

하나님께서는 솔로몬에게 지혜와 분별력을 주실 뿐만 아니라 구하지 않는 부귀와 영광도 약속하셨다. 그리고 전에도 후에도 솔로몬과 같은 자가 없을 것이라고 말씀하셨다. 솔로몬의 때와 상황에 맞는 기도처럼 하나님을 기쁘시게 하면 하나님께서는 구하지 않는 것까지 넘치도록 부으신 것을 알 수 있다. 그리고 14절에서는 하나님께서는 장수의 은총에 대해 조건적으로 약속하셨다.

"네가 만일 네 아버지 다윗이 행함 같이 내 길로 행하며 내 법도와 명령을 지키면 내가 또 네 날을 길게 하리라"(왕상 3:14).

하나님께서 장수를 조건적인 은혜로 말씀하신 이유가 무엇인가? 하나님께서 생명의 연장을 이렇게 조건적인 은혜로 남겨 두신 것은 솔로몬으로 하여금 일평생 동안 긴장하며 하나님 앞에서 여호와의 법도와 명령을 지켜 살도록 하기 위한 더 큰 은혜가 아니겠는가?

"다윗이 행함 같이 내 길로 행하며." 다윗은 평생 하나님의 길로 행했음을 알 수 있다. 솔로몬에게 하나님께서 하신 약속의 조건은 "내 길로 행하라"는 것이다. 그런데 여기에서 "행하다"라는 말은 미완료형이다(הָלַךְ). 변함없이 계속되어야 할 행동을 말하는 것이다. 직역하면 "다윗이 행했던 것 같이 내 길로 계속 행하면"이라는 의미이다. 법도와 명령의 준수가 일회적인 것이 아닌 끊임없이 지속되어야 함을 보여 주고 있다.

하나님의 변함없는 사랑을 받는 길은 한 순간의 흥분과 감정의 행동이 아닌 굳은 의지와 일관된 노력과 인내가 동반되어야 함을 알 수 있다. 이는 돌밭에 떨어진 씨앗과 같이 출발은 기쁨으로 하나 말씀으로 인해 고난을 받으면 넘어지는 것과 같지 않은 것이다.

하나님께서는 솔로몬이 다윗처럼 변함없이 행하면 그날을 길게 하리라고 약속하셨다. "길게 하다"(אָרַךְ)는 사역, 완료형이다(הַאֲרַכְתִּי). 그러므로 의미를 살려 번역하면 "내가 네 날을 계속하여 길게 만들어 줄 것이다"라는 뜻이다. 이를 통해 장수 은총에 대한 하나님의 강력한 의지를 볼 수 있지 않은가?

그러므로 솔로몬이 유념할 것은 하나님께서 주신 지혜와 부와 영광에 취하여 자만하지 않는 데 있었다. 그리고 오직 하나님을 사랑하고 그 법도와 명령을 계속하여 지키는 데 있었다. 그가 항상 긴장하고 넘어지지 않도록 하나님께서 지혜로운 약속을 말씀하신 것이다. 하나님의 사랑은 참으로 지혜로운 사랑임을 다시 한 번 깨닫게 된다.

{ 우리가 들어야 할 하나님의 음성은 무엇인가? }

본문에서 들어야 할 하나님의 음성은 무엇인가? 솔로몬이 하나님께 전무후무한 지혜를 선물로 받은 까닭이 무엇인가? 일천 번제였는가? 지성이면 감천이었는가? 아니다. 그가 은총을 입은 것은 하나님을 사랑하고 아버지의 율법을 늘 행했던 데 있었다.

또한 잊지 말아야 할 점이 있다. 그것은 하나님께서 기대하시는 바를 바르게 구하는 것이다. 즉, 상황에 맞는 기도를 해야 한다는 것이다. 솔로몬의 기도는 우선순위를 바로 깨닫고 바르게 구하는 기도였다. 이것을 보면 열심히 부르짖는 것만이 능사도 아닌 것 같다. 정치가가, 기업가가, 목회자가, 가장이 구할 바른 기도가 무엇이며 기도의 우선순위가 무엇이겠는가?

직분을 맡은 것에 대해 생각해 보자. 맡은 자가 구할 것은 무엇인가? 대체적으로 사람들은 하나님의 일을 맡게 되면 능력을 구한다. 그런데 성경은 "맡은 자가 구할 것은 충성이라"고 말씀하고 있다. 그렇다. 이것이 상황에 맞는 기도이지 않는가? 일을 맡은 자가 충성하지 않으면 능력이 무슨 소용이 있겠는가?

하나님을 기쁘시게 한 그 믿음과 간구 때문에 솔로몬은 그가 구하지 않은 장수의 은총까지 약속을 받았다. 하지만 거기에는 조건이 있었다. 아버지 다윗의 길로 행할 때만이 은총이 계속된다는 것이다. 삶에서 하나님을 기쁘시게 하지 않는 자는 제사로도 하나님의 은혜를 누릴 수 없다는 진리를 깨닫게 하는 말씀이다.

6. 사탄 앞에서 욥에 대한 하나님의 자랑 (욥 1:1-8)

{ 생각해 볼 점들 }

그리스도인들은 많은 간증을 듣게 되고 또 간증을 한다. 하나님께 은혜 받았던 것에 대해 간증한다. 그러나 우리들이 하는 간증의 내용들은 대동소이하다. 그것은 성공에 대한 것들이 많다. 형편이 나아졌다는 것이다. 고통에서 벗어났다는 것이다. 좋은 학교에 들어갔다는 것이다. 아파트에 당첨되었다는 것이다. 물론 이 모든 것들도 하나님의 은총들이다. "망했었는데 성공했다"는 간증을 많이 듣는다. 하지만 "망해서 감사하다"는 간증은 듣기가 그리 쉽지 않다.

다음의 내용은, 지금은 이 땅의 사역을 마치고 하늘 아버지 품에 안식하고 있는 어느 목사의 설교의 일부이다. 주일 날 예배를 마치고 나오는데 한 집사가 "목사님 저 복 받았습니다" 하고 인사를 했다고 한다. 그래서 이 목사도 "사업이 잘 되는 모양이지요?" 하고 거들었다. 그런데 그 집사님은 뜻밖에도

"목사님, 제 사업이 망했습니다" 하고 대답하는 것이었다. 말문이 막힌 목사는 민망하여 "그런데 사업이 망한 것이 왜 복이지요?" 하고 되물었다. 그러자 그 집사는 "사업이 망해서 새 사람이 됐습니다"라고 했다는 것이다. 이 대화를 소개하면서 이 목사는 스스로 이렇게 자책하는 말을 했다. "세상에 목사의 영성이 집사의 영성만도 못하다니."

우리는 대체적으로 하나님께서 베푸신 은총들 곧 땅의 것들을 자랑한다. 재물이 늘어난 것을 자랑하고 성공한 것을 자랑한다. 좋은 학교에 들어간 것을 자랑한다. 그렇다면 하나님께서는 어떠하실까? 하나님께서 자랑스럽게 여기시는 관심사는 무엇일까? 하나님께서는 우리의 어떤 것을 존귀하게 보고 대견스러워 하실까? 우리의 영성일까, 아니면 선물로 주신 땅의 복들일까? 본문을 통해 하나님께서 무엇을 가장 자랑스럽게 여기시는지 그것이 궁금하다. 원문에서 하나님의 음성을 들어보자.

{ 원문에서 듣는 하나님의 음성 }

1. 욥의 신앙의 모습들

"우스 땅에 욥이라 불리는 사람이 있었는데 그 사람은 온전하고 정직하여 하나님을 경외하며 악에서 떠난 자더라 그에게 아들 일곱과 딸 셋이 태어나니라 그의 소유물은 양이 칠천 마리요 낙타가 삼천 마리요 소가 오백 겨리요 암나귀가 오백 마리이며 종도 많이 있었으니 이 사람은 동방 사람 중에 가장 훌륭한 자라"(욥 1:1-3).

욥기 1장 1절은 욥에 대해 이런 평가를 내리고 있다. "우스 땅에 욥이라 불리는 사람이 있었는데 그 사람은 온전하고 정직하여 하나님을 경외하며 악에서 떠난 자더라." 먼저 욥을 온전한 사람이라고 말한다. 그렇다면 '온전하다' 는 것은 무슨 뜻인가? '완전하다' 는 말인가? "온전"(תָּם)이란 "경건한", "완전한", "도덕적으로 순결한", "무흠한"이란 뜻이다. 욥이 온전하다는 것은 죄가 없다는 말인가? 그렇지 않다. 완전한 사람은 없다. 여기서 "온전"이란, 말씀을 따라 사는 영적이고 도덕적인 순결함을 말한다.

그리고 그의 성품이 "정직"하다고 말한다. "정직"(יָשָׁר)이란 무엇을 말하는가? "정직"이란 "곧은", "똑바른", "옳은"의 의미다. 이 말은 "똑바로 행하다", "좌우로 치우치지 아니하다", "곧게 하다"라는 "야솨르"(יָשַׁר)에서 나온 말이다. 여기에서 "정직"이란 거짓을 멀리할 뿐 아니라 하나님의 말씀을 따라 좌우로 치우치지 않은 것임을 알 수 있다. 이것을 보면 욥의 마음과 그의 삶이 어떠했던가를 알 수 있다.

그리고 그의 신앙의 단면을 보여 주는 것이 있다. 그것은 하나님에 대한 "경외"이다. "경외"란 무엇을 말하는 것인가? "경외"(יָרֵא)란 문자적으로는 "두려워하는", "무서워하는 것"을 말한다. 그는 생사화복을 주관하시는 전능하신 하나님을 두려워하는 믿음을 가지고 있었음을 알 수 있다.

뿐만 아니라 성경은 악에서 떠난 자라고 말한다. "떠나다"(סוּר)라는 말은 "벗어나다", "방향을 바꾸어 들어가다", "피하다", "거부하다"라는 말이다. "떠나다"라는 말이 계속의 의미인 분사형이다(סָר). 이것을 보면 욥의 악을 떠난 상태가 어떠한가를 보여 주고 있다. 즉, 늘 악한 길을 피하고 살았던 것을 알 수 있지 않은가? 주님을 따르는 길이란 안락한 길이 아니요, 영적 전쟁의 길이며, 육신의 소욕과의 싸움이요, 이 세상과의 싸움이요, 악한 영들과의 싸움이다.

3절에서 "이 사람은 동방 사람 중에 가장 훌륭한 자"라고 말한다. "동방"(קֶדֶם)은 동편이란 의미로 이스라엘을 기준으로 하여 동쪽을 가리킴을 알 수 있다. 이처럼 욥을 가장 훌륭한 자라고 말한다. "훌륭하다"라는 것은 무엇을 의미하는가? "훌륭하다"(גָּדוֹל)라는 말은 문자적으로는 "큰", "위대한"(사람, 일, 물건), "높음", "힘센", "많은", "고상한" 것을 의미한다.

그래서 가장 훌륭하다는 것은 일차적으로는 겉으로 드러나는 재산과 관련하여 그가 당대 동방의 사람들 중에서 가장 많은 재산, 즉 가축을 소유하였음을 의미한다고 볼 수 있다. 그러나 욥기 전체의 내용과 관련해 보면 이는 욥이 지닌 고매한 인격과도 관련된 표현임을 알 수 있다. 왜냐하면 "훌륭하다"라는 "가돌"(גָּדוֹל)이라는 말이 사람이나, 일, 물건 등의 위대함을 포함하고 있기 때문이다.

사무엘하 7장 9절을 보면 다윗에게 은혜를 베푸신 하나님의 약속을 볼 수 있다. "네가 가는 모든 곳에서 내가 너와 함께 있어 네 모든 원수를 네 앞에서 멸하였은즉 땅에서 위대한 자들의 이름 같이 네 이름을 위대하게 만들어 주리라." 여기에서 "위대하다"라는 말이 "가돌"(גָּדוֹל)이다. 하나님께서 다윗을 큰 인물로 만들어 주시겠다는 것이다. 욥은 이러한 은총을 입은 사람이다.

> "그의 아들들이 자기 생일에 각각 자기의 집에서 잔치를 베풀고 그의 누이 세 명도 청하여 함께 먹고 마시더라 그들이 차례대로 잔치를 끝내면 욥이 그들을 불러다가 성결하게 하되 아침에 일어나서 그들의 명수대로 번제를 드렸으니 이는 욥이 말하기를 혹시 내 아들들이 죄를 범하여 마음으로 하나님을 욕되게 하였을까 함이라 욥의 행위가 항상 이러하였더라"(욥 1:4-5).

5절에서 우리는 욥의 신앙의 면모를 볼 수 있다. 욥은 자식들을 불러다가 성결하게 했다. "성결하다"(קָדַשׁ)는 "거룩하게 하다", "정화하다", "분리되다", "성결하게 하다"라는 말이다. 이 말은 강조, 미완료형이다(יְקַדְּשֵׁם). 행동이 계속됨을 알 수 있다. 이것을 보면 욥이 자녀들을 늘 성결케 하는 데 얼마나 많은 정성을 다 하였는지 알 수 있다.

본문을 보면 욥이 직접 번제를 드린 것을 볼 수 있다. 욥이 직접 번제를 드린 것을 미루어 보아 학자들은 그의 생존 연대가 일단 모세 법령 반포 이전으로 추정한다(창 8:20, 12:17, 13:18, 15:9, 10). 왜냐하면 모세 율법에는 제사장만이 제의를 집례 할 수 있었기 때문이다. 아마도 욥은 노아나 아브라함의 실례에서 볼 수 있듯이 가장으로서 가족들을 대표하여 제사를 드렸던 것으로 보인다. 그래서 학자들은 욥의 시대를 아브라함의 시대로 추정한다.

"번제를 드렸다"(עָלָה)라는 말은 문자적으로 "오르다", "들어 올리다"라는 말로써 의식과 관련되어서는 "헌납", "드림"이라는 의미로 사용된다. 그런데 "드렸다"라는 말이 사역형, 완료형이다(הֶעֱלָה). 무슨 의미겠는가? 의미를 살펴보면 욥은 자신을 복종시켜 번제 드리는 일을 계속해 왔음을 알 수 있다. 자신을 쳐서 말씀에 복종시키는 자만이 신앙에서 승리할 수 있다.

이렇게 번제를 드린 욥의 신앙의 저변을 5절에서 다시 한 번 읽을 수 있다. "혹시 내 아들들이 죄를 범하여 마음으로 하나님을 욕되게 하였을까 함이라 욥의 행위가 항상 이러하였더라." "욥의 행위가 항상 이러하였더라"를 직역하면 "욥은 모든 날 동안 그렇게 행하였더라"는 말이다. "행위"(עָשָׂה)가 명사가 아니라 동사로 미완료다(יַעֲשֶׂה). 무슨 뜻인가? 혹시라도 자녀들이 범죄하였을까 하여 늘 번제로 성결케 하는 욥의 경건생활이 한결같이 계속되었음을 알 수 있다. 늘 하나님 앞에서 자신을 살피는 욥의 거룩한 신앙의 면면을 볼 수 있다.

2. 사탄 앞에서 욥을 자랑하시는 하나님

"하루는 하나님의 아들들이 와서 여호와 앞에 섰고 사탄도 그들 가운데에 온지라 여호와께서 사탄에게 이르시되 네가 어디서 왔느냐 사탄이 여호와께 대답하여 이르되 땅을 두루 돌아 여기저기 다녀왔나이다"(욥 1:6-7).

욥기 1장 6-7절에서 우리는 영적 세계의 비밀을 엿볼 수 있다. 사탄이 땅을 두루 돌아다닌다는 사실이다. 그리고 사탄이 하나님과 하나님의 아들들이 함께 하는 회의에 참석한다는 사실이다.

본문의 "하나님의 아들들"(בְּנֵי הָאֱלֹהִים)이란 누구를 가리키는 것인가에 대해 해석이 분분하다. 여기에서 "아들"(בֵּן)이란 말은 "짓다", "만들다"라는 단어인 "바나"(בָּנָה)에서 나온 말이다. 그래서 문자적으로 아들이란 말은 "만들어진 존재"라는 의미다. 학자들은 이 단어가 자식, 자손으로 쓰인 것은 아마도 자식은 부모에 의해 만들어진 존재로 보기 때문이라고 말한다.

그렇다면 "하나님의 아들들"이란 누구를 말하는 것인가? 구약성경을 헬라어로 번역한 70인역이 있다. 이 헬라어 번역본을 참조하면 난해한 단어들을 쉽게 이해하는 데 도움을 받을 수 있다. 이 70인역을 보면 "하나님의 아들들"을 "천사들"로 번역했다(οἱ ἄγγελοι τοῦ θεοῦ). 그러므로 "아들들"이 정말 사람이 아닌 천사들임을 알 수 있다. 히브리어의 관점에서 보면 아들로 표현된 초자연적인 존재인 천사는 하나님의 의해 만들어진 피조물임을 알 수 있다.

일반적으로 하나님이란 단어에 정관사가 없다. 그런데 본문의 "하나님의 아들들"(בְּנֵי הָאֱלֹהִים)이란 구절에는 "하나님"(הָאֱלֹהִים)이란 단어에 정관사(הַ)가

붙어 있다. 무슨 의미일까? 직역하면 "그 하나님의 아들들"이다. 즉, "그 하나님의 천사들"이다. 무슨 말인가? 이스라엘의 하나님, 곧 천지를 창조하신 그 하나님께서 부리신 그의 천사들이라는 말이다.

사실 하나님을 지칭하는 "엘로힘"(אֱלֹהִים)이란 호칭은 우리가 믿는 하나님이란 호칭만은 아니다. 구약성경을 보면 하나님(엘로힘)은 일반 신에게도 공용으로 쓰이고 있다(출 20:3). 하나님(אֱלֹהִים)에 정관사(ה)가 붙은 것은 이스라엘의 창조자인 그 하나님을 강조한 것임을 알 수 있다.

하나님께서 부리신 천사들이 하나님 앞에 모였을 때 사탄이 등장한다. 사탄은 어떤 존재인가? 사탄에 대한 기록은 이사야서(14장)와 에스겔서(28장) 그리고 요한계시록(12장) 등을 참조하면 그의 기원과 타락에 대해 자세히 알 수 있다. "사탄"(הַשָּׂטָן)은 우리말이나 영어가 아닌 히브리어 음역이다. 사탄이란 "대적하다", "반대하다"라는 "사탄"(שָׂטָן)에서 파생되어 "대적자", "참소자", "이간질하는 자"를 의미한다. 이는 전쟁에서의 대적이나(왕상 11:14,23,25) 법정에서의 대적(시 109:6; 슥 3:1)을 나타낼 때도 주로 사용한다.

본문에는 사탄에 정관사(ה)가 결합된 고유명사(הַשָּׂטָן)로 '그 사탄'이라고 말한다. '그 사탄'은 다름 아닌 창세기 3장 15절, 이사야 14장, 에스겔 28장에 나타난 바로 그 대적자인 것이다. 이처럼 "대적"이란 뜻의 보통 명사가 사탄이라는 고유명사로 사용된 데서 알 수 있듯이 사탄은 하나님은 물론 그의 자녀인 성도들을 대적하고 참소하고 이간질하는 존재이다(사 14장; 마 4:1-11; 벧전 5:8; 계 12:10).

대적자인 사탄이 천상의 회의에 들어왔다. 사탄은 타락 후 하나님으로부터 내어 쫓김을 당한 불의한 천사(사 14:12-20; 겔 28:15-19)였다. 그런데 대적자인 사탄이 천사들 가운데 들어온 것은 어찌된 것인가? 사탄이 그들 가운데 들어온 것을 학자들은 침입하는 것으로 해석한다.

사탄은 시중드는 천사처럼 하나님의 보좌에 상주하는 것이 아니라(계 4:6-11, 19:4) 단지 욥을 참소하기 위해 그곳에 침입한 것으로 보인다. 사탄은 열왕기상 22장 19-22절과 스가랴 3장 1-5절에서도 대적자로 활동하는 것을 볼 수 있다. 이 사탄은 땅을 두루 돌아 여기저기 다녔다. 여기에서 악한 일을 위해 배회하는 사단의 모습을 볼 수 있다(마 13:25).

한편 베드로는 사탄을 가리켜 "우는 사자 같이 두루 다니며 삼킬 자를 찾는다"(벧전 5:8)고 묘사하였다. 욥기에 나타난 사탄의 모습도 우는 사자 같이 두루 다니며 삼킬 자를 찾는 모습과 흡사하다.

> **"여호와께서 사탄에게 이르시되 네가 내 종 욥을 주의하여 보았느냐 그와 같이 온전하고 정직하여 하나님을 경외하며 악에서 떠난 자는 세상에 없느니라"**(욥 1:8).

욥기 1장 8절을 보면 하나님께서는 욥이 너무나 대견하여 사탄 앞에서 이렇게 자랑한다. "네가 내 종 욥을 주의하여 보았느냐 그와 같이 온전하고 정직하여 하나님을 경외하며 악에서 떠난 자는 세상에 없느니라." 하나님께서 욥을 얼마나 자랑스러워하시는지 알 수 있는 말씀이다. 이 말씀을 보면 하나님께서 우리가 어떤 삶을 사는 것을 기대하고 대견하게 여기시는지 가늠할 수 있다.

하나님께서 "내 종을 주의하여 보았느냐"라고 사탄에게 물으셨다. "주의하여 보았느냐"라는 말은 어떤 의미인가? "주의하여 보다"(שִׂים)라는 말은 "두다", "생각하다", "돌보다", "만들다"라는 말로서 완료형이다(שַׂמְתָּ). 즉, 마음을 두어 계속해서 자세히 살펴보았느냐는 물음이었다. 직역하면 "네 마음을 내 종 욥에게 두었느냐"라는 말이다. 마음이 없으면 제대로 보이지 않는 법이다.

성경 전 역사를 보면 죄로 인해 하나님의 가슴을 아프게 한 사건이 대부분이다. 노아 홍수를 앞에 두고 탄식하시는 하나님의 마음을 볼 수 있다. "여호와께서 사람의 죄악이 세상에 가득함과 그의 마음으로 생각하는 모든 계획이 항상 악할 뿐임을 보시고 땅 위에 사람 지으셨음을 한탄하사 마음에 근심하시고"(창 6:5-6).

바벨탑을 보시고, 소돔과 고모라를 보시고, 광야에서의 불신앙 속에서 원망하는 이스라엘 백성을 보시고 하나님은 탄식하셨다. 그리고 암탉이 그 새끼를 날개 아래 모음같이 이스라엘 백성을 구원하고자 애 쓰셨던 예수님의 눈물과 탄식을 볼 수 있다.

성경을 보면 하나님을 기쁘시게 한 사람이 별로 없는데 하나님께서는 욥을 보고 기뻐하시면서 사탄에게 자랑까지 하신다. 욥에 대한 하나님의 칭찬의 내용은 우리의 신앙생활을 되돌아보게 하고 참 많은 것을 생각하게 만들지 않는가?

본문 1장 3절에서 욥의 능력과 소유에 대한 내용을 볼 수 있다. 욥은 자랑할 만한 것이 참으로 많아 보인다. "그의 소유물은 양이 칠천 마리요 낙타가 삼천 마리요 소가 오백 겨리요 암나귀가 오백 마리이며 종도 많이 있었으니 이 사람은 동방 사람 중에 가장 훌륭한 자라." 양이 칠천 마리요, 낙타가 삼천 마리였다. 그리고 소가 오백 겨리요, 암나귀가 오백 마리였으며 종도 많이 있었다. 이 사람은 동방 사람 중에 가장 큰 자, 즉 부자 중의 부자였다. 어떤가? 욥이 자랑할 만하고 간증할 만하지 않은가? 우리는 이런 것들을 자랑하고 간증한다. 그렇지 않은가?

그런데 하나님께서는 어떠하신가? 하나님께서는 그 많은 욥의 재물에 대해서 한 마디 언급도 없으셨다. 양과 소에 대한 자랑도 없으셨다. 그 많은 종에 대한 자랑도 없으셨다. 우리들이 세상에서 그렇게 자랑하는 소유와 물질에 대해서 하나님께서는 단 한 마디 언급도 없지 않은가? 하나님께서 사탄 앞에서 자랑했던 것은 바로 욥의 믿음과 인격이었다. 욥의 거룩한 영성이었다.

욥에 대한 하나님의 자랑이 무엇이었는가? 사탄 앞에서 하나님은 욥의 온전함을 자랑했다. 이 "온전하다"(תם)는 것은 "완성하다", "끝마치다", "건강하다", "완전하다", "정직하다"의 "타맘"(תמם)에서 나온 말이다. 이는 "도덕적인 순결함" 혹은 "경건하다"는 말이다.

비록 세상 속에 살지만 세상과 섞이지 않고 주님만 바라보는 욥의 순전함을 하나님께서는 자랑하고 계신다. 각박한 세상에서 도덕적인 순결함이나 경건함이 사람들의 관심사가 되겠는가? 그러나 하나님께서는 이것을 소중히 보고 계시다는 사실이다. 적어도 하나님의 자녀라면 이 점을 주목해야 하지 않겠는가?

그리고 하나님께서는 욥의 정직함을 자랑하셨다. 정직이란 "곧은", "똑바른", "옳은"의 의미이다. 이 말은 "똑바로 행하다", "좌우로 치우치지 아니하다", "곧게 하다"라는 "야솨르"(ישר)에서 나온 말이다. 여기에서 정직이란, 거짓을 멀리할 뿐 아니라 하나님의 말씀에 따라 좌우로 치우치지 않은 것임을 알 수 있다. 세상과 타협하지 않는 영성이다. 이것을 보면 욥의 마음과 그의 삶이 어떠했던가를 알 수 있다.

하나님께서 정직을 얼마나 소중히 여기시는지 성경 여러 곳에서 그 말씀들을 읽을 수 있다. "여호와여 주의 장막에 머무를 자 누구오며 주의 성산에 사는 자 누구오니이까 정직하게 행하며 공의를 실천하며 그의 마음에 진실을 말하며"(시 15:1-2), "악인의 제사는 여호와께서 미워하셔도 정직한 자의 기도는 그가 기뻐하시느니라 악인의 길은 여호와께서 미워하셔도 공의를 따라가는 자는 그가 사랑하시느니라"(잠 15:8-9).

정직함이란 사람들과의 관계에서 가장 소중한 기본 매너이다. 오래 전에 한국과학기술원(KAIST) 테크노경영대학원에서 경영학 석사(MBA) 과정 재학생 1백50명을 대상으로 '한국 최고경영자(CEO)에게 부족한 역량은 무엇인가?'를 물어보았다. 그 결과 응답자의 48%(72명)가 '도덕성(윤리의식)의 부족'을 꼽았다. 다음으로는 전략적 사고의 부족(22.7%), 세계화 능력의 부족(12%) 등이라고 답했다. 비록 세계를 움직이는 CEO일지라도 가장 절실한 것은 능력이 아니라 도덕성이라고 평가한 것이다. 성경에서도 세상에서도 정직이 얼마나 중요한 덕목인가를 보여 주는 대목이지 않는가?

그리고 욥이 가지고 있던 신앙의 단면을 보여 주는 단어가 있다. 그것은 하나님에 대한 "경외"이다. "경외"는 무엇을 말하는 것인가? "경외"(אֵרְי)란 문자적으로는 "두려워하는", "무서워하는 것"을 의미한다. 그는 생사화복을 주관하시는 전능하신 하나님을 두려워하는 믿음을 가지고 있었음을 알 수 있다. 뿐만 아니라 성경은 악에서 떠난 자라고 말한다. "떠나다"(סוּר)라는 말은 "벗어나다", "방향을 바꾸어 들어가다", "피하다", "거부하다"라는 말이다. 또한 "떠나다"라는 말은 분사형이다(סָר). 분사형은 욥이 악을 떠난 상태가 어떠한가를 보여 주고 있다. 즉, 늘 악한 길을 피하고 살았던 것을 알 수 있지 않은가?

그리고 하나님께서는 사탄에게 욥을 이렇게 자랑하신다. "하나님을 경외하며 악에서 떠난 자는 세상에 없느니라." 그렇다면 하나님을 경외한다는 말이 무슨 뜻인가? "경외"(אֵרְי)는 "두려워하다", "무서워하다"라는 말이다. 그런데 "경외"가 분사형이다(אֵרְי). 무슨 뜻인가? 욥의 경외함이 변함없었다는 것을 알 수 있다. 이것은 하나님을 두려워할 줄 아는 마음이다. 하나님을 두려워할 줄 아는 마음에서부터 지혜가 비로소 시작된다고 잠언은 가르치고 있다(잠 9:10). 하나님을 두려워하는 자가 어떻게 죄인의 길에 서며 악인의 꾀를 좇겠는가? 악인의 길에 서지 않고 하나님을 경외하는 욥의 영성이 하나님의 마음을 감동시킨 것이다.

그리고 욥은 악에서 떠난 자였다. 즉, 악을 피하고 거부하며 살았다는 말이다. 하나님께서는 욥의 이 거룩한 인격을 참으로 자랑스러워하셨고 대견해하셨던 것이다. 여기에서 "떠나다"(סור)라는 말은 분사형이다(סר). 분사형은 욥이 악을 떠난 상태가 어떠한가를 보여 주고 있지 않은가? 그는 악한 길을 늘 떠나 있었던 것이다.

하나님께서 자랑하신 욥의 인격은 사실 시편 1편의 복된 자와 같아 보인다. "복 있는 사람은 악인들의 꾀를 따르지 아니하며 죄인들의 길에 서지 아니하며 오만한 자들의 자리에 앉지 아니하고 오직 여호와의 율법을 즐거워하여 그의 율법을 주야로 묵상하는도다"(시 1:1-2). 그는 악인의 꾀를 좇지 않는 영성을 가지고 있었다. 그는 죄인의 길에 서지 않는 믿음의 사람이었다.

요셉도 욥이 가졌던 거룩한 영성을 가지고 있었다. 성적으로 유혹하는 보디발의 아내에게 요셉은 단호하게 말하지 않는가? "내가 어찌 이 큰 악을 행하여 하나님께 죄를 지으리이까"(창 39:9). 이 말씀을 통해 하나님을 경외하는 요셉의 신앙을 볼 수 있다.

하나님께서 이스라엘 백성에게 늘 요구하셨던 것이 바로 "거룩"이었다. 레위기 19장 2절에는 하나님께서 모세에게 이렇게 명령하시는 것을 볼 수 있다. "너희는 거룩하라 이는 나 여호와 너희 하나님이 거룩함이니라." 하나님의 마음이 어디를 향하고 있는가를 알아야 한다. 하나님의 자녀라면 적어도 하나님의 관심사가 무엇인지 마땅히 알아야 하지 않겠는가?

사탄 앞에서 욥에 대한 하나님의 자랑은 이렇다. "네가 내 종 욥을 자세히 마음을 두고 살펴보았다면 그와 같이 온전하고 정직하여 하나님을 경외하며 악에서 떠난 자는 세상에 없다는 것을 알 수 있을 것이다."

욥에 대한 하나님의 자랑의 내용을 보면서 우리는 우리의 관심사와 자랑을 생각하지 않을 수 없다. 하나님께서는 "온전하고 정직하여 하나님을 경외하며 악에서 떠난 자"를 자랑하고 계시다. 그런데 우리의 자랑거리는 어떠한가?

우리는 하나님의 자녀이면서도 하나님과 자랑의 내용이 참으로 다르다고 생각하지 않는가? 우리의 자랑거리는 거룩한 인격이 아니라 여전히 세속적이지 않는가? 그러나 우리가 그렇게도 자랑하고 싶고 인정받고 싶어 하는 재물이나 소유나 능력이나 학벌에 대해서는 하나님은 별 관심이 없으시다.

'어떤 직장에 다니느냐', '어떤 학교에서 공부했느냐', '어떤 자리에 있느냐', '어떤 집에 사느냐', '어떤 차를 타느냐' 하는 것은 사실 우리들이 목을 매는 관심사가 아닌가? 믿음의 사람들이 말하는 간증의 자랑거리도 대부분 거룩한 영성보다는 주님의 은혜로 형편이 나아졌다는 것 아닌가?

사도 요한은 세상적인 것에 대한 관심과 자랑에서 벗어나라고 요한일서 2장에서 권면한다. "이 세상이나 세상에 있는 것들을 사랑하지 말라 누구든지 세상을 사랑하면 아버지의 사랑이 그 안에 있지 아니하니 이는 세상에 있는 모든 것이 육신의 정욕과 안목의 정욕과 이생의 자랑이니 다 아버지께로부터 온 것이 아니요 세상으로부터 온 것이라"(요일 2:15-16).

하나님을 감동시키고 기쁨을 주었던 것은 욥의 소유나 능력이나 재물이 아니었다. 하나님을 감동시키고 기쁨을 주었던 것은 욥의 믿음이요, 그의 인격이 아니었는가? 욥의 재물에 대해서 하나님께서 칭찬하실 필요가 없다. 왜 그럴까? 그것들은 모두 하나님의 선물이기 때문이다.

그러나 욥의 믿음과 영성은 문제가 다르다. 왜냐하면 욥뿐만 아니라 모든 인간이 육신의 소욕과의 싸움에서, 세상과의 싸움에서, 그리고 영적 전쟁에서 순전함과 정직함, 하나님을 경외함과 악에서 떠나는 것이 어디 그리 쉬운 일인가? 하나님께서는 욥이 불신앙적 전쟁과 영적 전쟁에서 싸워서 승리한 경건한 모습을 보시고 자랑스러워하신 것이다.

순전함, 정직함, 하나님을 경외함, 그리고 악에서 떠나는 것, 이것이 바로 하나님께서 자랑하시는 성도의 믿음이요, 인격이다. 하나님께 칭찬받을 만한 신앙이다.

예수님께서는 우리의 속 사람의 자랑거리를 찾고 계신다. 그런데 우리는 하나님께서 관심도 보이시지 않는 소유와 능력과 화려한 겉모습에 목을 맨다. 그리고 그것들을 자랑하고 간증한다. 그러다가 그것들을 잃어버리면 낙심하고 절망하며 원망한다. 하나님의 관심사와 자랑거리, 그리고 우리들의 자랑거리와 관심사와는 너무나도 다르지 않는가?

{ 우리가 들어야 할 하나님의 음성은 무엇인가? }

본문에서 들어야 할 하나님의 음성은 무엇인가? 하나님께서 우리를 향해 자랑스러워하시는 것이 무엇인가? 우리가 그렇게도 자랑하고 싶고 인정받고 싶어 하는 재물이나 소유나 능력이나 성공에 대해서는 안타깝게도 하나님께서는 별 관심이 없으시다.

하나님께서는 특별히 사탄에게 욥에 대하여 이렇게 자랑하지 않는가? "네가 내 종 욥을 주의하여 보았느냐 그와 같이 온전하고 정직하여 하나님을 경외하며 악에서 떠난 자는 세상에 없느니라." 이것이 바로 하나님께서 우리에게 기대하시는 삶이 아니겠는가?

'어떤 직장에 다니느냐', '어떤 학교에서 공부했느냐', '어떤 자리에 있느냐', '어떤 집에 사느냐', '어떤 것을 이루었느냐' 하는 것은 사실 우리들이 목을 매는 관심사임을 부인할 수 없다. 믿음의 사람들이 하는 간증의 자랑거리도 대부분 거룩한 영성보다는 주님의 은혜로 형편이 나아졌다는 것이다.

그러나 성도는 세상적으로 내놓을 만한 자랑거리가 없을지라도 온전하고 정직하며 하나님을 경외하고 악에서 떠날 때 비로소 사탄 앞에서 하나님의 자랑거리가 되지 않겠는가?

갈수록 이 세상에서 하나님의 사람들이 보이지 않는 혼탁한 시대에 욥의 영성은 더욱 그리워질 뿐이다. 사람들만이 욥의 영성을 그리워하는 것이 아니라 하나님께서도 그러실 것 같다.

7. 인생의 무거운 짐에서 쉼을 얻는 길 (마 11:25-30)

{ 생각해 볼 점들 }

참으로 안타까운 삶이 있다. 그것은 은혜가 은혜인 줄 모르고 사는 삶이다. 눈이 있어도 제대로 볼 눈이 없다. 귀가 있으나 복음을 들을 귀가 없다. 은혜의 자리로 초청해도 믿지 않는다. 이것이 불행이지 않고 무엇이겠는가?

수고하고 무거운 짐을 진 자들을 향해 예수님께서 손을 내미셨다. 하지만 그들은 예수님의 구원의 손길을 우습게 여겼다. 교만과 어리석음이 그 마음을 어둡게 한 것이다. 그 내용이 본문 바로 앞의 마태복음 11장 20-24절에 기록되어 있다. 주님께서 고라신, 벳새다, 그리고 가버나움의 백성의 무거운 짐을 벗겨 주려고 천국복음을 외치셨다. 그러나 그들은 듣지 않았다. 은혜의 기회를 놓쳐 버린 것이다.

예수님께서 말씀하신 수고하고 무거운 짐이란 무엇인가? 성경공부에서 한

여 집사가 이렇게 물었다. "예수님께서 말씀하신 수고하고 무거운 짐이란 이 땅에서 살아가는 데 겪은 인생의 모든 짐들이 아닌가요, 그렇게 알고 있는데요?" 그게 사실인가? 혹자는 이렇게 말한다. "수고하고 무거운 짐이란, 삶 자체"라는 것이다. 생로병사야말로 수고하고 무거운 짐이라는 것이다.

예수님께서 말씀하신 수고하고 무거운 짐이란 무엇을 말하는가? 그리고 그 무거운 짐에서 쉼을 주신다는 것은 무엇을 의미하는가? 인생살이에서 건져 주신다는 것인가? 본문을 통해 예수님께서 말씀하시는바가 무엇인지 궁금하다. 원문에서 주님의 음성을 들어보자.

{ 원문에서 듣는 하나님의 음성 }

1. 복음을 나타내시는 하나님의 방식

"그 때에 예수께서 대답하여 이르시되 천지의 주재이신 아버지여 이것을 지혜롭고 슬기 있는 자들에게는 숨기시고 어린 아이들에게는 나타내심을 감사하나이다"(마 11:25).

천국 복음이 모두에게 전파되지만 모두에게 들리는 것은 아닌 것 같다. 왜냐하면 자칭 지혜롭고 슬기 있는 자들에게는 천국 복음이 숨겨지기 때문이요, 어린아이들에게는 보이기 때문이다. 예수님께서는 이 사실에 대해 하나님께 감사를 드리고 있다.

"그 때 예수께서 대답하여 이르시되." 본문 전후를 보면 이 말씀은 이상해 보이지 않는가? 왜냐하면 누가 예수님께 어떤 것을 물어보지 않았는데도 대답하는 내용이 나오기 때문이다. 그리고 "그 때"는 언제를 말하는가? "그 때"란 마태복음 11장 20-25절을 연결하여 보면 갈릴리 사람들의 불신앙으로 인해 예수님께서 탄식하시던 시점이다.

본문을 좀 더 깊이 들여다보자. 그러면 예수님께서는 지금 어떤 물음에 대답하시는 것이 아님을 알 수 있다. 그렇다면 "대답하다"는 무슨 의미인가? 여기서 "대답하다"라는 말을 "천지의 주재이신…."과 연결해 보면 예수님께서 독백하시는 것임을 알 수 있다. 그러므로 본문의 "예수님께서 대답하여 말씀하셨다"라는 것은 구체적인 어떤 질문에 대답한 것이 아니다. 이는 유대인들과 갈릴리 사람들의 불신앙이 예수님으로 하여금 혼자 말씀하실 수밖에 없게 만든 것이나 다름없다. 즉, 하나님을 향한 예수님의 독백이었다.

"천지의 주재이신 아버지여." 직역하면 "아버지여 하늘과 땅의 주님이시여"라는 말씀이다. 예수님께서는 하늘과 땅의 주님이신 아버지께서 이것을 지혜롭고 슬기 있는 자들에게는 숨기셨다고 말씀하신다. "이것들"($ταῦτα$)이란 무엇을 말씀하시는가? 이것들이란 11장을 살펴보면 예수님께서 행하신 표적들과 가르침들, 즉 천국 복음인 것을 알 수 있다.

그렇다면 지혜롭고 슬기 있는 자들은 누구를 말하는 것인가? "지혜롭다"($σοφός$)라는 말은 "지혜로운", "숙련된", "노련한", "교양 있는", "학식 있는"이란 뜻이다. 그리고 "슬기롭다"($συνετός$)는 "총명한", "이해력을 가진", "지혜로운"이란 말이다. 이렇게 총명하고 이해력이 있고 지혜로운 자들은 누구를 지칭하는 것인가? 그들은 바로 마태복음 11장 16절에서 언급하고 있는 이 세대 사람들, 즉 자칭 지혜자들인 바리새인과 서기관들이다. 그리고 마태복음 11장 23절에서 언급하고 있는 하늘까지 높아진 교만한 자들을 말한 것임을 알 수 있다.

요한복음 9장에는 나면서부터 맹인 된 자를 치유하는 표적이 기록되어 있다. 예수님께서는 39절에서 "내가 심판하러 이 세상에 왔으니 보지 못하는 자들은 보게 하고 보는 자들은 맹인이 되게 하려 함이라"고 말씀하셨다. 자칭 지혜자들이요, 총명한 자들이라고 생각한 바리새인들을 우회적으로 비판하신 말씀이었다. 예수님께서는 이렇게 스스로 지혜롭고 교만한 자들에게는 표적과 천국 복음을 숨기셨다. 아니 그들의 눈에 천국복음이 숨겨진 것이다.

그렇다면 "숨기다"라는 말은 무슨 뜻인가? "숨기다"(κρύπτω)라는 말은 "감추다", "은유로 하다", "비밀로 하다"라는 말로 과거, 2인칭이다(ἔκρυψας). 직역하면 "당신이 숨겼다"라는 말이다. 즉, 하나님께서는 그들에게 천국 복음을 숨기셨다는 것이다. 그러므로 "천국 복음을 숨겼다"라는 말은 끝까지 천국 복음을 거부하는 자들에게는 들리지 않도록 감춘 것이다. 이것이 심판이 아니고 무엇이겠는가?

반면에 어린아이들에게는 표적과 천국 복음을 나타내셨다. "나타내셨다"라는 것은 무슨 뜻으로 하신 말씀인가? "나타내다"(ἀποκαλύπτω)라는 말은 "벗기다", "덮인 것을 열어 놓다", "나타내다", "이전에 알려지지 않은 것을 폭로하다"라는 말로서 역시 과거, 2인칭이다(ἀπεκάλυψας). 직역하면 "당신이 나타냈다"라는 말이다. 즉, 하나님께서 열어 보여 주셨다는 뜻이다. 천국복음을 숨기고 나타내신 분이 바로 하나님인 것을 알 수 있지 않은가?

그렇다면 어린아이들은 어떤 사람들을 지칭하는가? 어린아이들(νήπιος)은 "젖먹이", "미성숙한", "경험이 없는 사람"들을 가리킨다. 그러므로 어린아이들이란 어린아이들 같이 순수하고 단순한 제자들, 그리고 말씀을 순종한 당시 세리와 죄인들을 가리킨다.

무엇이 은총인가? 학문과 많은 경험이 천국 복음을 받아들이는 데 장애물이 된다면 그 학문과 경험이 그에게 은총이 되겠는가? 오히려 걸림돌이 될 뿐이지 않겠는가? 그러나 배운 것도 없고 순박하여 복음을 받아들였다면 그것이 오히려 천국에 이르는 은총이지 않겠는가?

예수님께서는 "지혜롭고 슬기 있는 자들에게는 숨기시고 어린 아이들에게는 나타내심을 감사하나이다"라고 말씀하셨다. 여기에서 "감사하다"(ἐξομολογέω)라는 말은 "동의하다", "전적으로 찬성하다"라는 말이다. 예수님께서는 하나님께서 표적과 천국 복음을 지혜롭고 슬기 있는 자들에게는 숨기시고 어린아이들에게는 나타내시는 아버지의 뜻에 전적으로 찬성한다는 말씀이다. 쉽게 말하면 겸손한 자에게는 은혜를 베푸시되 교만한 자를 물리치신 하나님의 뜻에 찬성하신다는 의미이다.

"옳소이다 이렇게 된 것이 아버지의 뜻이니이다"(마 11:26).

그래서 예수님께서는 "옳소이다 이렇게 된 것이 아버지의 뜻이니이다"라고 말씀하셨던 것이다. 아버지의 뜻이란 무엇인가? "뜻"(εὐδοκία)이란 말은 "좋은"(εὐ)이란 단어와 "생각하다", "간주하다", "여겨지다"(δοκέω)라는 단어의 합성어로 "기쁘신 뜻", "선의", "은혜로운 뜻"이다. 그리고 원문에는 아버지를 가리키는 "당신"이라는 말 앞에 "눈앞에서", "정면에서"(ἔμπροσθέν)라는 단어가 있다.

직역하면 "옳습니다. 아버지여! 왜냐하면 이렇게 된 것이 아버지 목전에서 기쁨이 되기 때문입니다"라는 말씀이다. 교만한 자에게는 복음이 가리어지게 하고 어린아이와 같이 순전한 마음으로 믿는 자들에게 복음을 계시하는 것이 아버지께서 기뻐하신 뜻이라는 말씀이다.

성경에는 죄인을 향한 하나님의 뜻이 여러 곳에 기록되어 있는 것을 볼 수 있다. 죄인을 향한 아버지의 뜻이 에스겔 18장 23절, 33장 11절, 요한복음 3

장 16절, 그리고 디모데전서 2장 4절, 베드로후서 3장 9절에 나타나 있다. 아버지께서는 모든 사람이 진리를 믿어 구원을 받기를 원하신다. 이것이 하늘 아버지의 마음이다. 그런데 예수님은 하나님께서 지혜롭고 슬기 있는 자들에게는 천국 복음을 숨기시고 어린아이들에게는 나타내신 것이 아버지의 뜻이라고 말씀하셨다. 하나님께서는 모든 사람이 진리를 믿고 구원받기를 바라시지만 자칭 지혜롭고 슬기로운 자들에게는 복음을 숨기신다. 안타까운 일이다. 천국 복음이 가리어진 자들에는 영생이 없다.

사도 바울은 고린도후서 4장 3-4절에서 망하는 자들에게는 복음이 숨겨졌다고 말한다. 그리고 그들은 이 세상 신인 마귀의 유혹에 넘어간 것이라고 말한다. "만일 우리의 복음이 가리었으면 망하는 자들에게 가리어진 것이라 그 중에 이 세상의 신이 믿지 아니하는 자들의 마음을 혼미하게 하여 그리스도의 영광의 복음의 광채가 비치지 못하게 함이니 그리스도는 하나님의 형상이니라."

이 말씀은 복음이 망하는 자들에게 가리어졌다는 것이다. "가리어지다"라는 말은 무슨 뜻인가? "가리어지다"(καλύπτω)라는 말은 "숨기다", "덮다"라는 말로 완료, 수동태이다(κεκαλυμμένον). 예수님께서 천국 복음을 전한 이후로 가리어진 것이 계속된 것을 알 수 있다. 그리고 4절을 보면 무엇에 의해 이 천국 복음이 그들에게 계속하여 숨겨졌는가를 알 수 있다. 그 주체가 이 세상 신인 마귀인 것을 알 수 있다.

거짓의 아비인 사탄의 영향 아래 있는 자들은 들어도 듣지 못한다. 뿐만 아니라 사탄의 미혹으로 하나님의 은혜를 스스로 거부하기 때문에 천국 복음이 숨겨질 수밖에 없다. 예수님께서는 예수님의 천국 복음을 끝까지 거부하고 대적하는 자들을 향해 요한복음 8장에서 이렇게 말씀하셨다. "어찌하여 내 말을 깨닫지 못하느냐 이는 내 말을 들을 줄 알지 못함이로다…내가 진리를 말하므로 너희가 나를 믿지 아니하는도다"(요 8:43-45).

하나님께서는 모든 사람이 구원 받기를 바라시지만, 끝까지 대적하고 거부하는 자들에게는 복음을 숨기시고 가리신다. 이것이 아버지의 뜻이다. 이에 대해 예수님께서는 전적으로 동의하신 것임을 알 수 있다. 그래서 예수님께서는 이 하나님의 뜻에 대해 "옳소이다"라고 말씀하신 것이다.

2. 하나님과 예수 그리스도를 아는 길

"내 아버지께서 모든 것을 내게 주셨으니 아버지 외에는 아들을 아는 자가 없고 아들과 또 아들의 소원대로 계시를 받는 자 외에는 아버지를 아는 자가 없느니라"(마 11:27).

하늘의 비밀은 어떻게 계시되는가? 예수님께서는 마태복음 11장 27절에서 이렇게 말씀하신다. "내 아버지께서 모든 것을 내게 주셨으니." 이 말씀은 어떤 의미인가? 직역하면 "모든 것들이 나의 아버지에 의해서 내게로 넘겨졌으니"라는 말이다. 여기서 "주다"($παραδίδωμι$)라는 말은 "넘겨주다", "맡기다", "위임하다"라는 말로 수동태이다($παρεδόθη$). 즉, 하나님께서 예수님에게 모든 것을 위임하셨다는 말이다.

그렇다면 아버지께서 예수님에게 넘겨주신 것들이란 어떤 것인가? 즉, 그것은 사죄의 권세, 생명을 살리고 치유하는 권세, 만물을 다스리는 권세, 원수 마귀를 제어하는 권세로서 마태복음 28장 18절의 "하늘과 땅의 모든 권세"를 말하는 것이다.

예수님께서는 "아버지 외에는 아들을 아는 자가 없고 아들과 또 아들의 소원대로 계시를 받는 자 외에는 아버지를 아는 자가 없느니라"고 말씀하셨다. 무슨 뜻인가? 이것은 하나님 이해와 예수님의 이해가 인간의 지식 밖에 있음을 보여 준다. 하나님과 예수님에 대한 이해는 인간의 지식이 아니라 계시에 의해서만 알 수 있다는 것이다. 그 외에 다른 길은 없다.

예수님과 어려서부터 고향에서 함께 자란 동네 사람들, 그리고 동생들까지 예수님이 누구신가를 아는 데 실패한 것이 바로 그 이유인 것이다. 이것이 영적 지식의 신비가 아니겠는가? 죄인이 영이신 하나님에 대해 무엇을 안다고 '있느니, 없느니' 하고 떠들겠는가?

예수님께서는 "아버지 외에는 아들을 아는 자가 없고"라고 말씀하셨다. 직역하면 "그 아버지 외에는 그 아들을 누구도 알지 못한다"라는 말이다. 아버지와 아들 앞에 모두 관사(ὁ)가 있어 이는 하나님과 예수님을 의미함을 알 수 있다. 그리고 "아들과 또 아들의 소원대로 계시를 받는 자 외에는 아버지를 아는 자가 없다"라고 말씀하고 계신다.

"소원대로"(βούλομαι)라는 말을 살펴보자. 이 말은 "심사숙고하여 결심하다", "목적을 가지다", "의도하다", "희망하다", "기꺼이 하다"라는 말이다. 즉, 예수님께서 원하는 자에게만 하나님을 계시하여 알게 하신다는 뜻이다. 인간의 차원에서는 하나님을 스스로 찾아 발견할 수 없다는 말씀이 아니겠는가?

그리고 여기에서 "알다"(ἐπιγινώσκω)라는 말은 "경험을 통해 철저히, 완전히, 확실히 알다"라는 의미이다. 아버지는 예수님의 계시를 통해서, 예수님은 오직 아버지의 계시를 통해서만이 확실하게 알 수 있다는 말씀이다. 즉, 만남과 경험을 통해 알게 된다는 것이다. 그런데 스스로 지혜롭고 슬기 있다고 자처하는 자들에게 하나님께서는 아들이 누구신지 계시하지 않으셨다. 그 대신 어린아이들, 곧 어린아이들과 같이 순종하여 받아들이는 자들에게는 하나님께서 예수님이 누구신지 계시하신 것이다.

그러므로 하나님을 아는 지식, 예수님이 그리스도와 주가 되심을 아는 지식은 오직 계시 외에는 다른 길이 없는 것임을 알 수 있다. 여기에 다른 종교와의 극명한 차별성이 있는 것이다. 불교는 특히 인간의 깨달음의 종교이다. 그러나 기독교는 인간의 깨달음이 아니라 계시의 종교이다. 결국 종교에는 인간의 깨달음의 종교와 하나님으로부터 계시된 종교가 있을 뿐이다.

인간이 피조물이라는 사실을 인정한다면 창조자로부터 모든 진리의 말씀을 들어야 한다. 인간과 관련된 창조, 타락, 죽음, 죄 사함과 영생, 그리고 부활에 대해 계시된 진리를 알아야 한다. 하나님으로부터 계시된 말씀만이 진리라면 인간의 깨달음은 말 그대로 한낱 인간의 생각에 불과할 뿐 진리는 아닌 것이다.

3. 수고하고 무거운 짐 진 자들을 자유와 쉼으로 초청하시는 예수님

"수고하고 무거운 짐 진 자들아 다 내게로 오라 내가 너희를 쉬게 하리라"(마 11:28).

예수님께서는 28절 이하에서 어린아이들과 같은 자들에게 놀라운 은혜의 초청을 하신 것을 볼 수 있다. 예수님의 은총은 순종하는 자들의 몫이다. 예수님께서는 수고하고 무거운 짐 진 자들은 자신에게로 오라고 하셨다.

원문의 서두가 우리말 성경과는 달리 이렇게 시작된다. 직역하면 이렇다. "이리로! 내게로 향하여, 모두"이다($\Delta\epsilon\hat{v}\tau\epsilon$ πρός με πάντες). "오라"($\Delta\epsilon\hat{v}\tau\epsilon$)는

말이 "여기로", "이리로"라는 부사로 명령의 의미를 가져 "이리로 오라"는 말이다. 당시 다른 종교 지도자들에게 가지 말고 내게로 오라는 것이다. 그러면 쉼을 주시겠다는 예수님의 초청이요, 부르심이다.

예수님께서 초청하신 수고하고 무거운 짐 진 자들은 누구인가? 세상살이의 무거운 짐을 진 자들을 말하는 것인가? 직접적으로는 앞에서 예수님께서 말씀하신 하나님의 계시를 받은 어린아이들과 같은 자들이다. 왜 이들은 수고하고 무거운 짐을 졌는가? 그리고 그 짐은 무엇인가?

그 단어들을 살펴보면 뜻을 보다 정확히 알 수 있다. "수고하다"(κοπάω)라는 말은 "약해지다", "피곤해지다", "소진하다", "지치도록 힘들게 일하다", "힘써 일하다", "부여된 노동으로 수고하다"라는 말이다. "수고하다"라는 말이 분사 현재형(κοπιῶντες)이다. 분사형은 계속되는 것을 말한다. 이것을 보면 "수고하다"라는 말이 쉬지 못하고 끊임없이 애를 쓰고 있는 것임을 알 수 있다. 참으로 안타깝고 불쌍한 삶을 살고 있는 것을 알 수 있지 않은가?

또한 "무거운 짐을 지다"라는 말은 무슨 뜻인가? "무거운 짐을 지다"(φορτίζω)라는 말은 "짐을 얹다", "짐을 싣다", "관습과 부당한 교훈의 짐을 지우다"라는 말이다. 이 말은 완료 수동태이다(πεφορτισμένοι). 완료 수동형태로 보아 누군가에 의해 계속적으로 짐을 질 수밖에 없는 상황에 처해졌던 것을 알 수 있다. 그러므로 "무거운 짐을 진다는 것"이란 누군가에 의해 무거운 짐을 지워진 것으로 지금까지 그 무거운 짐을 계속적으로 지고 허덕이고 있음을 알 수 있다.

예수님께서는 바리새들을 책망하시는 가운데 짐에 대해서 말씀하신 적이 있다. 예수님께서는 마태복음 23장 3-4절에서 이 짐을 바리새인들이 지운 것이라고 말씀하셨다. "그러므로 무엇이든지 그들이 말하는 바는 행하고 지키되 그들이 하는 행위는 본받지 말라 그들은 말만 하고 행하지 아니하며 또 무거운 짐을 묶어 사람의 어깨에 지우되 자기는 이것을 한 손가락으로도 움직이려 하지 아니하며."

일차적으로 무거운 짐은 바로 무거운 율법의 짐들임을 알 수 있다. 유대인들은 하나님의 율법을 지킴으로 구원을 얻으려고 하였다. 수고하고 무거운 짐을 확대 해석하면 죄의 짐이요, 삶의 짐이요, 번민과 고뇌의 짐이요, 헛된 행복과 성공을 좇아 가는 해 아래의 어리석은 수고인 것이다.

예수님께서는 수고하고 무거운 짐 진 자들을 향해 이렇게 말씀하셨다. "내가 너희를 쉬게 하리라." 궁금하다. 그렇지 않은가? 수고하고 무거운 짐을 쉬게 해 준다니 말이다. 여기에서 "쉬다"라는 말은 무슨 뜻인가? "쉬다"(ἀναπαύω)라는 말은 "쉬게 하다", "영적인 휴식을 주다", "안식하다"라는 말이다. "쉬게 하리라"(ἀναπαύω)는 동사가 1인칭이므로 주어가 예수님을 알 수 있다. 그런데 또 "내가"(ἐγω)라는 말이 강조되어 있다. 대명사가 쓰인 것을 강조하려는 데 있다. 그래서 그 의미를 살펴보면 "오직 나만이"다. 즉 "오직 나만이 너희를 쉬게 할 수 있다"라는 말이다.

예수님께서는 이 수고하고 무거운 짐 진 자들을 다 내게로 오라고 부르신다. 모든 무거운 짐을 쉬게 해 주시겠다는 것이다. 어떤 짐들인가? 앞에서 말한 대로 바리새인들이 얹어 놓은 구원을 위한 율법의 짐, 죄와 사망의 짐, 삶의 짐들일 것이다. 누가 죄와 사망의 짐에서, 삶의 고통의 짐에서, 사람의 계명이 되어 버린 무거운 짐에서 쉼을 줄 수 있겠는가? 이사야 61장 1-2절에서 이사야 선지자는 예수님께서 모든 짐에서 자유와 해방을 주실 것이라고 예언했다.

유대인들이 지키는 율법 중 가장 무거운 짐 중 하나가 안식일 법이었다. 왜 그런가? 그것은 이스라엘 지도자들이 하나님의 율법에다 사람의 규례를 덧붙였다는 데 있었다. 예를 들어서 율법은 안식일에 여행하지 말라고 가르친다(출 16:29).

그런데 서기관들은 "그러면 무엇이 여행인가?"라는 질문을 던졌다. 이 질문에 대해 안식일에 여행하는 것에 대한 개념을 발전시켰던 것이다. 안식일에 갈 수 있는 거리는 약 900m라고 정했다. 그래서 안식일에 사람이 그 정도의 거리까지만 갈 수 있었고 그 이상 걸어가는 것은 죄로 정하게 되었다. 그러나 이에 대해 황당한 해석도 가능했다. 예를 들어 집에서 길을 가로질러 끈을 매어 놓는다면 거기까지는 집으로 볼 수 있고 따라서 줄 밖에서부터 900m까지는 걸어가도 불법이 아니라는 것이다. 이것이 하나님께서 안식일 날 여행하지 말라는 의도를 제대로 해석한 것인가? 황당하지 않는가?

> **"나는 마음이 온유하고 겸손하니 나의 멍에를 메고 내게 배우라 그리하면 너희 마음이 쉼을 얻으리니"**(마 11:29).

예수님께서는 29절에서 쉼을 얻는 길에 대해 말씀하셨다. 원문과 우리말 성경은 어순이 다르다. 동사들이 앞에 명령으로 나와 있다. 직역하면 이렇다. "메라. 너희 위에 내 멍에를. 그리고 배우라. 나로부터. 왜냐하면 나는 온유하고 마음이 겸손하니 너희 마음(영혼들, 삶들)들이 쉼을 얻을 수 있기 때문이다."

원문의 어순대로 봐야 쉼을 얻는 길에 대한 말씀인 "내 멍에를 메고 나로부터 배우라"는 이 예수님의 명령이 얼마나 강력한 것인지 알 수 있다. 멍에를 "메라"는 것이다. 그 길이 바로 마음과 삶에 쉼을 얻을 수 있는 길이기 때문이다. 이유를 밝히는 접속사(ὅτι)가 문장과 연결되어 있다. 예수님께서는 자유와 쉼을 주지 못한 율법의 멍에 대신에 쉼을 주는 내 멍에를 메라고 말씀하신다. 이 율법의 멍에는 또한 초대교회 당시 유대주의 그리스도인이 가르쳤던 율법주의적인 복음일 수도 있다.

사도행전 15장에는 구원론과 관련된 예루살렘 총회의 논쟁이 기록되어 있다. 이와 관련하여 베드로는 유대인 자신들조차 메지 못하는 멍에를 이방인들에게 요구하는 것은 부당하다고 설교했다. 이 멍에란 유대교의 율법을 말하는 것이었다. 그래서 사도 베드로도 예수님께서 말씀하신 것과 동일하게 조상과 자신들도 능히 메지 못한 율법을 멍에라고 말했던 것이다(행 15:10-11).

예수님의 멍에는 무엇인가? 예수님의 멍에는 자유와 생명을 주지 못하는 율법의 멍에와는 다르다. 예수님의 멍에는 죄와 사망에서 자유롭게 하는 은혜와 진리의 복음이다. 믿음으로 의에 이르게 하는 멍에다. 그래서 예수님께서는 내 멍에는 쉽고 내 짐을 가볍다고 말씀하신 것이다. 예수님께서는 "나의 멍에를 메고 내게 배우라"고 말씀하셨다. 예수님께서 "멍에"를 깨닫고 이해하라고 말씀하지 않았던 점을 주목할 필요가 있지 않은가? 예수님의 멍에를 메고 예수님께 배우라는 말씀이다. "배우라"($\mu\alpha\nu\theta\acute{\alpha}\nu\omega$)는 말은 부정과거 명령형($\mu\acute{\alpha}\theta\epsilon\tau\epsilon$)이다.

헬라어 문법에는 독특하게도 명령형이 현재 명령형과 과거 명령형으로 나누어져 있다. 현재 명령형은 계속하라는 의미가 있다. 반면에 과거 명령형은 다르다. 일회적인 결정적인 행동을 말한다. 본문의 명령은 과거와 단절하고 새로운 결단을 촉구하는 명령임을 알 수 있다. 그렇다면 "배우라"라는 과거부정 명령형은 어떤 의미겠는가? 과거의 율법의 멍에를 지고 수고했던 데서 새롭게 결단하고 돌이켜 내 복음의 멍에를 메고 배우라는 것이다.

여기서 "내게"($\dot{\alpha}\pi\ \dot{\epsilon}\mu o\upsilon$)라는 말은 중요하다. 직역하면 "나로부터"라는 의미이다. 이 말은 나와 접촉해서 배우라는 매우 관계적이고 체험적인 명령임을 알 수 있다. 용서도 없고, 은혜도 없고 오직 명령과 심판으로 뒤범벅이 된 율법의 짐 때문에 신음하고 있는 사람들은 다 내게로 오라고 예수님께서 부르신 것이다.

당시 팔레스타인에서는 멍에는 혼자 메는 것이 아니라 항상 짝을 이루어 두 노역자가 함께 메었다. 결국 예수님께서 주신 멍에를 멘다는 것은 곧 예수님과 함께 메는 것임을 강하게 암시하고 있다. 예수님으로부터 직접 배우라는 의미이다. 어떤 죄인도 예수님께 나아가면 은혜를 입을 수 있다. 본문에서 예수님께서 직접 말씀하신 바와 같이 "왜냐하면 나는 온유하고 마음이 겸손하기" 때문이다.

율법은 사람들을 징계하고 심판한다. 율법에는 살리는 은혜가 없다. 그러나 예수님께서는 온유하시며 그 안에 은혜와 진리가 있다. 그러므로 누구든지 예수님께 나아가면 은혜를 입을 수 있다. 예수님께서는 당대 거만하고 교만한 종교 지도자들과는 다르셨다.

"온유하다"($πραΰς$)라는 말은 친절하고 너그러운 태도를 말한다. 이 온유가 성경에서는 마음이 단순히 온화하고 부드러운 것이 아니라 하나님께 복종하면서 오직 하나님만 신뢰하는 태도를 말한다. 그리고 "겸손하다"($ταπεινός$)라는 말은 "낮은 신분의", "천한". "낮은," 초라한" 상태를 말한다. 예수님께서는 이렇게 온유하고 겸손하시기 때문에 예수님을 찾는 어떤 자들이라도 은혜를 입을 수 있다는 것이다. 누구나 쉽게 예수님과 가까이 할 수 있다.

예수님의 멍에를 메고 배우면 쉼을 얻을 수 있다. "쉼을 얻는다"라는 말은 무슨 의미인가? "얻는다"($ευρίσκω$)라는 말은 "찾다", "발견하다"라는 뜻이다. 따라서 참 안식은 이미 예수 안에 있고, 또 그분이 주리라 약속하신 것을 주님 안에서 발견하게 된다는 것이다.

그리고 본문의 "너희 마음이 쉼을 얻으리니"에서 "마음"이란 "심장"

($καρδία$)이란 말이 아니다. 여기에서 "마음"이란 "영혼", "생명", "삶", "자아" 등 다양하게 번역되는 "프쉬케"($ψυχή$)를 의미한다. 그렇다면 마음이 쉼을 얻는다는 것은 무엇을 의미하는가? 율법에서 줄 수 없는 삶의 진정한 쉼과 자유는 오직 예수님의 가르침에서 발견하게 될 것이라는 말씀이다. 그러므로 이 쉼은 우리 마음의 평강뿐만 아니라 존재 자아가 누리는 쉼이요, 삶 자체의 쉼인 것을 알 수 있다.

"이는 내 멍에는 쉽고 내 짐은 가벼움이라 하시니라"(마 11:30).

혹자는 짐이란 세상의 근심 걱정, 그리고 멍에란 율법적인 것이라고 말하기도 한다. 그런데 이 말은 동의어에 불과하다. 예수님께서 말한 짐이나 멍에란 무엇을 말하는가? 그것은 종교 지도자들이 백성에게 지운 종교, 의식적인 행위들을 가리킨다(마 23:4, 눅 11:46). 이 무거운 짐인 율법의 행위로 의롭게 되는 것 때문에 이스라엘 전체가 망했다고 바울은 로마서 10장 1-3절에서 말한다. 자기 조상들은 열심은 있었으나 올바른 지식을 좇지 아니하였다고 했다. 즉, 하나님의 의를 모르고 자기 의를 힘써 세웠다는 것이다.

주님의 멍에는 쉽고 그의 짐은 가볍다고 말한다. 왜 그럴까? "쉽다"($χρηστός$)라는 말은 "다루기 쉬운", "사용하기에 적합한", "유순한", "상냥한", "자비로운"이란 말이다. 주님의 멍에는 다루기가 쉽고 자비롭다는 것이다. 정말 예수님께서 지워 주신 짐은 쉽고 가벼운가? 그렇다. 믿음으로 값없이 구원에 이르는 진리는 그렇지 않은가?

그러나 십자가를 지고 주를 따르는 멍에는 쉽고 가볍지 않다. 그렇지 않은가? 그러나 성령을 통한 구원의 감격으로 지는 십자가의 짐은 참으로 쉽고 가벼울 수밖에 없다. 바로 이 은혜는 율법의 멍에에서는 불가능한 것이다.

성령의 능력과 그리스도의 사랑에 붙들려 섬기는 짐은 참으로 쉽고 가볍지 않겠는가? 이것이 예수님의 멍에의 역설인 것이다.

결론적으로, 쉼에 이르는 길이 무엇인가? 첫째는 "오라", 둘째는 "내 멍에를 메라", 그리고 마지막으로 "나로부터 배우라"이다. 우리는 그에게 가서 그에게 복종하고 그 안에서 배우는 것이다. 쉼의 문제는 단순한 지식의 문제가 아니다. 이것은 행동하는 신앙의 문제인 것이다. 이렇게 하면 율법과 죄와 사망과 삶의 모든 무거운 짐으로부터 쉼과 자유를 얻게 된다는 약속의 말씀이다.

{ 우리가 들어야 할 하나님의 음성은 무엇인가? }

본문에서 들어야 할 하나님의 음성은 무엇인가? 인생에 있어서 가장 큰 무거운 짐은 무엇인가? 세상살이의 짐인가? 그러나 그보다 더 무거운 궁극적인 짐이 있다. 그것은 바로 죄와 사망의 짐이다. 유대인들은 율법의 행위를 통해서 그 무거운 짐을 벗으려고 했다. 그리고 인간이 감당할 수 없는 그 율법의 짐을 다른 사람들에게도 지웠다.

그러나 예수님께서는 말씀하신다. "수고하고 무거운 짐 진 자들아 다 내게로 오라 내가 너희를 쉬게 하리라." 율법은 사람들을 징계하고 심판한다. 율법에는 살리는 은혜가 없다. 그러나 예수님께서는 온유하시며 그 안에는 은혜와 진리가 있다. 예수님의 멍에는 자유와 생명을 주지 못하는 율법의 멍에와는 다르다. 예수님의 멍에는 죄와 사망에서 자유롭게 하는 은혜와 진리의 복음이다. 믿음으로 의에 이르게 하는 멍에였다. 그래서 예수님께서는 내 멍에는 쉽고 내 짐을 가볍다고 말씀하신 것이다. 주님을 믿음으로 죄와 사망과 인생의 모든 짐에서 벗어나라는 것이다. 이것이 은혜이다. 값없이 누리는 하늘의 은총이다.

그러면 어떻게 하면 이 하늘의 은총을 누리는가? 천국은 침노하는 자가 **빼앗는** 것처럼 예수님께 나아가는 것이다. 다른 길은 없다. 주님을 믿으며 하나님 나라의 은총을 덧입기를 사모하는 자들에게는 이 길은 항상 열려 있다. 예수님께서는 자신을 찾아 온 병든 자들, 귀신 들려 고통당하는 자들, 죽음으로 통곡하는 자들에게 모두 그들의 무거운 짐을 벗겨주셨다. 예수님만이 영원한 세상의 소망이요, 진정한 자유와 쉼에 이르는 길인 것이다.

8. 광야 훈련에서 얻은 은총들 (신 8:10-20)

{ 생각해 볼 점들 }

인간은 나름대로 자기 인생을 해석하면서 사는 존재이다. 하나님 없는 자들은 자신들의 삶을 어떻게 해석하는가? 그들은 인생이란 운명이요, 팔자라고 해석한다. 인생의 성공도, 인생의 실패도 다 그 사람의 운명이라고 단정해 버린다. 인생의 실패나 고난도 죄에 대한 하나님의 심판으로 보지 않는다.

그러나 그리스도인의 삶의 해석은 다르다. 그리스도인들은 인생을 운명으로, 그리고 팔자로 해석하지 않는다. 그들은 자신의 삶을 하나님의 섭리로 생각한다. 역사의 주인도, 내 삶의 주인도 하나님이라고 고백한다. 내 모든 삶을 하나님께서 인도하시며 간섭하신다고 믿는다. 인생의 성공도, 실패도, 고난도, 그리고 죽음도 하나님의 시각으로 해석한다. 오늘 내가 이렇게 살아가는 것이 하나님의 은혜라고 고백한다. 하나님의 은총이 있기에 오늘의 내가 있다고 고백한다. 내가 무엇을 이루었든 간에 그것은 나와 함께 하신 하나님의 은혜라는 것이다. 그것은 하나님을 사랑하는 자들에게는 고난도, 아픔도, 시련도 합력하여 선을 이루게 하시는 은혜로운 하나님의 섭리가 있기 때문이다.

고난도 하나님 안에서 뜻이 있듯 광야 길도 그렇다. 이스라엘 백성에게 광야 길은 무슨 의미가 있는가? 왜 광야 40년을 걸어야 했는가? 특별히 본문 신명기 8장에서 광야 길에 대한 모세의 해석을 볼 수 있다. 모세는 광야 길을 걷게 하신 하나님의 의도를 설명해 준다. 광야 길은 불평과 원망밖에 나오지 않는 무익하고 힘들 길이었는가, 아니면 예비한 은총을 누리기 위한 영성 훈련이었는가? 광야 길에 대한 백성의 해석과 하나님의 생각은 다르다. 본문을 통해 말씀하시는바가 무엇인지 궁금하다. 원문에서 하나님의 음성을 들어보자.

{ 원문에서 듣는 하나님의 음성 }

1. 광야 훈련에 대한 하나님의 깊은 뜻

신명기 8장 7절 이하에서 모세는 약속의 땅에서 누릴 은총을 구체적으로 이야기하고 있다. 삭막한 광야와는 달리 약속의 땅에는 시내와 샘이 흐른다. 광야에서는 먹을 것이 없어 만나로 연맹했다. 그러나 그곳에는 밀과 보리, 포도와 무화과, 석류, 감람열매와 꿀이 풍성하다.

모세는 12-13절에서 계속하여 하나님께서 약속의 땅에서 택한 백성이 누릴 은총에 대해 이렇게 말한다. "이제 다시는 굶주리지 않고 배불리 먹게 될 것이다." "그리고 광야의 텐트 시절이 끝나고 약속의 땅에서는 아름다운 집을 짓고 살게 될 것이다." "뿐만 아니라 이제 너희들의 가축이 번성하고 은과 금이 많아지고 소유가 풍부하게 될 것이다."

이스라엘 백성은 황량한 광야를 40년간 헤맸다. 물이 말라 버린 사막, 풀 한 포기 없는 광야, 돌멩이만 쳐다보고 산 세월이 무려 40년이었다. 40년간 광야에서 유리, 방황했던 이스라엘 백성이 이런 꿈같은 약속을 듣는 것만으로도 얼마나 큰 위로와 소망이 되었겠는가?

소망 없이 밑바닥을 헤매고 있는 우리도 기도 중에 이런 하나님의 음성을 듣게 되면 감격하지 않겠는가? "네 고통이 끝나고 네가 아름다운 집을 짓게 될 것이다. 네 사업이 번창하게 될 것이다. 내가 네 가정과 일터를 지켜 주는 방패와 산성이 될 것이다."

"네가 먹어서 배부르고 네 하나님 여호와께서 옥토를 네게 주셨음으로 말미암아 그를 찬송하리라"(신 8:10).

신명기 8장 10절의 말씀을 보면 이 모든 은총의 뿌리가 하나님께 있음을 알 수 있다. 원문의 표현은 독특하다. 여기에서 "먹어서"(אכל), "배부르고"(שבע), "주셨으므로"(נתן), "찬송하리라"(ברך)는 동사가 모두 완료형이다. 직역하면 이렇다. "네가 먹었다. 그리고 배가 불렀다. 그래서 찬송을 불렀다. 네 하나님 여호와께서 옥토를 네게 주셨기 때문이다."

표현이 좀 이상하지 않는가? 아직 그들은 약속의 땅에 들어가지 않았다. 그런데도 완료형으로 되어 있다. 모든 것을 다 얻은 것처럼 말이다. 아직 이루어지지도 않았는데 이미 가나안 땅에서 누린 것처럼 완료형으로 되어 있다.

물론 "옥토를 주셨다"라는 말에서 "주다(נתן)"라는 말이 완료형으로 된 것은 이해할 만하다. 하나님께서 이미 가나안 땅을 아브라함에게 주셨기 때문이다. 이스라엘 백성은 그 땅에서 베푸시는 하나님의 은총으로 먹을 것이고 배가 부를 것이고 찬송하게 될 것이다. 그런데 왜 성경은 앞으로 이루어질 미래의 사건을 미완료가 아닌 완료형으로 기록하고 있는가?

여기에서는 독특한 완료형의 문법을 살펴볼 필요가 있다. 때때로 히브리어에서는 미래의 사건들이 너무 생생하게 확실히 이루어질 경우 그 사건들이 사실상 이미 일어난 것으로 간주하여 미래 사건을 완료시제로 묘사한다. 참으로 놀라운 문법이다. 모세는 약속의 땅에서 일어날 미래의 사건을 확실히 믿었다. 뿐만 아니라 또 그대로 하나님께서 이루어 주실 것을 확신했다. 믿음 안에서 사실로 보고 있다. 그렇기 때문에 완료형으로 말하지 않았겠는가?

그와 같은 사례를 하나 더 보자. 예레미야 20장 4절에서도 미래에 생생하게 일어날 사건에 대해 하나님께서는 완료형으로 말씀하신 것을 볼 수 있다. "여호와께서 이와 같이 말씀하시되 보라 내가 너로 너와 네 모든 친구에게 두려움이 되게 하리니 그들이 그들의 원수들의 칼에 엎드러질 것이요 네 눈은 그것을 볼 것이며 내가 온 유다를 바벨론 왕의 손에 넘기리니 그가 그들을 사로잡아 바벨론으로 옮겨 칼로 죽이리라."

하나님은 바벨론 왕이 온 유다를 사로잡아 바벨론으로 옮겨 죽일 것이라고 말씀하셨다. 그런데 "사로잡아"(הִגְלָה), 그리고 "죽일 것이라"(הִכָּה)는 말이 이미 일어난 것처럼 완료형으로 되어 있다. 이것은 앞으로 이스라엘 백성이 바벨론으로 잡혀 가서 죽게 될 것이므로 그리고 이것이 확실히 이루어질 것이므로 미래 사건이지만 하나님께서 완료형으로 말씀하셨던 것이다. 유다가 바벨론으로 끌려가고 칼에 죽임을 당할 것이 불을 보듯 뻔하다는 의미가 아니겠는가?

약속의 땅에서 누리게 되는 모든 은총들은 꿈같은 일이 아니다. 앞으로 생생하게 보게 되고 누리게 될 약속이다. 이것이 바로 하늘 아버지께서 확실하게 약속하셨던 것들이다. 그런 하나님께서는 왜 광야 40년을 걷게 하셨는가? 하나님의 그 마음을 15-16절에서 읽을 수 있다.

"너를 인도하여 그 광대하고 위험한 광야 곧 불뱀과 전갈이 있고 물이 없는 간조한 땅을 지나게 하셨으며 또 너를 위하여 단단한 반석에서 물을 내셨으며 네 조상들도 알지 못하던 만나를 광야에서 네게 먹이셨나니 이는 다 너를 낮추시며 너를 시험하사 마침내 네게 복을 주려 하심이었느니라" (신 8:15-16).

어려움을 당할 때 그 사건만 보고 하나님의 의도를 읽지 못하면 그 고난은 아무 유익이 없다. 고통일 뿐이다. 낙심하고 절망할 뿐이다. 시험에 들 뿐이다. 신앙의 삶은 해석이다. 하나님의 관점으로 해석해야 한다. 하나님의 마음으로 삶을 읽어야 한다. 하나님의 음성을 듣지 못하면 자기 생각에 붙들려 실족할 수밖에 없다.

모세는 광야 40년의 고통의 길을 걷게 하신 이유를 16절에서 명확하게 해석해 준다. "네 조상들도 알지 못하던 만나를 광야에서 네게 먹이셨나니 이는 다 너를 낮추시며 너를 시험하사 마침내 네게 복을 주려 하심이었느니라."

광야 길을 걷게 하신 의도는 이미 신명기 8장 3절 말씀에 나와 있다. 그것은 사람이 떡으로만 사는 것이 아니요, 하나님의 입에서 나오는 모든 말씀으로 사는 것을 깨닫게 하려는 데 있었다. 그 훈련의 구체적인 내용이 본문 16절의 말씀과 같이 낮추시며 시험하여 오직 하나님만 바라보는 데 있었다.

본문의 "낮추다"라는 말은 무슨 뜻인가? "낮추다"(עָנָה)라는 말은 "괴롭히다", "훈련하다", "낮추다", "겸손하다"라는 말이다. 이스라엘 백성에게 광야는 괴로운 길이었다. 그러나 그 길은 이스라엘 백성을 겸손하게 만드는 길이었고 훈련의 과정이었다. 그리고 "시험하다"(נָסָה)라는 말은 "증명하다", "입증하다", "시험하다"라는 말이다. 하나님께서는 광야를 통하여 이스라엘 백성으로 하여금 오직 하나님의 말씀으로 사는가를 훈련하고 검증하신 것이다.

그렇다면 광야 길은 이스라엘 백성을 낮추고 훈련하는 데만 그 목적이 있었던 것인가? 물론 아니다. 광야 길을 걷게 하신 최종 목적은 다른 데 있었음을 알 수 있다. 그것은 바로 본문 16절 마지막 부분 말씀이다. "마침내 네게 복을 주려 하심이었느니라." 이것이 하나님께서 이스라엘 백성을 훈련시키신 목적이다. 약속의 땅에서 그들에게 복을 주기 위해서 그리하셨다는 것이다.

그런데 여기서 조심할 것이 있다. 그것은 본문에서 말하는 "복"이라는 단어다. 성경에서 "복"이라는 단어는 여러 가지의 의미로 사용된다. 본문의 "복"(יָטַב)이란 잘 먹고 잘 사는 물질과 소유의 복인 "베라카"(בְּרָכָה)라는 단어가 아니다. 물질과 재물과 소유에 대한 복은 8장 7-12절 사이에 하나님께서 이미 약속하지 않으셨는가? 약속의 땅에서 곡식과 가축과 아름다운 집과 금과 은이 풍부하게 될 것이라고 말씀하셨다. 그 땅의 복은 이미 약속되어 있다. 누리게 될 것이라고 약속하셨다.

그렇다면 하나님께서 마침내 복을 주시려고 한 그 "복"은 무엇인가? 16절에서 말한 복이란 어떤 복을 말하는가? 여기에서 "복"(יָטַב)이란 말은 "유익을 끼치다", "좋게 만들다"라는 뜻이다. 성공하고 번영하고 부자가 되는 것을 말하는 복이 아니다.

직역하면 이런 말씀이다. "이는 다 너를 낮추시며 너를 시험하사 마침내 네게 유익을 주려 하심이었느니라." 광야 길을 통해 오직 하나님만 경외하는 훈련된 믿음이 최고의 유익이라는 것이다. 그래서 영어번역본(NIV)에서는 이 본문을 다음과 같이 번역한 것을 볼 수 있다. "마침내 그것이 네게 유익이 될 것이다"(in the end it might go well with you).

그렇다면 이 고통스러운 광야의 훈련은 왜 유익이 되는 것인가? 그것은 이 훈련된 믿음만이 이미 약속된 물질과 소유의 복을 지킬 만한 능력이 되기 때문이다. 이 훈련된 믿음만이 그들을 실족하지 않게 지켜 줄 것이며 잘 되게 하는 길이기 때문이다. 참으로 깊으신 하나님 아버지의 훈련의 의도를 읽을 수 있지 않은가?

하나님께서 아무리 많은 땅의 복을 주시면 무엇 하겠는가? 그 복을 지킬 만한 인격과 믿음이 없으면 그 많은 복이 무슨 소용이 있겠는가? 한 순간에 다 잃어버릴 뿐이다. 약속의 땅, 약속된 은총을 잃지 않고 살아갈 수 있도록 훈련된 믿음이야말로 최고의 복이지 않겠는가? 하나님께서는 약속의 땅을 잃어버리지 않고 약속된 은총을 누리며 살기 위해서는 이스라엘 백성에게 광야 길이 필요하다고 생각하신 것이다. 그 훈련의 날들이 복된 날이라는 것이다. '그 하나님의 깊은 뜻을 알기나 하느냐' 는 것이 모세의 해석인 것이다.

그릇이 안 되는데 복을 부어 주면 뭐하겠는가? 그렇지 않은가? 그릇이 되지 않으면 어떤 것을 받아도 누리지도 지키지도 못한다. 다 잃어버릴 수밖에 없는 법이다. 받은 복도 잃어버리고 그 복 때문에 사람도 망가질 뿐이다. 사람도 관리할 만한 능력이 있어야 뭐를 맡기든 맡기지 않겠는가? 준비되지 않은 그릇에 부어진 복들은 그에게 은총이 아니다. 다만 그를 넘어지게 하고 타락시키는 걸림돌이 될 뿐임을 잊어서는 안 된다.

세상 교육은 오직 능력만을 가르친다. 배운 능력으로부터 얻게 되는 열매들을 지켜 나갈 인격과 능력은 가르치지 않는 것 같다. 진정한 교육은 전문성과 함께 그 전문성의 열매를 누리고 지켜 나갈 인격적인 능력을 갖게 해주는 데 있다. 수십 년간 고생하여 얻은 복되고 부러운 자리를 지킬 만한 인격이 부족하여 한 순간에 추락한 사람들을 오늘날 쉽게 볼 수 있지 않은가? 참으로 안타까울 뿐이다. 세상 교육에도 하늘 아버지의 지혜와 마음이 필요한 법이다.

2. 받은 은총을 누리고 지키는 길

하나님께서는 약속하신 모든 복을 누리고 지킬 만한 믿음을 갖게 하기 위하여 훈련을 시키신다. 본문의 말씀을 자세히 보면 은총의 뿌리가 하나님께 있음을 알 수 있다. 뿐만 아니라 더욱더 큰 은총이 있다. 그것은 약속의 땅에서 누릴 은총을 지켜 나갈 만한 믿음의 훈련이다. 하나님께서는 약속의 땅에서 영원토록 그 복을 누리고 살기 위해서는 두 가지를 기억해야 한다고 17절 이하에서 경고하신다. 첫 번째 경고가 신명기 8장 17-18절의 말씀이다.

> "그러나 네가 마음에 이르기를 내 능력과 내 손의 힘으로 내가 이 재물을 얻었다 말할 것이라"(신 8:17).

본문은 약속의 땅에서 복을 누릴 때 교만하지 말라는 말씀이다. 내 능력과 내 손의 힘으로 이 재물을 얻었다고 자랑하지 말라는 것이다. 왜냐하면 그 재물을 얻도록 능력을 주신 분이 바로 하나님이시기 때문이다. 내가 수고한 것 같지만 그 모든 것이 하나님의 은혜로 된 것임을 잊지 말라는 것이다.

본문에서 "능력"이란 무엇을 말하는가? "능력"(חֹכַ)이란 "확고히 하다"라는 뜻의 동사에서 유래된 "힘"이란 말이다. 그런데 이 능력이란 육체적인 힘보다는 정신적이거나 기술적인 능력을 가리키는 말이다. 이와는 반대로 본문의 "내 손의 힘"에서 "힘"(עֹצֶם)이란 "뼈", "외적인 신체"라는 말로 이는 육체적인 힘을 의미한다. 또한 "내"라는 말은 "내게"(לִי)라는 말이다.

그러므로 직역하면 "내 재능과 내 손의 힘이 내게 이 재물을 만들어 주었다"라는 말이다. 이 말씀에는 하나님의 은총이 들어설 여지가 없어 보이지 않는가? 인간의 지혜와 육체의 수고가 부를 가져왔다는 것이다. 자수성가의 외침만이 있을 뿐이다. 교만하지 않도록 조심하라는 것이다.

본문에서 재물(חַיִל)에 대해 살펴보자. 재물의 원뜻은 "힘"(시 18:32), "능력"(대상 26:8), "부"를 말한다. 여기서는 경제적 힘과 능력이 되는 "부"(富)를 가리킨다. 재물이 곧 능력이라는 뜻에 유의할 필요가 있다. 이러한 재물을 얻을 인간의 정신적인 능력, 즉 지혜와 명철, 그리고 강건한 육체적인 능력을 하나님께서 주셨음을 잊지 말라는 것이다. 왜냐하면 18절의 말씀과 같이 하나님께서 재물을 얻을 능력을 주셨기 때문이다.

이런 하나님의 은총에 대한 야곱의 고백을 창세기 32장 10절에서 볼 수 있다. "나는 주께서 주의 종에게 베푸신 모든 은총과 모든 진실하심을 조금도 감당할 수 없사오나 내가 내 지팡이만 가지고 이 요단을 건넜더니 지금은 두 떼나 이루었나이다." 야곱은 자신이 얻었던 모든 것이 하나님께서 베푸신 은총이라고 고백하지 않는가? 성도에게는 하나님의 은혜만이 있을 뿐이다.

이 교만과 자랑에서 실족하지 않는 길이 바로 신명기 8장 11절과 18절 앞부분의 말씀이다. 첫 번째 11절 후반에서 "네 하나님 여호와를 잊어버리지 않도록 삼갈지어다" 하고 말씀하신다. 원문에서는 "삼갈지어다"가 서두에 나온다. "삼갈지어다"는 무슨 뜻인가? "삼갈지어다"(שָׁמַר)라는 말은 "지키다",

"울타리를 지켜 보호하다", "주의하다"라는 의미다. 그리고 "잊어버리다" (שׁכח)라는 말은 "무시하다", "잊어버리다"라는 말이다. 또한 우리말 성경에는 없는 "네게"(לך)라는 단어가 원문에는 있는데, 이 말은 "너에게"로 혹은 "너를 위하여"라는 의미를 가진다. 원문의 "네게"(לך)라는 말은 대단히 중요하게 보인다. 왜 그런가? 자기 스스로를 위해 경계하지 않을 경우 실족하게 되기 때문이다.

11절 후반절을 직역하면 이렇다. "주의하라, 네 스스로를 위해 네 하나님 여호와를 무시하지 않도록" 혹은 "주의하라, 너는 네 자신에게 방향을 맞추어 네 하나님 여호와를 무시하지 않도록" 하는 말씀이다. 하나님을 무시하지 말라는 것이 누구를 위한 명령인가? 그것이 바로 네 자신을 위하는 길이라는 말씀이다. 그것이 바로 하나님의 은혜 가운데 사는 길이라는 것이다.

"네 하나님 여호와를 기억하라 그가 네게 재물 얻을 능력을 주셨음이라 이같이 하심은 네 조상들에게 맹세하신 언약을 오늘과 같이 이루려 하심이니라"(신 8:18).

두 번째로 하나님께서 베푸신 은총의 길에서 실족하지 않는 길이 18절 앞 부분의 말씀이다. "네 하나님 여호와를 기억하라." 얼마나 중요한 말씀인지 모른다. "기억하라"(זכר)는 말은 "기억하다", "회상하다", "회고하다", "마음에 품다"라는 말이다. 본 절에서는 "기억하라"(זכר)는 말이 서두에 나온다. 그러므로 기억하라는 말은 하나님을 마음에 품고 살라는 것이다.

직역하면 "너는 기억하라 네 하나님 여호와를"이라는 의미다. 하나님의 자녀가 실족하지 않는 길이 무엇이겠는가? 그것은 다름 아닌 하나님을 마음에 품고 기억하는 데 있음을 보여 준다. 이것이 승리하는 신앙을 위한 진리의 말씀이다. 하나님을 잊어버리는 자가 어떻게 승리할 수 있겠는가?

모세는 하나님의 어떤 것을 기억하라고 말하고 있는가? 곧 신명기 8장 14-15절 말씀이다. 하나님 여호와께서 지금까지, 그리고 애굽에서 광야까지 어떻게 행하셨는가를 잊지 말고 기억하라는 말씀이다. 또한 그 하나님을 마음에 품고 살라는 말씀이다. 인생이 어떻게 잘 나가게 되든, 잘 풀리든, 힘이 들든, 하나님을 기억하는 자는 실족하지 않는다. 그러나 하나님을 잊어버리는 순간, 자기 능력이 크게 보이는 순간이 바로 위험한 순간임을 잊어서는 안 된다는 것이다.

가나안 정복 후 그리고 여호수아가 죽은 후 그들의 신앙이 어떻게 변화되었는가를 보여 주는 말씀이 사사기 2장 10절에 있다. "그 세대의 사람도 다 그 조상들에게로 돌아갔고 그 후에 일어난 다른 세대는 여호와를 알지 못하며 여호와께서 이스라엘을 위하여 행하신 일도 알지 못하였더라."

사사 시대, 여호와를 잊어버린 후 그들의 신앙과 나라가 어떻게 고난을 받았는지 사사기를 통해 생생하게 볼 수 있다. 하나님을 잊어버린 세대는 인근 나라의 수없는 압제로 고난 속에서 힘든 나날을 보냈다.

하나님의 두 번째 경고는 8장 19-20절의 말씀이다. 여호와 하나님을 잊어버리고 다른 신을 따라가면 정녕 멸망할 것이라는 경고이다. 20절에서 모세는 과거 역사를 들어서 구체적으로 경고하고 있다. 하나님께서는 이미 죄악 때문에 멸망시킨 백성과 같이 택한 백성일지라도 멸망하게 된다는 것이다.

"네가 만일 네 하나님 여호와를 잊어버리고 다른 신들을 따라 그들을 섬기며 그들에게 절하면 내가 너희에게 증거하노니 너희가 반드시 멸망할 것이라 여호와께서 너희 앞에서 멸망시키신 민족들 같이 너희도

멸망하리니 이는 너희가 너희의 하나님 여호와의 소리를 청종하지 아니함이니라"(신 8:19-20).

다른 신들을 따라 그들을 섬기며 그들에게 절하면 반드시 멸망할 것이라는 경고다. "섬기다"(עבד)라는 단어는 하나님께 경배하고 예배한다는 의미다. 또한 "절하다"(שחה)라는 말도 하나님께 경배하는 단어로 재귀, 완료형(הִשְׁתַּחֲוִיתֶם)이다.

그렇다면 재귀형은 무엇을 말하는가? 재귀형이란, 주어를 위한 행동을 강조한다. 직역하면 "스스로 자신을 위해 절하다"라는 말이다. 즉, 다른 신이 생사화복을 줄 것으로 믿고 자신을 위해 예배한다는 뜻이다. 따라서 이 말씀은 '그렇게 행동하면 자신이 잘될 줄로 착각하지 말라' 는 경고다. 헛되고 무익한 이방 신에게 속지 말라는 것이다. 이방 신들에게 절하는 것이 결코 너희에게 유익이 되지 못한다는 사실을 알라는 말씀이다.

모세는 단호하게 우상숭배에 대해 이렇게 경고한다. "내가 증거하노니 너희가 반드시 멸망한다." 여기서 "증거하다"(עוד)라는 말은 "증언하다", "반복하다", "이중으로 하다", 강하게 하다"라는 말이다. "반드시 멸망하다"라는 말은 "멸망하다"(אבד)라는 단어가 두 번이나 반복되어 있다(אָבֹד תֹּאבֵדוּן). 이것은 강조형이다. 직역하면 "내가 반복해서 말하는데 너희가 멸망하고 멸망할 것이다"라는 말씀이다.

그리고 결론적으로 멸망하는 이유를 20절에서 이렇게 경고한다. "여호와께서 너희 앞에서 멸망시키신 민족들 같이 너희도 멸망하리니 이는 너희가 너희의 하나님 여호와의 소리를 청종하지 아니함이니라."

이 말씀은 택한 백성이라고 자만하지 말라는 것이다. 멸망에 대해서 모세는 앞으로 일어날 역사적 사례를 들고 있다. 무슨 말인가? 하나님께서는 가나안 족속을 멸망시키고 그 땅을 이스라엘 자손에게 주실 것이다. 그렇지만 만약에 하나님 여호와의 소리를 청종하지 않으면 너희도 역시 가나안 족속과 같이 비참하게 쫓겨나고 말 것이라는 사실을 엄중하게 경고하고 있다.

그런데 모세의 이 경고는 역사 속에서 사실로 이루어지고 말았다. 그들은 약속의 땅에서 쫓겨나 앗수르와 바벨론으로 끌려가지 않았는가? 그렇다면 그들이 멸망한 이유는 무엇인가? 그것은 하나님의 목소리를 청종하지 않은 데 있었다. 여기서 "청종하다"(שָׁמַע)라는 말은 "듣다", "순종하다", "경청하다"라는 말이다.

하나님의 음성을 듣는 데 실패하면 믿음에서 승리할 수 없다. 실패한 인생은 어떤 인생인가? 하나님의 음성이 아니라 마귀의 음성을 듣는 자, 타락한 육신의 음성을 듣는 자다. 이 진리를 잊지 말라는 것이다. 하나님의 자녀일지라도 다른 것에 마음을 빼앗기고 살아갈 때, 그리고 하나님을 기억하지 못하고 살아갈 때 하나님의 음성은 그 마음에 들려지지 않는 법이다.

아름다운 꽃과 열매를 맺게 하는 것은 보이는 나무가 아니다. 나무가 아름다운 꽃과 열매를 맺게 하는 것은 보이지 않는 뿌리에 있다. 뿌리가 끊어지면 나무는 즉시 말라 버린다. 때때로 사람들은 이 진리를 잊어버린다. 은총의 뿌리가 하나님인 것을 잊어버리고 살 때가 많다. 생수의 근원이신 하나님을 잊어버리고 보이는 것들을 붙들고 살아갈 때가 많다. 보이는 것들은 은총의 뿌리가 아니다.

하나님께서는 이스라엘 백성에게 이렇게 경고하셨는데도 그들은 다른 신을 좇다가 결국 바벨론으로 끌려가고 말았다. 바벨론 땅에서 노예로 살아가면서 그제야 눈물을 흘리고 회개하며 하나님을 찾았다. 시편 137편이 바로 그 내용이다. "우리가 바벨론의 여러 강변 거기에 앉아서 시온을 기억하며 울었도다 그 중의 버드나무에 우리가 우리의 수금을 걸었나니 이는 우리를 사로잡은 자가 거기서 우리에게 노래를 청하며 우리를 황폐하게 한 자가 기쁨을 청하고 자기들을 위하여 시온의 노래 중 하나를 노래하라 함이로다 우리가 이방 땅에서 어찌 여호와의 노래를 부를까"(시 137:1-4).

　하나님의 자녀들이 바벨론으로 끌려와 이방 땅에 눈물로 세월을 보내고 있음을 볼 수 있다. 옛날에 조상들이 애굽 땅에서 종살이했던 것처럼 바벨론 땅에 끌려와 비천한 노예로 전락한 것이다. 그런데 아픈 마음도 모른 바벨론 사람들은 이렇게 슬퍼하는 이스라엘 백성에게 모욕적인 요구를 해 왔던 것이다. 자기들의 기쁨을 위해 노래를 부르라는 것이다. 전능하신 하나님, 창조주 하나님의 택한 백성이 하나님을 떠난 죄 때문에 눈물 속에서 탄식하는 모습이 참으로 안타깝다. 우리는 신앙의 현주소는 어떠한가? 스스로 물어 보자.

{ 우리가 들어야 할 하나님의 음성은 무엇인가? }

　본문에서 들어야 할 하나님의 음성은 무엇인가? 광야의 길은 힘들고 괴로운 길이다. 그러나 거기에는 하나님의 뜻이 있음을 놓쳐서는 안 된다. 광야의 길은 힘들지만 정금을 만드는 훈련의 장임을 잊지 말아야 한다. 이 훈련된 믿음만이 이미 약속된 물질과 소유의 복을 지켜 줄 수 있다. 이 훈련된 믿음만이 그들을 실족하지 않게 지켜 줄 수 있는 것이다.

　하나님께서 아무리 많은 땅의 복을 주시면 무엇하겠는가? 그 복을 지킬 만한 인격과 믿음이 없으면 그 많은 복이 무슨 소용이 있겠는가? 한 순간에 잃어버릴 뿐이다. 약속의 땅, 약속된 은총을 잃지 않고 살아갈 수 있도록 훈련된 믿음이야말로 최고의 복이지 않겠는가? 우리에게는 약속의 땅을 잃어버리지 않고 약속된 은총을 누리며 살기 위해 광야 길이 필요했다. 그 훈련의 날들은 복된 날이다.

    그러므로 하나님께서 주신 복을 지켜 나갈 그릇, 복을 누릴 만한 믿음과 영성의 훈련이야말로 참으로 복된 것임을 잊지 말아야 한다. 영적인 훈련을 소중히 여겨야 한다. 왜냐하면 영적으로, 그리고 인격적으로 준비되지 않는 그릇은 하나님께서 주신 어떤 은총도 누리거나 지키지 못하기 때문이다.

9. 예수님은 수로보니게 여인을 모욕했는가? (마 15:21-28)

{ 생각해 볼 점들 }

예수님께서는 이방 지역인 두로와 시돈으로 가셨다. 이는 유대 종교 지도자들과 때 이른 충돌을 피하고 조용히 쉬시며 제자들을 가르치기 위한 것으로 보인다(막 7:24). 그러나 이러한 사실을 어떻게 알았는지 수로보니게 여인이 예수님을 찾아왔다. 귀신 들린 딸을 고쳐달라고 애원을 했다. 그때 예수님께서는 쉽게 납득이 되지 않는 듯한 말씀을 하셨다. "자녀의 떡을 취하여 개들에게 던짐이 마땅하지 아니하니라."

대체적으로 이 본문과 관련하여 해석들이 분분하다. 혹자는 말한다. 예수님께서는 수로보니게 여인의 믿음을 시험하기 위해서 개라고까지 말씀을 하셨다고 해석한다. 그리고 여인의 모욕을 견디는 그 믿음을 보시고 치유의 은총을 베푸셨다고 한다. 과연 예수님께서는 모욕을 주면서까지 믿는 자들의 믿음을 시험하시는 것일까? 쉽게 납득이 가지 않는 대목이다. 혹자는 말한다. "나는 이스라엘 집의 잃어버린 양 외에는 다른 데로 보내심을 받지 아니하였노라"고 하신 말씀 속에는 다른 뜻이 있다는 것이다. 과연 예수님께서는 한 여인의 믿음을 시험하기 위해 모욕을 주는 심한 말씀을 하셨는가, 아니면 다른 뜻이 있는가? 본문에서 예수님께서 말씀하시는 바가 무엇인지 궁금하다. 원문에서 주님의 음성을 들어보자.

{ 원문에서 듣는 하나님의 음성 }

1. 이방인을 위한 하나님의 구원 계획

"예수께서 거기서 나가사 두로와 시돈 지방으로 들어가시니 가나안 여자 하나가 그 지경에서 나와서 소리 질러 이르되 주 다윗의 자손이여 나를 불쌍히 여기소서 내 딸이 흉악하게 귀신 들렸나이다 하되 예수는 한 말씀도 대답하지 아니하시니 제자들이 와서 청하여 말하되 그 여자가 우리 뒤에서 소리를 지르오니 그를 보내소서"(마 15:21-23).

예수님께서는 결례법과 관련된 영적 부정과 물질적 부정에 관해 바리새인 및 서기관들과 논쟁을 벌이셨다. 그리고 난 후 가버나움을 떠나 이방 땅인 두로와 시돈 지방으로 가셨다. 예수님께서 왜 이방 지역으로 가셨는가? 학자들은 예수님께서 유대 종교 지도자들과 때 이른 충돌을 피하고 조용히 쉬시며 제자들을 가르치기 위해 가신 것이라 말한다(막 7:24).

그런데 거기서 예기치 않은 일이 벌어졌다. 가나안 여자 한 사람이 예수님을 찾아온 것이다. 그리고 이렇게 외쳤다. "주 다윗의 자손이여 나를 불쌍히 여기소서 내 딸이 흉악하게 귀신 들렸나이다."

이 말씀에서 우리는 여인의 주님에 대한 호칭을 그냥 넘길 수가 없다. 그것은 대단히 중요한 호칭이기 때문이다. "주 다윗의 자손"이란 무엇을 의미하는가? 이스라엘 종교 지도자들조차도 좀처럼 사용하지 않는 호칭이지 않는가? 이 여인은 예수님의 호칭을 두 가지로 사용하고 있다. "주"와 "다윗의 자손"이다.

여기서 "주"(κύριος)란 호칭은 무엇을 의미하는가? 그것은 바로 자신은 종이라는 말이다. 뿐만 아니다. "주"는 종의 생사여탈권을 쥐고 있다. 성경으로 보면 "주"란 신적인 존재, 생명의 주인이라는 뜻이다. 예수님을 그렇게 본 것이다.

그리고 다윗의 자손이란 어떤 존재를 말하는가? 다윗의 자손은 구약에 예언된, 오실 메시야에 대한 호칭이다. 그래서 마태도 이 예언을 알고 있던 터라 유대인을 위해 기록한 마태복음 1장 1절에서 이렇게 기록하고 있다. "아브라함과 다윗의 자손 예수 그리스도의 계보라."

그렇다면 이 여인도 이스라엘의 메시아에 대한 지식이 있었던 것인가? 놀라운 일이다. 메시아이신 예수의 소문이 벌써 이곳까지 전파되었던 것 같다. 유대 지도자들은 예수를 메시아로 인식하지 못하고 거부했다. 그런데도 놀랍게 이방인들이 오히려 예수가 메시아이심을 믿고 도움을 청한 것이다. "주 다윗의 자손이여 나를 불쌍히 여기소서 내 딸이 흉악하게 귀신 들렸나이다."

"흉악하게 귀신 들렸다"라는 것은 어떤 상태를 말하는 것인가? "흉악하게"(κακῶς)라는 말은 육체적으로 "병들다", 그리고 도덕적으로는 "나쁜", "악한" 의미를 가지고 있다. 그렇다면 어떤 상태인가? 귀신 들린 딸은 육체적 질병뿐만 아니라 도덕적으로 악하고 나쁜 상태였음을 짐작할 수가 있다. 이 여인은 다윗의 자손이 오면 죄와 사망 권세에서, 그리고 모든 질병과 모든 사탄의 권세에서 자유와 생명을 주실 것으로 믿고 있었던 것 같다. 이 여인은 예수님을 다윗의 자손인 메시아로 믿고 있었던 것이다.

그런데 예수님께서는 예수님답지 않은 반응을 보이셨다. "주 다윗의 자손이여 나를 불쌍히 여기소서 내 딸이 흉악하게 귀신 들렸나이다"라고 외치는 불쌍한 여인을 향해 예수님은 묵묵부답이셨다. 그래서 제자들이 보다 못해 "소리를 지르오니 보내소서" 하고 예수님께 요청했다. 여기서 이 여인이 소리를 지른다는 말은 무슨 뜻인가? "소리를 지르다"(κράζω)라는 말은 현재형 (κράζει)이다. 무슨 뜻인가? 이 여인은 계속하여 예수님을 향하여 울부짖었음을 알 수 있다. 도움을 얻을 때까지 말이다.

"예수께서 대답하여 이르시되 나는 이스라엘 집의 잃어버린 양 외에는 다른 데로 보내심을 받지 아니하였노라 하시니"(마 15:24).

제자들의 요청에 예수님께서는 아주 의미심장한 한 마디를 하셨다. "나는 이스라엘 집의 잃어버린 양 외에는 다른 데로 보내심을 받지 아니하였노라." 하나님께서 예수님을 이 땅에 보내신 목적이 분명히 드러나는 대목이다. 예수님께서는 일차적으로 이스라엘 집의 잃어버린 양에게 보내심을 받았다는 말씀이다.

그렇다면 "잃어버리다"(ἀπόλλυμι)라는 말은 무슨 의미인가? 길을 잃고 방황한다는 말인가? "잃어버리다"라는 말은 "파괴하다", "잃다", "멸망하다", "죽다"라는 말로 완료, 분사형(ἀπολωλότα)이다. 완료 분사형은 어떤 의미를 가지고 있는가? 과거에 이미 일어난 행위의 결과가 현재에도 계속되고 있음을 뜻한다. 따라서 본문은 이스라엘 백성이 과거로부터 영적으로 죽어 있었고 지금도 영적으로 죽어 있는 상태가 계속되고 있음을 보여 준다.

예수님께서는 이렇게 영적으로 죽어 있는 이스라엘 백성을 구원하기 위하여 오셨다는 것이다. 예수님께서는 누가복음 19장 10절에서 "인자가 온 것은 잃어버린 자를 찾아 구원하러 왔다"고 말씀하셨다. 여기에서도 잃어버린 자는 길을 잃고 방황하는 자가 아니라 영적으로 죽은 자, 멸망당한 자란 뜻이다.

그렇다면 왜 예수님께서는 다른 데로 보내심을 받지 않으셨다고 냉정하게 말씀하셨는가? 이방인은 구원의 대상이 아니라는 말씀인가? 더욱이 26절의 "자녀의 떡을 취하여 개들에게 던짐이 마땅하지 아니하리라"는 예수님의 말씀은 더욱 난해하고 궁금하다.

여기서 우리는 하나님의 구원 계획에 대해 성경 전체를 포괄적으로 살펴볼 필요가 있다. 온 인류에 대한 하나님의 구원에 대한 계시의 출발점을 어디서부터 보아야 하는가? 그것은 아브라함을 선택하는 데서부터 하나님의 구원 계획을 엿볼 수 있다(창 12:3). 아브라함으로 인해 이스라엘 백성뿐만 아니라 "땅의 모든 족속"이 복을 받게 된다는 것이다.

아브라함을 통해 이루실 복이 창세기 22장 18절에 더욱 구체적으로 계시되어 있다. "네 씨"로 말미암아 천하 만민이 복을 얻게 된다는 약속이다. 여기서 "씨"(זֶרַע)란 자손을 가리킨다. 그렇다면 아브라함의 자손이 많이 태어났는데 그중 어떤 자손을 말하는가? 본문에서 "씨"(זֶרַע)는 놀랍게도 단수로 되어 있다. 이 씨가 누구인지 사도 바울은 갈라디아서 3장 16절에서 명확하게 해석하고 있다. "이 약속들은 아브라함과 그 자손에게 말씀하신 것인데 여럿을 가리켜 그 자손들이라 하지 아니하시고 오직 한 사람을 가리켜 네 자손이라 하셨으니 곧 그리스도라."

하나님께서는 이렇게 예수님이 이 땅에 오시기 전 무려 2,000년 전에 천하 만민이 복을 받을 그 자손에 대해 약속하셨고 그 약속을 예수님을 통해 이루셨다. 그런데 하나님께서는 이 천하 만민이 복을 받을 이 은혜의 복음을 누구에게 맡기셨는가? 그것은 바로 하나님께서 택하신 아브라함과 그 자손 곧 이스라엘 백성이었다. 하나님께서는 이스라엘 백성을 애굽에서 건져 내어 시내 산에 데려와 이렇게 말씀하셨다. "세계가 다 내게 속하였나니 너희가 내 말을 잘 듣고 내 언약을 지키면 너희는 모든 민족 중에서 내 소유가 되겠고 너희가 내게 대하여 제사장 나라가 되며 거룩한 백성이 되리라 너는 이 말을 이스라엘 자손에게 전할지니라"(출 19:5-6).

하나님께서는 이스라엘 백성이 하나님의 말씀을 듣고 언약을 지키면 열국 중에서 하나님의 소유가 될 것이라고 말씀하셨다. 그렇다면 어떤 언약인가? 언약을 거슬러 올라가 보면 하나님께서 아브라함과 맺으신 언약에 그 뿌리가 있는 것을 볼 수 있다.

창세기 12장 1-3절에서 하나님께서는 아브라함에게 "땅의 모든 족속이 너로 말미암아 복을 받을 것이라"고 약속하셨다. 그리고 창세기 17장 7-8절에서 하나님께서는 언약을 세우셨다. 그 내용은 아브라함과 그의 후손은 하나님의 백성이 되고 하나님은 아브라함과 그의 자손의 하나님이 되신다는 것이다.

하나님께서는 출애굽을 인도하는 모세에게 이 언약의 사실을 다시 한 번 상기시키신 것을 볼 수 있다(출 6:7). 출애굽기 19장 5-6절은 이스라엘이 아브라함의 언약 속에 내포된 보다 넓은 목적을 성취하기 위해 제사장 나라, 거룩한 백성의 사명을 담당하게 된 것을 볼 수 있다. 이스라엘을 통하여 전 인류의 구속을 이루시려는 하나님의 계획을 알 수 있다. 한 개인인 아브라함에서 이제는 한 국가 이스라엘로 그 사명이 확대된 것이다.

예수님께서는 제자들을 파송하실 때에도 하나님의 구원의 우선순위에 대해 말씀하신 것을 볼 수 있다. 마태복음 10장 5-6절을 보자. "예수께서 이 열둘을 내보내시며 명하여 이르시되 이방인의 길로도 가지 말고 사마리아인의 고을에도 들어가지 말고 오히려 이스라엘 집의 잃어버린 양에게로 가라."

예수님께서는 이처럼 제자들을 파송할 때에도, 수로보니게 여인이 소리지를 때에도 동일하게 말씀하셨다. 이방인의 길로도 가지 말고 사마리아인의 고을에도 들어가지 말라고 말이다. 차라리 이스라엘 집의 잃어버린 양에게로 가라고 명령하셨다.

마태복음 10장 5절의 "잃어버린"(ἀπολωλότα)이란 말이 마태복음 15장 24절과 누가복음 19장 10절에 쓰인 단어와 같다. 완료, 분사형(ἀπολωλότα)이다. 이스라엘 백성은 과거에서부터 영적으로 죽어 있는 잃어버린 양이었고 지금도 영적으로 죽어 있음을 보여 준다. 예수님께서는 제자들에게 영적으로 멸망당한 이스라엘 집의 양에게로 먼저 가라고 명령하셨다.

그렇다면 이방인들은 구원에서 제외되었는가? 아니다. 이것은 구약성경에 나타난 하나님의 구원 계획을 예수님께서 너무 잘 알고 계셨기에 아버지의 뜻 가운데서 행하신 것으로 볼 수 있다. 아버지의 구원 계획은 이스라엘 백성들로 제사장을 삼아 모든 민족이 복을 받게 하는 것이었다.

그렇기 때문에 수로보니게 여인이 구원을 요청했을 때 냉정하게 대하신 것은 다만 아버지의 구원 계획을 염두에 두고 말씀하신 것이었다. 대체적으로 "자녀의 떡을 취하여 개들이 던짐이 마땅치 아니하니라"는 말씀을 수로보니게 여인의 믿음을 시험해 본 것으로 해석하기도 한다. 그러나 정말 그러한가? 출애굽기 19장 5-6절, 마태복음 10장 5-8절과 마태복음 15장 24절을 연결해 보면 유대인을 통하여 이방인을 구원하시려는 아버지의 구원 계획 때문에 그렇게 말씀하신 것임을 알 수 있다.

> **"대답하여 이르시되 자녀의 떡을 취하여 개들에게 던짐이 마땅하지 아니하니라 여자가 이르되 주여 옳소이다마는 개들도 제 주인의 상에서 떨어지는 부스러기를 먹나이다 하니"**(마 15:26-27).

이제 26절의 예수님의 모욕적인 대답을 구체적으로 살펴보자. 예수님은 귀신 들린 딸을 고쳐달라고 울부짖었던 한 여인에게 이렇게 말씀하셨다. "자녀의 떡을 취하여 개들에게 던짐이 마땅하지 아니하니라." 무슨 뜻으로 하신 말씀인가? 혹자는 여자를 개로 취급한 것은 심한 모욕감과 믿음을 흔들어 보려는 데 있다고 말한다.

그러나 "개"라는 단어를 보면, 예수님께서 그 여자에게 심한 모욕감을 주면서 믿음을 흔들어 보려는 것이 아님을 알 수 있다. 헬라어에는 개라는 단어가 두 가지 존재한다. 때때로 성경에서 "개"라는 단어는 악한 것을 상징하고 야유하기 위해서 사용된다(출 11:7, 삿 7:5). 특히 개는 이스라엘 사람들이 경멸하는 대상인 이방인이나 이단자를 가리키기 위해 자주 사용되었다(시 59:6). 특별히 경멸적 의미에서의 "들개"는 거리를 어슬렁거리며 다니는 사납고 악한 개를 가리키는 것으로 "퀴온"(κυων)이라는 말을 쓴다(마 7:6, 눅 16:21, 빌 3:2, 벧전 2:22, 계 22:15).

그러나 예수님께서 말씀하신 "개"(κυνάριον, 퀴나리온)는 집 안에서 기르는 애완용 개나 강아지를 의미한다. 따라서 예수님께서 말씀하신 "개"(κυνάριον 퀴나리온)라는 표현은 전통적으로 유대인들이 이방인을 부를 때 사용하던 경멸적 의미의 단어가 아니다. 예수님께서는 이 말을 단순히 이방인들이 '자녀', 곧 하나님의 선택된 민족이 아니라고 하는 의미에서 사용하신 것으로 보인다. 그러므로 "자녀의 떡을 취하여 개에 던짐이 마땅치 아니하니"라는 말씀은 예수 그리스도의 복음을 받아들임에 있어서 유대인들에게 그 우선권이 있음을 암시하는 말로 볼 수 있다.

또한 예수님은 자녀의 떡을 취하여 개들에게 던짐이 마땅치 않다고 하셨다. 여기서 "마땅치 않다"라는 말은 무슨 뜻인가? "마땅치 않다"라는 말은 "옳지 않다", "나쁘다", "악하다"는 말이 아니다. 왜냐하면 "마땅하다"(καλός)는 말이 "적합한", "공정한", "좋은", "아름다운", "선한"이기 때문이다. 즉, "마땅치 않다"라는 말은 하나님의 계획에 적합하지 않다는 말이다. 따라서 예수님께서 이렇게 말씀하신 의도는 하나님의 구원 계획이 제사장인 유대인을 세워서 이방인에게 복음이 퍼져 나가게 하는 데 있음을 알려 주기 위함이었다.

2. 네 소원대로 되리라

그때 여인은 그 사실을 인정했다. "주여 옳소이다마는 개들도 제 주인의 상에서 떨어지는 부스러기를 먹나이다." 가나안 여자는 하나님의 구원 계획에 있어서 유대인들에 비해 이방인인 자신들이 다음 차례임을 인정했다. 하지만 여인은 유대인들이 누리는 그 메시아의 은총을 이방인들도 누릴 수 있지 않느냐고 호소했다. 그래서 이 여인은 27절에서 "옳소이다"(ναί)라고 예수님의 구원 계획을 인정했다. "옳소이다"라는 말은 "참으로", "정말로", "진실로", "확실히"란 뜻으로 절대적 인정을 나타내는 말이다.

"이에 예수께서 대답하여 이르시되 여자여 네 믿음이 크도다 네 소원대로 되리라 하시니 그 때로부터 그의 딸이 나으니라"(마 15:28).

원문에는 "여자여"라는 말 앞에 "오"(ʹΩ)를 의미하는 감탄사가 있다. 직역하자면 "오 여인이여!"라는 말이다. 왜 이렇게 예수님께서 이 여인을 보고 감탄하셨을까? 그것은 그 여인의 믿음 때문이었다. 어떤 믿음이었는가? 물론 모욕을 개의치 않고 주님을 붙드는 믿음이었다. 그러나 그녀의 믿음은 고침 받기 위한 단순한 맹신이 아니었다. 예수님께서 감탄하신 것은 그 여인이 예수님을 메시아로 알고 있는 지식에 근거한 믿음 때문이었다.

이 여인처럼 이방인들이 믿음 때문에 예수님께 칭찬을 받은 경우가 있는데 마태복음 8장에 나오는 백부장이다. 백부장의 경우 예수님께 "말씀만 하옵소서"라고 간청했다. 그러면 자기 하인이 나을 것이라고 믿었다. 예수님께서는 백부장의 "말씀만 하옵소서"라는 그 믿음에 대한 부연 설명을 들으시고 감탄하셨다. 즉, 자신의 말 한마디에 자신의 부하들이 순종한다는 것이다. 그런데 예수님의 말씀은 천하가 순종하는 권세가 있으니 여기에서 말씀만 해 주시라는 것이다. 그는 예수님이 어떤 분이신지 알고 있었다.

수로보니게 여인의 경우도 마찬가지였다. 예수님은 끈질기게 매달리고 수모를 참고 간구하는 것 때문에 그 여인에게 감탄하신 것인가? 그럴 수도 있다. 하지만 마태복음 15장 22절을 보면 이 여인은 예수님을 "주 다윗의 자손"이라고 불렀다. "다윗의 자손"은 구약 성경에서 예언된, 오실 메시아를 지칭하는 호칭이다. 이 여인은 예수님의 소문을 통해 확실하게 예수님이 누구신가를 알고 있었다. 그리고 이 여인은 예수님이 다윗의 자손임을 알고 있었고, 구원의 계획은 유대인에게서 이방인으로 흘러감도 받아들였다. 수로보니게 여인은 이런 영적 지식의 기반에서 믿음으로 딸의 치유를 간구했다. 이런 사실에 예수님께서 감탄하신 것이 아니겠는가?

결국 이 여인은 예수님께로부터 "네 믿음이 크도다 네 소원대로 되리라"는 은총을 입은 것이다. "네 소원대로 되리라"(γενηθήτω σοι ὡς θέλεις). 우리

말 성경에는 없지만 원문에는 "네게"(σοι)라는 말이 있다. 직역하면 이렇다. "네가 바라는 대로 네게 이루어져라." 그리고 "이루어져라"(γενηθήτω)는 말이 우리말 문법에는 볼 수 없는 과거 수동태 명령형이다. 현재 명령형은 반복과 계속의 의미를 가지고 있다. 반면 과거 명령형은 대체적으로 일회적인 것을 말한다. 의미를 살펴보면 과거 명령형은 과거와 단절하고 새로운 결단을 촉구하는 명령의 의도가 있다. 그렇다면 예수님께서 "이루어져라"고 하신 말씀은 어떤 의미인가? 그것은 주님의 능력에 의하여 과거 귀신의 손아귀에서 벗어나 네 소원대로 단번에 이루어지리라는 명령인 것이다. 주님의 능력에 의해 새로운 자유의 세계로 들어 가게 되는 은총의 명령이다.

이 이방 여인은 놀랍게도 예수 그리스도에 대한 바른 지식에 기초한 믿음을 가지고 있었다. 이것은 건강한 믿음이었다. 그리스도를 아는 지식에 근거하지 않은 맹목적인 믿음은 맹신이나 광신에 불과하다. 이런 면에서 건강한 믿음은 단순한 의지의 문제가 아니라 말씀을 아는 지식의 문제이기도 하다. 신앙은 그 신앙이 토대로 삼는 말씀에 따라 달라질 수밖에 없다.

그런데 한국 교회는 어떤가? 한국 교회에서는 믿음이 좋다는 표지를 어떻게 보는가? 열심에 있지 않은가? 무슨 일이든 열심을 내면 참 믿음이 좋다고들 말한다. 그러나 예수님께서 수로보니게 여인이나 백부장의 믿음을 칭찬하셨던 것은 단순한 열심에 있지 않았다. 그것은 그리스도에 대한 바른 지식에 근거한 믿음 때문이었다.

하나님의 구원 계획에 대해서 오순절 날 베드로의 설교를 살펴보자. 그는 "하나님이 그 종을 세워 복 주시려고 너희에게 먼저 보내사 너희로 하여금 돌이켜 각각 그 악함을 버리게 하셨느니라"고 설교했다(행 3:26). 하나님께서 예수 그리스도를 먼저 너희에게 보내셨다는 것이다. 뿐만 아니다. 사도 바울의 선교에 나타난 하나님의 구원 계획도 이와 다름없다. 그는 비시디아 안디옥 유대인의 회당에 들어갔다. 거기서 신구약에 나타난 천국 복음의 핵심인 예수 그리스도를 증거했다. 일부 사람들은 회심했으나 많은 유대인들이 대적하고 박해했다. 사도행전 13장 46절을 보면 그때 사도 바울은 이렇게 말하고 이방인에게 돌아갔다. "바울과 바나바가 담대히 말하여 이르되 하나님의 말씀을 마땅히 먼저 너희에게 전할 것이로되 너희가 그것을 버리고 영생 얻기에 합당하지 않은 자로 자처하기로 우리가 이방인에게로 향하노라."

"하나님의 말씀을 마땅히 먼저 너희에게 전할 것이로되." 이 말씀은 예수님께서 자신도, 제자들도 다른 데로 가지 말고 먼저 이스라엘 집의 잃어버린 양에게로 가야 한다고 말씀하셨던 것과 동일하다. 바울은 하나님의 구원의 우선순위를 확실히 알고 있었다. 여기서 "먼저"($\pi\rho\hat{\omega}\tau o\varsigma$)라는 말은 시간과 장소, 순서에 있어서 처음을 말한다. 바울은 하나님께서 이스라엘을 제사장 국가로 먼저 세우시려는 계획을 인지하고 있었다. 그래서 "하나님의 말씀을 마땅히 먼저 너희에게 전할 것이로되" 하고 말했던 것이다.

이스라엘이 돌아오지 않자 예수님께서는 12제자를 중심으로 이 천국 복음 사역을 시작하셨다. 천국 복음으로 그들이 완전히 무장되자 이제 예수님은 제자들을 향하여 모든 족속으로 제자를 삼으라고 말씀하셨다(마 28:19-20). 그리고 부활하신 주님께서는 성령의 권능을 받아 예루살렘과 온 유대와 사마리아와 땅 끝까지 주님의 증인이 되라고 말씀하셨다. 땅 끝까지 이방인에게 복음을 증거하기 위해 부르심을 받은 사람이 바로 사도 바울이지 않는가? 바울은 스스로 자신은 이방인의 사도라고 말했다.

성경 전체를 통해 나타난 하나님의 구원 계획은 이스라엘 백성을 통해 세계에 대해 제사장 나라를 삼으려 했던 것을 볼 수 있다. 그러나 이스라엘이 거부하자 예수님께서는 12제자를 제사장 삼으셨다. 그리고 그로 인해 천하 만민이 구원을 얻도록 하셨다. 차별 없는 하나님의 구원의 손길 때문에 이방인인 우리도 복음을 듣고 천국의 은총을 누리고 있는 것이다.

{ 우리가 들어야 할 하나님의 음성은 무엇인가? }

본문에서 들어야 할 하나님의 음성은 무엇인가? 수로보니게 여인과의 대화 속에서 예수님께서 하신 말씀의 깊은 뜻은 무엇인가? 여인의 믿음을 시험하기 위한 것인가? 아니다. 그것은 하나님의 구원 계획이었다. 하나님께서는 예수님을 이스라엘 집의 잃어버린 양 외에는 다른 데로 보내심을 받지 않았다고 말씀하셨다. 그리고 제자들에게도 동일하게 말씀하셨다. 이방인의 길로도 가지 말고 사마리아인의 고을에도 들어가지 말라고 하셨다. 차라리 이스라엘 집의 잃어버린 양에게로 가라고 하셨다. 무슨 뜻이겠는가? 이방인은 구원의 대상이 아니라는 것인가? 아니다. 그것은 하나님의 구원 계획에는 우선순위가 있음을 암시하는 말씀임을 알 수 있다. 먼저는 유대인이다. 그리고 하나님께서는 그들을 통해 온 세상이 복을 받게 하셨다.

그러나 예수님께서는 간청하는 믿음, 예수님을 주와 다윗의 자손으로 믿는 그 놀라운 믿음 때문에 수로보니게 여인의 믿음을 칭찬하셨고 귀신에 괴롭힘을 당하는 그 여인의 딸을 자유케 하는 은총을 베푸셨다. 이 여인이 믿은 대로 예수님께서는 진정 메시아셨고 메시아이신 예수님께서는 악한 영으로부터 그 딸을 자유롭게 하셨던 것이다. 누구든지 예수 그리스도를 주로 영접하는 자는 민족과 신분에 관계없이, 그리고 어떤 차별도 없이 죄와 사망으로부터, 마귀의 눌림으로부터 주님의 구원의 은총을 누릴 수 있다. 이제는 땅 끝까지 생명의 복음을 들을 수 있는 은혜의 시대가 온 것이다.

10. 시한부 인생의 지혜는 무엇인가? (시 90:1-17)

{ 생각해 볼 점들 }

인간이란 어떤 존재인가? 이 질문은 인류 역사와 함께 계속되어 온 질문이다. 그러나 인간은 이 질문에 대답할 수 없는 존재다. 인간이 인간이면서 인간에 대해서 잘 모른다. 어불성설이지 않는가? 참으로 수수께끼 같은 일이다. 그러나 창조자를 만날 때에 비로소 이 질문이 풀린다. 피조물의 모든 수수께끼는 창조자에게 가야 명확한 답을 들을 수 있다. 그것이 성경이 말하는 진리다.

시편 90편에서는 인간을 어떤 존재라고 말하는가? 티끌로 돌아가는 존재라고 말한다. 그러나 그것도 스스로 티끌로 돌아가는 존재가 아니라 하나님의 명령으로 돌아가는 존재이다. 인간은 자기 의지로 이 땅에 영원히 머무를 수 없는 존재이다. 이것을 보면 인간은 자유자 같으나 진정한 의미에서는 자유자가 아니다. 인간은 잠시 피어났다가 시들어 버리는 꽃과도 같다.

그나마 그 연수가 칠십이요, 강건하면 팔십이다. 이 짧은 날 인생의 자랑거리가 무엇인가? 그것은 수고와 슬픔뿐이다. 그런데도 그 수고와 슬픔의 날이 죄 가운데서 헤매다가 끝난다. 그리고 죄 때문에 꽃과 같은 아름다운 존재가 소멸되고 만다. 인생이란, 이런 존재일진데 어떻게 사는 것이 지혜로운 삶인가? 시편 90편을 통하여 하나님께서 인간에 대해 말씀하시는바가 무엇인가? 그것이 궁금하다. 원문에서 하나님의 음성을 들어보자.

{ 원문에서 듣는 하나님의 음성 }

시편 90편에는 특별한 부제가 붙어 있다. 그 부제는 "하나님의 사람 모세의 기도"이다. 하나님(אֱלֹהִים) 앞에 정관사(ה)가 결합되어 있다. "그 하나님"이란 뜻이다. 다른 신이 아닌 여호와 하나님이다. 그냥 모세의 기도가 아니다. "하나님의 사람 모세의 기도"이다. 이는 그가 하나님 앞에서 어떤 사람으로 살았는가를 보여 주는 의미 있는 부제이다.

일반적으로 구약성경에 나타난 "하나님의 사람"이란, 하나님의 특별한 사명을 받은 자 혹은 충성스러운 하나님의 일꾼이라는 뜻으로 사용되고 있다. 신명기 33장 1절에서는 모세에게, 사무엘상 9장 6절에서는 사무엘에게, 열왕기상 7장 24절에서는 엘리야에게, 열왕기하 4장 25절에서는 엘리사에게, 느헤미야 12장 24절에서는 다윗에게, 그리고 열왕기상 13장에서는 여로보암 집의 멸망에 대해 예언한 사람에 대해 "하나님의 사람"이라고 기록하고 있다. 그리고 디모데전서 6장 11절에서도 사도 바울은 디모데를 향해 "너 하나님의 사람아"라고 부르는 것을 볼 수 있다.

"하나님의 사람!" 얼마나 존귀한 명칭인가? "하나님의 사람"은 하나님께 붙들린 사람이다. 세상 속에 살지만 세상 사람들과는 구별된 존재다. 하나님의 일을 이루는 하나님께 충성스러운 일꾼이다. 모세는 아브라함 다음으로 구약의 구원 역사를 이루는 가장 위대하고 충성스러운 사람이었다. 그러므로 영적으로 존귀한 영예를 나타내는 "하나님의 사람"이라고 부르는 것이 모세에게 어찌 합당하지 않겠는가?

히브리서 3장 5-6절에서 예수님은 하나님의 집을 맡은 아들로 충성하였고 모세는 온 집의 사환으로 충성하였다고 기록하고 있다. 그러므로 성경은 모세오경이나 시편에서도 모세를 "하나님의 사람"이라고 부르고 있다. 학자들은 시편 90편을 모세가 옛날 광야를 지날 때 겪었던 죽음의 고통을 회고하면서 쓴 시로 본다. 모세는 광야에서 하나님의 불신앙과 반역 속에서 한 줌으로 흙으로 돌아갔던 한 세대의 허무한 인생의 죽음을 친히 목도했던 사람이다. 이 허무한 인생에서 모세는 깨닫는 것이 많았던 것 같다.

1. 덧없는 인생

모세는 티끌로 돌아가는 인생, 밤의 한 순간 같이 사라져 버리는 덧없는 인생을 말하기 전에 만유의 주되신 하나님에 대해 먼저 말한다. 모세는 하나님이란 호칭 대신 "주여"(יהוה 아도나이)라고 시작한다. 즉, 하나님을 "나의 주인"으로 고백한다. 모세가 "주여"(יהוה)라고 부른 것은 하나님만이 인생의 진정한 주인이심과 또한 역사와 만물을 다스리시는 주인이심을 고백하는 것이다. 모세는 하나님의 주되심을 많은 사건을 통해 두려움 속에서 생생하게 보았고 경험한 사람이다.

"[하나님의 사람 모세의 기도] 주여 주는 대대에 우리의 거처가 되셨나이다"(시 90:1).

모세는 시편 90편 1절에서 "주는 대대에 우리의 거처가 되셨나이다"라고 고백한다. "거처"란 무엇인가? "거처"(מָעוֹן)는 "동물의 서식지", "가정", "피난처" 등으로 쓰이는 말이다. 모세는 자연과 대지가 인간의 거처가 아니라 하나님께서 우리의 거처가 되셨다고 고백한다. 언제부터 하나님께서 우리의 거처가 되셨는가? 대대로 거처가 되셨다는 것이다. 여기서 "되셨나이다"(הָיִיתָ)라는 말은 완료형(הָיִיתָ)이다. 직역하면 "당신께서 계속하여 우리의 거처가 되셨습니다"라는 고백이다. 창조 이후로 그리고 앞으로도 영원 무궁히 하나님께서 인간의 거처라는 고백이다. 사람들은 무엇을 삶의 터전이요, 거처라고 말하는가? 발을 딛고 사는 땅과, 먹거리를 주는 땅이 삶의 터전이요, 거처라고 말하지 않는가? 그리고 땅에 햇빛과 비를 내려 주는 하늘이 바로 인간의 삶의 터전이요, 거처라고 말하지 않는가? 정말 인간은 땅과 하늘을 떠나서는 생존할 수 없는 존재이다.

그런데도 모세의 고백은 다르다. 모세는 하늘과 땅과 자연이 삶의 터전이라고 고백하지 않는다. 오직 하나님만이 우리의 거처라고 고백하고 있다. 왜냐하면 우리가 살고 있는 삶의 터전을 선물로 주신 이가 바로 하나님이시기 때문이다. 인간의 생존 조건이 하나님께 달려 있기 때문이다. 특별히 생존이 불가능한 광야에서 하나님만이 그들의 삶의 터전인 것을 더욱 깊이깊이 깨닫지 않았겠는가? 이것이 바로 세상이 알 수 없는 영적 진리이다.

시편 136편 25절은 이렇게 하나님을 찬양하고 있다. "모든 육체에게 먹을 것을 주신 이에게 감사하라 그 인자하심이 영원함이로다." 그리고 시편 16편 5절에서는 "여호와는 나의 산업과 나의 잔의 소득이시니 나의 분깃을 지키시나이다"라고 찬양한다. 하나님께서 우리의 산업과 잔의 소득이시라는 고백이다.

모세는 산과 땅이 생기기 전부터 곧 영원부터 영원히 주는 하나님이라고 고백한다. 히브리인들에게 산과 땅은 영원하고 견고하여 절대 흔들리거나 요동이 없는 것들의 상징이었다. 그래서 모세는 하나님을 영원하게 보이는 이 산과 땅보다 이전, 곧 영원부터 주는 하나님이라고 고백한 것이다. 피조물과는 비교할 수 없는 창조주 하나님의 영원성을 고백한 것이다.

"주께서 사람을 티끌로 돌아가게 하시고 말씀하시기를 너희 인생들은 돌아가라 하셨사오니"(시 90:3).

3절부터 인간에 대한 고백이 나온다. "주께서 사람을 티끌로 돌아가게 하시고 말씀하시기를 너희 인생들은 돌아가라 하셨사오니." 하나님께서는 창세기 3장 19절에서 범죄한 인간을 향하여 "너는 흙이니 흙으로 돌아갈 것이니라"고 심판하셨다. 죽음은 죄인에 대한 하나님의 심판이었다.

창세기 3장 19절에서 "흙으로 돌아가라"는 명령에서 "흙"(עָפָר)이란 바로 먼지이다. 그리고 본문 3절 말씀의 "티끌"(דַּכָּא)도 "먼지"이다. 그런데 본문의 먼지는 산산이 부서져 으스러뜨려진 것을 의미하는 "다카"(דַּכָּא)라는 말에서 나왔다. 이것은 인간의 몸이 흙 속에서 완전히 해체되는 것을 암시한다. 인간이 죽으면 자연스럽게 흙으로 돌아가는 것이 아니다. 그것은 하나님의 명령이다. "돌아가라"(שׁוּב)는 말이 사역, 미완료형이다(תָּשֻׁב). 문법을 살려서 직역하면 스스로 흙으로 돌아가는 것이 아니라 "당신이 계속하여 돌아가게 했다"라는 뜻이다.

흙으로 돌아갈 인생들은 누구인가? 여기에서 "인생들"(בְּנֵי־אָדָם)이란 직역하면 "사람의 자손들" 혹은 "아담의 자손들"이다. 흙으로 돌아갈 인생이란 바로 죄와 사망을 안고 태어난 아담의 자손들이다. 아담 한 사람으로 죄가 세상에 들어오고 죄로 말미암아 사망이 들어왔다(롬 5:12). 예수님께서 "육으로 난 것은 육"에 불과할 뿐이라고 말씀하셨다. 즉, 하나님께서 "아담의 자손들, 너희는 흙으로 돌아가라"고 명령하신 것이다.

> **"주의 목전에는 천 년이 지나간 어제 같으며 밤의 한 순간 같을 뿐임이니이다 주께서 그들을 홍수처럼 쓸어가시나이다 그들은 잠깐 자는 것 같으며 아침에 돋는 풀 같으니이다 풀은 아침에 꽃이 피어 자라다가 저녁에는 시들어 마르나이다"**(시 90:4-6).

시편 90편 4-6절은 인생의 덧없음을 실감나게 보여 주고 있지 않은가? 주의 목전에는 천 년이 지나간 어제 같으며 밤의 한 순간 같을 뿐이다. 밤의 한 순간은 무엇을 가리키는 것인가? "순간"(אַשְׁמוּרָה)이란 무슨 말인가? 순간이란 "지키다", "보호하다", "망보다"를 의미하는 "사마르"(שָׁמַר)라는 말에서 나온 말이다. 문자적인 의미는 "밤의 경계"라는 말이다. 고대 히브리 사회에서는 밤을 초경(오후 6-10시), 이경(오후 10-오전 2시), 삼경(오전 2-6시) 세 단위로 나누었다. 그러므로 "밤의 경계"라고 함은 4시간을 말한다.

하나님 앞에는 천 년도 그렇게 짧다는 것이다. 하나님의 목전에는 천 년이 "밤의 경계", 즉 4시간에 불과하다면 하나님 앞에 인생은 어떠하겠는가? 이렇게 짧은 인생을 주께서 홍수처럼 쓸어가신다는 것이다. 여기서 "쓸어가다"(זָרַם)라는 말은 완료형이다(זְרַמְתָּם). 직역하면 "당신이 계속해서 그들을, 즉 아담의 자손들을 홍수로 쓸어가십니다"라는 말이다. 어떤 인간도 예외 없이 이 죽음의 홍수에 떠내려가지 않았는가? 이 땅에서 영원히 버틸 인간은 아무도 없다.

또한 죽음의 홍수에 떠밀려 이 땅에서 사라져 가는 인생은 잠깐 자는 것 같다고 말한다. 직역하면 "그들은 잠이 들었습니다"(שֵׁנָה יָמוּת)라는 의미이다. 우리의 표현을 빌리면 일장춘몽에 불과하다는 것이 아니겠는가? 앞의 문장과 연결해 보면 잠깐 인생의 짧은 잠이 들었는데 주께서 그들을 죽음의 홍수로 쓸어 버리셨다는 말이다. 그리고 인생은 아침에 돋는 풀과 같다는 것이다. 풀은 아침에 꽃이 피어 자라다가 저녁에는 베인바 되어 말라 버린다. 이것이 성경이 말하는 인생의 모습이다. 정말 인생은 한 줄기 바람과 같다.

2. 죄 가운데 흘러가는 인생

"**우리는 주의 노에 소멸되며 주의 분내심에 놀라나이다 주께서 우리의 죄악을 주의 앞에 놓으시며 우리의 은밀한 죄를 주의 얼굴 빛 가운데에 두셨사오니 우리의 모든 날이 주의 분노 중에 지나가며 우리의 평생이 순식간에 다하였나이다**"(시 90:7-9).

밤의 한 순간 같은 인생, 아침에 자라다가 저녁에 말라 버리는 풀과 같은 허무한 인생이 그나마 죄로 인해 주의 분노 중에 끝난다는 것이다. 모세는 주의 노하심에 두려워 떨고 쓰러지는 것이 바로 아담의 자손들의 가련한 인생이라고 주 앞에 고백을 하고 있다.

왜 이렇게 인생이 풀과 같이 자라다가 저녁에는 말라 버리는가? 그 이유가 바로 7절에 있다. 직역하면 "왜냐하면 우리는 주의 노에 소멸되며 주의 분내심에 놀랐기 때문이다."

이러한 모세의 고백을 단순하게 생각하지 말고 당시의 광야 길을 생각해 보자. 성경을 보면 광야를 지나가는 이스라엘 백성은 굶주림이나 추위나 대적으로 인해 목숨을 잃은 경우는 거의 없었다. 그러나 불순종과 원망 때문에 그들은 순식간에 죽음을 당했다. 이것을 모세는 생생하게 보았다. 생명이 하나님의 손에 있는 것을 본 것이다. 모세는 이것을 염두에 두고 있었다. 하나님께 불순종하고 범죄할 때 광야 길에서 이스라엘은 참으로 허망하게도 한 순간에 소멸된 것을 보았던 것이다.

여기서 "소멸되다"(כָּלָה)라는 말은 "끝나다", "멈추다", "완료되다"라는 말로 완료형이다(כָלִינוּ). 완료형이므로 인간의 소멸됨이 계속되고 있음을 알 수 있다. 모세는 광야에서 반역한 이스라엘 백성의 생명이 주님의 분노로 인해 한 순간에 끝난 것을 목도했다. 고라와 다단과 아비람이 반역하자 하나님께서는 땅을 갈라지게 하여 그들을 매장시켰다(민 16장). 모세는 하나님을 원망하던 백성이 불뱀에 물려 죽는 것도 보았다(민 21장). 뿐만 아니다. 모세는 가나안 땅에 정탐 보고를 듣고 불신앙 속에서 통곡하면서 애굽으로 돌아가자는 백성을 향해 하나님께서 탐지한 날 수대로 40년간 광야에서 방황하다가 삶을 끝나게 하신 것을 친히 목도했던 사람이다.

그리고 이어서 "주의 분내심에 놀라나이다" 하고 모세는 고백했다. "놀라다"(בָּהַל)라는 말은 "떨다", "깜짝 놀라다", "당황하다", "두려워하다"라는 말이다. 이 말이 수동, 완료형(נִבְהָלְנוּ)이다. 즉, 두려워 떨게 된 것이 하나님의 심판인 것을 알 수 있다. 광야를 지나오는 동안 하나님의 분노에 끊임없이 떨며 놀라지 않을 수 없었다. 하나님의 심판을 듣고 당황하거나 두려워하지 않을 인간이 어디 있겠는가?

하바국 선지자도 바벨론이 침공하여 택한 백성을 사로 잡아가며, 가축 떼가 약탈당하고, 온 땅은 짓밟혀 밭에 곡식이 없을 것이라는 하나님의 음성을 들었다. 그때 하박국은 이렇게 떨리는 심정을 고백했다. "내가 들었으므로 내 창자가 흔들렸고 그 목소리로 말미암아 내 입술이 떨렸도다 무리가 우리를 치러 올라오는 환난 날을 내가 기다리므로 썩이는 것이 내 뼈에 들어왔으며 내 몸은 내 처소에서 떨리는도다"(합 3:16).

하나님께서는 인간의 죄를 어떻게 다루시는가? 8절에서 모세는 이렇게 고백한다. "주께서 우리의 죄악을 주의 앞에 놓으시며 우리의 은밀한 죄를 주의 얼굴 빛 가운데에 두셨사오니." 어떤 죄도 주 앞에 감출 수가 없다는 것을 말하고 있다. 우리의 죄를 주 앞에 놓으셨다는 것이다. 여기서 "주의 앞에"(לְנֶגְדֶּךָ)라는 말은 "당신의 정면에", "당신을 대면하여"라는 말이다.

여기서 말한 "우리의 죄"는 어떤 죄를 말하는가? 성경은 죄의 모체가 되는 죄를 "하타아"(הַטָּאָה)라고 말한다. 이 말은 "표적에서 빗나가다", "본래 자리를 일탈하다"는 말이다. 이는 하나님께서 설정하신 기준이나 인간 사이에 마땅히 지켜야 할 규범에서 벗어난 행위를 말한다.

그런데 본문의 죄는 "아온"(עָוֹן)을 말한다. 이 말은 "굽어지다", "비틀다", "꼬다", "휘어지다"(עָוָה)라는 말에서 나왔다. 그러므로 "아온"(עָוֹן)은 "바른 길에서 이탈한 삶", 그리고 "고의적인 불순종의 죄"를 말한다. 모세는 금송아지를 만들어 하나님께 불순종한 것을 대신 참회하면서 그 죄를 "아온"(עָוֹן)이라는 말로 고백한 것을 볼 수 있다(출 34:9). 민수기 14장을 보면 이스라엘 백성이 정탐꾼의 보고를 듣고 원망과 불평이 극에 달한 것을 볼 수 있다. 이 모습을 보신 하나님께서는 불신앙의 백성을 다 죽이고 모세로 새 백성을 만들 것이라고 진노하셨다. 그때 모세가 백성의 죄악을 사해 달라고 중보기도를 드렸다. 여기서 말한 죄악이 바로 "아온"(עָוֹן)이다.

그리고 모세는 "우리의 은밀한 죄"에 대해 고백한다. "은밀한"(עֲלֻמִים)이란 "숨기다", "감추다", "비밀로 하다"라는 말이다. 직역하면 "우리의 비밀"을 말한다. 즉, 우리가 비밀로 하는 숨겨진 죄가 주의 얼굴 빛 가운데에 놓이게 된다는 것이다. 이럴진대 누가 감히 하나님의 눈에서 피할 수가 있겠는가?

모세는 9절에서 덧없는 인생의 모든 날이 주의 분노 중에 지나가며 평생이 순식간에 다했다고 고백하고 있다. 하나님의 분노 중에 죄악의 삶이 지나가고 있다는 것이다. 여기서 "지나가다"(פנה)라는 말은 "돌아가다", "기울다", "저녁이 가까이 오다"라는 말로 완료형이다(פנו). "지나가다"라는 말이 완료형인 것을 보면 흙으로 돌아가라는 하나님의 심판 명령 이후에도 계속해서 인생의 날이 죽음을 향해 기울어져 가는 것임을 알 수 있지 않은가? 이 말을 예레미야 6장 4절에서는 "날이 기울다"로 번역했다.

그러나 그나마 덧없는 삶도 순식간에 끝나 버린다. "순식간"(הגה)이란 "중얼거리다", "한숨을 짓다"(הגה)에서 나온 말이다. 한 숨이란 숨을 한 번 쉬는 사이다. 그러므로 "순식간에"라는 말은 "한 숨처럼 다했다"는 것이다. 그리고 "다하였다"(כלה)는 말은 "끝나다", "멈추다", "완료되다"는 말이다. 이 말이 강조, 완료형(כלינו)인 것을 감안하여 직역하면 "우리의 연수가 한숨과 같이 확실하게 끝났습니다"라는 말이다. "다하였다"라는 말이 7절에서는 "소멸되다"로 표현되어 있다.

"우리의 연수가 칠십이요 강건하면 팔십이라도 그 연수의 자랑은 수고와 슬픔뿐이요 신속히 가니 우리가 날아가나이다"(시 90:10).

10절에서 모세는 인생에 대해 "우리의 연수가 칠십이요 강건하면 팔십이라도 그 연수의 자랑은 수고와 슬픔뿐이요 신속히 가니 우리가 날아가나이다"라고 고백한다. 여기서 연수의 자랑은 무엇인가? "자랑"(רהב)은 "자랑", "힘", "자랑의 대상"을 말한다. 짧은 인생, 주의 분노 중에 날아가는 인생에 내놓을 것이 무엇인가? 수고와 슬픔뿐이라는 것이다.

여기서 "수고"(עָמָל)란 무엇인가? "수고"란 "노역", "진저리나는 노력", "고역", "불행", "고통"을 말한다. 그리고 "슬픔"(אָוֶן)이란 "헛된 노력", "사악함", "고통", "헛됨" 등을 의미한다. 결국 인생의 자랑거리가 무엇인가? 알고 보면 인생의 자랑거리란 어쭙잖은 능력, 부동산 몇 가지, 자리에 올라간 것, 좀 배웠다는 것들이 아니겠는가?

인생의 자랑이라고는 진저리나는 고생과 헛된 일과 사악한 일뿐이라고 말한다. 그런데 이런 죄 많은 인생이 날아간다는 것이다. 즉, 죽음을 향해 쉬지 않고 화살처럼 날아간다는 것이다.

"누가 주의 노여움의 능력을 알며 누가 주의 진노의 두려움을 알리이까 우리에게 우리 날 계수함을 가르치사 지혜로운 마음을 얻게 하소서"(시 90:11-12).

11절 말씀은 이렇게 덧없는 인생이 헛된 수고 속에서 죽음을 향해 날아가는데 누가 주의 분노에 대해 바르게 깨닫고 지혜로운 인생을 살겠느냐는 것이다. 어떤 인생이 주의 진노를, 그리고 주의 두려움을 제대로 알겠느냐는 것이다. 여기서 "알다"(יָדַע)라는 말은 "경험을 통해서 알다"라는 말로 분사형이다. 죄에 대한 심판이 얼마나 두렵고 무서운지 당해 보고 깨달았느냐는 뜻이다.

모세는 광야를 지나면서 간음 죄 때문에 하루에 23,000명이 죽임을 당한 것을 목도했다. 모세를 업신여기다가 미리암은 문둥병에 걸리기도 했다. 또한 모세에게 대항했던 고라, 다단, 아비람의 당들은 땅 속으로 매장되었다. 하나님께서 베푸신 사랑과 기적을 보고도 원망했던 사람들이 불뱀에 물려 죽어 갔다.

택한 백성일지라도 불신앙으로 원망하자 하나님의 진노로 20세 이상은 광야에서 다 죽지 않았는가? 하나님의 진노와 이 두려운 하나님의 심판을 모세는 생생하게 보았던 사람이었다. 그래서 모세는 12절에서 이 짧은 인생, 남은 날을 계수하면서 지혜롭게 살게 해 달라고 간구한다. "우리에게 우리 날 계수함을 가르치사 지혜로운 마음을 얻게 하소서."

모세는 여기에서 두 가지를 구하고 있다. 첫 번째는 "우리 날 계수함을 가르쳐 달라"는 간구이다. "우리 날 계수함을 가르치사"라는 말은 무슨 의미인가? 여기서 "가르치다"(ידע)라는 말은 경험을 통해서 안다는 말로 사역, 명령형(הודע)이다. 직역하면 "우리 날 계수함을 철저히 경험을 통해서 깨닫게 해 주십시오"라는 말이다. 이것은 우리 날이 얼마나 짧은지, 그리고 그 짧은 날이 얼마나 빨리, 그나마도 죄 가운데서 날아가는지 경험을 통해서 깨닫게 해 달라는 기도이다. 백 년도 못 살 인생이 천 년이나 살 것처럼 여유를 부려서는 안 된다는 말이 아니겠는가?

두 번째 기도는 지혜의 마음을 얻게 해 달라는 간구이다. 이 지혜의 마음이란 무엇인가? 지혜의 마음이란 다름 아닌 날을 계수하는 데서 옴을 알 수 있다. 본문에서 "얻다"(בוא)라는 것은 "가다", "오다", "얻다", "생기게 하다"라는 말로 사역, 미완료형(נבא)이다. 사역형인 것으로 보아 인간 스스로 그 지혜를 얻을 수 없음을 암시하고 있다. 즉, 짧은 인생을 헤아려 우리로 이 지혜의 마음을 얻는 데 하나님께서 계속하여 역사해 달라는 간구인 것이다. 그렇다. 참으로 지혜로운 기도가 아닌가? 하늘의 신령한 지혜는 하나님으로부터 오기 때문이다.

3. 주의 자녀들을 향한 주의 불쌍히 여김을 위한 호소

"아침에 주의 인자하심이 우리를 만족하게 하사 우리를 일생 동안 즐겁고 기쁘게 하소서 우리를 괴롭게 하신 날수대로와 우리가 화를 당한 연수대로 우리를 기쁘게 하소서 주께서 행하신 일을 주의 종들에게 나타내시며 주의 영광을 그들의 자손에게 나타내소서 주 우리 하나님의 은총을 우리에게 내리게 하사 우리의 손이 행한 일을 우리에게 견고하게 하소서 우리의 손이 행한 일을 견고하게 하소서"(시 90:14-17).

13절 이하에서 모세는 반역과 죄 때문에 주의 분노 중에 날아가는 짧은 인생에 은혜를 베풀어 달라고 기도를 드리고 있다. 여호와께서 주의 백성에게 다시 돌아와 달라고 호소한다. 하나님이 떠난 사람은 소망이 없다. "돌아오소서"(שׁוּב)는 본래의 자리로 돌아오는 것을 말하는 것으로 "회개하다"라는 의미도 가지고 있다. 이는 범죄한 그의 백성을 떠나신 여호와 하나님께서 그들을 용서하시고 돌아오사 다시 은혜를 베풀어 달라는 모세의 간곡한 간구이다.

모세는 "여호와여 돌아오소서" 하고 하나님의 존함인 여호와를 사용하고 있는 것을 볼 수 있다. 여호와란 이름은 이스라엘 백성과 언약을 맺으시고 지키시는 하나님을 의미하는 호칭이다. 모세가 굳이 여호와라는 호칭으로 하나님께 부르짖는 것은 과거 하나님께서 모세에게 소명을 주실 때 애굽에서 압제당하는 이스라엘 백성을 구원하사 가나안 땅으로 인도하시겠다는 그 언약의 하나님을 생각한 것이다(출 3:7-10). 즉, 하나님 자신이 택하신 백성, 언약의 백성을 기억해 달라는 것이다.

그리고 "주의 종들을 불쌍히 여기소서" 하고 간구한다. "불쌍히 여기다"

(חםנ)는 "슬퍼하다", "불쌍히 여기", "후회하다", "뉘우치다", "위로하다"라는 말이다. 이 말을 직역하면 "당신의 종들이 불쌍히 여김을 받게 하소서"라는 말이다. 이 "불쌍히 여기다"라는 말은 출애굽기 32장 12절, 사사기 2장 18절, 요나 3장 10절 등에서 모두 하나님께서 사람들에게 내리시려고 하셨던 본래의 진노를 푸시고 용서하신다는 의미로 쓰였음을 볼 수 있다.

모세는 광야 생활 중 늘 하나님을 거역하고 배반했던 이스라엘 백성의 허물을 용서하사 불쌍히 여겨 주시기를 하나님께 여러 번 중보기도를 드렸다. 금송아지를 만든 백성을 보고 하나님께서는 "이 백성을 보니 목이 곧은 백성이로다"라고 분노하셨다(출 32:9). 민수기 14장 11-12절을 보면 정탐꾼의 보고를 듣고 하나님을 믿지 않는 불순종의 사람들에게 이렇게 진노하셨다. "여호와께서 모세에게 이르시되 이 백성이 어느 때까지 나를 멸시하겠느냐 내가 그들 중에 많은 이적을 행하였으나 어느 때까지 나를 믿지 않겠느냐 내가 전염병으로 그들을 쳐서 멸하고 네게 그들보다 크고 강한 나라를 이루게 하리라."

모세는 이런 불신앙의 백성에게 은혜를 베풀어 달라고 매달렸던 것이다. 모세는 주의 백성을 "당신의 종"이라 표현하고 있다. 이것은 본래 이스라엘이 하나님께서 택하신 그의 소유된 백성임을 강조하면서 불쌍히 여겨 주시기를 바라는 것이다.

모세는 시편 90편 14절에서 "아침에 주의 인자하심이 우리를 만족하게 하사 우리를 일생 동안 즐겁고 기쁘게 하소서"라고 부르짖었다. 왜 모세는 "아침에 주의 인자하심이 우리를 만족하게 하사"라고 기도했을까? 아침은 어떤 의미가 있는가? 성경에는 하나님 구원의 역사가 종종 아침에 일어났던 것을 보여 준다.

그 예로 첫째 하나님께서 소돔과 고모라를 유황불로 심판하시기 직전 천사가 롯을 재촉하여 성을 떠나게 했는데 그때가 동틀 무렵이었다(창 19:15). 둘째 이스라엘 백성이 홍해를 밤새도록 건너 모두 홍해를 건넜을 때가 새벽이었는데 하나님께서는 그 새벽에 갈라진 물벽을 합치셔서 애굽인들을 수장시키셨다(출 14:27). 셋째 앗수르 군대가 히스기야 왕 때에 유대를 공격했는데 밤새 여호와의 사자가 앗수르 진영에서 군사 185,000명을 쳐서 멸하고 아침에 일찍 일어나 보니 다 송장이 되어 있었다(왕하 19:35).

모세가 바랐던 것은 이렇게 과거 새벽에 이스라엘 백성과 함께 하사 승리를 주신 하나님께서 지금 우리에게도 구원의 손길을 베풀어 달라는 것이었다. 그러나 혹자는 아침과 저녁의 상징을 대비하여 해석한다. 아침을 언급하는 것은 지금까지 이스라엘이 영적으로 볼 때 어두운 밤에 쌓여 있었음을 모세가 암시하고 있다는 것이다. 따라서 아침이라는 것은 새로운 은총의 시간이 시작된 것으로 보기도 한다. 이제 어두움이 사라지고 밝은 태양이 떠오르는 것처럼 소망과 새 힘을 달라는 것이다. 새 아침에 주의 인자하심으로 우리를 만족하게 해 주시기를 구하고 있는 것이다. 여기서 "인자하심"(חֶסֶד)이란 변함없는 사랑으로 언약적인 사랑을 말한다. 그리고 "만족하다"(שָׂבַע)는 "만족하다", "배불리 먹다", "채워지다", "자족하다", "만족시키다", "실컷 먹이다"라는 말이다. 즉, "당신의 인자하심으로 우리를 확실하게 충만히 채워 주소서"라는 간구인 것이다.

모세는 광야의 삶이 너무 힘들었는지 "우리를 일생 동안 즐겁고 기쁘게 하소서"라고 기도한다. 여기서 "즐겁다"(רנן)라는 말은 기뻐서 소리를 치는 것을 말한다. 강조, 미완료형이다(וּנְרַנְּנָה). 의미를 살려 보면 하나님께서 주의 인자하심으로 충만히 채워 주시면 우리들은 정말 날마다 기뻐서 소리를 칠 것이라는 말씀이다.

이스라엘 백성은 하나님의 분노 아래 광야에서의 고통스러웠던 40년의 세월이 엄청나게 긴 세월처럼 느껴졌을 것이다. 그래서 모세는 15절에서 "우리를 괴롭게 하신 날수대로와 우리가 화를 당한 연수대로 우리를 기쁘게 하소서"라고 기도한 것을 볼 수 있다. 여기서 "괴롭게 하다"(עִנָּה)라는 말은 "누르다", "압제하다", "낮추다", "괴롭다", "굴복하다", "낙심하다", "겸손하다"라는 뜻으로 강조, 완료형이다(עִנִּיתָנוּ). 의미를 살려 직역하면 "당신이 지금까지 우리를 참으로 괴롭게 하였다"라는 말이다.

모세는 자신과 백성이 힘들었던 것을 괴로움을 당한 것으로 말한다. 그러나 이 "괴롭게 하다"의 "아나"(עִנָּה)라는 말은 "낮추다", "겸손하다"라는 의미도 있다. 광야의 괴로움에 대하여 모세와 이스라엘 백성과 하나님의 관점이 다르다는 것을 볼 수 있다. 광야의 길이 백성의 입장에는 괴로움의 연속이었다. 그러나 하나님께서는 죄 때문에 백성을 괴롭히신 것이 아니라 오히려 그들을 낮추고, 겸손하게 오직 하나님만을 바라보도록 한 영적 훈련을 시키신 것이었다.

이 사실을 모세는 신명기 8장 2-3절에서 이렇게 말하고 있다. "네 하나님 여호와께서 이 사십 년 동안에 네게 광야 길을 걷게 하신 것을 기억하라 이는 너를 낮추시며 너를 시험하사 네 마음이 어떠한지 그 명령을 지키는지 지키지 않는지 알려 하심이라." 본문의 "너를 낮추시며"에서 "낮추다"라는 말이 바로 "아나"(עִנָּה)다. 우리에게 "아나"(עִנָּה)는 괴로운 일이요, 낙심되는 일이다. 그러나 하나님께 "아나"(עִנָּה)는 사랑하는 자녀들을 낮추는 것이요, 겸손하게 하는 사랑의 훈련이었다.

인간의 관점과 하나님의 관점이 서로 다른 것이 문제이다. 모세가 말한 괴롭게 하신 연수대로 기쁘게 해 달라는 것은 비례적인 요청인가? 이는 적어도 지금까지는 너무 힘든 날이 많았는데 앞으로 이제 남은 날 만큼은 고난과 슬픔이 끝나고 기쁨과 소망의 날을 주시기를 바라는 모세의 소원임을 알 수 있다.

그리고 16-17절에서 모세는 다시 한 번 옛날 권능의 손으로 역사하셨던 그 역사를 베푸시기를 간구한다. "주께서 행하신 일을 주의 종들에게 나타내시며 주의 영광을 그들의 자손에게 나타내소서." 여기서 "주께서 행하신 일"(פָּעֳלֶךָ)이 무엇이겠는가? 이는 과거에 하나님께서 전능하신 손을 펴서 애굽과 광야에서 행하셨던 기적들을 말한다. 옛날에 베푸셨던 권능을 이제도 택한 백성을 위해 역사해 달라는 간구다.

사람들은 여호와께서 행하시는 놀라운 권능을 목도하면서 여호와의 어떠하심, 곧 그분의 거룩하심, 권능, 전능하심, 위엄을 깨닫게 되는 것이다. 그러므로 주의 영광을 나타내 달라는 것은 하나님께서 권능을 행하시기를 구하는 것이다.

마지막으로 모세는 주께서 은총을 내리게 하사 우리 손이 행한 일을 견고케 해 달라고 기도를 드린다. "은총"(נֹעַם)이란 "아름다운", "기쁨", "즐거움"을 말한다. 주님의 진노 대신에 주님의 기쁨과 즐거움이 이제 늘 함께 하시기를 원한다. 이 은총이 있어야만 모든 일들이 견고케 될 수 있기 때문이다. 시편 127편의 고백과도 같다. "여호와께서 집을 세우지 아니하시면 세우는 자의 수고가 헛되며." 그렇지 않은가? 하나님께서 붙들어 세워주시지 않으면 견고한 것은 아무 것도 없다.

본 시에는 민족을 사랑하는 모세의 뜨거운 사랑이 담겨 있다. 그리고 하나님의 영원성과 인간의 유한성을 볼 수 있다. 마지막으로는 유한한 인생이 깨달아야 할 지혜가 무엇인가를 알 수 있다. 덧없는 인생이 남은 날을 계산하면서 짧은 인생이 주의 분노 중에 끝나지 않도록 지혜롭게 살아야 한다는 것이다.

{ 우리가 들어야 할 하나님의 음성은 무엇인가? }

　본문에서 들어야 할 하나님의 음성은 무엇인가? 그것은 바로 인생이 어떤 존재인가를 알라는 것이다. 인생이란 대단한 존재 같지만 밤의 한 순간 같고, 아침에 자라다가 저녁에 말라 버리는 풀과 같다는 것이다. 그나마도 그 짧은 인생이 죄로 인해 주의 분노 중에 끝난다는 것이다. 자랑거리란 기껏해야 수고와 슬픔뿐이요, 사악한 길로 행한 것뿐이라는 것이다.

　이 덧없는 인생이 허무하게 죄 가운데 끝나지 않게 하기 위해서는 어떻게 해야 하는가? 남은 날을 계산하면서 짧은 인생이 주의 분노 중에 끝나지 않도록 하나님의 은총과 지혜를 구해야 한다. 그리고 하나님 앞에서 자신을 살펴야 한다. 왜냐하면 하나님만이 인간의 삶의 터전이요, 또한 영원에 이르는 터전이기 때문이다.

　바쁜 일상을 잠깐 뒤로 하고 주께서 주신 인생을 얼마나 걸어왔으며 앞으로 살아갈 날이 얼마나 남았는지 계산해 보자. 인생의 남은 날을 헤아리는 지혜가 필요하다. 남은 날을 계수하는 지혜, 이 지혜만이 허무하게 죄 가운데 헤매는 부질없는 인생에게 영원에 이르는 지혜요, 생명이 아니겠는가?

11. 풍부와 가난의 일체의 비결을 배움 (빌 4:10-13)

{ 생각해 볼 점들 }

본문의 "내게 능력 주시는 자 안에서 내가 모든 것을 할 수 있느니라"는 말씀처럼 연약한 우리에게 큰 위로를 주는 말씀도 없다. 무능력하여 주저앉아 있는 자에게 얼마나 놀라운 능력의 말씀인가? 우리는 이 말씀에서 힘을 얻는다. 능력을 주시는 주님의 은혜로 살아간다.

그리고 "아무리 보잘것없어도 주님이 능력을 주시면 못 이룰 일이 없다"라는 외침을 여기저기서 듣는다. 이 외침을 듣는 자마다 가슴이 뜨거워진다. 놀라운 확신의 "아멘" 소리가 우리의 두 귀를 울리게 하지 않는가? 성도가 믿음에서 승리하는 것이 주님의 능력에 있다.

그런데 생각해 볼 점이 있다. 내게 능력을 주시는 것은 무엇을 의미하는 것일까? 그리고 나는 아무런 훈련이 되어 있지 않아도 주님의 능력이 임하면 모든 것을 할 수 있다는 것인가? 그렇다면 왜 하나님께서 바울로 하여금 비천과 풍부에 처할 줄도 아는 일체의 비결을 배우게 하셨을까?

능력이 임하면 어떤 것도 가능한 것 같은데 말이다. 훈련 없이 인격의 성숙이 있을까? 훈련 없이 고난을 극복하는 능력이 나올까? 그것이 궁금하다. "내게 능력 주시는 자 안에서 내가 모든 것을 할 수 있느니라"는 원문의 참된 의미는 무엇인가? 그것이 궁금하다. 원문에서 주님의 음성을 들어보자.

{ 원문에서 듣는 하나님의 음성 }

1. 바울의 훈련과 그 승리의 비결

"내가 주 안에서 크게 기뻐함은 너희가 나를 생각하던 것이 이제 다시 싹이 남이니 너희가 또한 이를 위하여 생각은 하였으나 기회가 없었느니라"(빌 4:10).

우리는 하나님을 잘 믿게 되면 아무런 고난과 어려움, 아픔 없이 승리만을 아는 투사와 같은 삶을 살게 될 것이라 생각하기도 한다. 그러나 주님의 일을 위해 목숨을 내놓았던 바울이 겪었던 삶의 여정은 험난했다. 바울은 고린도후서 6장 4-5절에서 이렇게 고백한다. "오직 모든 일에 하나님의 일꾼으로 자천하여 많이 견디는 것과 환난과 궁핍과 고난과 매 맞음과 갇힘과 난동과 수고로움과 자지 못함과 먹지 못함 가운데서도."

복음 증거하는 일이 전능하신 하나님께서 함께 하셨지만 만사형통으로 되었던 것은 아니었다. 오히려 간 데마다 원수들과 끊임없는 전쟁을 치러야

했다. 그는 육체적으로 훈련을 받고 싸우는 것 외에 영적 전쟁까지도 함께 치렀던 것을 볼 수 있다. 바울은 이런 영적 전투를 하고 있는 자신의 사역에 기도와 물질로 동참한 빌립보교회 성도들에게 감사를 표하고 있다(빌 4:10).

바울은 로마 감옥에 1차로 수감된 주후 61-63년경에 옥중에서 이 편지를 썼다. 빌립보서 4장 15절을 보면 바울의 선교사역에 처음부터 동참했던 교회가 빌립보 교회뿐이었다고 회고한다. "빌립보 사람들아 너희도 알거니와 복음의 시초에 내가 마게도냐를 떠날 때에 주고 받는 내 일에 참여한 교회가 너희 외에 아무도 없었느니라."

"복음의 시초"란 바울이 빌립보 도시에서 처음으로 복음을 전파하며 교회를 설립하던 그때를 가리킨다. 그때 빌립보 교인들은 하나님에 대한 지식도 일천했고 신앙도 어렸다. 그럼에도 불구하고 그들은 일반적으로 신앙이 성숙한 사람들이 할 수 있는 구제, 또는 사역자에 대한 재정적인 선교 지원을 자청했다.

"내가 마게도냐를 떠날 때"란 사도행전 17장의 사건을 두고 하는 말이다. 즉, 바울이 유대인들의 핍박을 피해 빌립보에서 데살로니가로, 그리고 데살로니가에서 베뢰아로 갔었을 때다. 그런데 베뢰아에서도 유대인들의 핍박이 심해 그곳을 떠나야만 했다. 그리하여 바울은 마게도냐 지역인 빌립보, 데살로니가, 베뢰아를 떠나 아가야 지역의 아덴으로 갔다. 이때, 즉 마게도냐를 떠날 때 빌립보 교회 설립 초기에 다른 교회들은 이런 지원을 안 했던 것 같다. 하지만 빌립보 교회는 바울이 핍박으로 갑자기 마게도냐에서 데살로니가로 떠날 때 바울이 선교하는 데 큰 도움을 주었다.

그런데 그 후 선교지원이 빌립보 교회에서 끊어졌다. 그러다가 사도 바울이 로마 감옥에 갇혔다는 말을 듣고 빌립보 교회는 자기 교회 목회자인 에바브로디도를 보냈다. 이제 다시 재정적 선교 지원이 시작된 것을 알 수 있다.

빌립보 교회의 사랑에 대해 빌립보서 4장 10절에서 사도 바울은 이렇게 말하고 있다. "너희가 나를 생각하던 것이 이제 다시 싹이 남이니 너희가 또한 이를 위하여 생각은 하였으나 기회가 없었느니라."

바울이 밝히고 있듯이 빌립보 교회가 잠시 바울에게 후원을 중단했었다. 그런데 이는 그들이 성의가 없거나 애정이 식어서가 아니었다. 다만 그럴 만한 기회가 없었기 때문이다. 후원금을 가지고 바울에게 갈 만한 사람이 마땅치 않았든지, 혹은 갈 수 있는 환경이 허락되지 않았던 것으로 보인다. 여러 사정으로 미루어 보아 빌립보에서 로마에 이르는 멀고도 힘든 여행을 할 만한 사람이 없을 수도 있었을 것이다.

사도 바울은 빌립보 교회 성도들을 통해 하나님께서 베푸신 사랑에 감사를 표하면서도 빌립보서 4장 11-13절에서 자신이 자족하는 놀라운 신앙의 비밀을 밝히고 있다.

"내가 궁핍하므로 말하는 것이 아니니라 어떠한 형편에든지 나는 자족하기를 배웠노니"(빌 4:11).

10절 서두에서 바울은 주 안에서 자신이 크게 기뻐하고 있다고 말했다. 그것은 물론 빌립보 교회의 재정적 지원과 사랑의 마음에 대한 것도 있었을 것이다. 편지를 쓰고 있는 이때는 바울이 로마 감옥에 갇혀 있을 때였다. 경제적 궁핍과 육적인 어려움을 겪고 있을 때였다.

하지만 궁핍한 상태에서 빌립보 교회의 도움을 받아서 기뻐하는 것만은 아니었다. 바울이 주 안에서 크게 기뻐하는 이유는 다른 데 있음을 알 수 있다. 11절 문장의 서두는 이렇게 시작된다. "그 때문이 아니다."(οὐχ ὅτι) 즉, 바울이 크게 기뻐하는 이유가 빌립보 교회에서 다시 선교헌금을 보내고 자신을 돌보아 주는 것 때문만이 아니라는 의미이다.

주 안에서 크게 기뻐하는 더 큰 이유가 따로 있었다. 그 이유는 무엇이었는가? 그것은 "어떠한 형편에든지 나는 자족하기를 배웠노니"에 있음을 알 수 있다. 여기서 바울이 말한 "배웠다"($\mu\alpha\nu\theta\acute{\alpha}\nu\omega$)라는 말이 참으로 놀라운 말이다. 이 말은 "실제로 해 보고 배우다", "행동이나 경험을 통해 배우다", "-에 익숙해지다", "-한 습관이 되다"라는 말이다. 이 말은 부정 과거형이다($\emph{ἔμαθον}$). 그래서 죽을 때까지 계속적으로 배우는 것을 의미하는 것이 아니다. 즉, 수고와 훈련을 통하여 어떤 과정을 마쳐 그 일의 목적이 도달된 것을 나타냄을 뜻하는 것이다. "배우는 것을 파악하여 끝냈다"는 의미이다.

마치 운전을 배우는 자가 코스와 주행을 다 배워 능숙한 운전 상태에 이르러 다시 운전을 배울 필요가 없게 된 것과 다름없다. 이는 이미 오래 전에 그 과정을 단 번에 끝내 버렸음을 알 수 있다. 그래서 여러 영어 번역본(KJV, NASB, NIV)에서는 이를 완료형으로 처리하여 그 뜻을 잘 표현하고 있는 것을 볼 수 있다. "나는 어떤 상황에서든 자족하기를 배웠다"(I have learned to be content in whatever circumstances I am).

의미를 살리자면 자족하기를 배워서 끝냈다는 말이다. "자족하다"라는 말은 무슨 뜻인가? "자족하다"($\alpha\dot{\upsilon}\tau\acute{\alpha}\rho\kappa\eta\varsigma$)라는 말은 "자기 자신"을 의미하는 "아우토스"($\alpha\dot{\upsilon}\tau\acute{o}\varsigma$)와 "충분하다", "넉넉하다"를 의미하는 "아르케오"($\dot{\alpha}\rho\kappa\acute{\epsilon}\omega$)의 합성어이다. 그러므로 이 말은 "자기 스스로 충분히 만족하는", "외부환경에 대해 독립적인" 상태를 말한다.

어떤 상태에서 자족하는 것을 배워서 끝냈는가? 사도 바울은 "어떤 형편이든지"라고 말한다. "어떤 형편이든지"($\dot{\epsilon}\nu$ $o\dot{\hat{\iota}}\varsigma$ $\epsilon\dot{\iota}\mu\iota$)라는 말은 문자적으로는 "어떤 환경에서라도 나는 존재한다"라는 뜻이다. 외부의 환경에 영향을 받지 않은 상태를 말한다. 속칭 영적 도인이 된 것 같지 않은가? 외부 환경이 어떠하든 흔들리지 않고 든든하게 서 있는 능력을 가지고 있다는 말이다. 그러나 우리는 어떠한가? 죽을 때까지 배워도 외부 환경 때문에 흔들리고, 힘들어 하며, 넘어지지 않는가? 작은 시험거리에도 말이다.

"나는 비천에 처할 줄도 알고 풍부에 처할 줄도 알아 모든 일 곧 배부름과 배고픔과 풍부와 궁핍에도 처할 줄 아는 일체의 비결을 배웠노라"(빌 4:12).

사도 바울은 12절에서 "어떠한 형편에든지"에 대해 구체적으로 말하고 있다. 바울은 주님의 복음을 전하면서 당하는 모든 일들, 즉 본문에서 열거하고 있는 것과 같이 "비천에 처하는 일과 풍부에 처하는 일과 배고픔과 풍부와 궁핍에 있어서의 일체의 비결을 배웠다"는 것이다.

그런데 바울의 배움의 정도가 어느 상태인가 하면 배워서 다 끝냈다는 것이다. 적어도 바울에게는 이런 비천과 궁핍과 배고픔이 이제 전혀 시험거리나 낙망거리가 될 수가 없다는 것이다. 참으로 놀라운 훈련이요, 극복인 것이다. 우리는 어떤가? 우리는 사소한 일에도 넘어지지 않는가? 쓴 소리 한 번에 상처받고 쓰러지지 않는가? 배우기는 많이 배운 것 같은데 넉넉히 이길 능력은 나타나지 않는 것 같다.

사도 바울은 "내가 비천에 처할 줄도 알고"라고 고백한다. "비천에 처하다"($\tau\alpha\pi\epsilon\iota\nu\delta\omega$)라는 말은 "내리 누르다", "굴욕을 주다", "낮추다", "아래로 이끌다"는 의미이다. 수동태다($\tau\alpha\pi\epsilon\iota\nuο\hat{\upsilon}\sigma\theta\alpha\iota$). 이것을 보면 사도 바울은 이 비천에 처한 일들을 스스로 자초한 것이 아닌 것을 알 수 있다. 복음을 전하면서 일방적으로 당했던 것임을 알 수 있다. 그리스도를 위하여 굴욕을 당하고 비천하게 된 것이다.

사도 바울이 누군가? 그는 나면서부터 로마 시민권을 가진 자다. 우리는 바울의 자랑스러운 이력서를 사도행전 22장 3절과 빌립보서 3장 4-5절에서 볼 수 있다. 그는 가말리엘 문하에서 공부한 바리새인이었다. 왕의 지파인 베냐민 후손이었다. 그는 8일 만에 할례를 받았으며 히브리인 중의 히브리인 이었다. 즉, 아브라함의 씨로 이방인의 피가 전혀 섞이지 않은 히브리인 부모에게서 태어난 히브리인이었다. 그는 유대인 방식으로 양육을 받은 자였다. 율법으로 흠이 없는 자라고 자부심을 가지고 있었을 정도였다.

이런 엘리트 율법주의자인 사도 바울이 모든 것을 버리고 왜 이렇게 비천에 처하게 되었는가? 그리고 어떻게 하여 또한 비천에 처하는 비결을 배워 주 안에서 큰 기쁨과 자유를 누리게 되었는가? 그것은 그리스도를 아는 지식이 가장 고상했기 때문이라고 말한다(빌 3:7-8). 사도 바울은 복음의 사역 때문에 굶주림, 목마름, 추위, 헐벗음, 육체의 고난과 정신적 박해를 받아 비천에 처하게 되었다. 특별히 고린도후서 6장과 11장에서, 그리고 사도행전 16장에서 빌립보에서 당한 바울의 고난을 볼 수 있다.

사람들이 비천에 처하게 될 때 어떤 생각이 가장 먼저 떠오르는가? 노년에 재물도 없고 거처할 곳도 없다. 옛날에는 세상에서 인정을 받았는데 이제는 변변한 직장도, 내놓을 만한 것도 없다. 명예도 실추되었고 입에 풀칠하기도 어렵게 되었다. 이럴 때 우리는 자신에 대해서 그리고 하나님에 대해서 어떻게 생각하겠는가?

대체적으로 이런 경우를 겪다 보면 욥기 2장에 나타난 욥의 아내와 같은 반응을 보일지 모른다. "욥이 재 가운데 앉아서 질그릇 조각을 가져다가 몸을 긁고 있더니 그의 아내가 그에게 이르되 당신이 그래도 자기의 온전함을 굳게 지키느냐 하나님을 욕하고 죽으라"(욥 2:8-9).

그러나 바울은 비천에 처할 줄도 알았다. "알았다"($o\hat{i}\delta a$)라는 말은 이해하고 깨달았다는 말이다. 굴욕과 비천의 낮은 상태에 머무르는 것을 배웠고 깨달았던 것이다. 즉, 삶을 통해서 비참한 현실에도 낙심하지 않고 생존하는 것을 깨닫게 된 것이다. 뿐만 아니다. 바울은 일체의 비결을 배웠다. 비천을 뛰어넘는 믿음과 하나님에 대한 신뢰를 배웠던 것이다.

여기에서 "배우다"라는 말은 무슨 뜻인가? "배우다"(μνέω)라는 말은 "비법을 전수시키다", "성스러운 비밀을 가르치다"라는 말로 완료 수동태다 (μεμύημαι). 이 말은 "신비", "비밀"을 의미하는 "뮈스테리온"(μυστήριον)에서 나왔다. 그런데 수동태임을 보아 일체의 비결을 혼자 스스로 터득한 것이 아님을 알 수 있다. 그리고 완료형인 것을 보면 그 배움의 깨달음과 능력이 여전히 바울과 함께 있음을 알 수 있다. 이 일체의 비결은 훈련을 통하여 예수 그리스도로부터 배운 것이지 않겠는가? 즉, 어떠한 형편에든지 자족할 수 있는 능력과 의미를 주 안에서 훈련을 통하여 배운 것이다.

바울은 빌립보서 4장 11절에서도, 그리고 4장 12절에서도 "배웠다"라는 말을 두 번이나 반복한다. 그런데 이 단어는 다른 뉘앙스를 가지고 있다. 물론 헬라어도 다르다. 특별히 4장 11절의 "배웠다"(ἔμαθον)라는 말이 체험을 통해서 배운 것이라면, 4장 12절의 "배웠다"(μεμύημαι)는 말은 주님으로부터 영적 진리를 배우고 깨달은 것으로 볼 수 있다.

자족하는 일체의 비밀은 무엇이었을까? 즉, 자족하는 일체의 비결은 곧 삶의 존재의 이유인 그리스도를 알았고, 배웠고, 본받았다는 데 있음을 알 수 있다. 바울은 빌립보서 1장 20-21절에서 자신의 인생이 비천해지는 것에 대해서 절망과 원망은커녕 이렇게 고백한다. "나의 간절한 기대와 소망을 따라 아무 일에든지 부끄러워하지 아니하고 지금도 전과 같이 온전히 담대하여 살든지 죽든지 내 몸에서 그리스도가 존귀하게 되게 하려 하나니 이는 내게 사는 것이 그리스도니 죽는 것도 유익함이니라."

그는 주님을 핍박하는 죄악 가운데서 주님을 만났고 영생을 얻었다. 이로 인해 감당할 수 없는 감격과 기쁨이 그의 전 생애를 휘감고 있는 것을 볼 수 있다. 비천에 처해졌다는 사실이 사도 바울의 믿음과 소망을 전혀 흔들 수가 없었다. 이제 생명을 주신 그리스도 예수를 따라 살면서 그리고 그의 생명의 복음을 전하면서 그는 어떤 형편에서든 자족하는 놀라운 비결을 배웠고 이제는 그 승리의 삶을 누리고 있다. 우리는 어떠한가? 이런 놀라운 능력 가운데 살아가는가?

바울은 풍부에 처하는 법을 배웠다. 궁핍하게 살다가 돈푼이나 생기게 되면 눈빛이나 말씨가 달라지기 십상이다. 그렇지 않은가? 돈의 능력 때문에 눈에 힘이 들어가고 말에 힘이 들어가지 않는가? 소유가 많아진다고 인격이 존경받을 만큼 고상해지거나 훌륭해지는 것도 아니요, 의로워지는 것도 아닌데 말이다.

잠언에서는 풍부의 위험에 대해 이렇게 말하고 있다. 돈이 많아지면 교만하게 되고 사람을 우습게 보는 정도가 아니라 "여호와가 누구냐" 하고 건방을 떨게 된다는 것이다. 간이 부은 것이나 다름없다. 그래서 아굴은 잠언 30장 8-9절에서 가난과 부에 실족하지 않게 해 달라는 지혜로운 기도를 드렸다.

사도 바울은 돈이 많든 궁핍하든 그로 인해 교만해지거나 절망하지 않는 비결을 배웠던 것이다. 참으로 부러운 신앙이다. 세상이 감당치 못할 믿음의 사람이 아닌가? 아굴의 고민을 사도 바울은 이미 배워서 끝낸 것으로 보인다. 우리는 주님을 섬기면서 무엇을 배우고 있는가? 무엇인가 배운 것 같은데 오늘은 이 사람, 내일은 저 사람으로 살고 있지 않은가? 그러면서도 우리의 실패와 어리석음이 훈련하지 않은 자신에게 있음을 잊어 버리고 그저 하나님만을 탓하지 않는가?

우리는 아직도 배고픔이 시험거리이다. 우리는 아직도 비천한 데 떨어지면 절망하게 된다. 우리는 아직도 궁핍이 우리의 믿음을 흔들어 놓는다. 아직도 우리의 자녀 문제와 직장 문제가 우리 믿음 생활을 파괴시킨다. 우리는 아직도 가슴 아픈 쓴 소리나 자신을 험담하는 말에는 넉넉히 이기지 못하고 쓰러진다.

우리는 언제 바울과 같이 외칠 수 있으며 승리의 자유를 누릴 수 있는가? 비천에도 흔들리지 않으며 궁핍에도 흔들리지 않으며 험담과 비방에도 시험에 들지 않으며 배고픔에도 절망하지 않을 수 있을 것인가? 사도 바울의 대답은 너무나도 간결하고 확실하다. "배웠다"라는 것이다. 삶과 훈련을 통하여 배웠고 예수님과 함께 하며 배웠다는 것이다. 배우지 않고 훈련을 받지 않는 자는 아무것도 얻을 수 없다. 아무 능력도 나타나지 않는다.

2. 능력 주시는 자 안에서 모든 것을 할 수 있다는 것은?

"내게 능력 주시는 자 안에서 내가 모든 것을 할 수 있느니라"(빌 4:13).

바울은 앞 절에서 자신이 처한 모든 환경에서 자족하는 비결을 터득하게 되었다고 말한다. 그리고 이어지는 본 절에서는 능력 주시는 주님 안에서 혹은 그 주님을 통하여 자신은 모든 것을 할 수 있다고 말한다.

"능력"하면 쉽게 떠오르는 것이 무엇인가? 보통 인간이 극복할 수 없는 상황을 극복하는 초인적인 어떤 힘을 생각할 것이다. 그러나 하나님과 관련하여 이 말이 쓰일 때는 사단을 쫓아내는 힘이고, 죽은 자를 살리는 힘이다. 병든 자를 살리는 능력이며 바다와 바람도 잔잔케 하는 힘이다. 예수님께서는 이런 능력을 제자들에게 주시면서 복음을 증거케 하셨다. 그래서 제자들도 죽은 자를 일으키고 앉은뱅이를 일으키고 귀신을 쫓아냈던 것이다.

그런데 본문에서 말하는 "능력"(ἐνδυναμόω)이란 "뒤나미스"(δύναμις)에서 나온 말로서 "강하게 하다", "힘 있게 하다", "할 수 있다"라는 뜻을 가지고 있다. 그러므로 본문을 다음과 같이 읽을 수 있다. "나를 강하게 만드시고 힘 있게 하시는 예수님을 통해 내가 어떤 일이든지 감당할 수가 있습니다."

그러면 예수님께서는 바울을 어떻게 강하고 힘 있게 만드셨는가? 바울은 아무것도 하지 않았는데 모든 일에 넉넉히 이길 힘을 주신 것인가? 물론 성령의 능력이 임하여 역사하시면 두말할 필요가 없을 것이다. 하지만 본문의 경우는 좀 깊이 살펴볼 필요가 있다.

하나님께서는 비천함을 통해서, 궁핍을 통해서 그리고 굶주림과 추위를 통해서 바울을 강하게 하시고 어떤 형편에서든자 이길 수 있는 힘을 얻게 하셨다. 그렇게 보이지 않는가? 하나님께서는 훈련을 통해서 강하게 하셨던 것이다. 그래서 바울은 여러 고통과 아픔을 통해서 "일체의 비결을 단순히 깨달은 것이라고만 말한 것이 아니라 행동과 삶을 통해 배웠노라"고 했던 것이다.

하나님께서는 성령의 은사를 통해서 능력을 갖게 하는 경우도 있으시다. 이런 경우는 자신의 문제가 아니라 다른 사람이나 일을 도와주기 위한 경우가 대부분이다. 복음서를 보면 다른 사람이 귀신의 괴롭힘을 받고 있을 때, 혹은 병들어 있을 때, 혹은 큰 문제로 번민하고 있을 때, 제자들은 자신들의 훈련을 통해 얻은 힘이 아니라 하나님께서 주시는 능력, 곧 은사들을 통해 해결한 것을 볼 수 있다.

그러나 하나님께서는 세상을 이기고 자신을 이길 수 있는 힘은 반드시 훈련을 통해서 얻게 하신다. 오늘 바울은 본문에서 이것을 말하고 있다. 그래서 바울은 "내가 어떤 형편에서든지 승리하는 비결은 수많은 어려움과 고통과 훈련을 통해서 배우게 되었노라"고 말했던 것이다. 그러나 단순한 경험과 훈련을 통해서 일체의 비결을 배운 것은 아닌 것 같다.

세상에서 고생을 많이 한다고 반드시 좋은 능력의 일꾼이 되는 것은 아니다. 하나님 없는 고생은 사회에 대한 반항과 인생에 대한 자포자기로 인해 문제아가 되는 경우가 더 많다.

바울은 주님께 순종하므로 이런 일들을 겸허히 배웠던 것이다. 바울은 예수님께는 노예가 되었지만 오히려 그의 온전한 복종이 세상의 모든 일을 넉넉히 이기는 능력으로 나타나게 된 것이다. 그는 "나의 약함이 도리어 주님의 능력으로 나타났다"(고후 12:9-10)는 데까지 배우고 나서야 이런 고백에 이른 것이다. 그래서 그는 이제 비천함과 열등감과 약점, 부족함 때문에 실족하지 않는 비결, 곧 힘을 얻게 되었다고 고백하게 된 것이다. 그러므로 바울은 예수님께는 매인바 되었으나 세상에 대해서는 어떤 형편에서든지 자족하고 감사하는 자유자가 되었다.

이와 같이 바울에게 있어서 그리스도는 첫째 실제로 필요한 모든 것을 이기게 해 주시는 능력의 원천이었다. 둘째 풍부과 궁핍, 그리고 삶과 죽음을 해석해 주시는 능력이었다. "내 은혜가 네게 족하도다 이는 내 능력이 약한 데서 온전하여짐이라." 이 말씀에서 바울은 고난과 궁핍에 대한 의미를 깨닫고 배웠다. 하나님 안에서의 궁핍과 풍부에 대한 진정한 의미에 대한 깨달음 없이는 영적인 승리의 비결에 이를 수가 없다.

본문에서 모든 것을 할 수 있다는 것이 모든 일에 있어서 초월적인 전능한 힘을 발휘할 수 있다는 것만을 뜻하는 것이 아닌 것으로 보인다. 본문에서 의미하는 바는 오히려 어떤 환경에서도 기쁨으로 승리할 수 있는 자족의 능력을 말하고 있다. 바울이 이처럼 모든 형편 가운데서도 자족할 수 있었던 비결은 자신이 그리스도 안에 있었고 또한 그리스도의 능력을 의지하고 있었기 때문이다.

이와 같이 본 문맥을 통하여 바울은 어떤 환경에서도 자신에게 주어진 일을 감당할 수 있는 것은 바로 자신에게 능력을 주시는 자와 함께 연합되어 있기 때문임을 밝히고 있다. 초월적인 은사로부터 오는 능력은 훈련 없이 성령의 역사로 가능하다.

그러나 하나님께서는 세상을 이기고 자신을 이길 수 있는 힘은 반드시 훈련을 통해서 얻게 하시는 것을 볼 수 있다. 바울은 풍부와 궁핍, 어떤 형편에 든지 자족하는 일체의 비결을 은사로서 받은 것이 아니었다. 훈련 없이 받은 은사나 능력이 아니었다. 바울은 삶과 훈련을 통하여 자족하는 일체의 비결을 배웠다. 수고와 훈련의 과정을 마친 후에 이기는 능력을 얻게 된 것이다.

그래서 사도 바울은 디모데전서 6장 6절에서 "자족하는 마음이 있으면 경건은 큰 이익이 되느니라"고 말한다. 여기서 "자족하다"(αὐτάρκης)라는 말은 "자기 자신"을 의미하는 "아우토스"(αὐτός)와 "충분하다", "넉넉하다"라는 "아르케오"(ἀρκέω)와의 합성어다. 이 말은 "자기 스스로 충분히 만족하는", "외부환경에 대해 독립적인" 상태를 말한다. 빌립보서 4장 11절의 "자족하다"라는 말과 동의어이기도 하다. 바울은 그리스도 안에서 삶을 통해 배운 자족의 능력과 비결을 알고 있었다.

예수님을 날마다 깊이 알아가고 은혜를 받으면서 더불어 새롭게 훈련을 받아야 할 것이 있다. 그것은 시험을 이기는 법과 고난에서 승리하는 신앙을 배우는 것이다. 훈련을 받지 않는 자는 그 뿌리가 깊지 못해서 시험이 닥쳐올 때, 그리고 고난이 엄습해 올 때 당황하고 쉽게 좌절하며 주저앉고 만다. 그리고 하늘만 쳐다본다.

그러나 우리는 어떠한가? 시험에 대해서, 십자가의 고난에 대해서, 재물에 대해서, 절망에 대해서, 그리고 바울이 말한 대로 궁핍과 풍부에 대해서 늘 배운다. 늘 배운 우리의 영적 역량의 실상은 어떠한가? 늘 배우나 그 배움으로 모든 것을 이기는 능력을 얻지도 누리지도 못하고 있지는 않은가?

{ 우리가 들어야 할 하나님의 음성은 무엇인가? }

본문에서 들어야 할 하나님의 음성은 무엇인가? 세상에는 다양한 힘들이 있다. 그것이 바로 재력이요, 권력이요, 지력이요, 체력일 것이다. 그러나 이런 능력보다 더 큰 능력이 있다. 그것이 바로 주님께서 주시는 영적인 능력이다. 주님의 능력은 연약하고 무능한 자들에게, 주저앉은 자들에게 새 힘과 위로를 주시어 다시 일어서게 하신다. 그래서 주님의 능력이 임하면 능치 못함이 없다.

하지만 주님은 훈련을 통해서 세상을 이길 능력을 갖게 하신다. 주님은 훈련을 통하여 풍부와 궁핍에 처할 줄 아는 일체의 비결을 배우게 하시지 않는가? 뿐만 아니라 예수님과의 교제를 통하여 모든 것을 바로 해석할 수 있는 영적 진리를 배우고 깨달아 모든 것을 넉넉히 이길 능력도 주신다.

사도 바울은 주님께로부터 배우고 훈련하여 풍부와 궁핍에서 자족하는 비결을 배웠다. 다시는 배울 필요가 없을 정도로 배움의 능력을 체득한 것이다. 이기는 능력이 그에게 있었기 때문에 다시는 그런 것들이 시험거리가 되지 않았다.

그러나 우리는 어떠한가? 늘 배우지만 문제가 생길 때마다 시험에 들고 넘어지지 않는가? 우리도 바울이 배웠던 그 배움의 능력으로 고난과 시험,

풍부와 궁핍을 이겨야 하지 않겠는가? 궁핍과 풍부에 처할 줄 하는 일체의 비결은 배우지 않으면서 언제까지 하늘만 쳐다 보아야 하겠는가? 내가 할 일을 생각지 않고 늘 부모만 쳐다보는 나약한 어린아이처럼 말이다.

12. 욥의 고난에 왜 하나님은 침묵하셨는가? (욥 23:1-12)

{ 생각해 볼 점들 }

욥기에 대해 말들이 많다. 궁금한 것도 많고 질문도 많다. 욥기는 무엇을 말하는 책인가? 의인의 고난인가? 아니면 하나님의 주권인가? 특별히 본문 욥기 23장 10절의 말씀에 대한 해석도 그렇다. "그러나 내가 가는 길을 그가 아시나니 그가 나를 단련하신 후에는 내가 순금 같이 되어 나오리라."

욥기 23장 10절은 모든 성도들이 가장 좋아하는 말씀이기도 하다. 필자도 또한 그렇다. 필자도 어려서부터 이 말씀을 많이 들었다. 그리고 많은 은혜와 위로를 받았다. 지금도 여전히 교회에서 이 말씀은 고난받는 자들에게 위로와 소망을 주는 강력한 말씀이기도 하다.

고난에 대해 낙심하거나 두려워하지 말라고 말한다. 그 고난을 통해서 하나님께서는 우리를 정금으로 만드신다는 것이다. "아멘"이 저절로 나온다. 필자도 한 때 입에 거품을 물고 그렇게 외쳤다.

그런데 궁금한 점이 있다. 욥기 1장부터 욥은 의인이라고 하나님께서 말씀하신 것을 볼 수 있다. 그런데 또다시 하나님께서 욥을 정금으로 만들기 위해 단련을 하시는가? 궁금하다. "나를 단련하신 후에는 내가 순금 같이 되어 나오리라"는 욥의 고백의 진의는 무엇인가? 욥이 당하는 고난이 정금으로 만들기 위한 하나님의 단련인가, 아니면 사탄의 요청에 의한 믿음의 검증인가? 그것이 궁금하다. 원문은 이 말씀 대해 어떻게 말하는가? 원문에서 하나님의 음성을 들어보자.

{ 원문에서 듣는 하나님의 음성 }

1. 고난에 대한 욥의 친구들의 해석

고난과 질병에 대한 유대인들의 관점은 죄 문제를 떠나서 해석할 수 없다. 그것은 유대인의 관점이라기보다는 구약성경에 나타난 하나님의 말씀에서 그 근거를 찾아볼 수 있다. 특별히 신명기 28장에서는 순종에서 비롯된 복과 불순종에서 비롯된 온갖 질병, 고난, 저주에 대해 상세히 말하고 있다.

신약성경도 그렇다. 요한복음 5장을 보자. 거기에 나타난 38년 병자와 예수님과의 대화에서도 죄와 질병의 관계를 엿볼 수 있다. "그 후에 예수께서 성전에서 그 사람을 만나 이르시되 보라 네가 나았으니 더 심한 것이 생기지 않게 다시는 죄를 범하지 말라"(요 5:14). 예수님께서는 그 병이 죄에서 왔음을 말씀하신 것 같다.

그래서 요한복음 9장에서는 나면서부터 시각 장애자가 된 자를 두고 제자들이 예수님께 이런 질문을 할 수밖에 없었다. 요한복음 9장 1-2절을 보자. "예수께서 길을 가실 때에 날 때부터 맹인 된 사람을 보신지라 제자들이 물어 이르되 랍비여 이 사람이 맹인으로 난 것이 누구의 죄로 인함이니이까 자기니이까 그의 부모니이까."

위의 말씀처럼 욥의 고난에 대해서도 욥의 세 친구들의 인과응보적인 신앙의 단면을 볼 수 있다. 본문 앞에 있는 22장의 엘리바스의 충고도 그런 관점을 벗어나지 못한다. 욥기 22장 4절 이하를 보면 엘리바스는 욥의 고통이 그의 악 때문이라고 말한다. 그러면서 그는 욥의 죄악을 구체적으로 지적한다. 까닭 없이 형제의 물건을 볼모로 잡았다는 것이다. 뿐만 아니라 헐벗은 자의 옷까지 벗기지 않았느냐는 것이다. 힘없는 고아의 팔을 꺾었다고 욥에게 회개를 촉구했다.

그러면서 엘리바스는 욥이 회복하는 길에 대해 21절부터 충고한 것을 볼 수 있다. 불의에서 떠나면 다시 흥하게 된다는 것이다. 하나님과 화목하게 되는 길이 복을 받는 길이라고 말한다. 그럴 때 비로소 무엇을 경영하든 이루어질 것이며 인생길에 빛이 비취게 될 것이라고 말한다.

엘리바스의 충고는 객관적인 면에서 진리임을 부정할 수 없다. 죄악 때문에 고난당하고 멸망하게 되는 것은 하나님께서 정하신 법칙이다. 그러나 이 객관적인 진리인 인과응보의 신앙을 상황을 고려하지 않고 무차별적으로 적용하는 것은 문제가 있음을 욥기는 보여 준다. 여기에서 우리는 섣부른 상담과 훈계나 충고가 문제를 더 어렵게 할 수 있음을 알 수 있다. 객관적인 진리만 생각한 채 하나님의 뜻을 구체적인 상황에 잘못 적용하는 우를 범할 수도 있다는 말이다.

엘리바스의 인과응보의 신앙에 대해 욥은 오직 바른 답은 하나님께만 있음을 주장한다. 욥기 23장 1-7절의 욥의 변호가 그 내용이다.

"오늘도 내게 반항하는 마음과 근심이 있나니 내가 받는 재앙이 탄식보다 무거움이라"(욥 23:2).

욥은 자신이 당한 고통이 너무 커서 혹독히 원망하고 있다고 그 심정을 토로했다. 표준새번역에서는 이 구절을 "처절하게 탄식할 수밖에 없다니!"로 번역했다. 영어성경은 "오늘도 내 불평이 지독하다"라고 노골적으로 원망하는 심경을 나타내고 있다(KJV, NIV).

또한 개역개정 성경의 "오늘도 내게 반항하는 마음과 근심이 있나니"라는 구절의 문자적 의미는 이렇다. "오늘도 나의 불평은 반항적이다." 이 욥의 고백에서 무엇이 느껴지는가? 의인이라서 욥은 불평도 원망도 전혀 없었다고 미화하지 말자. 인간은 인간일 뿐이다. 욥의 고백에서 인간적으로 견디기 힘든 육체적 고통에 대한 욥의 절규가 느껴지지 않는가?

친구들은 이 고난이 죄에서 왔다고 욥을 충고하고 비난했다. 그래서 답답한 욥은 하나님의 말씀을 직접 듣고 싶어 했다. 그러나 욥의 반항하는 마음을 하나님을 거부하거나 저주하는 불신앙으로 오해해서는 안 된다. 3절 이하의 욥의 항변을 들어보면 그보다는 하나님의 이해할 수 없는 섭리에 대한 몸부림이요, 항변임을 알 수 있다.

한 여류 소설가도 남편을 잃고 그리고 아들을 잃고서 악다구니를 썼다고 회고했다. 그녀는 그녀의 자전적 에세이 『한 말씀만 하소서』에서 아들을 데려 간 하나님을 향해 이렇게 부르짖었다고 고백했다. "한 말씀만 하소서 그러면 내가 나으리이다." 하나님으로부터 한마디라도 들어야 살겠다는 절규였다. 그 연유만이라도 알고 싶다는 것이다. 이것이 인간이다.

고난의 설명서는 나중에 오는 법이다. 어떤 선생님이 시험 중에 학생의 질문에 답을 말해 줄 수 있겠는가? 답은 시험이 끝난 후에 들을 수밖에 없지 않는가? 욥도 마찬가지였다. 고난의 이유에 대해 하나님의 음성을 직접 듣고 싶었다. 그러나 믿음의 검증을 받고 있을 때에는 우리의 믿음을 하나님께 보여 드리는 시간이지 고난의 답을 듣는 시간이 아니지 않은가? 시험 중에는 하나님께서 침묵하실 수밖에 없다. 3절에서 하나님을 만나고자 하는 욥의 몸부림을 볼 수 있다.

> "내가 어찌하면 하나님을 발견하고 그의 처소에 나아가랴 어찌하면 그 앞에서 내가 호소하며 변론할 말을 내 입에 채우고 내게 대답하시는 말씀을 내가 알며 내게 이르시는 것을 내가 깨달으랴"(욥 23:3-5).

욥은 "내가 어찌하면 하나님을 발견할꼬"라고 독백한다. "발견하다"(מצא)라는 말은 "만나다", "찾아내다", "마주치다"라는 말이다. 즉, "내가 어떻게 하면 그를(하나님) 찾아낼 수 있을까, 만날 수 있을까"(אמצאהו)하는 간절한 바람이다. 그리고 "어떻게 하면 그의 처소에(עד)까지 나갈 수 있을까" 하는 독백이다. 인간은 스스로의 힘으로는 하나님을 만날 수 없는 존재다. 그러나 하나님을 만나는 유일한 길이 있다. 그것은 하나님께서 우리를 만나 주시는 길이다. 하나님의 자기 계시 외에는 하나님을 만나거나 알 수 있는 길이 없다.

욥은 직접 하나님을 만나 호소하며 변론하고 싶었다. "호소"(משפט)란 "법정 소송에서의 판결의 기준이 되는 "옳음", "공의", "판결"을 의미한다. 그리고 "호소하다"에서 "하다"(ערך)라는 말은 "순서대로 놓다", "배열하다", "정도하다", "변론하다"라는 말이다. 그러므로 욥이 호소하겠다는 말은 자신의 무죄함을 차근차근 하나님 앞에서 바르게 진술하겠다는 것임을 알 수 있다.

그리고 "변론할 말"(תוכחות)이란 "논쟁", "반박", "증거", "탄핵", "꾸짖음"을 말한다. 변론할 말을 입에 채우겠다는 것은 욥도 이 고통에 대해 하나님께 반박하고 싶은 말이 있다는 것이다.

그렇다면 4절의 욥의 항변은 무슨 의미인가? 욥은 하늘의 법정에서 공의로우신 하나님의 판결을 받고 싶다는 것이다. 그리고 하나님의 판결에 대해서 알고 싶고 그 판결에 온전히 순종하는 마음으로 듣겠다는 것이다. 즉, 한 마디라도 하나님의 음성을 들어야 이 고통을 이기겠다는 것이 아니겠는가? 이것이 고난당하는 모든 사람들의 마음일 것이다.

"그가 큰 권능을 가지시고 나와 더불어 다투시겠느냐 아니로다 도리어 내 말을 들으시리라 거기서는 정직한 자가 그와 변론할 수 있은즉 내가 심판자에게서 영원히 벗어나리라"(욥 23:6-7).

욥은 자신이 하늘 법정에서 반론할 경우 권능의 하나님께서는 자신과 다투지 않고 오히려 자신의 변명을 들어 주실 것이라고 확신하고 있다. 본문의 "들으시다"(שׂים)라는 말은 "두다", "배치하다", "놓다"라는 말이다.

그러므로 "도리어 내 말을 들으시리라"라는 말은 직역하면 "아니라 확실히 그가 나의 속에 있을 것이라"는 말이다. 무슨 뜻인가? 욥은 자신의 입장을 변론할 때 하나님이 자신을 대적하는 것이 아니라 오히려 자신을 이해하고 위로하는 자리에 서 계실 것을 확신한다는 말이다.

그래서 욥은 자신 있게 하나님께 변론할 수 있다는 것이다. 욥이 자신을 정직한 자로 말한 것을 보면 그는 하나님 앞에 의로운 자로 확신했었던 것 같아 보인다. "변론"(יכח)이란 "논증하다", "주장하다", "확신시키다", "바로잡다"라는 말로 수동태이다(נוֹכָח). "변론하다"라는 말이 수동태인 것은 무엇을 의미하는가? 하나님께서는 어떤 변론이라도 하도록 허락하여 주신다는 것이다. 뿐만 아니라 변론 후에 욥은 심판자이신 하나님으로부터 자유를 얻을 것으로 믿고 있었다. 왜냐하면 변론 후에는 "내가 심판자에게서 영원히 벗어나리라"고 고백하고 있기 때문이다. 무슨 말인가? 욥은 하나님께서 자신의 변론을 들으시면 자신의 무죄함을 인정해 줄 것을 확신하고 있었다. 그래서 하나님을 만나고 싶어 했던 것이다.

2. 하나님께서 침묵하셨던 이유

의로운 심판자이신 하나님 앞에 나아가 모든 것을 밝히면 전모를 알 수 있을 텐데 욥은 그 하나님을 만날 수가 없다고 8-9절에서 탄식한다.

"그런데 내가 앞으로 가도 그가 아니 계시고 뒤로 가도 보이지 아니하며 그가 왼쪽에서 일하시나 내가 만날 수 없고 그가 오른쪽으로 돌이키시나 뵈올 수 없구나"(욥 23:8-9).

욥은 앞으로 가도 그가 안 계시고 뒤로 가도 보이지 않는다고 탄식한다. "앞으로"(קֶדֶם)라는 말은 동쪽이란 말이기도 하며, "뒤로"(אָחוֹר)라는 말은 서쪽이란 말이기도 하다. 그리고 "왼쪽"(שְׂמֹאול)이란 북쪽을, "오른쪽"(יָמִין)이란 남쪽이란 말이기도 하다. 그러면 무슨 말인가? 사방을 둘러봐도 하나님이 보이지 않는다는 말이다.

본문의 "보이다"(רָאָה)라는 말은 "인지하다", "알다", "분별하다", "이해하다"라는 말이다. "보이지 않다"라는 말은 하나님의 존재를 감지할 수도 없다는 것이다. 분명 하나님께서는 일하시는데 만날 수가 없다는 것이다. "일하다"(העשׂה)라는 말은 "창조하다", "행하다", "만들다"라는 말로서 "그의 일하시는 것"을 말한다. 하나님께서 일하신다는 말은 무슨 뜻이겠는가? 하나님께서 살아 계셔서 만물을 섭리하시고 다스리는데도 그 하나님을 만날 수가 없다는 고백이다. 욥은 내 이 고통도 하나님의 섭리 속에 있음을 믿고 있는 것이다.

이처럼 욥은 만물을 섭리하시는 그 하나님을 뵈올 수 없다고 탄식한다. "그가 오른쪽으로 돌이키시나 뵈올 수 없구나!" 본문의 "돌이키다"라는 말을 한번 살펴보자. 이 "돌이키다"(יַעְטֹף)라는 말은 "숨다", "벗어나다"라는 말이다. 헬라어 구약성경 70인역에서는 "돌이키다"(יַעְטֹף)를 "옷을 입다"(περιβάλλω)라는 말로 번역했다. 헬라어 구약성경에는 왜 이렇게 번역했는가? "옷을 입다"라는 말이 단순히 옷을 입는다는 말이 아니다. "옷을 입다"라는 말은 벌거벗음을 가리는 것을 표현하는 말이다.

욥이 이렇게 표현한 것을 보면 하나님께서 숨으시니 볼 수가 없다는 것이 아니겠는가? 그래서 "그가 오른쪽으로 돌이키시나"를 영어성경(KJV)에서는 "그가 오른편으로 자신을 감추시다"(he hideth himself on the right hand)로 번역했다. 그리고 다른 영어성경(NIV)에서는 "그가 남쪽으로 돌이키시나"(when he turns to the south)로 번역했다.

욥은 하나님께서 마치 자신을 만나지 않으시려고 피한다고 생각했을지도 모른다. 하나님께서는 숨어 계시는가? 시편 기자는 그 어디로 도망가도 쫓아오시는 무소부재 하신 하나님을 증거한 바 있다(시 139:7-10).

하나님께서는 반드시 응답하시는 분이시다. 그런데 왜 이렇게 고난 중에 있는 욥에게 하나님께서는 숨어 계시며 침묵하시는가? 그것은 바로 욥이 시험을 치르고 있기 때문이다. 지금 욥은 자신의 믿음을 검증받고 있는 힘든 시간을 보내고 있다. 하나님께서는 이 고통에 대해 욥이 어떻게 문제를 푸는지 침묵하고 지켜보고 계실 뿐이다. 본문의 하나님의 침묵을 하나님의 떠남이나 무관심으로 오해해서는 안 된다. 다만 하나님께서는 욥이 치르는 믿음의 시험을 지켜보고 계실 뿐이다.

솔로몬은 전도서 8장 17절에서 불가해한 하나님의 섭리에 대해 이렇게 말했다. "또 내가 하나님의 모든 행사를 살펴 보니 해 아래에서 행해지는 일을 사람이 능히 알아낼 수 없도다 사람이 아무리 애써 알아보려고 할지라도 능히 알지 못하나니 비록 지혜자가 아노라 할지라도 능히 알아내지 못하리로다." 그렇다. 어떤 인간이 하나님의 섭리를 알 수 있겠는가? 그러나 늦어도 고난의 설명서는 반드시 오는 법이다.

3. 하나님의 침묵에 대한 욥의 확신

욥은 아직까지 하나님으로부터 자신의 고난과 관련된 어떤 말씀도 듣지 못했다. 하지만 10절을 보면 욥이 자신이 무죄하다고 확신하는 것을 볼 수 있다.

"그러나 내가 가는 길을 그가 아시나니 그가 나를 단련하신 후에는 내가 순금 같이 되어 나오리라"(욥 23:10).

본문의 말씀은 내가 고난과 단련을 겪은 후에는 순금 같이 되어 나올 것이라는 유명한 말씀이다. 얼마나 많은 그리스도인들이 이 말씀으로 많은 위로와 소망을 얻었는가? 그런데 과연 본문이 그런 내용인가? 원문을 살펴보자.

위의 말씀의 "나의 가는 길"(דֶּרֶךְ עִמָּדִי)을 직역하면 "나와 함께 있는 길"이다. 욥기 1장 8절에서 하나님께서는 확실하게 천사들 앞에서 욥에 대해 평가하신 바가 있다. 하나님께서는 욥의 모든 것을 알고 계신다. 욥기 1장 8절을 보자. 하나님께서는 사탄에게 욥을 어떻게 자랑하셨는가? "여호와께서 사탄에게 이르시되 네가 내 종 욥을 주의하여 보았느냐 그와 같이 온전하고 정직하여 하나님을 경외하며 악에서 떠난 자는 세상에 없느니라."

얼마나 존경스럽고 부러운 믿음과 영성인가! 욥의 이러한 믿음에 사탄은 욥을 한번 검증해 보겠다고 하나님께 제안했다. 그런데 참으로 안타깝게도 욥은 시험을 치르는 동안 하나님으로부터 이런 음성을 듣지 못했다. 욥에 대한 시험은 욥이 알지 못한 사이에 시작된 것이다. 그러나 욥의 변론을 들어 보면 하나님과의 관계에서 그의 믿음과 영성이 실패하지 않았음을 알 수 있다.

10절의 말씀이 그렇다. "나와 함께 있는 길을 그가 아신다"라는 것이다. 본문의 "알다"(יָדַע)는 완료형이다. 무슨 말인가? 하나님께서는 욥의 삶의 발걸음을 속속들이 지금까지 다 알고 계신다는 것이다. 그래서 욥기 23장 8-9절에서 모든 삶의 여정을 알고 계시는 하나님을 간절히 만나기를 간청했던 것이다.

"그가 나를 단련하신 후에는 내가 순금 같이 되어 나오리라"(욥 23:10下).

이 유명한 욥의 고백을 주의해서 살펴볼 필요가 있다. 이 본문의 번역에 문제가 있어 보인다. 본문의 "단련하다"(בָּחַן)라는 말은 "훈련하다", "단련하다"라는 말이 아니라 "검사하다", "검증하다", "시험하다"라는 말이다. 이 말은 욥기 여러 곳에서도 "검증하다", "분별하다"라는 의미로 쓰이고 있다(욥 7:18, 12:11, 34:3). 직역하면 "그가 나를 검증하시면"이란 의미이다. 즉, "하나님께서 자신을 검증해 보시면 정금 같다는 사실을 하나님께서도 아실 텐데"라는 욥의 탄식이다.

헬라어 구약성경인 70인역에서도 "단련하다"(בָּחַן)라는 말을 "디아크리노"(διακρίνω)로 번역했다. "디아크리노"(διακρίνω)는 "평가하다", "분별하다", "판단하다"라는 말로 이는 "재판하다", "판단하다"(κρίνω)라는 말에서 나왔다.

그런데 이 본문은 보통 어떻게 해석되는가? 마치 "단련한 후에는 정금 같이 된다"라는 말씀인 것처럼 곡해하지 않는가? 필자도 수없이 그렇게 들었다. 원문을 보기 전까지는 그렇게 설교했다. 속칭 은혜와 위로는 주었으나 진리의 말씀을 제대로 증거한 것은 아니었다. 본문을 '믿음에 대한 검증'이 아니라 '단련 후에는 정금이 된다'라고 잘못 본 것이다.

하나님께서 이미 욥기 1장 8절에서 욥의 신앙과 인격에 대해 정직하고 순전하며 하나님을 경외하고 악에서 떠난 자는 세상에 없다고 말씀하시지 않았는가? 영어성경에서는 "단련하다"(בָּחַן)라는 말을 검증과 시험을 의미하는 "try", "test"로 번역했다(KJV, NIV).

욥의 친구들은 욥의 고난을 인과응보의 신앙으로 몰아붙였다. 죄 없이 망한 사람을 본 적이 있느냐고 다그치기도 했다. 하지만 욥은 10절에서 하나님께서 검증하시면 내가 어떤 믿음인가를 알 수 있다고 했다. 즉, 순금 같음을 알게 된다는 것이다. 그래서 바로 앞의 8-9절에서 욥은 자신의 검증을 위해 하나님을 만나고 싶어 했다. 그러나 욥 자신은 하나님을 발견하지 못할지라도 하나님께서는 그의 모든 사정을 다 알고 계시리라는 믿음을 잃지 않았던 것이다.

뿐만 아니라 하나님의 검증이 끝나면 자신은 정금과 같을 것이라고 확신하고 있었다. 욥은 이 고난을 죄악 가운데 있는 자신의 불순물을 제거하는 단련이 아니라 자신의 신앙에 대한 하나님의 검증으로 보고 있었던 것이다.

사실 욥의 이 관점은 옳았다. 왜냐하면 욥기 1장을 보면 하나님께서는 욥의 신앙을 검증하겠다는 사탄의 제안을 허락하셨기 때문이다.

불순물을 단련하여 정금 같이 만든 경우는 요셉의 사건에서 볼 수 있다. 창세기에 기록된 요셉의 감옥 사건은 그 해석을 찾아볼 수 없다. 그러나 요셉의 감옥 사건의 해석은 시편 105편에서 볼 수 있다. "그의 발은 차꼬를 차고 그의 몸은 쇠사슬에 매였으니 곧 여호와의 말씀이 응할 때까지라 그의 말씀이 그를 단련하였도다"(시 105:18-19).

감옥에 있는 동안 하나님의 말씀이 요셉을 단련했다는 것이다. 그렇다면 여기에서 "단련하다"라는 말은 무슨 의미인가? "단련하다"(צרף)라는 말은 "불로 녹이다", "정련하다", "제련하다"라는 말이다. 즉, 용광로에서 정금을 만들기 위해 불순물을 제거한다는 의미이다. 하나님께서는 요셉을 감옥 생활을 통해 말씀으로 단련하여 정금 같이 만드셨던 것을 알 수 있다.

4. 욥 자신의 삶의 고백

욥기 23장 11-12절에서 욥은 자신이 살아왔던 믿음의 삶을 고백한다. 오직 하나님의 길을 따라 좌우로 치우치지 않았다는 것이다. 하나님의 말씀을 정한 음식보다 더 귀히 여기고 살았다는 것이다.

> "내 발이 그의 걸음을 바로 따랐으며 내가 그의 길을 지켜 치우치지 아니하였고 내가 그의 입술의 명령을 어기지 아니하고 정한 음식보다 그의 입의 말씀을 귀히 여겼도다"(욥 23:11-12).

욥은 자신의 삶이 하나님의 길을 따랐다고 고백한다. 여기서 "따르다"(אָחַז)라는 말은 "움켜쥐다", "잡다", "붙잡다", "소유하다"라는 말로 완료형이다(אָחֲזָה). 즉, 자신의 삶이 하나님의 길을 간 후 평생 하나님의 길을 떠나지 않고 붙잡고 계속 갔다는 말이다. 이 말은 욥이 주님을 어떻게 따랐으며 그의 믿음의 삶이 어떠했는지를 확실하게 보여 주는 대목이지 않는가?

그리고 욥은 그의 길을 지켜 치우치지 않았다고 고백한다. 여기서 "지키다"(שָׁמַר)라는 말은 "지키다", "보존하다", "울타리를 치다", "준수하다"라는 말로 완료형이다(שָׁמַרְתִּי). 직역하면 "내가 계속하여 그 길을 준수해 왔다"라는 고백이다. 변함없는 욥의 신앙을 엿볼 수 있다. 그리고 "치우치다"(נָטָה)라는 말은 "도덕적으로 구부리다", "회피하다", "기울다", "굽히다"라는 의미로 사역형 미완료이다(אַט). 무슨 말이겠는가? "그의 길을 지켜 치우치지 않았다"라는 고백을 직역하면 이렇다. "나는 계속하여 나로 하여금 하나님의 길을 회피하거나 어그러진 길로 나가도록 하지 않았다." 쉽게 말하면 자신을 쳐서 하나님의 길을 따르도록 복종시켜 왔다는 것이다. 욥은 참으로 승리하는 믿음의 사람이었다.

이어서 12절에서 욥은 "그의 입술의 명령을 어기지 않았다"라고 고백한다. 여기서 "어기다"(מוּשׁ)라는 말은 "물러가다", "떠나다", "되돌아가다", "제거하다"라는 의미로 사역형 미완료형이다(אָמִישׁ). 즉, 욥은 과거로부터 자신을 쳐서 복종시킴으로 계속하여 하나님 말씀을 지켜 왔고 또한 소중히 여겼다는 고백이다. 그리고 일정한 음식보다 그의 입의 말씀을 귀히 여겼다고 고백한다. "귀히 여기다"(צָפַן)라는 말은 "존중하다", "감추다", "간수하다", "저축하다", "저장하다", "숨기다"라는 의미로 완료형이다(צָפַנְתִּי). 직역하면 "나는 지금까지 계속하여 그의 말씀을 마음에 두고 존중하게 여겨왔다"라는 말이다. 욥은 음식보다, 육체의 생명보다 하나님의 말씀을 더 귀하게 여기고 마음에 간직하여 살아왔다는 것이 아니겠는가?

욥은 하나님의 말씀을 마음에 두고 평생 지켜 온 것을 볼 수 있다. 하지만 사실은 욥이 말씀을 지킨 것 같지만 그 말씀이 욥을 모든 악한 길에서 자신을 정결하게 지켜 주지 않았겠는가? 모든 그리스도인의 경우가 그럴 것이다. 우리가 하나님의 말씀을 지킨 것 같지만 알고 보면 오히려 그 말씀이 우리를 모든 악한 길에서, 위험한 길에서 지켜 주었다는 사실을 말이다. 욥은 지금까지 자신의 믿음의 지조에 대해 진술하게 고백했다. 이제 13절 이하에서는 만물의 섭리자이신 하나님에 대해 고백한 것을 볼 수 있다.

"그는 뜻이 일정하시니 누가 능히 돌이키랴 그의 마음에 하고자 하시는 것이면 그것을 행하시나니"(욥 23:13).

욥은 이해할 수 없지만 하나님께서 뜻을 정하셨으면 반드시 이룰 것이며 어떤 것도 그의 뜻을 방해할 수 없음을 고백한다. 이는 하나님의 주권과 섭리를 고백한 것이 아니겠는가? 욥은 하나님의 뜻은 일정하다고 고백한다. 무슨 말인가? "그는 뜻이 일정하시니"(באחד הוא)를 직역하면 이렇다. "그는 한 분이시며 홀로 계시다"라는 말이다. 고대 셈어에서는 "하나"를 "유일한 통치자"로 본다. 욥이 고백한 "그는 한 분이시다"라는 말은 무슨 의미인가? 하나님께서는 홀로 만물의 섭리자요, 주관자라는 것이다.

그리고 욥은 이어서 유일하신 만물의 섭리자 하나님을 누가 능히 돌이킬 수 있느냐고 반문한다. "돌이키다"(שוב)라는 말은 무슨 뜻인가? 이 말은 주로 "회개하다", "돌이키다"라는 뜻 외에도 "방해하다", "무효로 하다"라는 의미로 쓰인다. 그렇다면 "누가 능히 돌이키랴"는 무슨 뜻이겠는가?

이 말은 하나님의 뜻을 방해하거나 무효로 하거나 돌이킬 수 있는 존재는 이 세상에 없다는 것이다. 사도 바울도 에베소서 1장 11절에서 하나님의 역사를 이렇게 말하고 있다. "모든 일을 그의 뜻의 결정대로 일하시는 이의 계획을 따라 우리가 예정을 입어 그 안에서 기업이 되었으니." 하나님께서는 그의 원대로 역사하시는 분이시다.

"그런즉 내게 작정하신 것을 이루실 것이라 이런 일이 그에게 많이 있느니라"(욥 23:14).

욥은 아직 자신을 향한 하나님의 뜻을 알 수 없다. 하지만 역사의 주관자이신 하나님께서는 자신에게 작정하신 것을 그의 뜻대로 이루실 것이라고 고백한다. "작정하다"(ph)라는 말은 "몫", "정해진 것", "지정된 시간", "양," "노동", "규정된 것", "의무" 등을 의미한다. 직역하면 "나의 지정된 것"으로, 즉 하나님께서 자신에게 이루고자 하신 정한 뜻을 말한다. 하나님께서는 자신의 뜻대로 모든 것을 섭리하시므로 욥 자신에게 정하신 일을 이루신다는 고백이다.

하나님께서는 한 번 정하신 것은 반드시 이루시는 분이다. 욥은 자신이 왜 이런 고난을 당하는지 그 깊은 뜻은 알 수 없었다. 그러나 하나님께서 작정하신 이 일은 하나님의 뜻이 이루어질 때까지 계속될 것이라고 믿었다. 오직 하나님만이 인간과 역사의 주관자이심을 철저히 고백한 것이다.

그리고 이어서 욥은 "이런 일이 그에게 많이 있느니라"고 고백한다. 무슨 뜻인가? 하나님의 작정에 의해 이루어지는 일 가운데는 인간이 그 목적이나 이유를 이해하지 못할 일이 아주 많다는 것이다. 참으로 놀라운 깨달음이다. 그것은 전도서 7장 14절의 말씀과 같이 인간이 하나님의 행사를 헤아려 알 수 없게 하신 바와 같다.

하나님께서 인도하신 이해할 수 없는 일들에 대해 하나님으로부터 설명을 들을 때까지 끝까지 인간의 생각을 내려놓고 인내하는 것이 온전한 믿음이 아니겠는가? 짧은 인간의 생각을 내려놓자. 그리고 나를 사랑하시고 인도하시는 헤아릴 수 없는 아버지의 섭리를 믿음으로 바라보자. 고난의 설명서는 나중에 반드시 오게 된다. 하나님의 말씀보다 앞서는 우를 범하지 말자. 하나님께도 생각이 있으시기 때문이다.

{ 우리가 들어야 할 하나님의 음성은 무엇인가? }

본문에서 들어야 할 하나님의 음성은 무엇인가? 인간은 고난이 오면 반드시 그 뜻을 알고자 한다. 그리고 그 이유를 묻는 부르짖음에 하나님께서는 반드시 응답하신다. 사도 바울의 경우도 그렇지 않았는가? 바울은 육체의 가시에 대해 3번 기도했다. 하나님의 응답이 있었다. 응답을 받은 바울은 더 이상 육체의 가시 때문에 기도하지 않았다. 아니 더 높은 하나님의 뜻을 알고 감사하지 않았는가?

그러나 믿음의 검증을 위한 고난에는 하나님께서 침묵하신다는 것을 깨달아야 한다. 욥은 하나님을 만나서 자기의 상황을 변론하고 싶어 했다. 그 이유를 알고 싶어 했다. 그러나 하나님께서는 숨어 계셨다. 침묵하셨다. 그런데 왜 이렇게 고난 중에 있는 욥에게 하나님께서는 침묵하시는가? 그것은 바로 욥이 믿음의 시험을 치르고 있기 때문이다. 욥은 하나님께서 허락하신 사탄으로부터 믿음의 검증을 받고 있는 힘든 시간을 지나고 있었다. 믿음의 검증 시간은 하나님의 도움이 정지된 시간이다. 믿음의 검증의 시간은 하나님의 도움을 구하는 시간이 아니라 우리의 믿음을 보여드리는 시간이기 때문이다. 이 점을 기억해야 한다. 하나님께서는 이 고통에 대해 욥이 어떻게 믿음으로 문제를 푸는지 침묵하고 지켜보고 계실 뿐이다. 하나님의 침묵을 하나님의 떠남이나 무관심으로 오해해서는 안 된다. 다만 믿음의 검증을 지켜보고 계실 뿐이다.

우리는 어떤가? 믿음의 검증에도 불구하고 힘들어 하나님의 도움만을 구하고 있지 않은가? 고난에는 분명 뜻이 있으며, 뜻을 묻는 기도에 하나님께서는 응답하신다. 그러나 기도에도 침묵이 계속된다면 우리 믿음을 검증하시는 하나님의 역사가 있음을 알아야 하지 않겠는가? 믿음의 검증을 위한 고난이라면 그 고난의 설명서는 나중에 오는 법이다. 말씀을 따라 믿음의 길로 행하여 믿음의 검증에 합격해야 하지 않겠는가?

13. 약함이 강함이 되는 역설적인 은총 (고후 12:1-10)

{ 생각해 볼 점들 }

이 세상을 살아가는 모든 사람은 다 약점이 있고 열등감이 있다. 심리학자 말츠(Dr. Maxwell Maltz)는 사람들의 95%가 어떤 종류의 것이든 나름대로 약점을 가지고 있다고 말한다. 그리고 이 약점 때문에 열등감에 빠져 있다고 한다. 어떤 사람은 학력 때문에 열등감에 시달린다. 또 어떤 사람은 신체적 약점 때문에 열등감에 빠지기도 한다. 또 어떤 사람은 직업이나 경제적인 것 때문에 열등감에 빠지기도 한다.

더욱 문제가 된 것은 이런 열등감은 진정한 조언이나 충고를 제대로 듣지 못하게 한다는 것이다. 아예 아픈 소리는 듣기조차도 싫어한다는 사실이다. 이 열등감은 잘못하면 우울증으로 발전되어 자기 학대에 빠지게 된다. 이 열등감이야말로 인간의 정신세계를 무너뜨리는 보이지 않는 악성 바이러스와 같은 것인지도 모른다.

본문은 사도 바울의 약함에 대한 말씀이다. 그런데 사도 바울은 그 약함 때문에 열등감에 빠지지 않고 주 안에서 오히려 강함이 되었다고 고백한다. 역설이다. 세상에서의 약함은 약함일 뿐이다. 약함이 강함이 될 수 없다. 그래서 절망하지 않는가? 세상에서 열등감은 열등감일 뿐이다. 그래서 자기 학대에 빠진다. 열등감이 자기를 굳건하게 세워 주는 자긍심이 될 수는 없다.

그러나 주 안에는 약함이 강함이 되는 역설의 신비가 있다. 바울의 간증이 그렇다. 바울은 어떻게 하여 그의 약함이 강함이 되었는지 그것이 궁금하다. 원문은 약함이 강함이 되는 그 영적 신비를 어떻게 말하는가? 원문에서 주님의 음성을 들어보자.

{ 원문에서 듣는 하나님의 음성 }

1. 바울의 신비체험의 간증 이유

바울은 11장에 이어 12장을 시작하자마자 왜 이렇게 자신의 자랑 아닌 자랑을 말하는 것인가? 당시 고린도에는 거짓 사도들이 교회에 심각한 악영향을 미치고 있었다. 이들은 사도 바울의 사도권에 대한 불신을 조장하고 있었다. 그리고 그들은 거짓된 계시나, 환상, 그리고 체험으로 참 영적 지도자임을 가장하고 있었다.

이뿐 아니라 고린도 교인들은 바울에게 계속하여 사도됨의 징표를 보이라고 요구하고 있었다. 이런 와중에 사도 바울은 복음을 위해 자신이 사도됨을 말할 필요가 있었다. 사실 사도 바울은 사람에게 보이려고 자랑할 필요는 없었다. 하지만 자신이 거짓 사도가 아님을 깨닫게 하려는 데 더 큰 의도가 있었다. 그래서 사도 바울은 주의 환상과 계시를 통한 신비체험을 간증함으로 거짓 사도들보다 영적으로 더욱 뛰어남을 보여 주려고 했던 것 같다.

"무익하나마 내가 부득불 자랑하노니 주의 환상과 계시를 말하리라"(고후 12:1).

바울은 자신의 사도성에 대한 주의 환상과 계시를 말하고 있다. 여기서 "환상"(ὀπταίας)이란 "보여지다", "나타내다"(ὀπτάνομαι)라는 말에서 나왔다. 이는 주로 부활하신 예수를 보는 것과 신비한 환상을 목격하는 것과 관련되어 사용되는 표현이다(눅 24:23, 행 26:19). 이 단어는 바울이 일찍이 다메섹 도상에서 부활하신 주님을 만났던 것에 대해, 그리고 아그립바 왕 앞에서 간증할 때 사용되었던 말이기도 하다(행 26:19). 이 말은 초자연적이며 기적적으로 어떤 실체를 보는 것을 뜻한다.

그리고 "계시"(ἀποκάλυψις)란 "드러냄", "벗겨놓음"이란 뜻으로 "덮개를 제거하다", "나타내다", "폭로하다", "알리다"(ἀποκαλύπτω)라는 말에서 나왔다. 환상은 눈에 보이는 것만을 지칭한다. 하지만 계시는 그것을 포함해서 눈에 보이지 않는 것까지 지칭한다. 왜냐하면 계시는 단순히 보는 것을 떠나 성령의 도우심으로 조명으로 감추어졌던 진리를 깨닫게 하기 때문이다. 그러므로 계시는 환상을 포함하여 그것보다 한 차원 높은 성격을 지니고 있다.

바울은 "주의 환상과 계시"라고 말함으로써 이 환상과 계시의 출처가 주님임을 밝히고 있다. 이로써 사도 바울은 주의 환상과 계시를 받는 하나님의 사도됨을 은근히 강조하고 있다. 어떤 사람이 임의로 환상과 계시를 볼 수 있겠는가? 불가능하다. 그것은 오직 주님의 역사일 뿐이다.

사도 바울은 자신의 사역과 관련하여 계시란 용어를 종종 사용한 것을 볼 수 있다. 특별히 갈라디아서 1장 12절에서 사도 바울은 자신의 복음이 예수 그리스도 계시로 말미암았다고 말한다. 예수님의 열두 제자들과는 달리 바울은 예수님과 함께 하는 삶을 통해 가르침을 받은 적이 없었다. 그런 점에서 사도적 권위에 도전을 받을 수밖에 없었다. 하지만 바울은 다메섹 도상에서 주님과의 만남을 기점으로 사도의 사명을 받았었다(행 9:4-26).

"내가 그리스도 안에 있는 한 사람을 아노니 그는 십사 년 전에 셋째 하늘에 이끌려 간 자라(그가 몸 안에 있었는지 몸 밖에 있었는지 나는 모르거니와 하나님은 아시느니라) 내가 이런 사람을 아노니 (그가 몸 안에 있었는지 몸 밖에 있었는지 나는 모르거니와 하나님은 아시느니라)"(고후 12:2-3).

바울은 자신의 환상과 계시를 부득불 말할 수밖에 없어 자신을 낮추어 "그리스도 안에 있는 한 사람"이라고 표현하고 있다. 그는 14년 전에 환상과 계시를 받았다고 간증한다. 바울과 관련하여 연대를 살펴보자. 학자들마다 약간의 차이는 있지만 예루살렘 공의회가 주후 49년에 열린 것은 명백하다. 이것을 기점으로 살펴보자. 바울은 갈라디아서 2장 1절에서 14년 후에 다시 예루살렘을 방문했다고 말한다. 이 방문은 이방인의 구원 문제를 다루었던 예루살렘 총회였다. 그렇다면 바울이 주후 49년의 예루살렘 방문을 14년 만의 일이라고 보면 첫 방문은 주후 35년이었음을 알 수 있다.

그런데 첫 방문이었던 35년 이전에 회심하여 3년간 아라비아에 있었다. 그러면 그의 회심은 주후 33년경에 있었던 것으로 보인다. 그렇다면 다시 회심 이후 바울의 행적을 보자. 회심 후 바울은 곧바로 전도 사역에 뛰어들었다. 그러나 여의치 않아 아라비아로 가서 3년을 보냈다. 물론 주님의 뜻하신 바가 있었다. 갈라디아서 1장을 보면 사도 바울은 예수님의 계시로 복음을 알게 되었다고 고백한다. 회심 후 곧바로 복음 사역에 힘쓴 것보다 3년 동안 예수님의 계시로 복음을 올바로 배웠던 것이 더 중요하지 않았겠는가? 일차 예루살렘 방문은 바울이 회심한 후 아라비아에서 약 3년간 체류한 뒤였으니까 약 주후 35년으로 볼 수 있다. 이때 베드로와 야고보를 방문했다. 그러나 유대인의 핍박으로 예루살렘을 떠나야 했다(행 9:26-30; 갈 1:18-19). 제자들이 고향인 다소로 바울을 보냈다. 그리고 주후 46년에 안디옥 교회의 구제헌금을 가지고 예루살렘을 방문했고(행 11:30; 12:25), 주후 49년에 바울은 예루살렘 총회에 이방인의 구원 문제로 참석했다(행 15장).

사도 바울이 주후 45년경 바나바의 요청으로 안디옥에 와 1년간 큰 무리를 가르친 것을 감안하면 주후 35-45년 약 10년 동안을 수리아와 고향인 길리기아 다소에서 보낸 것을 알 수 있다(갈 1:21). 이것을 학자들은 바울의 침묵의 세월이라고 말하기도 한다. 바울은 이 침묵의 세월을 어떻게 보냈을까? 학자들은 이 침묵의 세월 동안 사도 바울이 주의 환상과 계시를 받은 것으로 본다. 왜냐하면 고린도후서 기록 연대를 주후 55년으로 보면 바울의 신비체험은 주후 41-42년 정도에 있었던 것으로 추정할 수 있기 때문이다. 복음을 전하지 못하고 아라비아에서 3년, 그리고 침묵의 세월 10년 동안 하나님께서는 바울을 복음과 환상 및 계시로 훈련하고 계셨던 것을 알 수 있다. 침묵의 세월이 세월을 허송한 것은 아닌 셈이다.

일하지 않고 지내는 시간들이 하나님 앞에서 무익한가? 우리들은 너무나 성급하지 않은가? 일 년이라도 사역을 쉬게 되면 당황하고 자신의 무능을 자책하지 않는가? 사도 바울의 3년의 아라비아 광야의 세월, 10년 동안의 고향에서의 보낸 침묵의 세월은 헛된 날이었는가? 준비하는 시간들은 결코 허송 세월이 아니었을 것이다.

요셉이 감옥에 있는 동안 하나님께서는 어떤 일을 하셨는가?(시 105:18-19) 모세가 40년 동안 이드로의 집에서 지내는 동안 하나님께서는 어떤 일을 하셨는가를 생각해 볼 필요가 있다.

사도 바울의 의미 있는 침묵의 세월을 생각해 볼 때 조급증과 눈에 보이는 실적주의의 노예가 된 목회 현실을 돌아볼 필요가 있지 않은가? 사람들은 업적과 일에, 그리고 양에 관심이 많다. 하지만 하나님께서는 양보다는 하나님의 뜻을 이루는 질적인 것에 관심이 많으심을 알 수 있다.

"그가 낙원으로 이끌려 가서 말로 표현할 수 없는 말을 들었으니 사람이 가히 이르지 못할 말이로다"(고후 12:4).

사도 바울은 14년 전에 셋째 하늘에 끌려갔다고 말한다. 여기서 "끌려가다"(ἁρπάζω)라는 말은 "빼앗다", "힘으로 옮기다", "낚아채다"라는 말로서 이는 수동태다(ἁρπαγέντα). 이처럼 "끌려갔다"라는 말이 수동태인 것을 보면 이 말은 자의나 자력에 의해서가 아니라 불가항력적으로 붙잡힌 바 되었음을 뜻한다. 즉, 성령에 의해 완전히 지배된 상태를 가리키는 것으로 이해된다. 자신이 아닌 하나님의 권능에 붙들려 셋째 하늘에 끌려간 것이다. 이 "끌려가다"라는 말은 휴거를 언급하고 있는 데살로니가전서 4장 17절의 "구름 속으로 끌어 올려"에도 쓰였다.

그런데 이 환상과 계시의 체험을 "그가 몸 안에 있었는지 몸 밖에 있었는지 나는 모르거니와 하나님은 아시느니라"고 고백한다. 신비한 체험을 한 것이다. 이러한 신비한 체험은 불가능한 것이 아니다. 왜냐하면 그런 신비체험은 에스겔 선지자에게도 있었다. 에스겔 8장 1-8절을 보면 에스겔이 집에 앉아 있었는데 주의 신이 자신을 들어 천지 사이로 올리시고 하나님의 이상 가운데 예루살렘으로 데리고 가 우상숭배의 현장을 보게 했다고 기록하고 있다.

그렇다면 바울이 말한 셋째 하늘은 어디를 말하는가? 유대인들은 일반적으로 첫째 하늘은 새가 날아다니고 구름이 머무는 곳으로, 둘째 하늘은 금속판으로 경계가 지워져 궁창 위의 물이 보관되어 있는 곳으로, 셋째 하늘은 하나님과 천사들이 머무는 곳으로 이해했다.

4절에서 사도 바울은 셋째 하늘을 낙원으로 말하고 있는 것으로 보아 이곳이 천국임을 가늠할 수 있다. 낙원은 어떤 곳을 말하는가? 낙원에 해당하는 헬라어 "파라데이소스"($παράδεισος$)는 페르시아어에서 파생된 단어로 동산이란 말이다. 학자들은 헬라어와 히브리어가 이 낙원이라는 단어를 차용했다고 말한다.

그러나 낙원에 대해 기독교와 천주교에서 그리고 학자들 간에도 논쟁이 많다. 낙원이란 과연 어떤 곳인가? 헬라어 구약성경인 70인역에서 "낙원"은 아담과 하와가 거주했던 에덴동산(창 2:8; 사 51:8) 또는 하나님이 계신 곳을 가리키는 데 사용되기도 했다(겔 28:13; 31:8). 그리고 신약에서는 낙원이 요한계시록 2장 7절에서 나온다. "…이기는 그에게는 내가 하나님의 낙원에 있는 생명나무의 과실을 주어 먹게 하리라." 특히 이 본문을 보면 천국에만 있는 생명나무(계 22:2)가 낙원에 있는 것으로 미루어 보아 낙원이 천국임을 알 수 있다. 예수님께서는 십자가에서 강도에게 "오늘 네가 나와 함께 낙원에 있으리라"고 약속하셨다.

바울은 여기에서 "말할 수 없는 말을 들었으니 사람이 가히 이르지 못할 말이로다"라고 말한다. 무슨 뜻인가? "말할 수 없는"($ἄρρητος$)이란 부정어 "알파"(a)와 말을 의미하는 레마와 동의어인 "흐레토스"($ῥητῶς$)의 합성어로

"인간의 언어로 표현할 수 없는"이라는 뜻이다. 즉, 바울이 경험한 환상과 계시는 너무도 신비로운 것이어서 그것을 인간의 언어로 표현한다는 것이 불가능하다는 것이다.

그리고 "가히"(ἔξεστι)라는 말은 "옳다", "합법적이다"라는 의미를 가지고 있다. 그러므로 학자들은 바울이 들은 "가히 이르지 못할 말"이란 말은 신적 비밀이기 때문에 함부로 사람들에게 발설해서는 안 된다는 의미도 포함되어 있다고 보기도 한다. 이 천국에 대한 신비체험은 오직 사도 바울의 고난의 사역을 감당하기 위해 베푸신 개인적인 신비체험의 은혜인 것을 알 수 있다.

2. 바울이 약함을 자랑

"내가 이런 사람을 위하여 자랑하겠으나 나를 위하여는 약한 것들 외에 자랑하지 아니하리라 내가 만일 자랑하고자 하여도 어리석은 자가 되지 아니할 것은 내가 참말을 함이라 그러나 누가 나를 보는 바와 내게 듣는 바에 지나치게 생각할까 두려워하여 그만두노라"(고후 12:5-6).

이런 놀라운 신비체험을 했지만 사도 바울은 결코 이를 자랑하고 싶지는 않다고 말한다. 본문에서 특별히 자랑을 그만두는 이유 중 하나가 "내게 듣는 바에 지나치게 생각할까"봐 그런 것이다. 직역하면 "나에 대하여 나 자신 이상으로 여길까"라는 의미이다. 구체적으로 신비체험을 말하면 자신을 보통 사람 이상으로 신격화시킬 우려가 있기 때문이라는 것이다.

그래서 오히려 약한 것들을 자랑하겠다는 것이다. 여기서 약한 것들이란 무엇을 의미하는가? "약한 것들"(ἀσθένεια)이란 "질병", "도덕적인 연약함",

"나약한 몸과 맘"을 가리킨다. 사실 고린도후서 11장 30절에서도 자기의 약한 것들을 자랑했다. 즉, 자신의 육체의 연약함, 말의 연약함, 고난 등이었다. 이것은 주님의 역사를 드러내고 자신을 낮추는 겸손으로 볼 수 있다. 스스로 높여 자랑하려는 거짓 교사나 거짓 선지자들이 되고 싶지 않았던 것이다. 여기서 사도 바울의 진정한 사도 됨과 주님과 복음만은 증거하고자 하는 그의 영성을 볼 수 있지 않은가?

"여러 계시를 받은 것이 지극히 크므로 너무 자만하지 않게 하시려고 내 육체에 가시 곧 사탄의 사자를 주셨으니 이는 나를 쳐서 너무 자만하지 않게 하려 하심이라"(고후 12:7).

7절의 말씀을 보면 바울은 셋째 하늘의 체험을 한 후에 육체의 가시를 얻은 사실을 밝히고 있다. 바울이 실족하지 않도록 육체의 가시를 얻게 된 것은 참으로 하나님의 놀라운 역사가 아닌가? 그것도 셋째 하늘의 신비체험을 한 후에 육체의 가시를 얻게 되다니 말이다. 하나님께서 믿음의 브레이크를 만드신 것이다.

그는 이해할 수 없는 그 육체의 가시를 놓고 기도하다가 하나님의 뜻을 깨달았다. 그것은 바로 바울 자신으로 하여금 자만하지 않게 하시기 위함이었다는 사실이다. 여기서 "자만하다"($ιπεραίρομαι$)라는 말은 "-위로"($ιπερ$)라는 말과 "들어올리다"($αίρω$)라는 말의 합성어로 "스스로를 위로 끌어올리다"라는 말이다.

그러므로 자만하다는 말은 자신을 스스로 높여 교만하게 되는 것임을 알 수 있다. 그런데 이 말이 수동태이다($ιπεραίρωμαι$). 왜 수동태로 말했을까? 이는 그가 스스로 자만해질 수도 있을 뿐만 아니라 신비체험이 구체적으로 알려지면 사람들에 의해 신격화될 위험성이 있음을 암시한 것이다.

이 "자만하다"라는 말은 데살로니가후서 2장 4절에서도 나타난다. 이 말은 대적하는 자가 하나님의 성전에 앉아 "자기 스스로를 높이는"(ὑπεραίρομαι) 적그리스도의 오만함을 묘사하는 데 사용되었다. 사도 바울은 이 단어를 자신에게 사용하고 있다. 하나님께서는 이런 망령된 교만의 죄를 범하지 않게 하시려고 자신에게 육체의 가시, 곧 사탄의 사자를 주셨다는 것이다. 고침받고 싶어 하는 그 악한 가시에 대한 얼마나 놀라운 깨달음인가?

가시란 무엇인가에 대해 학자들은 많은 연구를 했다. "가시"란 무엇인가? "가시"(σκόλοψ)란 문자적으로는 "날카로운 막대기", "가시", "나무의 뾰족한 조각"이다. 그러나 본문이 자세히 밝히지 않으므로 알 수는 없다. 하지만 학자들은 갈라디아서 4장 14-15절에서 바울이 "너희를 시험하는 것이 내 육체에 있으되 이것을 너희가 업신여기지도 아니하며"와 "너희가 할 수만 있었더라면 너희의 눈이라도 빼어 나에게 주었으리라"고 말하는 것을 보아 이는 고질적인 간질이나 안질이 아닐까 추정하기도 한다.

그리고 혹자는 사탄의 사자라는 표현을 들어 바울이 수없는 대적자들로 인해 고난을 당한 것을 염두에 두고 이 육체의 가시를 대적자들로 보기도 한다. 디모데후서 4장 14절과 2장 17절을 보면 구리 장색 알렉산더나 후메내오, 빌레도가 복음을 방해하는 대적자인 사탄의 도구 역할을 했기 때문이다.

혹은 늘 바울이 괴로워했던 육신의 죄의 본성으로 보기도 한다. 어쨌든 바울은 이 가시를 자신을 자만하지 않게 하려고 하나님께서 부리시는 사탄의 사자로 고백하고 있다. 이 사탄의 사자가 자신을 늘 쳐서 교만하지 않게 했다는 것이다. 여기에서 "치다"(κολαφίζω)라는 말은 "주먹으로 강타하다"라는 말로 현재형이다. 이것은 바울이 당하고 있는 육체의 가시로 인한 고난이 단번에 끝나는 것이 아니라 계속해서 바울을 자만하지 않도록 쳤던 것을 알 수 있다.

바울은 육체의 가시 속에서 자신의 믿음과 영성을 지켜 주는 하나님의 선한 뜻을 본 것이다. 우리는 어떠한가? 고난이 오면 그 뜻과 상관없이 속히 벗어나기를 갈망한다. 하루라도 빨리 해결받기를 간구한다. 믿음의 사람들에게 가시는 하나님의 뜻이다. 가시를 통한 하나님의 뜻을 생각해 본다면 나를 나 되게 만드는 고난의 가시를 깊이 생각해 보아야 한다.

"이것이 내게서 떠나가게 하기 위하여 내가 세 번 주께 간구하였더니 나에게 이르시기를 내 은혜가 네게 족하도다 이는 내 능력이 약한 데서 온전하여짐이라 하신지라"(고후 12:8-9上).

바울은 얼마나 능력이 많은 사람인가? 사도 바울은 루스드라에서 전도하다가 하나님의 능력으로 앉은뱅이를 일으켰다(행 14장). 그리고 사도행전 16장을 보면 바울이 하나님의 능력으로 점하는 여인을 붙들고 있는 귀신을 쫓아내기도 했다. 에베소 지역에서 목회할 때 사람들이 바울의 손수건이나 작업을 하면서 입었던 앞치마를 가져다가 병든 사람이나 귀신들린 사람들에게 얹으면 병과 악귀가 떠나갔다(행 19장). 그리고 사도행전 20장에는 밤늦도록 설교를 듣다가 3층에서 떨어져 죽은 유두고라는 청년을 바울은 기도하여 다시 살리기도 했다.

이렇게 하나님의 능력을 행한 그가 세 번이나 주께 간구했는데도 자신의 육체의 가시는 고침을 받지 못했다. 참으로 이해가 되는 않는다. 그렇지 않은가? 그 대신 세 번이나 간구한 그는 하나님께로부터 다음과 같은 응답을 들었다. "나에게 이르시기를 내 은혜가 네게 족하도다."

본문 말씀에서 "이르시기를"(ῥέω)이라는 말은 완료형이다(εἴρηκέν). 이 완료형은 무엇을 의미하는가? 이미 오래 전에 말씀하신 것이 지금도 변함없음을 말한다. 14년 전에 이미 주께서 "내 은혜가 네게 족하도다. 이는 내 능력이 약한 데서 온전하여짐이라"고 하신 말씀은 지금도 여전히 바울에게 족한 은혜임을 알 수 있다.

그렇다면 여기서 "족하다"(ἀρκέω)라는 말은 무슨 뜻인가? 이 말은 "충분하다", "만족스럽다", "어떤 목적을 위해 적당하다"라는 말이다. 즉, 사탄의 사자는 바울로 하여금 자만하지 않게 하는 그 목적을 위해서 만족스럽다는 말이 아니겠는가? 납득이 안 되는 역설적인 은총이다.

그런데 문제는 관점의 차이다. 사도 바울은 육체의 가시를 사탄의 사자라고 말한다. 그런데 하나님께서는 그 가시를 무엇이라고 말씀하셨는가? 그 육체의 가시를 은혜라고 말씀하셨다. 이것이 문제다. 한 사건을 두고 하나님의 관점과 바울의 관점이 전혀 다르다는 사실이다. 이것이 바울이 세 번이나 뜻을 정하고 간절하게 하나님께 기도했던 응답이었는가? 이것은 바울이 원하는 응답은 아니었다. 그러나 이것은 바울에게 필요한 응답이었다.

우리는 어떠한가? 우리에게 필요해서 주신 하나님의 은혜는 전혀 깨닫지 못하고 우리가 원하는 응답만을 기다릴 수도 있다. 우리에게 필요한 응답과 우리가 원하는 응답에 대한 분별, 이것이 문제인 것이다.

바울은 하나님께서 육체의 가시를 고쳐 주시지 않은 것에 대해 7절에서 이렇게 말하고 있다. "여러 계시를 받은 것이 지극히 크므로 너무 자만하지 않게 하시려고 내 육체에 가시 곧 사탄의 사자를 주셨으니 이는 나를 쳐서 너무 자만하지 않게 하려 하심이라."

바울은 하나님께로부터 받은 은사와 계시와 지식이 너무 많다는 것을 알았다. 그리고 이로 인해 내가 너무 교만하지 않도록 하시기 위해 내 몸에 약점을 두셨다는 것을 깨달았던 것이다. 그는 14년 전에 그의 약한 것에 대한 하나님의 뜻을 깨달았다. 그리고 그 이후 그 말씀으로 평생을 은혜 가운데 감사하며 승리하는 믿음 생활을 해 온 것이다. 왜냐하면 바울의 약점이 이제 주님의 능력으로 온전하게 되었기 때문이다. 여기서 주님의 능력으로 온전하게 되었다는 것은 무슨 뜻인가? 본문에서 말하는 "온전하여짐"이라는 말씀은 "끝내다", "완성하다"($\tau\epsilon\lambda\epsilon\hat{\iota}\tau\alpha\iota$)라는 말로 현재 수동태다.

그렇다면 무엇을 끝냈다는 말인가? 스스로의 힘으로 약함을 끝낸 것이 아니다. 주님의 능력이 바울의 약함을 강함으로 계속하여 온전케 만들고 있다는 것이 아니겠는가? 바울에게는 여전히 육체의 가시가 있고 약함이 있다. 그러나 이제 그 약함은 더 이상 약함이 아니다. 왜냐하면 바울의 약함이 그리스도의 능력이 머무는 은총이 되었기 때문이다. 세상이 이해 할 수 없는 역설이다.

삶에 있어서 중요한 것은 '무슨 일이 일어났는가' 하는 것이 아니라 '그 일을 어떻게 받아들이는가' 하는 것이 아니겠는가? 신앙은 해석의 문제이기도 하다. 한 세상 살아가는 데 우리는 수없는 사건들을 만나면서 살아간다. 힘들고 답답하고 이해가 되지 않는 일들도 만나게 된다. 그러나 무엇보다도 주님 안에서 그 일을 어떻게 해석하는가가 중요하지 않겠는가?

우리는 성경을 통해 하나님께서 사람의 약점을 다루시는 다양한 방법을 보게 된다. 하나님께서는 능치 못함이 없으시다. 창세기 18장에는 하나님께서 늙은 아브라함에게 아들을 주시겠다고 하자 90세가 다 된 그의 아내 사라가 코웃음을 치는 장면이 나온다. 사라의 웃음을 보고 하나님께서는 이렇게 말씀하셨다. "여호와께 능하지 못한 일이 있겠느냐 기한이 이를 때에 내가 네게로 돌아오리니 사라에게 아들이 있으리라"(창 18:14).

전능하신 하나님께서는 약점이나 열등감을 없애기도 하시지만 우리의 유익을 위해 그냥 두시기도 하는 것을 볼 수 있다. 그러면서 그 약점을 통해 우리의 온전함과 하나님의 역사를 이루어 나가신다.

출애굽기 4장에는 하나님께서 애굽에서 종살이를 하고 있는 이스라엘 백성을 구원하기 위해 모세를 불러서 사명을 주신다. 애굽에 가기를 두려워하는 모세에게 하나님께서는 기적을 경험하게 하신다. 지팡이가 뱀이 되게 하기도 하고 모세의 손이 문둥병이 걸리게 하고 낫게도 하셨다. 전능하신 하나님을 체험하고 믿도록 한 것이다. 그런데 마지막에 모세는 자신은 본래 말에 능하지 못한 자라고 불평하며 사명을 거부하려고 했다.

그때 "여호와께 능하지 못한 일이 있겠느냐"라고 말씀하신 그 하나님께서 모세를 달변가로 고쳐 주셨는가? 그렇지 않았다. 하나님께서는 말 잘하는 그의 형 아론을 붙여 주셨다. 이처럼 하나님께서는 약점을 그대로 두시지만 그 약점을 극복하는 길을 주시기도 하신다.

사도 바울도 하나님께서는 육체의 가시는 고쳐 주시지 않으셨다. 하지만 하나님께서는 평생토록 누가가 바울과 동행하도록 하셨다. 누가가 어떤 사람이었는가? 그는 의사였다. 우리 약함과 열등감을 다루시는 하나님의 손길을 깨달을 필요가 있다.

3. 약함을 다루시는 하나님의 손길

"그러므로 도리어 크게 기뻐함으로 나의 여러 약한 것들에 대하여 자랑하리니 이는 그리스도의 능력이 내게 머물게 하려 함이라"(고후 12:9 下).

약한 것은 약한 것이다. 약한 것이 동시에 강하거나 능력이 될 수는 없다. 열등감은 열등감이다. 열등감이 동시에 자존심이 될 수는 없다. 바울은 응답

받지 못한 자신의 육체의 가시, 약점 곧 열등감에 대해 이렇게 결론을 내린다. 예수님 안에서는 약한 것이 곧 하나님의 능력이 임하게 되는 통로라고 말이다. 뿐만 아니라 약함이 자신을 지키는 하나님의 능력이 되기도 한다. 이것이 주님 안에 있는 역설이다. 이것이 바로 약함의 은총이다. 이 역설은 세상이 알 수 없는 비밀이다.

열등감과 약함은 성도로 하여금 절망과 좌절에 이르게 하는 가시만은 아니라는 사실이다. 열등감과 약함은 오히려 하나님께서 임재하시는 또 하나의 다른 은총이요, 하나님께서 능력을 부으시는 지점인 것이다. 왜냐하면 이 열등감은 인간을 가장 낮은 자리로 끌어내리는 동시에 하나님을 향해 부르짖게 하는 통로가 될 수 있기 때문이다.

또한 이 약함과 열등감은 자신을 냉철하게 성찰하는 요인이 된다. 그리고 무능하고 보잘것없는 자신을 있는 그대로 인정하는 가시가 되기도 한다. 하나님께서는 무능함과 열등감 때문에 하나님을 찾는 그곳에서 우리에게 능력을 부으신다.

그래서 사도 바울은 이렇게 고백한다. "나의 여러 약한 것들에 대하여 자랑하리니 이는 그리스도의 능력이 내게 머물게 하려 함이라." 여기서 "머물다"($\epsilon\pi\iota\sigma\kappa\eta\nu\acute{o}\omega$)라는 말은 "장막을 치다", "집을 점유하여 살다"라는 말로 "위에", "곁에"($\epsilon\pi\iota$)라는 말과 "천막을 치다", "거주하다"($\sigma\kappa\eta\nu\acute{o}\omega$)라는 말의 합성어이다. 그러므로 "그리스도의 능력이 머문다"라는 것은 그리스도의 능력이 연약한 바울과 함께 거하는 것임을 알 수 있다.

질그릇 같은 인생에 그리스도의 능력이 임하여 약한 그곳에 그리스도의 능력이 나타난다. 약함을 자랑하는 사람은 약함의 은총의 비밀을 아는 사람이다. 약함 때문에 좌절하지 않고 그로 인해 하나님을 바라보는 사람은 복된 사람이다. 육체의 가시는 이제 그리스도 예수 안에서 그리스도의 능력이 머무는 은총이 된 것이다.

"그러므로 내가 그리스도를 위하여 약한 것들과 능욕과 궁핍과 박해와 곤고를 기뻐하노니 이는 내가 약한 그 때에 강함이라"(고후 12:10).

10절을 직역하면 "그러므로 내가 약한 것들 안에서, 능욕들 안에서, 궁핍들 안에서, 핍박들 안에서, 그리고 곤란들 안에서 그리스도를 위하여 기뻐한다"라는 말이다. 여기서 "기뻐하다"($εἰδοκῶ$)라는 말이 현재형이라는 사실을 주목할 필요가 있다. 현재의 약한 것들 안에서, 능욕들 안에서, 궁핍들 안에서, 핍박들 안에서, 그리고 곤란들 안에서 그리스도를 위하여 여전히 기뻐한다는 말이다.

왜 약할 때 기뻐할 수 있는가? 어떻게 이런 역설이 가능한가? 그것은 바로 그리스도의 능력이 약한 것들 위에 머물기 때문이다. 그러므로 바울은 "내가 약한 그 때에 강함이라"고 고백한 것이다. 사실 이러한 역설에 대해서 사도 바울은 고린도후서 4장 7-9절에서 이미 고백한 바 있다. 약함과 능욕과 곤란과 핍박 속에서 우겨쌈을 당하고 거꾸러뜨림을 당해도 승리하게 되는 그 비결은 다름 아닌 질그릇 속에 보배를 가졌기 때문이라는 것이다.

{ 우리가 들어야 할 하나님의 음성은 무엇인가? }

본문에서 들어야 할 하나님의 음성은 무엇인가? 약함은 약함이다. 열등감은 열등감일 뿐이다. 이것이 세상의 진리요, 가르침이다. 그러나 예수님 안에서는 약함이 그리스도의 능력이 머무는 가시이자 하나님의 은혜라는 역설이다. 약점과 열등감이 가시에서 끝나는 것이 아니라 그리스도의 능력이 머무는 은총이라는 것이다. 이것이 세상이 알지 못하는 영적인 능력이요, 영적인 신비가 아니겠는가?

하나님께서는 가시를 은혜라고 말씀하신다. 때로 납득이 되지 않는다. 어떻게 가시가 은혜란 말인가? 그러나 가시가 은혜가 되는 것은 그 가시가, 우리를 넘어지지 않게 붙들어 주는 은혜의 통로이기 때문이다. 하나님께서는 우리의 원함을 모두 다 채워 주시지 않는다. 그러나 우리를 유익하게 하는 필요는 반드시 채워 주시지 않는가?

우리의 약함은 무엇인가? 우리는 우리의 약함과 열등감을 어떻게 다스려 왔는가? 약한 것 때문에 기가 죽고 주저앉아 버렸는가? 약함과 열등감을 모르고 교만하여 하나님을 찾지 않는 사람이 더 불행할 수도 있다. 약함을 통하여 나를 나 되게 만드는 역설을 깨닫는 곳에 신앙의 승리가 있다. 이것이 그리스도 안에서만 누릴 수 있는 승리하는 신앙의 지혜가 아니겠는가?

14. 예수님의 시험의 진의는 무엇인가? (마 4:1-17)

{ 생각해 볼 점들 }

예수님의 시험에 대한 본문은 참으로 해석이 분분한 본문이기도 하다. 마귀가 40일 금식하며 주린 예수님께 돌로 떡을 만들어 먹으라고 시험했다. 시험의 의도가 무엇일까? 많은 경우 이 시험은 경제문제의 시험이라고 한다. 굶주린 인생들의 경제문제를 해결해 주면 하나님의 아들이 되고 하나님의 나라가 올 것이라고 마귀가 예수님을 시험했다는 것이다. 경제문제가 아닌 하나님의 말씀으로 하나님의 나라를 세워야 하는데 마귀는 경제문제를 해결하라고 예수님을 시험했다는 것이다.

혹자는 예수님께서 돌로 빵을 만드셨다면 스스로 인간이기를 포기하신 것이라고 말한다. 인간은 밀가루로 빵을 만들지, 돌로 빵을 만들 수 없다. 마귀는 예수님께, '인간되기를 스스로 포기하라'고 유혹했다는 것이다. 이것은 '구세주로서의 사명'을 포기하라는 유혹이라고 해석한다. 육신을 입으신 예수님께서 돌로 빵을 만드시는 것이 인간이기를 포기하는 것인가?

그리고 마귀는 성전 꼭대기에서 뛰어내리라고 예수님을 시험했다. 무슨 시험인가? 혹자는 이렇게 말한다. 명예에 대한 시험이라는 것이다. 뛰어내려 무사한 것을 보임으로써 영광과 인기를 얻으라는 것이다. 자기 이름, 인기, 명예를 위해서 살아보라고 시험했다는 것이다.

마지막으로 마귀는 자신에게 경배하면 천하만국을 주겠다고 시험했다. 과연 시험의 의도는 무엇이었을까? 혹자는 마지막 시험은 한마디로 안목(眼目)의 정욕을 통한 시험이었다고 말한다. 혹자는 또 이렇게 말한다. 마귀가 자신에게 경배하라는 것은 힘과 권력을 가지라는 시험이라는 것이다. 마귀는 예수님의 사역을 꿰뚫어 보고 백성을 구할 힘이 필요하면 "내게 절하라 그러면 백성을 구할 능력을 주겠다"라고 시험했다.

돌로 떡을 만들라는 시험이 과연 경제문제의 시험인가? 성전 꼭대기에서 뛰어내려 천사의 도움으로 멀쩡하게 하는 시험이 과연 명예와 인기에 대한 시험인가? 그리고 마귀에게 절하여 천하만국을 얻는 것이 힘과 권력에 대한 시험인가? 원문에서는 이 시험들에 대해 어떻게 말하는가? 그것이 궁금하다. 원문에서 주님의 음성을 들어보자.

{ 원문에서 듣는 하나님의 음성 }

1. 시험하는 자

"그 때에 예수께서 성령에게 이끌리어 마귀에게 시험을 받으러 광야로 가사"(마 4:1).

1절을 보면 예수님께서 시험을 받으신 때가 나온다. "그 때"(τότε)란 마태복음 3장에 기록된 바와 같이 요한의 세례를 받고 성령이 예수님께 임한 후를 말한다. 마태는 예수님께서 성령에 "이끌리어"(ἀνήχθη) 시험을 받으러 가셨다고 기록하고 있다. 그리고 누가복음에서도 성령에 "이끌리어"라고 되어 있다.

그런데 마가복음 1장 12절에는 성령이 예수님을 광야로 "몰아내다"(ἐκβάλλει)라고 기록하고 있다. "몰아내다"라는 말은 무슨 뜻인가? "몰아내다"(ἐκβάλλω)라는 말은 "집어 던지다", "내쫓다", "몰아내다", "보내다", "출발하도록 명령하다"라는 말이다. 마가복음에 기록된 시험에서는 예수님과 사탄과의 영적 전쟁을 치르게 하는 성령의 강력한 의지를 볼 수 있다.

이스라엘 백성이 광야를 지나갔던 것처럼 인생도 광야에 던져질 때가 있다. 예수님께서 사탄의 시험을 당하셨던 것처럼 우리도 그러하지 않겠는가? 예수님의 출생을 비롯하여 땅 위의 모든 사역의 시작과 끝이 성령에 의한 것임을 볼 수 있다. 예수님께서는 성령으로 잉태되셨다(마 1:20). 그리고 공생애 사역을 위해서 성령의 충만을 받으셨다(마 3:16; 눅 4:1). 귀신을 쫓아내실 때에도 하나님의 성령에 힘입어 그 권능으로 사역하셨다(마 12:28). 뿐만 아니라 죽음에서 부활하실 때에도 하나님의 영이 예수님을 죽음에서 일으키셨다(롬 8:11).

성령으로 충만하게 되신 예수님께서는 곧바로 천국 복음을 증거하러 세상으로 나가지 않으셨다. 그 대신 성령께서는 예수님을 광야에 던지셨다. 왜 그랬을까? 그것은 성령께서 예수님에게 사탄과의 영적 전쟁을 치르게 하신 것이다.

창세기 3장 15절에서 하나님께서는 이미 여자의 후손과 뱀의 영적 전쟁을 예고하셨다. 여자의 후손이 뱀의 머리를 깨뜨릴 것이라고 하나님께서 말씀하셨다. 이에 대해 사도 요한은 요한일서 3장 8절에서 "하나님의 아들이 나타나신 것은 마귀의 일을 멸하기 위함"이라고 기록하고 있다.

예수님께서는 성령에 이끌리어 마귀에게 시험을 받으러 광야로 가셨다. 예수님을 광야로 이끄시는 주체가 성령임을 알 수 있다. 마귀란 어떤 존재인가? 마귀란 단어를 좀더 살펴보자. "마귀"($\delta\iota\alpha\beta\delta\lambda$ο$\varsigma$)라는 말은 "비방하다", "중상하다", "적대적 위치에 있다"($\delta\iota\alpha\beta\acute{\alpha}\lambda\lambda\omega$)라는 말에서 나왔다. 그러므로 마귀란 비방자, 중상자, 대적자란 말이다. 그리고 이 "중상하다", "분리하다" ($\delta\iota\alpha\beta\acute{\alpha}\lambda\lambda\omega$)라는 말은 "가운데", "안에", "통하여"($\delta\iota\alpha$)라는 전치사와 "삽입하다", "두다", "던지다"($\beta\acute{\alpha}\lambda\lambda\omega$)라는 말의 합성어이다. 즉, 가운데 무엇을 끼워넣어 서로를 분리시키는 뜻을 가지고 있음을 알 수 있다. 그러므로 단어의 뜻을 보면 마귀라는 존재가 어떤 특성을 가지고 있는지 가늠할 수 있다. 마귀는 둘 사이에 무엇인가를 집어넣어 이간질함으로 시험에 들게 하고 결국에는 관계를 파괴시키는 일을 하고 있음을 알 수 있다.

이처럼 이름 그대로 마귀가 하는 일은 무엇인가? 마귀는 서로를 이간질하여 관계를 분리시킨다. 에덴동산에서 뱀은 하나님과 하와 사이에 거짓말을 집어넣어 이간질함으로써 관계를 파괴했다. 그리고 하나님의 말씀을 불신하게 만들었다. 마귀는 이름 그대로 하나님과 아담과 하와 사이에 거짓말을 집어넣어 이간질한 것이다. 그들은 뱀의 이간질에 놀아나 하나님에게서 분리되었다. 그것은 결국 죽음을 의미하는 것이었다.

마귀의 특성을 잘 알고 시험에 대해 접근하는 것이 중요하다. 즉, 둘 사이에 뭔가를 집어넣어 관계를 파괴하려는 그 음흉한 목적을 바로 보는 것은 시험의 의도를 제대로 파악하게 한다.

그렇다면 마귀가 예수님을 시험하려는 목적은 어디에 있는가? 예수님을 시험하여 어떻게 하겠다는 것인가? 마귀는 예수님과 하나님과의 관계를 이간질하여 분리시키고 종국적으로 하나님 나라의 사역을 무너뜨리겠다는 것이다. 이것을 염두에 두고 세 가지 시험을 깊이 살펴볼 필요가 있다. 각각의 시험이 시험하는 내용은 다르지만 마귀의 속셈은 하나님과 예수님 사이에 여러 가지 시험거리를 집어넣어 관계를 분리시키고 파괴시키려 했던 것을 눈여겨 볼 필요가 있다.

참고로 성경에는 "시험"($πειράζω$)이라는 단어가 여러 가지 의미로 쓰이고 있음을 알아야 한다. 시험을 의미하는 단어 가운데 "페이라조"($πειράζω$)라는 말이 있는데, 이 말은 "시험하다", "떠보다", "입증하다"를 의미한다. 이 "시험하다"라는 단어는 영어로는 문맥에 따라 "test"와 "temptation"으로 번역된다. 마귀의 시험(temptation)은 인간의 신앙을 무너뜨리며 악을 행하도록 조장한다(욥 1:6-12, 2:1-10; 단 3장; 눅 22:40-46; 고전 7:5; 살전 3:5).

그러나 하나님의 시험(test)은 믿음을 확인하고 인간들의 인격을 성숙시키며 영적으로 성장케 하는 계기를 만들어 주는 데 있다(창 22:1; 출 16:4, 20:20; 신 8:2; 요 6:6; 마 19:16-26; 고후 13:5; 딤전 3:10; 히 11:17; 계 2:2). 아브라함도 하나님으로부터 시험을 받았다. 이 시험은 아브라함의 신앙을 검증하는 것이었다. 일반적으로 영어성경에서는 하나님에 의한 시험은 "test"로, 마귀의 시험은 "temptation"으로 쓰고 있다. 신앙인은 평생 두 가지 시험인 하나님께서 하시는 믿음에 대한 검증(test)과 사탄의 유혹, 시험(temptation)에서 벗어날 수 없다.

그리고 "시험하다"라는 말에는 "분별하다", "시험하다", "입증하다", "검사하다", "정밀하게 조사하다"라는 뜻을 지닌 "도키마조"($δοκιμάζω$)라는 다른 단어도 있다. 이것은 단순한 검증과 조사를 의미하는 단어다. 다음의 성경

구절들을 보면 그 단어의 의미를 쉽게 알 수 있다. "주께 기쁘시게 할 것이 무엇인가 시험하여 보라"(엡 5:10), "또 한 사람은 이르되 나는 소 다섯 겨리를 샀으매 시험하러 가니 청컨대 나를 양해하도록 하라"(눅 14:19), "이에 이 사람들을 먼저 시험하여 보고 그 후에 책망할 것이 없으면 집사의 직분을 맡게 할 것이요"(딤전 3:10).

2. 첫 번째 시험

"사십 일을 밤낮으로 금식하신 후에 주리신지라 시험하는 자가 예수께 나아와서 이르되 네가 만일 하나님의 아들이어든 명하여 이 돌들로 떡 덩이가 되게 하라"(마 4:2-3).

예수님께서는 성령에 이끌리어 마귀에게 시험을 받기 위해 광야로 나가셨다. 예수님께서는 40일을 금식하셨다. 학자들은 "40"이라는 숫자에 대해 나름대로 해석을 한다. "40"이라는 숫자는 노아 홍수 때에 비가 쏟아진 기간(창 7:12), 모세가 시내 산에서 금식했던 기간(출 34:28), 그리고 이스라엘 백성이 광야에서 시험받았던 기간(신 8:2) 등과 연관되어 있다. "40"이란 숫자는 징벌과 고통, 인내와 완성, 인간 한계의 최대치, 그리고 하나님의 준비기간 등으로 해석하기도 한다. 그러나 본문에서는 "40"이라는 숫자의 의미를 밝히지 않고 있다. 그러므로 근거가 확실하지 않은 영적 해석을 시도하는 것은 별 의미가 없어 보인다.

예수님께서는 금식하신 후에 주리셨다. "예수님께서 굶주렸다"라는 표현은 우리와 같이 피와 살을 가진 육체를 가지셨음을 확실하게 보여 주고 있다.

이 말씀에서는 마귀의 별명이 나온다. "시험하는 자"이다. 마귀가 예수님을 시험한 첫 번째는 "네가 만일 하나님의 아들이어든"이다. 마귀는 "만일"(εἰ)이라는 말로 포문을 열었다. 이것은 음흉한 의도가 있음을 알 수 있다. 예수님께서 하나님의 아들인 것은 예수님 자신이 세례받으실 때 아버지로부터 명백히 들으셨던 음성이다(마 3:17). 그리고 귀신들도 예수님을 마주칠 때마다 소리를 질렀던 내용이 "하나님의 아들, 지극히 높으신 하나님의 아들"(막 1:24, 3:11, 5:7)이었다.

그런데도 마귀가 "네가 만일 하나님의 아들이어든"이라고 말한 저의가 무엇인가? 마귀는 예수님께서는 하나님의 아들이시며 무한한 능력을 지니시고 있다는 것을 이미 알고 있었다. 그러면서도 마치 모르는 것처럼 아주 간교하게 예수님으로 하여금 자신이 제의한 행동을 하도록 유도하였다. 하나님의 아들이라면 이 정도는 가능하지 않겠느냐고 전제를 깔고 접근하며 시험하고 있는 것이다.

사단은 예수님께서 하나님의 아들이심을 의심한 것은 아니다. 그보다는 그 다음의 시험을 위한 발판을 마련하기 위해 이 질문을 했다. 즉, 마치 십자가에 처참하게 매달려 있는 예수를 향해 사람들이 "네가 만일 하나님의 아들이어든 자기를 구원하고 십자가에서 내려오라"(마 27:40)고 조소한 것처럼 사단의 목적은 예수로 하여금 그의 능력을 자기를 위하여 사용하도록 유혹하려는 것이었다.

"네가 만일 하나님의 아들이어든 명하여 이 돌들로 떡덩이가 되게 하라"(마 4:3).

이제 사탄은 예수님께서 처하신 상황을 아주 간교하게 활용하고 있는 것을 볼 수 있다. 예수님께서는 40일 금식 후에 주리셨다. 혹자는 이 시험을 경제에 대한 시험이요, 물질에 대한 시험이라고 말한다. 또는 이 시험은 떡을 만드는 데 부적당한 방법을 사용하도록 고무하는 것에 있다고 보기도 한다. 그러나 그러한 시각은 이 시험의 내면을 보지 못한 피상적인 접근에 불과하다.

　　"돌들로 떡덩이가 되게 하라"는 시험은 사탄이 예수님의 육체의 굶주림을 활용한 것에 불과하다. 첫 시험은 떡을 만드는 데 부적당한 방법을 사용하도록 고무하는 것이 아니다. 시험의 목적은 다른 데 있다. 한마디로 말하면 예수님의 능력에 대한 시험이다. 구체적으로 말하면 그 능력을 하나님의 뜻이 아닌 예수님 자신의 목적을 위해 사용하라는 간교한 시험이다. 앞에서 언급한 것처럼 예수님께서 십자가에 달리셨을 때 능력을 발휘하여 내려오면 믿겠노라고 조롱한 것과 같다.

　　그 시험은 하나님께서 주신 사명과 어긋나는 방법으로 아들의 능력을 사용하게 하려는 유혹이었다. 왜냐하면 "돌들로 떡덩이가 되게 하라"는 시험의 초점은 예수님의 능력을 사용하라는 데 있기 때문이다. 능력이 없는 예수님께 돌로 떡을 만들라는 시험은 코미디에 불과하지 않겠는가?

　　마귀는 성령으로 충만한 예수님의 권능을 잘 알고 있었다. 그러나 하나님께서 주신 이 성령의 권능은 임의로 사용하라고 주신 것이 아니다. 성령의 권능은 예수님과 함께 하셨는데 그 능력은 하나님의 뜻을 이루는 데 사용할 능력이었다. 마귀는 그것을 하나님의 뜻에 사용하지 말고 임의로 사용하라고 부추겼던 것이다.

　　특별히 "되게 하라"는 말에서 마귀의 간교한 시험의 또 다른 저의가 보인다. 이 단어를 보면 하나님의 뜻보다는 자신을 위해 그렇게 하는 것임을 알 수 있다. 왜냐하면 "되게 하라"는 이 중간태(γένωνται)는 주어를 강조하기 때문이다. 무슨 말인가? 쉽게 말하면 마귀는 예수님께 "너 자신을 위해 돌이 떡이 되게 하라"는 의미로 말했던 것이다. 하나님의 뜻보다는 그 능력을 예수님 자신을 위해 사용하라는 시험인 것을 알 수 있다. 또한 4절에 나타난 예수님의 답변을 보면 마귀의 시험의 저의를 확실히 알 수 있다.

"예수께서 대답하여 이르시되 기록되었으되 사람이 떡으로만 살 것이 아니요 하나님의 입으로부터 나오는 모든 말씀으로 살 것이라 하였느니라 하시니"(마 4:4).

4절에서는 예수님께서 신명기 8장 3절을 무슨 뜻으로 인용했는지 그 의도를 알아야 한다. 예수님께서는 신명기 말씀에 대해 "기록되었으되"라고 입을 여셨다. "기록되었으되"라는 원뜻은 "쓰다", "정확하게 새기다"로 완료, 수동태다(Γέγραπται). 완료형은 과거부터 지금까지 영향이 미치고 있다는 것을 말한다. 이 말씀은 '시대를 초월하여 기록된 하나님의 말씀은 영원까지 진리' 라는 말씀이 아니겠는가?

"사람이 떡으로만"(ἐπὶ ἄρτῳ μόνῳ)이란 내용은 "오직 떡 하나에 의존하여서만"이라는 말이다. 이 말씀은 사람은 양식으로 사는 존재임을 예수님께서 인정하신 것을 알 수 있다. 그러나 그것보다 인간 생존을 위해 더 필요한 것이 있다. 그것은 생명의 근원이신 하나님의 말씀이다. "하나님의 입으로부터 나오는 모든 말씀으로 살 것이라." 직역하면 이런 말씀이다. "그러나 하나님의 입을 통해서 나오는 모든 말씀에 의존하여 살 것이라"(ἀλλ᾽ ἐπὶ παντὶ ῥήματι ἐκπορευομένῳ διὰ στόματος θεοῦ).

예수님께서 4절에서 인용하신 말씀은 신명기 8장 3절 말씀이다. 실제로 이스라엘 백성은 하나님께서 주신 양식을 먹고 살았다. 그들의 양식이 되었던 만나와 반석의 물과 메추라기도 하나님의 말씀에서 나오지 않았던가? 그들은 그것을 생생하게 눈으로 보았다. 그 양식 곧 만나와 물과 메추라기들은 하나님의 말씀에서 나온 것이었다. 하나님의 입에서 나온 말씀을 듣고 그 말씀을 의지하며 말씀대로 살아갈 때에 이스라엘 백성의 생존이 보장되었다.

성경은 이스라엘 백성이 하나님의 입에서 나오는 모든 말씀을 의존하지 않고 자기 소견대로 살았을 때, 그리고 말씀을 버리고 우상을 좇아갔을 때 그들의 생존이 어떠했는지 생생하게 보여 주고 있다.

그러나 하나님의 입에서 나온 말씀은 육체의 생명만 채워 주는 데 있지 않다. 영적인 생명도 살게 한다. '인간은 누구인가, 왜 사는가?' 하는 철학적 질문은 내면에서 끊임없이 솟아난다. 이 철학적 질문은 고상해 보이지만 답을 얻지 못할 경우 사람을 죽음으로 내모는 자살에 이르기도 한다. 이 질문에 답을 얻지 못해 방황하고 우울증에 걸려 죽음으로 내몰린 자들이 얼마나 많은가! 모든 진리와 삶의 의미와 목적이 하나님의 말씀에 있다. 인간은 하나님의 말씀으로 그 몸과 영혼이 살아가는 존재다.

예수님께서는 이것을 마음에 두신 것이다. 그래서 요한복음 4장 34절을 보면 예수님께서 제자들에게 이해할 수 없는 난해한 말씀을 하신 것을 볼 수 있다. "예수께서 이르시되 나의 양식은 나를 보내신 이의 뜻을 행하며 그의 일을 온전히 이루는 이것이니라." 예수님의 사명은 어떤 능력을 가졌던 간에 오직 "나를 보내신 이의 뜻을 행하며 그의 일을 온전히 이루는 것"에 있었다.

그러므로 예수님께서는 공생애 동안 아버지께서 주신 능력을 임의로 사용하지 않으셨다. 오직 아버지 말씀, 곧 아버지의 뜻에 따라 행하셨다. 종국에는 아버지 뜻대로 십자가로 향하셨다. 예수님께서는 '하나님께서 자신에게 주신 능력'을 임의로 사용해서는 안 된다고 사탄에게 명확히 말씀하셨던 것이 아니겠는가? "나는 아버지의 입에서 나오는 말씀 곧 나를 보내시고 나를 통해 이루실 말씀대로 이 땅에서 살 것이며 순종하여 사역할 것이라"고 답변하신 것이었다.

예수님께서 십자가에 달리셨을 때 마지막으로 능력 사용에 대한 시험을 받으신 것을 볼 수 있다. 사람들은 예수님을 향하여 십자가에서 내려오면 예수님을 믿겠다고 시험하였다. 그러나 예수님께서 십자가에서 내려오실 능력이 없으셨는가? 있었다. 하지만 그 능력을 자신을 위해 사용했더라면 속죄 사역은 어떻게 되었겠는가? 상상만 해도 끔찍하지 않은가? 그러나 예수님께서는 아버지 말씀대로 순종하셨다. 자신의 능력을 사용하지 않고 아버지의 뜻에 순종하셨다.

마귀는 이간질하는 자로 예수님의 능력을 임의로 사용하라고 유혹했다. 하지만 실패했다. 이 시험이 물질이나 경제문제의 시험인가? 그보다는 예수님의 능력을 임의로 사용하라는 시험으로 보이지 않는가?

성도도 마찬가지다. 성도가 받은 능력과 은총이 어떠하든 하나님의 말씀에 따라 사용해야 한다. 그것이 재물이든, 재능이든, 시간이든, 생명이든 오직 하나님의 영광을 위해 쓰여야 한다. 하나님께서 주신 능력을 하나님의 뜻보다 자기 영광을 드러내는 데만 쓴다면 사탄의 시험에 빠지는 것이 되지 않겠는가?

3. 두 번째 시험

"이에 마귀가 예수를 거룩한 성으로 데려다가 성전 꼭대기에 세우고 이르되 네가 만일 하나님의 아들이어든 뛰어내리라 기록되었으되 그가 너를 위하여 그 사자들을 명하시리니 그들이 손으로 너를 받들어 발이 돌에 부딪치지 않게 하리로다 하였느니라 예수께서 이르시되 또 기록되었으되 주 너의 하나님을 시험하지 말라 하였느니라 하시니"(마 4:5-7).

하나님과 예수님 사이의 첫 번째 이간질에 실패하자 마귀는 두 번째 이간질을 시도했다. 마귀는 예수님을 거룩한 성(누가복음에는 예루살렘)으로 데려갔다. 예수님께서는 사탄에게 시험을 받으시기 위해 성령에 의해 이끌려 갔다. 이는 하나님의 허락하에 욥처럼 사탄의 세력 아래 놓여 시험을 받으신 것이다. 즉, 마귀는 시험의 목적을 위해 그가 원하는 곳으로 예수님을 데리고 갈 허락을 받은 것으로 보인다. 그래서 예수님께서는 아버지 뜻에 순종하여 마귀가 자기를 시험하는 대로 시험하게 응하셨다.

마귀는 예수님을 성전 꼭대기에 임의로 세웠다. 첫 번째 시험에서 예수님께 말씀으로 당하자, 마귀도 시편 91편 11-12절의 말씀을 인용하여 시험했다. "이르되 네가 만일 하나님의 아들이어든 뛰어내리라 기록되었으되 그가 너를 위하여 그의 사자들을 명하시리니 그들이 손으로 너를 받들어 발이 돌에 부딪치지 않게 하리로다 하였느니라"(마 4:6).

이 말씀은 적어도 하나님의 아들이라면 하나님의 말씀인 시편의 말씀을 믿고 뛰어내려도 다치기는커녕 영광을 얻지 않겠느냐고 마귀가 속삭인 것이 아니겠는가? 여기에서 마귀는 "네 모든 길에 너를 지키게 하심이라"는 말씀을 생략했다. 그러나 학자들은 이 생략이 본 시험에 큰 영향을 주는 것으로 보지 않는다.

혹자는 이 시험에 대해 높은 곳에서 뛰어내림으로 굉장한 능력에 대한 갈채와 인기에 대한 시험으로 보기도 한다. 이는 마귀의 음흉한 유혹으로서, 만약 예수가 마치 하늘에서 내려오듯 뛰어내린다면 그것은 곧 놀라운 능력으로 메시아를 고대(苦待)하는 백성에게 하나의 확실한 메시아의 표징이 되지 않겠느냐는 유혹일 수도 있다.

첫 번째 시험에서 마귀가 활용한 상황은 굶주림이었다. 이 굶주림의 상황에 예수님의 능력을 연계하였다. 그런데 두 번째 시험의 상황은 메시아 됨의 표적에 연계시킨 것으로 보인다. 유대인들은 메시아에 대한 기대를 표적(表蹟)에서 찾고 있었다. 유대인들은 끊임없이 예수님께 하늘로서 오는 표적을 구했다(마 12:38-39, 요 6:30-31). 마귀는 이런 상황을 이용하여 예수님께 허영적 명예심을 고무시키려 한 것처럼 보인다.

처음 시험은 예수님의 능력을 하나님의 뜻에 따르기보다는 임의로 사용한 데 있었다. 그리고 둘째 시험은 하나님께서 약속하신 이 말씀이 있으니 믿고 뛰어내리라는 시험이었다. 그렇다면 이 둘째 시험의 저의는 무엇인가? 이것은 처음 시험보다 더 악랄하고 교활한 것으로 볼 수 있다. 마귀의 시험은 더 깊은 데 있었다. 그것은 바로 예수님에 대한 하나님의 사랑을 확인해 보라는 것이었다.

이 사악한 시험의 깊은 의도는 하나님의 사랑에 대한 신뢰를 의심케 만든 데 있었다. 마귀는 예수님으로 하여금 정말 시편의 말씀과 같이 하나님께서 예수님을 보호해 주신다는 것을 확인해 보라고 유혹했다. 하나님의 사랑과 보호를 확인하고 시험해 보라고 속삭였던 것이다. 정말 뛰어내리면 하나님께서 천사들을 보내어 참으로 지켜 주시는지 하나님의 사랑과 신뢰를 의심하게 하는 시험을 한 것이다.

우리는 예수님의 대답에서 마귀가 하나님의 사랑과 보호, 그리고 신뢰에 대해 의심케 한 시험임을 확인할 수 있다. 왜냐하면 주님께서 "주 너의 하나님을 시험하지 말라 하였느니라"고 대답하셨기 때문이다. 예수님께서는 세례받을 때 이미 하늘 아버지로부터 음성을 들으셨다. "이는 내 사랑하는 아들이요…."

예수님께서는 "하나님께서 아들을 사랑하시는지, 보호하고 지켜 주시는지 의심하여 하나님을 시험하지 말라"는 말씀이셨다. 온전한 사랑과 신뢰의 관계는 의심하거나 확인하기 위해 시험할 필요가 없지 않은가? 예수님께서는 자신에 대한 하나님의 사랑과 신뢰에 대해 의심하지 않으셨고 확인하기 위해 시험하지도 않으셨다. 그러므로 예수님께서는 "주 너의 하나님을 시험하지 말라 하였느니라"는 단 한마디로 마귀의 시험을 물리치셨다. 예수님의 이 말씀(신 6:16)은 출애굽기 17장 7절에 기록된 사건에 근거한 것이다.

이 사건은 므리바에서 이스라엘 자손들이 하나님께서 그들에게 물을 공급해 주실 것을 요구하면서 "여호와께서 우리 중에 계신가, 아닌가"라는 악한 의도로 하나님을 시험했다. "만일 하나님께서 우리 요구를 이행하시지 않는다면 우리에게는 하나님이 없으며 그의 약속은 아무 소용이 없다"라고 말한 것이나 사실상 다름이 없었다.

두 번째 시험을 정리해 보자. 마귀는 두 번째 시험에서도 그 이름과 같이 하나님과 예수님 사이에 의심이라는 시험을 집어넣어 관계를 파괴시키려고 했다. "네가 정말 하나님의 아들이라면 뛰어내림으로 하나님의 사랑과 신뢰를 확신해 보고 시험해 보라"는 이간질이었다. 그러나 예수님께서는 신명기 6장 16절의 말씀을 인용하여 하나님의 사랑과 보호에 대해서는 기록된 대로 "주 너희 하나님을 시험하지 말라"는 말씀을 굳게 믿고 의심 없이 나가셨다.

사탄은 성도들로 하여금 하나님의 사랑과 보호하심을 의심케 하려고 얼마나 많이 시험에 빠져 넘어지게 하는가? 얼마나 많은 성도들이 시련과 고난이 다가오면 하나님의 사랑을 의심하여 시험에 빠지는가?

사람들 사이의 관계에서도 가장 중요한 것은 신뢰이다. 가장 고치기 어려운 정신병은 사람을 신뢰하지 못하는 의부증, 의처증이지 않은가? 한 번 의심에 사로잡히면 모든 사건을 의심의 시각으로 보기 시작하고 결국에는 파멸로 끝나고 만다. 하나님의 존재, 하나님의 사랑을 의심하지 말자. 이 확실한 믿음에만 서도 성도는 많은 시험에서 승리할 수 있을 것이다.

4. 세 번째 시험

"마귀가 또 그를 데리고 지극히 높은 산으로 가서 천하 만국과 그 영광을 보여 이르되 만일 내게 엎드려 경배하면 이 모든 것을 네게 주리라 이에 예수께서 말씀하시되 사탄아 물러가라 기록되었으되 주 너의 하나님께 경배하고 다만 그를 섬기라 하였느니라"(마 4:8-10).

마귀는 또 예수님을 데리고 지극히 높은 산으로 가서 천하만국과 그 영광을 보여 주었다. 마귀가 예수님께 천하만국을 순식간에 보여 주었다는 것은 이 세상 임금이 그의 능력으로 그가 지배하고 있는 강대한 영역을 환상 가운데 보여 준 것으로 볼 수 있다.

"천하만국과 그 영광"(πάσας τὰς βασιλείας τοῦ κόσμου καὶ τὴν δόξαν αὐτῶ)은 무엇인가? "천하"는 "코스모스"(κόσμος)라는 말로 대개 인간들이 살고 있는 지구 전체, 즉 세상이란 의미로 사용되고 있다. 이 "코스모스"(κόσμος)는 세상 중에서도 인간 세계, 즉 인간에게 초점을 두고 있다. 그리고 "만국"인 "바실레이아"(βασιλεία)는 왕국으로 번역되지만 이 말은 단순한 영토보다는 주로 통치권이 미치는 모든 영역을 말한다.

따라서 천하만국을 직역해 보면 "세상 모든 나라의 모든 통치권"을 말한다. 그러므로 마귀는 예수님께 인간 세상의 모든 통치권과 그에 따르는 영광을 보여 준 것이다. 누가복음 4장 6절에서 사탄은 "이것은 내게 넘겨 준 것이므로 내가 원하는 자에게 주노라"고 예수님을 유혹했다. 마귀는 천하만국에 대해 "내게 넘겨 준 것"이라고 말했다. 여기서 "넘겨 주었다"($παραδίδωμι$)라는 말은 완료 수동태다($παραδέδοται$). 세상 만국의 통치권이 이미 마귀에게 넘어와서 지금까지 계속적으로 마귀의 수중에 있다는 의미이다.

이 세상 모든 나라의 모든 통치권이 어떻게 하여 마귀에게 넘어 갔는가? 이 주장이 사실인가? 일부분은 사실이다. 죄를 짓는 자는 마귀에게 속한다. 그래서 예수님께서는 마귀를 "이 세상 임금"이라고 인정하셨다(요 12:31). 그리고 사도 바울도 마귀에 대해 "공중의 권세 잡은 자(엡 2:2), 어두움의 세상 주관자들"(엡 6:12)이라고 말하고 있다.

그러나 마귀는 허물과 죄로 죽은 자들과 그에 관계된 어두움의 세계에만 해당될 뿐이다. 온 우주와 이 세상 전체에 대한 지배권과 권세 및 영광의 소유권은 오직 하나님께만 속해 있을 뿐이다(단 4:7).

그래서 마귀는 예수님께 "만일 내게 엎드려 경배하면 이 모든 것을 네게 주리라"고 당당하게 큰 소리를 쳤다. 여기서 "경배"($προσκυνέω$)는 오직 하나님께만 드리는 예배를 의미하는 말이다. 그런데 마귀가 자신이 마치 하나님이나 된 것처럼 예수님께 경배를 받으려고 건방을 떨고 있는 것이다. 하나님 외에 다른 신을 섬기지 말라는 하나님의 제 1계명을 정면으로 거스르는 사악한 요구였다.

세 번째 시험의 상황은 예수님의 사명과 관련되어 있었다. 즉, 예수님께서 이루실 하나님 나라를 간파하고 이용하는 데 있었다. 천하만국과 그 영광을 취하는 것은 예수님의 하나님 나라와 관련된다. 예수님께서 이 땅에 오신 이유가 무엇인가? 그것은 마귀가 다스리는 이 세상을 빼앗아 하나님 나라를 이루기 위해 오셨다. 하나님의 통치, 곧 예수님께서 이 세상을 다스리시기 위해 오신 것을 마귀는 잘알고 있었다. 귀신들이 예수님과 마주칠 때마다 "우리를 멸하러 왔나이까"(막 1:24, 5:7)라고 부르짖지 않았는가?

마귀는 예수님이 세상에 오신 목적, 곧 하나님 나라의 통치자로 온 것을 잘알고 있었다. 그래서 마귀는 천하만국과 그 영광을 주겠다고 흥정한 것이다. 그 대신 자신을 경배하라는 것이다. 마귀 자신을 하나님과 같이 섬기라는 것이다. 사탄이 하나님 아래 있음 같이 예수님이 자기 아래에 들어와 섬기면 이 모든 것을 넘겨 주겠다는 것이다.

사탄의 속내는 하나님께서 예수님이 왕 되기를 원하시는 그대로 예수님을 메시아 왕으로 만들어 주겠다고 제의하는 것이다. 그러나 십자가를 통한 고통과 죽음을 통해 보좌에 오르지 말고 아주 손쉬운 길, 곧 마귀에게 경배하고 마귀의 권세를 받아 왕관을 손에 넣으라는 것이다.

그때 예수님께서는 이렇게 말씀으로 물리치셨다. "사탄아 물러가라 기록되었으되 주 너의 하나님께 경배하고 다만 그를 섬기라 하였느니라"(마 4:10). 예수님께서 처음으로 마귀의 이름을 사탄으로 부르셨다. 사탄은 "대적자", "대항하는 자"라는 뜻이다. 예수님께서는 마귀를 메시아의 구속 사역을 대적하는 자로 보고 계셨다. 베드로가 예수님의 십자가 구속 사건에 대해 만류하자 "사탄아 내 뒤로 물러가라"고 명령하신 적이 있다. 마귀는 예수님을 넘어지게 하는 대적자인 것이다.

세 번째 시험을 정리해 보자. 마귀는 세 번째 시험에서도 그 이름과 같이 하나님과 예수님 사이에 자신의 권세를 활용하여 하나님 나라의 역사를 무너뜨리려고 했다. 사탄은 십자가 없는 구속과 하나님 나라를 이루라고 유혹했다. 하지만 예수님은 십자가의 길로 행하셨다. 사탄은 이후로도 계속하여 베드로를 통해, 대제사장과 서기관, 장로들, 행인들과 십자가상의 강도를 통해 예수님을 시험했다. 그러나 예수님께서는 십자가를 통해 하나님께 영광을 돌리셨고 자신도 영광을 얻으셨으며 구속사역을 완수하셨다.

예수님께서 십자가의 수치와 대속을 이루시자 하나님께서 그를 지극히 높여 모든 이름을 예수 이름 앞에 무릎을 꿇게 하시고 세상의 주님이 되게 하셨다. 예수님께서는 사탄의 유혹과 시험을 물리치시고 하나님께서 정하신 길을 따라 세상의 왕, 세상의 주가 되셨고 사탄의 권세를 십자가로 멸하셨다.

자신을 경배하라는 사탄에 대해 예수님께서는 "주 너의 하나님께 경배하고 다만 그를 섬기라"고 신명기 6장 10-13절의 말씀을 인용하여 물리치셨다. 예수님께서는 어떤 시험에도 하나님의 말씀대로 행하신 것을 볼 수 있다. 하나님의 말씀대로 행하는 것, 이것이야말로 사탄의 시험을 이기는 승리의 길임을 알 수 있지 않은가?

하나님께서는 십계명 서두에 오직 하나님만 섬기고 경배할 것을 명령하셨다. 하나님만을 섬겨야 되는데 그 이유는 오직 하나님만이 우리의 창조주이시요, 진리요, 구원자이시기 때문이다.

예수님께서는 하나님과 돈을 동시에 섬기려고 하는 것에 대해 사람들에게 경고의 말씀을 하셨다. "한 사람이 두 주인을 섬기지 못할 것이니 혹 이를 미워하고 저를 사랑하거나 혹 이를 중히 여기고 저를 경히 여김이라 너희가 하나님과 재물을 겸하여 섬기지 못하느니라"(마 6:24).

성도들은 세상과 타협함으로 성공하고 재물을 얻게 되고 높은 지위에 오르게 되면 결국 무너지게 되어 있다. 말씀을 따라 정로로 가야 하지 않겠는가? 거기에 진정한 믿음의 승리가 있기 때문이다.

"이에 마귀는 예수를 떠나고 천사들이 나아와서 수종드니라"(마 4:11).

누가복음 4장 13절에는 "마귀가 모든 시험을 다 한 후에 얼마 동안 떠나니라"고 기록되어 있다. 여기서 "떠나다"(ἀφίημι)라는 말은 "포기하다", "보내 버리다", "-에게서 떠나다"라는 말이다. 집요하게 예수를 유혹하던 마귀가 더 이상 유혹할 수 없음을 깨닫고 포기하여 떠나 버린 것을 보여 준다. 마귀가 첫 사람 아담은 유혹하여 사망에 이르게 하였다. 그러나 죄와 사망에 빠진 인간들을 구원하러 온 예수님마저 자기 아귀에 넣으려는 데는 실패했다.

여기서 특별히 눈여겨 볼 말씀은 "얼마 동안"(ἄχρι καιροῦ)이라는 구절이다. 무슨 뜻인가? 즉 직역하면 "정해진 시간(καιροῦ)까지(ἄχρι)"란 말이다. 주님께서 고난과 부활에 대해 말씀하시자 베드로는 만류했다. 사실은 항변했다. "항변하다"(ἐπιτιμάω)라는 말은 "비난하다", "책망하다", "훈계하다", "따지다", "잘못을 지적하다"라는 말이다. 십자가를 지시겠다는 예수님을 감히 책망한 것이나 다름없는 의미이다.

그런데 이 항변하는 실체가 사실은 베드로가 아니라 사탄인 것을 예수님께서는 보셨다. 그래서 예수님께서는 하나님의 일을 생각지 않으시고 사람의 일을 생각하는 그 악한 사탄에 대해 "사탄아 내 뒤로 물러가라"고 꾸짖었던 것이다. 여기서 "생각하다"라는 말은 "관심을 기울이다", "주목하다", "생각하다", "찾다"라는 말로 현재형(φρονέω)이다.

사탄은 이렇게 계속하여, 끊임없이 오직 하나님의 일, 즉 주님을 통한 구속의 일을 방해하고 땅의 일을 추구하게 함을 알 수 있다. 그러나 그때 예수님께서는 "…사탄아 내 뒤로 물러 가라 너는 나를 넘어지게 하는 자로다 네가 하나님의 일을 생각하지 아니하고 도리어 사람의 일을 생각하는도다"라고 꾸짖으셨다(마 16:23).

그리고 사탄은 요한복음 13장 1-2절에서 가룟 유다를 통해 또다시 찾아

온 것을 볼 수 있다. 얼마 동안 떠난 마귀가 또 찾아온 것이다. 마귀가 가룟 유다의 마음에 예수님을 팔 생각을 집어넣은 것이다. 또한 누가복음 22장 52-53절을 보면 자신을 체포하러 온 사람들을 향해 예수님께서는 "이제는 너희 때요 어둠의 권세로다"라고 말씀하셨다.

어둠의 때, 곧 사탄의 시간임을 예수님께서 상징적으로 말씀하신 것이다. 본문의 "때"($ἡ\ ὥρα$)에는 관사가 있다. "그때", 곧 정해진 그 시간, 하나님께서 허락하신 시간임을 알 수 있다. 뿐만 아니라 "이때"란 자연법칙에 의하여 정해진 어떤 일정한 시간이나 그 무엇을 하기에 적합한 때를 가리킨다. 이제 유월절을 앞두고 종교 지도자들이 예수님을 체포하여 죽이는 것은 하나님께서 예수를 온 세상의 죄를 담당할 유월절 어린 양으로서 죽게 하기 위하여 하나님께서 정하신 가장 적합한 때임을 알 수 있다.

한글 성경에서는 번역되지 않는 감탄사($ἰδου$)가 마태복음 4장 11절 서두에 나온 것을 볼 수 있다. 직역하면 이렇다. "그리고 보라! 천사들이 나와서 수종드니라." 승리한 주님께 천사들이 수종들고 있었다. "수종들다"($διακονέω$)라는 말은 종이나 아랫사람이 윗사람을 섬기면서 시중드는 것을 의미한다. 이것은 음식이나 생활필수품을 공급한다는 의미도 내포하고 있다(마 25:44, 막 15:41). 따라서 천사들이 금식으로 굶주린 예수님께 음식물 같은 것으로 힘을 돋우었을 가능성도 있다.

천사들이 예수님을 도와드린 것은 겟세마네 동산에서 십자가를 앞에 두고 기도할 때도 그러했다(눅 22:43). 마귀와의 시험에서 승리한 예수님을 하나님께서 천사들로 돕게 하신 것이다. 오늘날도 성도들이 희생과 고통이 있어도 하나님의 길로 나아갈 때 거기에는 돕는 천사가 있음을 기억해야 하지 않겠는가?

{ 우리가 들어야 할 하나님의 음성은 무엇인가? }

　본문에서 들어야 할 하나님의 음성은 무엇인가? 마귀는 이름 그대로 둘 사이에 뭔가를 집어넣어 관계를 파괴시키는 자요, 대적자이다. 그렇다면 마귀가 예수님을 시험하는 목적이 어디 있겠는가? 그것은 하나님과 예수님 사이에 시험거리를 집어넣어 관계를 파괴시켜 하나님의 역사를 무너뜨리는 것이다. 마귀는 돌로 떡을 만들어 먹으라고 예수님을 시험했다. 무슨 시험인가? 마귀는 하나님의 나라를 이룰 능력을 예수님의 사사로운 목적으로 사용하라고 시험한 것이다. 능력을 임의로 사용하라는 시험이다.

　마귀는 천사들이 지켜 줄 것이니 성전꼭대기에서 뛰어내리라고 예수님을 시험했다. 이 시험은 외관상으로 기적을 보여 주는 것이요, 명예에 대한 것으로 보인다. 하지만 그것은 하나님께서 과연 예수님을 지켜 주시는가를 의심하고 확인하라는 간교한 시험이었다. 그래서 예수님께서는 "주 너희 하나님의 사랑과 지키심을 확인하고 검증하기 위해서 시험하지 말라"고 말씀하셨던 것이다.

　마지막으로 마귀는 예수님이 하나님의 나라를 위해 오신 것을 알고 그 권세와 능력을 얻기 위해 자신을 섬기라고 유혹했다. 자신이 필요한 권세와 능력을 주겠다는 것이다. 굳이 십자가의 고난을 통해서 하나님의 나라를 이룰 필요가 있겠느냐고 시험한 것이다. 그러나 예수님은 어떤 사명을 감당하든 오직 하나님의 뜻 안에서 하나님만을 경배하는 길로 행하셨다. 모든 시험을 이기는 길은 무엇인가? 예수님께서는 모든 시험을 어떻게 승리하셨는가? 그것은 간단하다. 그것은 어떤 시험에 당하든 하나님의 길로 행하는 것이요, 하나님의 뜻을 따르는 데 있었을 뿐이다.

15. 주기도문에 나타난 4가지 중요한 간구들(1) ^(마 6:9-10)

{ 생각해 볼 점들 }

어거스틴(Saint Augustine)은 초대 기독교인들의 신앙생활에 있어서 중요한 두 가지 가르침에 대해 말했다. 하나는 신조이고 다른 하나는 기도였다. 어거스틴은 "신조는 당신이 무엇을 믿을 것인가에 대해 말하는 것이고 기도는 당신이 무엇을 구할 것인가에 대해서 말하는 것이다"라고 가르쳤다.

주기도문은 그리스도인들에게 있어서 사도신경, 십계명과 더불어 바른 신앙생활을 위한 3대 지침 중의 하나로 볼 수 있다. 사도신경은 성경 가운데서 그리스도인들이 믿어야 할 내용 중 가장 중요한 것을 발췌, 요약하여 신앙고백의 형식으로 만든 것이다. 즉, 하나님의 백성이 무엇을 믿을 것인가를 요약한 내용이다.

십계명은 모세가 하나님으로부터 하나님 백성의 신앙생활에 대한 규범 중 가장 핵심적인 열 가지를 계명으로 받은 것이다. 즉, 하나님의 백성이 어떻게 살 것인가에 대한 가르침이다. 위의 두 가지를 대조해 보면 십계명은 구약에서 추출된 하나님 백성의 요약된 신앙행위의 규범이고, 사도신경은 신구약에서 추출된 그리스도인의 신앙행위의 규범이자 신앙고백이라고 볼 수 있다.

한편 주께서 가르쳐 주신 기도는 그리스도인들이 무엇을 구할 것인가에 대한 모범된 기도다. 성도는 누구나 기도할 수 있다. 아무렇게나 기도할 수도 있다. 그러나 예수님께서 가르쳐 주신 기도가 있다. 그렇다면 이 기도를 주의 깊게 배울 필요가 있지 않겠는가?

예수님께서 가르쳐 주신 주기도문을 살펴보면 대체적으로 그리스도인들이 구해야 할 아주 중요한 4가지 간구가 집약되어 있는 것을 볼 수 있다. 첫째는 하나님께서 다스려 주시기를 위한 것이고, 둘째는 일용할 양식, 셋째는 죄 사함, 넷째는 시험과 악으로부터의 구원에 대한 간구들이다. 여기에서는 우선 일차적으로 주기도문의 전반부와 첫째 간구인 하나님께서 다스려 주시기를 위한 말씀만 살펴볼 것이다. 원문은 주님께서 가르쳐 주신 기도에 대해 어떻게 말하는가? 그것이 궁금하다. 원문에서 주님의 음성을 들어보자.

{ 원문에서 듣는 하나님의 음성 }

1. 주기도문의 배경

유대인들은 옛날부터 지금까지 어느 나라 민족보다 하나님께 기도하는 민족이었다. 고대문헌의 기록에 따르면 예수님께서 오시기 훨씬 전부터 유대인들은 "쉐마"(들으라)라는 일종의 고정된 기도문을 아침, 저녁에 의무적으로 암송해 왔다. 엄밀히 말하면 쉐마는 신명기 6장 4-9절(민 15:37-41, 신 11:13-21)의 말씀으로 이 본문이 쉐마의 주류를 이루고 있다.

이 쉐마는 이스라엘 백성이 조상 대대로 일찍이 그들의 선조들을 애굽 땅에서 구원하여 가나안 땅으로 인도하신 그 유일하신 하나님과 그분의 구원 역사를 기억하는 기도문이었다. 또한 하나님의 놀라운 역사를 통하여 자신들의 현재를 살피고, 그리고 메시아를 통해 받게 될 복을 대망하는 기도문이었다. 12살 이상의 모든 유대인 남자들은 이 기도문을 매일 아침, 저녁으로 두 번씩 의무적으로 암송해야만 했다.

쉐마와 함께 예수님 당시 유대인 사회에 널리 사용되었다고 볼 수 있는 또 하나의 중요한 고정된 기도문은 "테필라"(תְּפִלָּה 기도, 기도문)이다. 엄밀한 의미에서 쉐마는 유대인들이 아침, 저녁으로 암송하는 일종의 신앙 고백문이라고 볼 수 있다. 반면에 "테필라"는 이름 그대로 유대인들이 아침, 오후, 그리고 저녁으로 하루에 3번씩 규칙적으로 암송하는 중요한 기도문이라고 볼 수 있다.

현존하는 가장 오래된 테필라 기도문은 18복으로 되어 있는데 제 1복의 본문이 다음과 같이 전승되고 있다.

"오! 주는 복되시도다. 아브라함의 하나님, 이삭의 하나님, 야곱의 하나님, 하늘과 땅의 주재자이신 지존자이신 하나님, 우리의 방패가 되시고 우리 조상들의 방패가 되신 하나님, 오! 주는 복되시도다. 아브라함의 방패가 되신 하나님…."

이 외에도 거룩한 기도문이라고 불리는 "카데쉬"(קָדֵשׁ)가 일찍부터 안식일 회당예배에서 공적으로 사용되고 있었다. 이 카데쉬는 회당예배가 끝난 다음 거기에 참석한 모든 사람들이 한 목소리로 함께 암송하는 공통기도문으로 알려져 있다. 그런데 특이한 점은 이 카데쉬 기도문이 우리 주기도문의 전반부 내용과 매우 유사한 점이 많다는 것이다.

"주께서 뜻을 따라 창조하신 세계에서, 주의 위대한 이름이 높임을 받으옵시고, 거룩하게 여김을 받으옵시며, 주의 나라가 우리의 생전에 우리의 날 동안, 모든 이스라엘 집이 살아 있는 동안에, 빠르게 속히 임하옵시며, 주의 위대한 이름이 영원부터 영원까지 찬양을 받으시리로다."

이처럼 예수님 당시 유대인에게는 "쉐마", "테필라", "카데쉬" 등의 기도문이 있었음을 알 수 있다. 예수님께서도 이런 기도문을 암송하셨을 것이고 이런 기도 생활 가운데서 성장하셨을 것이다. 그러나 예수님께서는 이런 기도환경에서 성장하셨지만 기도 내용은 달랐던 것을 복음서에서 볼 수 있다. 예수님께서 마태복음 6장 5절의 유대인의 기도와 누가복음 18장 9-14절의 바리새인과 세리의 기도에 대해 말씀하신 것을 보면 당대의 기도에 대해서 잘알고 계셨음을 알 수 있다. 예수님께서는 당대 유대인들이 하나님을 부를 때 감히 사용할 수 없었던 호칭인 "아바"(아버지)를 사용하셨다. 또한 십자가에서 원수들을 위해서 기도드리는 것 등은 유대 기도 문화에서는 상상할 수도 없는 것이었다.

마태복음 6장 9절의 서두에서 예수님께서는 "이렇게 기도하라"고 말씀하셨다. 이 말씀을 미루어 보면 주기도문은 기도할 내용과 더불어 또한 기도의 방법에 대한 것임을 알 수 있다.

신약성경에는 주기도문이 두 곳에서 나온다. 하나는 마태복음 6장 9-15절이고 다른 하나는 누가복음 11장 2-4절이다.

예수님께서 어떠한 배경에서 주기도문을 제자들에게 가르쳐 주셨는가? 누가복음 11장 1절을 보면 기도를 마치고 돌아온 예수님께 한 제자가 이렇게 요청한다. "주여 요한이 자기 제자들에게 기도를 가르친 것과 같이 우리에게도 가르쳐 주옵소서." 그리고 2절을 보면 예수님께서 제자의 요청을 받고 가르쳐 주신 것이 주기도문임을 알 수 있다.

한편 마태는 예수님께서 주기도문을 가르쳐 주신 배경을 마태복음 6장 5-8절에서 외식하는 자들의 기도를 비판하면서 나오게 된 것이라고 기록하고 있다. 마태복음에 기록된 주기도문은 마태복음 6장 5-15절까지의 기도에 관한 예수님의 가르침 가운데 들어 있다.

예수님의 이 기도에 관한 가르침을 다시 살펴보자. 마태복음 6장 5-6절에서 예수님께서는 먼저 제자들에게 기도 자세와 관련하여 자기 의를 추구하고 자신을 사람들에게 자랑하기 위해서 회당과 큰 거리에서 기도하기를 좋아하는 당대의 외식하는 바리새인들을 따르지 말라고 하셨다. 오히려 그들과는 정반대로, 기도할 때는 골방에 들어가 하나님께 은밀히 기도해야 한다고 교훈하셨다. 그리고 6장 7-8절에서는 기도의 형식과 관련하여 제자들은 기도할 때에 하나님께서 이미 그들이 기도해야 할 내용을 미리 아시고 있기 때문에 이방인들처럼 중언부언하지 말 것을 교훈하셨다. 또한 6장 9-13절에서는 "그러므로 너희는 이렇게 기도하라"라는 말씀과 함께 주기도문을 제자들의 기도의 모델로서 제시하셨다. 마지막으로 6장 14-15절에서 예수님께서는 기도하는 제자들의 마음가짐과 관련하여 하나님께 용서를 구하기 전에 먼저 제자들 서로간의 과실을 용서해야 한다는 말씀과 함께 기도에 대한 모든 교훈을 마치신 것을 볼 수 있다.

"그러므로 너희는 이렇게 기도하라"(마 6:9 上).

여기서 "그러므로"라는 접속사를 유의할 필요가 있다. 이 접속사는 예수님께서 앞의 6장 5-8절의 외식하는 기도, 중언부언하는 기도를 본받아서는 안 된다는 결론과 함께 새로운 기도 방법의 제시를 말하는 것임을 알 수 있다. 또한 "이렇게"(Οὕτως)라는 말은 "이와 같은 방식으로"라는 의미이다. 그래서 반드시 이 주기도문대로 외우는 것보다는 예수님께서 가르쳐 주신 방식대로 기도하라는 것이다.

본문 말씀의 "기도하라"는 말 자체가 2인칭, 복수, 현재 명령형이다. 그렇기 때문에 굳이 "너희"(ἡμεῖς)라는 대명사를 강조할 필요가 없다. 그런데 왜 예수님께서 "너희"(ἡμεῖς)를 강조하셨는가? 이것은 주어에 대한 강조인 것이다. 즉, "너희만"이라는 의미로 볼 수 있다. 그렇다면 어떤 말이겠는가? "오직 너희들은 이렇게 기도하라"는 말씀이다. 오직 하나님의 자녀된 "너희들만"이 하늘 아버지께 기도할 수 있다는 것이 아니겠는가? 하나님께 기도할 수 있는 것 자체가 은총인 것을 깨달아야 한다.

2. 하나님을 찬양함으로 시작되는 기도

"하늘에 계신 우리 아버지여 이름이 거룩히 여김을 받으시오며"(마 6:9下).

주님께서 가르쳐 주신 기도는 기도의 대상을 부르는 것으로 시작한 것을 알 수 있다. 기도의 대상이 막연하거나 없는 것은 맹신이요, 미신인 것이다. 또한 알지도 못하고 만남도 없는 숭배의 대상에게 부르짖는 것은 우상숭배에 불과하다. 예수님께서는 기도를 들으시고 응답하시는 기도의 대상을 명확하게 가르쳐 주셨다. "하늘에 계신 우리 아버지"라는 것이다.

그렇다면 예수님께서는 어떤 의미로 "하늘에 계신"이란 말씀을 사용하셨는가? "하늘에 계신"이란 말은 모든 피조물들을 당신의 권능과 지혜로 친히 통치하시며 심판하시는 초월적인 분이심을 강조한 표현이다. 에스라서 1장 2-3절에서 고레스가 고백한 하늘의 하나님이란 의미인 것이다.

원문에는 하늘이 복수인 "하늘들"로 되어 있다(οὐρανοῖς). 이 말은 하늘이 3층천(天)으로 조성되어 있다고 믿었던 히브리인들의 사상을 반영하고 있다. "하늘들"은 구약성경의 하늘들(םימש)의 번역으로써 마태가 자주 사용한 말이다. 사도 바울도 자신의 간증에서 셋째 하늘, 곧 낙원이란 용어를 사용했다.

"하늘에 계신"이란 기도는 온 우주에 충만하사 천지와 만물을 다스리시는 하나님께 대한 무한한 소망과 깊은 신뢰를 바탕을 두고 있는 것이다. 또한 하늘나라가 진정 자신들의 본향(本鄕)임을 인식하고 기도할 것을 바라시는 예수 그리스도의 깊은 뜻이 담겨 있다고 볼 수 있다.

"우리 아버지"라는 용어가 당시에는 생소했다. 왜냐하면 구약에서는 여호와 하나님을 이렇게 아버지로 호칭한 적이 많지 않았기 때문이다. 특별히 구약성경은 이스라엘을 제외한 다른 민족에 대하여는 비록 그들 역시 하나님의 창조된 자녀들이지만 단 한 번도 하나님께서 그들의 아버지가 되신다고 하는 구절이 나타나 있지 않다고 한다.

구약에서 하나님을 직접 "아버지"로 호칭한 경우는 15번에 불과하다. 그리고 간접적으로 호칭한 것이 13번 정도이다(신 32:6; 사 64:8; 말 2:10). 그런데 구약과는 대조적으로 복음서에는 170번 이상이나 하나님을 아버지로 부르고 있다.

원문에는 "아버지"(Πάτερ)라는 호칭이 맨 서두에 나온다. 이는 기도를 시작하면서 기도의 대상이 누군가를 예수님께서 가르쳐 주신 것이다. 예수님께서는 하늘에 계신 하나님이 아니라 하늘에 계신 아버지라고 가르쳐 주셨음을 유념할 필요가 있다. 아버지는 어떤 분이신가? 아버지는 자녀를 돌보시고 먹이시는 보호자이다. 하나님께서 아버지이시면 우리는 그 아버지가 돌보시고 먹이시는 사랑의 자녀인 것이다. 시편 100편 3절에도 이렇게 기록되어 있다. "여호와가 우리 하나님이신 줄 너희는 알지어다. 그는 우리를 지으신 이요 우리는 그의 것이니 그의 백성이요 그의 기르시는 양이로다."

그러므로 우리에게 하나님을 아버지라고 부르게 하신 것은 아버지의 자녀로서 특권을 누릴 수 있음을 알게 하신 것이다. 이제 제자들이 하나님을 아버지라고 부를 수 있는 자녀가 되었다는 사실은 하나님의 은혜의 날개 아래 있다는 것이 아니겠는가?

나그네 길을 지나는 동안 전능하신 하나님 아버지의 날개 아래 있는 것보다 더 큰 은총이 어디 있겠는가? 특별히 구약에서 아버지를 가리키는 히브리어 "아브"(אב)나 아람어 "아빠"(אבא)는 하나님과 관련하여 사용된 경우가 매우 제한적이다. 이 아람어 "아빠"(אבא)는 예수님 당대 유대인 사회에서 어린 아이들이 그들의 아빠만을 향해 거리감 없이 부르는 말이다. 말하자면 그들의 아버지에 대한 확고한 사랑, 믿음, 신뢰를 동반한 애칭인 것이다.

그러므로 우리에게 하나님을 아버지라고 부르게 하신 것은 아버지의 자녀로서 특권을 누릴 수 있음을 알게 하신 것이다. 이제 제자들이 하나님을 아버지라고 부를 수 있는 자녀가 되었다는 사실은 제자들의 매일의 삶이 하나님의 손 안에서 보호되고 현실적인 삶에 요청되는 필요들이 아버지에 의해 공급된다는 것을 보여 준다.

다음으로 주기도문은 기도의 대상인 하나님을 "우리 아버지"라고 고백한다. 이는 하나님께서는 이스라엘의 독점물이 아니라 우리 모두의 하나님이 되심을 선언하는 것이다. 그리고 이제 주님을 믿는 자들은 한 소망과 한 믿음, 한 하나님, 한 아버지 안에서 한 자녀, 즉 "우리"라는 하나의 공동체가 되었음을 알 수 있다.

주기도문은 하나님을 높이는 찬양과 함께 시작됨을 알 수 있다. "이름이 거룩히 여김을 받으시오며." 우리가 기도할 때 생각해야 할 대목이다. 구체적으로 기도를 살펴보면 크게 하나님에 대한 세 가지 청원이 먼저 나온다. "이름이 거룩히 여김을 받으시오며, 나라가 임하시오며, 뜻이 하늘에서 이루어진 것 같이 땅에서도 이루어지이다." 첫 번째 기도는 "이름이 거룩히 여김을 받으시오며," 두 번째 기도는 "나라가 임하시오며," 세 번째 기도는 "뜻이 하늘에서 이루어진 것 같이 땅에서도 이루어지이다"이다.

주기도문의 전반부 세 청원이 "하나님의 이름, 하나님의 나라, 하나님의 뜻"으로 출발하고 있음은 무엇을 말하는 것일까? 이는 예수님께서 가르쳐 주신 기도에도 우선순위가 있음을 보여 주는 것이 아니겠는가? 먼저는 하나님과 관련된 기도다. 이것을 보면 우리는 마땅히 드려야 할 기도와 우리가 하고 싶은 기도와의 차이가 얼마나 큰 것임을 알 수 있다.

또한 세 번의 각 기도에는 한결같이 하나님을 지칭하는 "당신"($\sigma o u$)이란 말이 들어 있다. 이것은 하나님과 관련된 기도가 서로 밀접한 관계를 가지고 있다는 사실을 쉽게 알 수 있다.

"이름이 거룩히 여김을 받으시오며"는 직역하면 "당신의($\sigma o u$) 이름이 거룩히 되소서"라는 뜻이다. 첫 번째 기원이 하나님의 이름이 거룩히 여김을 받으셔야 한다는 점이다. 성경에서 이름은 중요한 신학적 의미를 갖는다. 왜냐하면 이름은 단순한 호칭에 그치는 것이 아니라 그 존재의 인격을 나타내기 때문이다. 특히 하나님의 이름은 하나님의 존재와 본질 전체를 의미하기 때문에 십계명의 제 3계명은 이렇게 말하고 있다. "너는 네 하나님 여호와의 이름을 망령되게 부르지 말라 여호와는 그의 이름을 망령되게 부르는 자를 죄 없다 하지 아니하리라"(출 20:7)

특별히 출애굽기 3장 14절에서 하나님의 이름은 그가 누구인지를 보여 준다. 즉, 하나님은 자신의 이름대로 스스로 존재하는 분이시며, 그가 자신을 계시하시는 대로의 그 자신이시다.

그렇다면 "거룩히 여김을 받으시오며"라는 말은 무슨 뜻인가? 이 말은 "다른 것과 구별되다", "거룩하다"라는 뜻으로 명령형, 수동태($άγιασθήτω$)이다. 즉, 하나님의 이름을 거룩케 하고 영광을 드러내는 진정한 주체는 인간이 아니라 하나님 자신이라는 것이다(겔 36:23). 창조와 역사의 주관자이신 하나님께서는 역사 가운데 그리고 삼라만상 가운데서 스스로 존귀하심을 드러내시며, 영광을 받으시는 분이다.

그렇다면 하나님의 자녀와 관련하여 "이름이 거룩히 여김을 받으시오며"라고 기도한다는 것은 무엇을 의미하는 것인가? 그것은 우리를 지으시고 구원하시고 돌보시고 먹이시는 사랑의 하나님은 영광과 찬양과 감사를 받으시기에 합당하신 분이라는 말씀이다.

역대상 16장 28-29절에서 다윗은 이렇게 하나님께 영광을 돌리는 것을 볼 수 있다. "여러 나라의 종족들아 영광과 권능을 여호와께 돌릴지어다 여호와께 돌릴지어다 여호와의 이름에 합당한 영광을 그에게 돌릴지어다 제물을 들고 그 앞에 들어갈지어다 아름답고 거룩한 것으로 여호와께 경배할지어다."

따라서 하나님의 이름에는 그의 거룩하신 능력과 권위도 함께 한다. 그리고 "거룩히 여김을 받으시오며"라고 하는 것은 그분의 이름이 거룩하지 않기 때문이 아니다. 그분의 거룩한 이름의 가치만큼 거룩하게 마땅한 영광을 받으셔야 한다는 것이다. 인간은 단지 이러한 거룩한 하나님의 이름을 겸허히 인정하고 찬양할 뿐이다.

그러나 한편 예수님께서는 빛과 소금의 삶을 살아갈 때 하나님 아버지께 영광을 돌리게 된다고 말씀을 하셨다. 이것을 미루어 보면 성도들이 세상 가운데서 거룩한 삶을 통하여 하나님의 이름에 영광을 돌리게 된다는 것이다.

3. 하나님께서 이 땅을 다스려 주시기를 위한 기도

"나라가 임하시오며 뜻이 하늘에서 이루어진 것 같이 땅에서도 이루어지이다"(마 6:10).

본문 말씀의 "나라가 임하시오며"는 직역하면 "당신의 나라가 오게 하소서"이다. 하나님의 나라는 예수님의 설교에서 중심적인 주제였고, 사역의 중심 주제였다. 복음서의 증거에 따르면 예수님께서 친히 자신은 "하나님 나라 복음을 전하기 위해 보내심을 받았다"라고 선언하셨다"(눅 4:13).

여기서 예수님께서 말씀하신 "나라"는 공간개념이 아니다. "나라"($\beta\alpha\sigma\iota\lambda\epsilon\acute{\iota}\alpha$)는 원어적으로 보면 왕에 의해 다스림을 받는 영역(마 4:8, 막 3:24, 눅 11:17-18)이란 의미도 있다.

하지만 더 많은 경우에는 왕의 통치나 왕의 권세 그 자체(눅 19:12,15;고전 15:24;히 11:33;계 17:12)를 나타내고 있다. 그러므로 마가복음 1장 15절에서 예수님께서 "때가 찼고 하나님 나라가 가까웠다"라고 선포하신 의미는 이제 하나님의 통치가 시작됨을 선포하신 것이다.

본문의 "당신의 나라"는 아버지의 통치라는 의미로 볼 수 있다. 이 기도는 거룩하신 하나님 아버지께서 죄와 육신의 정욕과 악한 영들이 난무한 이 세상, 악한 통치자들이 다스리는 이 세상에서 우리를 친히 다스려 달라는 간구인 것이다.

그렇다면 왜 예수님께서는 하나님의 나라가 임하기를 기도하라고 하셨는가? 그것은 하나님의 나라는 의와 평강과 희락이기 때문이다. 쉽게 말하면 하나님께서 다스리는 곳에 의와 평강과 희락이 임하기 때문이다.

또한 본문 말씀의 "임하시오며"($\dot{\epsilon}\lambda\theta\acute{\epsilon}\tau\omega$)라는 말은 "나타나다", "오다", "가

다"라는 말로 부정과거 명령형이다. 이 말은 지금 곧 단번에 하나님의 통치가 이 악한 세상에 이루어지기를 간구하는 의미인 것이다.

하나님, 곧 예수님께서 다스리시는 나라는 어떠한 나라인가? 성경은 하나님의 나라, 곧 주님이 다스리는 곳에 어떤 일이 일어나는가를 보여 주고 있다.

첫째 ,예수님께서 다스리는 곳에서는 율법, 곧 진리에 대한 왜곡과 무지로부터 자유함을 얻을 수 있다. 예수님께서는 산상수훈에서 율법의 진정한 의미를 새롭게 해석해 주신 것을 볼 수 있다. 즉, 옛 사람으로 지칭되는 서기관과 바리새인들에게 들은 살인, 간음, 맹세에 대하여 새롭게 해석해 주셨다. 사도 바울도 율법의 진정한 의미를 예수님을 만나고서야 바르게 깨달았다. 그래서 고린도후서 3장 15-17절에서 이렇게 말한다. "오늘까지 모세의 글을 읽을 때에 수건이 그 마음을 덮었도다 그러나 언제든지 주께로 돌아가면 그 수건이 벗겨지리라 주는 영이시니 주의 영이 계신 곳에는 자유가 있느니라." 즉, 율법의 지배 아래 있는 누구라도 언제든지 회심하고 주께 돌아오면 마음의 수건이 벗겨져 말씀의 무지와 오해, 왜곡으로부터 벗어나게 된다는 것이다. 그리고 율법의 진정한 의미를 깨닫게 된다는 것이다. 바울은 본 절에서 율법의 속박으로부터 벗어나서 참된 자유와 평안을 얻을 수 있는 길은 다름 아닌 주 되시는 예수 그리스도께 돌아오는 것이라고 선언하고 있다.

유대인들은 예수님께로부터 돌아가 율법에 대한 바른 의미를 배우지 않아서 사람의 계명으로 헛되이 하나님을 경배하는 잘못을 범하기도 했다. 이에 대해 예수님께서는 마태복음 15장에서 "너희 유전으로 하나님의 계명을 범했다"라고 책망하셨다. 그러면서 소경이 소경을 인도하면 둘 다 구덩이에 빠질 것이라고 경고하셨다.

예수님에 의해 율법, 곧 진리에 대한 왜곡과 무지로부터 자유에 이르게 됨을 마태복음 11장 28-30절의 말씀에서 또한 볼 수 있다. "수고하고 무거운 짐 진 자들아 다 내게로 오라 내가 너희를 쉬게 하리라 나는 마음이 온유하고 겸손하니 나의 멍에를 메고 내게 배우라 그러면 너희 마음이 쉼을 얻으리니 이는 내 멍에는 쉽고 내 짐은 가벼움이라 하시니라."

여기서 무거운 짐이란 타인에 의해 무거운 짐을 진 채 계속해서 지쳐 있는 자들을 가리킨다. 누가 이렇게 무거운 짐을 지웠는가? 그 짐은 일차적으로는 바리새인들과 서기관들이 당시 이스라엘 사람들에게 요구한 무거운 율법적인 관행들이었음을 알 수 있다.

이 무거운 짐에 대해서는 예수님께서 마태복음 23장 4절에서 바리새인들을 저주하는 가운데 말씀하신 것을 볼 수 있다. "또 무거운 짐을 묶어 사람의 어깨에 지우되 자기는 이것을 한 손가락으로 움직이려 하지 아니하며."

당시 이스라엘 사람들은 로마의 속박으로 인해 육체적, 정신적으로 지친 가운데 있었다. 그런데 거기에다가 종교적으로 율법의 무거운 짐을 지고 있었던 것이다. 그러므로 수고하고 무거운 짐이란 죄와 사망의 짐, 그리고 삶의 염려나 고통, 그리고 특별히 전통적으로 부과되고 있는 율법과 유전(遺傳)의 짐인 것을 알 수 있다.

이와 같은 삶과 종교적인 율법의 무거운 짐을 진 자들에게 예수님께서는 쉼을 약속하셨다. "수고하고 무거운 짐 진 자들아 다 내게로 오라 내가 너희를 쉬게 하리라." 직역하면 "그러면 내가 너희를 쉬도록 만들 것이다"라는 말씀이다. 율법의 무거운 짐에서 구원하여 은혜와 진리로 자유롭게 하시겠다는 말씀이다.

특별히 안식일의 무거운 짐에 허덕이는 사람들을 향해 예수님께서 이렇게 말씀하셨다. "또 이르시되 안식일이 사람을 위하여 있는 것이요 사람이 안식일을 위하여 있는 것이 아니니"(막 2:27).

예수님께서 말씀하신 안식은 마지막 날의 영원한 안식만을 뜻하는 것은 아니다. 이것은 '일상생활에서의 모든 갈등을 해소(解消)한 후의 평화와 안식' 까지도 가리키고 있다. 즉, 신자가 주께로 가면 신자는 죄에서의 해방과 율법의 속박에서의 해방, 불안·염려·고통에서의 해방을 맛볼 수 있는 것이다.

둘째, 예수님께서 다스리시는 곳에는 죽음이 떠나가고, 원수 마귀에서 자유를 얻고, 질병으로부터 건강을 회복하며, 눈먼 자가 보게 되는 은총이 임하는 것을 볼 수 있다. 예수님께서는 누가복음 4장 17-19절에서 포로 된 자에게 자유를, 눈먼 자에게 다시 보게 함을, 눌린 자를 자유롭게 하는 그 약속의 메시아가 바로 자신이라고 말씀하셨지 않는가? 복음서를 보라! 예수님께서 다스리심으로, 죄와 사망과 사탄의 권세로부터 자유롭게 되는 놀라운 일들이 얼마나 많은가! 이것이 바로 하나님 나라의 은총인 것이다.

셋째로는 로마서 14장 17절의 말씀과 같이 주님께서 다스리시는 곳에서는 의와 평강과 희락을 선물로 누릴 수 있다. "하나님의 나라는 먹는 것과 마시는 것이 아니요 오직 성령 안에 있는 의와 평강과 희락이라."

이 말씀은 하나님께서 다스리시는 그 나라의 특징적인 모습이 구체적으로 어떠한 성격으로 나타나는지를 보여 준다. "의", 즉 하나님 앞에서의 거룩한 삶과 "평강", 즉 예수님의 화목제물로 인한 하나님과 평화, 사람들과의 평화, 내 자신과의 평화와 "희락", 즉 구원받은 성도가 누리는 하늘의 신령한 기쁨을 누리게 되는 것이다.

그러므로 하나님의 나라, 곧 하늘 아버지께서 이 땅을 다스려 주시기를 위한 기도야말로 얼마나 소중한 기도인지 알 수 있다. 평생에 그리고 매일의 삶을 시작하면서 우리는 하나님께서 우리의 믿음, 삶, 건강을 다스려 주시기를 기도해야 한다. 악한 원수에게서와 우리 육신의 악한 소욕에서, 그리고 온갖 질병과 위험에서 우리를 다스려 주시기를 기도해야 한다.

그리고 주님께서는 제자들에게 "뜻이 하늘에서 이루어진 것 같이 땅에서도 이루어지이다"라고 기도를 가르치셨다. "뜻이…이루어지이다"는 직역하면 "당신의 뜻이…이루어지이다"이다. 왜 예수님께서는 하나님의 뜻이 이루어지기를 기도하라고 하셨는가? 본문에서 하나님의 뜻은 하나님의 공의로우신 요구나(마 7:21, 12:50) 구원을 이루기 위한 하나님의 계획을 가리킨다(마 18:14, 26:42).

복음서의 가르침을 보면 하나님의 뜻은 예수님의 잃은 자를 찾는 사역과 연결되어 있음을 알 수 있다. 요한복음 6장 40절의 "내 아버지의 뜻은 아들을 보고 믿는 자마다 영생을 얻는 이것이니…"라는 말씀에서도 볼 수 있다. 특별히 누가복음 4장 17-19절의 말씀에서 예수님을 보내신 아버지의 뜻을 구체적으로 읽을 수 있다. 잃은 자를 찾아 구원하시는 것이 하늘 아버지의 뜻이었다.

또한 본문 말씀의 "이루어지이다"($\gamma\epsilon\nu\eta\theta\eta\tau\omega$)는 신적 수동태다. 이 말은 하나님의 뜻을 이루는 주체는 인간이 아니라 하나님 자신임을 보여 준다. 역사를 주관하시고 섭리하시며 인간 구원을 위한 모든 계획을 수립하시고 이를 이루시는 분은 온전히 하나님 자신뿐이다. 우리 역시 오직 하나님의 영원하고 의로운 뜻이 우리 가운데, 그리고 이 세상에서 온전히 이루어지기를 간구해야 한다.

그렇다면 "하늘에서 이루어진 것 같이 땅에서도"는 무슨 말인가? 하늘은 이미 하나님의 통치가 완전히 실현되는 곳이다. 하늘은 사단의 추방으로 인해(계 12:7-12) 하나님의 뜻이 방해를 당하는 일이 없다. 그러나 땅은 하나님의 통치를 아직까지 거스르는 죄악된 상태를 암시한다. 아직도 이 세상은 마귀와 인간의 죄악이 난무하는 곳임을 부인할 수가 없다.

이처럼 이 땅은 아직 하나님의 뜻이 완전히 구현되지 않고 있다. 그러므로 예수님께서는 이 땅에서도 하나님의 뜻이 하늘에서처럼 이루어지기를 기도하라는 것이다. 이 기도는 이 땅에서의 온전한 하나님의 통치가 이루어지기를 바라는 기도라 할 수 있다.

{ 우리가 들어야 할 하나님의 음성은 무엇인가? }

주기도문의 가르침의 전반부에서 들어야 할 하나님의 음성은 무엇인가? 예수님께서는 주기도문을 통해 우리가 하나님 나라의 은총을 누리는 기도를 가르쳐 주신 것이다. 하나님 나라의 은총을 누리는 기도를 바르게 드릴 수 있는 것이 얼마나 복된 길인가?

하늘 아버지께 드리는 기도는 어떤 것이어야 하는가? 먼저 우리를 지으시고 구원하시고 돌보시고 먹이시는 하늘 아버지께 합당한 영광과 감사와 찬양을 드려야 한다. 뿐만 아니라 우리의 착한 행실, 곧 세상에서 빛과 소금이 되어 삶으로 하나님께 영광을 돌려야 한다.

그리고 육신의 소욕, 마귀로 인해 평강과 영생을 잃어버린 세상을 하나님께서 다스려 주시기를 위해 기도해야 한다. 하나님께서 다스리시는 곳에는 자유와 생명이 있다. 하나님께서 다스리시는 곳인 하나님의 나라는 의와 평강과 희락이 있다. 예수님께서 이것을 위해 기도하라고 하신 것이다. 얼마나 복된 기도인가?

마지막으로 하나님의 뜻, 곧 죄인을 구원하시는 하나님의 뜻, 십자가를 지고 거룩하게 살기를 원하시는 하나님의 뜻을 위해 기도해야 한다. 주기도문을 보면 마땅히 드려야 할 기도와 우리가 원하는 기도와의 차이가 있음을 알 수 있을 것이다. 부르짖는 것만이 능사가 아니다. 하나님의 자녀라면 먼저 마땅히 드려야 할 기도가 있음을 깨닫고 예수님께서 가르쳐 주신 기도를 마음에 두고 기도해야 할 것이다. 즉, 하나님께서 원하시는 기도, 마땅히 드려야 할 기도를 기억하고 기도 생활을 해야 하지 않겠는가?

16. 주기도문에 나타난 4가지 중요한 간구들(2) ^(마 6:11-13)

{ 생각해 볼 점들 }

"주기도문에 나타난 4가지 중요한 간구들(1)"에서는 예수님께서 가르쳐 주신 주기도문의 배경과 4가지 중요한 간구들 가운데 첫 번째 간구인 "나라가 임하시오며"를 다뤘다. 쉽게 말하면 "나라가 임하오시며"라는 구절은 "당신의 나라가 오게 하시오며"라는 말이다. 이 간구는 당신의 나라, 즉 하나님의 나라가 이 땅에 오게 해 달라는 것으로 하나님께서 이 땅을 다스려 주시기를 기도하는 매우 중요한 것임을 알 수 있다.

그렇다면 주님께서 다스리시는 곳에 어떤 역사가 일어났는가? 육에 속한 자가 영원한 생명을 얻었다. 죽은 자가 살아났다. 원수 마귀에 눌린 자가 자유를 얻었다. 질병으로부터 건강을 회복했다. 그리고 눈먼 자가 보게 되는 은총이 임하였다. 이것이 바로 하나님께서 다스리실 때 임하는 놀라운 은총인 것이다. 예수님께서 이 은총을 위해 기도하라고 하신 것이다. 이보다 더 중요한 간구가 있겠는가? 하나님께서 내 삶, 일터, 가정, 사회, 그리고 이 나라와 이 세계를 다스려 달라는 기도는 쉬지 말고 구해야 할 기도인 것이다. 사도 바울은 하나님께서 다스리시는 이 하나님 나라의 특징을 의와 평강과 희락이라고 말했던 것이다.

이제 본문 "주기도문에 나타난 4가지 중요한 간구들(2)"에서는 예수님께서 가르쳐 주신 기도 가운데 나머지 세 가지 간구를 살펴볼 것이다. 이것은 일용할 양식, 죄 사함, 그리고 시험과 악으로부터 구원을 위한 간구들이다.

그리스도인들에게 이보다 더 소중한 기도는 없다. 기도는 어려운 것이 아니라고 가르친다. 그저 하나님과 대화하는 것이니 부모님과 대화하듯이 하라고 한다. 그렇다. 기도는 어려운 것이 아니다. 하나님과 대화하는 것이다. 그러나 예수님께서 가르쳐 주신 기도를 자세히 살펴보면 무엇을 어떻게 구해야 하는가를 알 수 있다. 주기도문을 통하여 그리스도인들은 정말 구할 바를 바르게 구하는 최고의 기도를 배울 수 있다.

예수님께서는 하나님 나라의 은총인 하나님의 다스리심, 일용할 양식, 죄 사함, 그리고 시험과 악으로부터의 구원을 누리게 하시려고 이 복된 기도를 가르쳐 주신 것이다. 주기도문의 은총이 얼마나 놀라운가? 주님께서 가르쳐 주신 기도의 그 깊은 뜻이 궁금하다. 원문에서 주님의 음성을 들어보자.

{ 원문에서 듣는 하나님의 음성 }

1. 양식을 위하여 기도하라는 뜻은?

"오늘 우리에게 일용할 양식을 주시옵고"(마 6:11).

전반부의 기도는 하나님의 이름, 하나님의 나라, 하나님의 뜻에 대한 것으로 모두 "당신"이라는 2인칭과 연결된 3가지 기도였다. 이제 마태복음 6장 11-13절에서는 "우리"라는 일인칭 복수 대명사와 연결된 3가지 중요한 간구들을 볼 수 있다.

첫 번째 간구는 우리 생존을 위한 양식의 간구요, 두 번째 간구는 죄 사함의 대한 간구이며, 세 번째 간구는 시험과 악으로부터 건져 달라는 간구이다. 주기도문의 전반부가 하나님과 관련된 기도라면 본문 이하에 나오는 3가지 간구는 이 세상에서 온갖 어려움에 부딪히며 살아가고 있는 성도들에게 필요한 기도인 것이다. 주님께서 가르쳐 주신 기도를 깊이 들여다보면 땅에서 살아가는 현실적인 삶과 영적인 삶을 아울러 돌보시는 주님의 사랑의 마음을 읽을 수가 있다.

"오늘 우리에게 일용할 양식을 주시옵고." 이를 직역하면 "오늘 우리에게 우리의 일용할 양식을 주시옵고"이다. 여기서 "오늘"(σήμερον)이란 말은 "오늘" 또는 "지금"이란 뜻이다. 이로 보건대 주께서 가르쳐 주신 기도에서 구하는 일용할 양식이란 '그날' 하루의 양식임을 알 수 있다. 왜냐하면 일용할 양식에 대한 기도는 우리의 필요에 대한 요구이지 탐욕을 충족시키기 위한 기도가 아니기 때문이다.

이 같은 겸손한 기도는 하루에 한 번씩 급료를 지급받아 생활했기 때문에

만일 며칠을 앓아눕기라도 하면 굶을 수밖에 없는 1세기의 수많은 노동자들의 불안정한 생활을 반영하고 있는 것을 볼 수 있다. 그날 벌어 그날 먹어야 하는 자에게는 이 기도야말로 절박한 간구가 아닐 수 없다.

예수님께서는 왜 존재에 필요한 양식을 아버지께 구하라고 하셨는가? 인간의 모든 양식, 그것이 육체이든, 영혼이든, 필요한 양식을 공급하시는 분이 하나님뿐이기 때문이다. 천지를 창조할 때 인간과 동물에게 근원적으로 양식을 주시는 분은 오직 하나님뿐이시다. 여기서 "양식"($ἄρτον$)이란 직역하면 빵이요, 음식을 말한다. 일차적으로는 육신의 생존을 위한 음식을 아버지께 구하라는 것이다. 학자들은 "사람이 떡으로만 살 것이 아니요, 하나님의 입으로 나오는 모든 말씀으로 살 것이라"는 말씀을 미루어 보아 영의 양식도 암시하고 있다고 보기도 한다. 예수님께서는 일용한 양식을 하나님께 구하라고 가르치셨다. 그렇다면 "일용할"이란 무슨 뜻인가?

여기서 "일용할"($ἐπιούσιοας$)이란 "생존을 위한", "필요한"이란 의미이다. 산상수훈 가운데 내일 일을 염려하지 말라는 말씀과 하루하루 양식을 구하라는 예수님의 말씀을 보면 이는 오늘 존재하기 위하여 필요한 양식임을 알 수 있다. 예수님께서 일용할 양식을 위해 간구하라고 하신 깊은 뜻은 무엇인가? 주님께서는 장래를 위해 비축할 양식을 위해 기도하라는 것이 아니다. 또한 호화롭고 사치스러운 양식을 말씀하신 것도 아니다. 뿐만 아니라 "오늘 우리에게 일용할 양식을 주시옵고"라는 말씀 속에는 나 혼자가 아니라 이웃과 함께 먹고 살기를 위해 기도하라는 예수님의 사랑을 엿볼 수가 있다. 이것이 바로 하늘 아버지의 마음이 아니겠는가?

모세는 시편 90편에서 인간 생존의 터전이 하늘과 땅이 아니라 하나님이라고 고백한 것을 볼 수 있다. 시편 90편 1-2절을 보자. "주여 주는 대대에 우리의 거처가 되셨나이다 산이 생기기 전, 땅과 세계도 주께서 조성하시기

전 곧 영원부터 영원까지 주는 하나님이시니이다."

하나님의 사람, 모세는 그의 기도 첫마디에서 "주여 주는 대대에 우리의 거처가 되셨나이다" 하고 고백한다. 모세는 신명기 33장 27절에서도 하나님이 우리의 거처가 되셨다고 고백한다. "영원하신 하나님이 네 처소가 되시니 그의 영원하신 팔이 네 아래에 있도다." 여기서 "거처"라는 말은 "동거", "동침"(שכן)에서 나온 말로 이는 "거주지", "안식처", "피난처"(משכן)를 의미한다. 사람들이 발을 딛고 사는 땅, 먹거리를 주는 땅, 그리고 땅에 햇빛과 비를 내려 주는 하늘이 바로 인간의 삶의 터전이요, 거처가 아닌가? 인간은 땅과 하늘을 떠나서는 생존할 수 없는 존재이다.

그런데도 모세는 하늘과 땅과 자연이 인간의 거처가 아니라 하나님이 우리의 거처라고 고백한다. 왜냐하면 우리의 삶의 터전을 선물로 주신 이가 바로 하나님이시기 때문이다. 그래서 시편 136편 25장은 만물을 먹이시고 돌보시는 하나님을 이렇게 찬양하고 있다. "모든 육체에게 먹을 것을 주신 이에게 감사하라 그 인자하심이 영원함이로다." 그리고 시편 16편 5절은 "여호와는 나의 산업과 나의 잔의 소득이시니 나의 분깃을 지키시나이다"라고 말한다. 하나님이 우리의 산업과 잔의 소득이라고 고백한다. 우리의 고백은 어떠한가?

하나님이 아닌 바알과 아세라 신이 비와 곡식의 풍요를 가져다준다고 믿었던 이스라엘 왕이 있었다. 그 사람이 이스라엘의 가장 악한 왕 중의 한 사람인 아합 왕이다. 아합 왕이 이렇게 마음을 빼앗긴 것은 그의 부인 이세벨의 영향 때문이었다. 이세벨은 두로 왕이자 바알 종교의 제사장의 딸이었다. 그가 아합 왕의 신앙을 바꿔 버린 것이다.

바알은 우뢰의 신, 비의 신, 풍요의 신으로 불렸는데 가나안 주변 여러 나라들이 숭배하던 신이었다. 그리고 아세라는 다산의 여신이었다. 하나님께서 바알과 아세라에 빠져 있던 아합 왕을 교훈하기 위해 엘리야 선지자를 보내셨다. 그리고 무려 3년 6개월 동안 비가 오지 않게 하셨다. 이는 하나님께서 누가 땅에 비를 내리며 풍년을 오게 하는지 깨닫게 하신 것이다. 인간의 삶이 누구의 손에 달려 있는지를 친히 경험하게 하신 것이다.

신명기 8장 17-18절에서 모세는, 인간이 자신의 능력으로 재물을 얻었다고 착각하여 자만에 빠지지 말라고 이야기하고 있다. "네 하나님 여호와를 기억하라 그가 네게 재물 얻을 능력을 주셨음이라." 이 말씀은 근원적으로 삶의 생존 조건을 선물로 주신 분이 하나님이심을 잊어서는 안 된다는 것이다.

인간들은 대대로 하나님의 품을 거처로 삼고 살 수밖에 없는 존재들이다. 사람들이 인정하든 안 하든 그것은 진리이다. 사도 바울이 루스드라에서 전도하면서 하나님에 대해 이렇게 설교한 것을 볼 수 있다. 표준새번역으로 보면 그 뜻이 쉽게 다가온다. "그렇지만 하나님께서 자기를 드러내지 않으신 것은 아닙니다. 곧 하늘에서 비를 내려 주시고, 철을 따라 열매를 맺게 하시고, 먹을거리를 주셔서, 여러분의 마음을 기쁨으로 가득 채워 주셨습니다"(행 14:17).

이는 바울이 인간 육체의 생명의 근원은 하나님께 있다고 외친 것이다. 나무가 보이는 잎사귀와 가지 때문에 열매를 맺는 것이 아니라 보이지 않는 뿌리에서 그 힘을 얻고 있는 것처럼 말이다. 일용할 양식, 생명의 터전은 보이지 않는 하나님이시다. 그러므로 예수님께서는 인간 삶의 터전이요, 생존의 근원이신 하나님께 일용할 양식을 구하라고 가르치신 것이다.

2. 죄 사함을 위해 기도하라는 주님의 깊은 뜻은?

"우리가 우리에게 죄 지은 자를 사하여 준 것 같이 우리 죄를 사하여 주시옵고"(마 6:12).

이 말씀을 직역하면 "사하여 주옵소서 우리의 허물들을, 우리가 우리에게 죄 지은 자를 사하여 준 것 같이"이다. 본문의 "죄"($ὀφειλήματα$)란 문자적으로는 "빚들", "도덕적 실수들", "허물들"을 말한다. 본문의 죄는 로마서 6장 23절의 사망에 이르는 죄를 의미하는 "하마르티아"($ἁμαρτία$)가 아니다.

성경은 죄를 빚으로 말한다. 빚을 진 사람은 그 부채를 갚기 전에는 그 부채로부터 자유로울 수가 없기 때문이다. 예수님께서는 왜 하나님께 죄 용서를 구하라고 하셨는가? 죄는 하나님께만 짓는 것이므로 오직 하나님만이 용서가 가능하기 때문이다. 요셉이 보디발 아내의 유혹에 대해 답변한 창세기 39장 9절을 보자. 요셉은 "내가 어찌 이 큰 악을 행하여 하나님께 죄를 지으리이까" 하고 말한다.

그리고 밧세바를 범한 후 참회시를 쓴 다윗도 시편 51편 4절에서 이렇게 참회한다. "내가 주께만 범죄하여 주의 목전에 악을 행하였사오니…." 죄는 사람에게 짓는 것 같지만 성경에서 말하는 죄는 근본적으로 하나님께 범죄한 것으로 말하고 있음을 유의할 필요가 있다. 왜 그런가? 율법을 정하신 분이 창조자 하나님이시기 때문이다.

위 말씀 "우리가 우리에게 죄 지은 자를 사하여 준 것 같이 우리 죄를 사하여 주시옵고"의 본문 해석에 대한 의견이 분분하다. 왜냐하면 이 말씀은 하나님의 용서가 다른 사람의 죄를 사하여 준 것을 전제로 하고 있는 것으로 생각되기 때문이다. 이는 마치 우리 죄에 대한 하나님의 용서는 다른 사람이 우리에게 지은 죄에 대한 우리의 용서에 좌우되는 것처럼 보인다. 또한 하나님께서 우리 죄를 용서해 주시는 것과 우리가 우리 이웃의 죄를 용서해 주는 것 중에 어느 것이 먼저냐는 물음이 생길 수 있다.

먼저 죄 사함과 관련된 성경 전체를 살펴보자. 성경 어디에도 이웃의 잘못을 용서해 줌으로써 하나님의 용서를 얻어 낼 수 있다고 말하지 않는다. 죄 사함의 근거는 예수님께서 십자가 위에서 온전히 이루셨다. 다른 전제 조건이 없다. 그러므로 회개함으로써 누구든지 사죄의 은총을 누릴 수 있다. 그렇다면 이 말은 무슨 의미일까? 문법을 좀 살펴볼 필요가 있다. "우리가 우리에게 죄 지은 자를 사하여 준 것 같이"라는 말씀에서 "같이"(ὡς)라는 단어를 보자. 이 "같이"라는 말은 "처럼", "같이", "똑같이"라는 말이다. 학자들은 이 "같이"라는 말이 죄 사함의 조건이나 이유로서 "그와 같이"라는 말이 아니라 죄 사함의 방식으로서의 '그와 같이'라고 해석한다. 쉽게 말하면 예수님께서는 우리가 다른 사람을 용서해 준 것처럼 그렇게 우리를 용서해 주시기를 간구하라고 말씀하신 것이다. 즉, 사람들끼리 살면서 잘못에 대해 사과할 때 사과를 받아 주고 용서해 준 것처럼 하늘 아버지께 잘못을 용서해 달라고 기도하라는 것이다.

그러나 죄 사함을 받는 것과 관련하여 한 가지 지나쳐서는 안 될 말씀이 있다. 그것은 바로 자신은 남의 허물과 실수를 용서하지 않으면서 자신의 죄는 하나님께 용서받겠다는 것은 어불성설이라고 말씀하신 예수님의 가르침이다. 마태복음 6장 14-15절의 말씀을 보자. "너희가 사람의 잘못을 용서하면 너희 하늘 아버지께서도 너희 잘못을 용서하시려니와 너희가 사람의 잘못을 용서하지 아니하면 너희 아버지께서도 너희 잘못을 용서하지 아니하시리라."

이 죄 사함의 기도에 대한 가르침은 타인에 대한 용서를 전제로 죄를 용서

받는다는 말씀처럼 보인다. 그러나 사실 주님의 말씀에는 깊은 뜻이 있다. 주님의 제자들은 하나님의 무한한 용서를 이미 받았다. 하나님께 무한한 용서를 받은 사람들은 자신들에게 지은 허물과 실수를 마땅히 용서하고 자비를 베풀어야 한다. 만약 그렇지 않으면 그 사람은 하나님께 용서받을 자격이 없다는 것이다.

예수님께서 이와 관련하여 마태복음 18장의 일만 달란트 빚진 자의 비유를 말씀하셨다. 임금으로부터 탕감받은 일만 달란트 빚진 자는 자신에게 백 데나리온 빚진 자를 마땅히 용서해야 했었다. 그런데 일만 달란트의 빚을 탕감받았으면서도 자신에게 백 데나리온 빚진 자를 용서하지 않자 임금은 일만 달란트 빚진 자를 다시 옥에 가두어 버렸다. 일만 달란트의 빚, 이는 영원히 갚을 수 없는 사망에 이르는 죄가 아니겠는가? 그런데 백 데나리온은 일상의 삶에서 범한 허물과 실수들일 것이다. 사망에 이르는 죄를 용서받고도 일상의 허물과 실수들을 용서하지 못한다면 그런 사람이 하나님께 용서받을 자격이 있겠는가?

예수님께서 본문에서 죄를 사하여 주시기를 간구하라고 말씀하신다. 즉, 우리의 허물과 잘못을 하나님께 사하여 달라고 기도하라는 것이다. "사하다"($ἀφίημι$)라는 말은 "용서하다", "버리다", "떠나다", "면제하다"라는 의미이다. 마태복음 18장 27절에서 예수님께서는 이 "사하다"라는 말을 "탕감하다"($ἀφίημι$)라는 뜻으로 말씀하셨다. 탕감을 받은 자는 일만 달란트 빚진 자였다. 그 빚진 자가 자기 능력으로는 그 엄청난 빚을 갚을 수가 없었다. 그래서 주인은 자비를 호소하는 그 빚진 자를 불쌍히 여겨 그 모든 빚을 탕감해 주었던 것이다.

예수님께서는 이 짧은 기도문 가운에서 왜 "하늘 아버지께 죄를 사해 달라고 기도하라"고 하신 것인가? 죄 사함을 받으라는 데는 엄청난 이유가 있다. 하나님의 은총이 어디에서 시작되는가? 하나님의 은총이 시작되는 곳이 바로 죄 사함이다. 하늘 아버지의 사랑을 누리는 것도, 은혜를 누리는 것도 그 출발점이 죄 사함에 있다. 얼마나 귀한 죄 사함의 기도에 대한 가르침인가?

이사야 선지자도 이 진리를 이사야 59장 1-2절에서 이렇게 선포했다. "여호와의 손이 짧아 구원하지 못하심도 아니요 귀가 둔하여 듣지 못하심도 아니라 오직 너희 죄악이 너희와 너희 하나님 사이를 갈라 놓았고 너희 죄가 그의 얼굴을 가리어서 너희에게서 듣지 않으시게 함이니라."

하나님의 은총을 가로막는 가장 악한 장벽이 무엇인가? 성경은 죄라고 말하지 않는가? 죄가 하나님과 자녀 사이를 갈라 놓았다. 그래서 예수님께서는 하나님께 회개하여 죄 사함을 받으라고 기도하라는 것 아니겠는가? 왜냐하면 죄 사함을 받은 자만이 거룩하신 하나님 품에 거할 수 있기 때문이다. 그리고 죄 사함을 받은 자만이 하늘 아버지의 은총을 누릴 수 있기 때문이다. 회개와 사죄의 은총을 구하라고 가르쳐 주신 예수님의 기도가 얼마나 복된 기도인가? 죄 사함이야말로 하나님과 우리, 우리와 이웃과의 관계 회복, 그리고 나와 내 자신과의 회복을 위한 것이기도 하다. 죄 사함의 은총은 우리의 평화를 위한 것이다. 특별히 하나님과의 관계 회복의 은총이 있기 때문이다.

회개하는 은총보다도 더 큰 것은 사유의 은총일 것이다. 요한일서 1장 9-10절은 회개와 죄 사함의 은총에 대해 말씀하고 있다. "만일 우리가 우리 죄를 자백하면 그는 미쁘시고 의로우사 우리 죄를 사하시며 우리를 모든 불의에서 깨끗하게 하실 것이요 만일 우리가 범죄하지 아니하였다 하면 하나님을 거짓말하는 이로 만드는 것이니 또한 그의 말씀이 우리 속에 있지 아니하니라."

죄 사함의 은총은 오직 예수님의 십자가에 있다. 예수님께서 세상 모든 죄를 다 짊어지신 그 은혜로 우리는 죄에서 자유를 얻은 것이다. 어느 누구도 매일의 허물과 죄에서 자유 할 수가 없다. 예수님께서는 요한복음 13장 10절 세족식에서 "이미 목욕한 자는 발밖에 씻을 필요가 없느니라"고 말씀하셨다. 매일 발을 씻어야 하는 것처럼 우리도 서로의 허물을 용서하고 또한 하나님께 우리 허물을 용서받아야 한다. 거기에 진정한 죄로부터 자유가 있고 하나님의 은혜의 길에 이를 수 있기 때문이다.

3. 시험과 악으로부터 구해 주시기를 간구하는 기도의 깊은 뜻은?

"우리를 시험에 들게 하지 마시옵고 다만 악에서 구하시옵소서"(마 6:13 上).

이 말씀을 직역하면 "우리를 시험 안으로 인도하지 마옵소서"이다. 본문은 하나님을 '자녀들을 시험 안으로 인도하는 자'인 것처럼 오해하게 만들 수 있는 내용이다. 그러나 야고보서 1장 13절은 "사람이 시험을 받을 때에 내가 하나님께 시험을 받는다 하지 말지니 하나님은 악에게 시험을 받지도 아니하시고 친히 아무도 시험하지 아니하시느니라"고 말한다.

여기에서 "시험하다"라는 말은 대체적으로 두 가지 종류가 있다. 하나는 "분별하다", "증명하다", "시험하다"를 의미하는 "도키마조"($\delta o\kappa\iota\mu\acute{a}\zeta\omega$)라는 말이다. 누가복음 14장 19절에서는 소를 시험하는 데 쓰였다(참고 고전 3:13, 11:28, 고후 13:5). 또 다른 "시험"이란 말은 "페이라조"($\pi\epsilon\iota\rho\acute{a}\zeta\omega$)이다. 이 단어를 영어에서는 "시험하다"(test)라는 말과 "유혹하다"(temptation)라는 두 가지 단어로 번역한다. "시험하다"(test)라는 말은 "조사하다", "검사해 보다"라는 좋은 의미로도 사용된다(마 22:35; 요 6:6; 계 2:2).

하지만 더 많은 경우 이 말은 "유혹하다"(temptation)와 같은 부정적 의미로 사용된다. 특히 성경에서 시험(temptation)하는 주체로서 마귀를 지목하는 경우가 많다(마 4:1; 막 1:13; 눅 4:2; 고전 7:5; 살전 3:5).

예수님께서는 왜 시험에 대해서 기도하라고 하셨는가? 이것이 바로 영적 승리를 위한 길이기 때문이다. 마귀의 시험에서 하나님의 도움 없이는 승리할 수가 없다는 것을 주님을 너무나 잘 알고 계셨다. 그리하여 영적 전쟁의 승리를 위해서는 하늘 아버지의 도움을 구하라는 것이다. 성도는 하나님 나라에 갈 때까지 이 영적 전쟁을 피할 수 없다.

본문의 "시험"이란 단어는 무슨 뜻으로 사용되었는가? 대체적으로 마귀의 사역과 관련하여 사용되고 있다. 본문의 "들게 하다"(εἰσενέγκῃς)라는 말은 "데리고 들어가다", "안으로 인도하다"라는 말이다. 하나님께 기도하기 때문에 자칫 오해하면 하나님께서 시험에 들게 할 수도 있다는 말이다. 그러나 야고보서 1장 13절의 말씀처럼 하나님께서는 아무도 시험하지 않으신다는 것을 보면 이는 능동적인 명령보다는 허용적 명령으로 보아야 한다.

"우리를 시험에 들게 하지 마시옵고"라는 기도는 "우리로 하여금 마귀의 유혹에 빠지는 것을 허락하지 마옵소서"라는 말이다. 최후만찬에서 예수님께서는 베드로의 배반과 관련하여 마귀의 시험에 대해 말씀하셨다. "시몬아, 시몬아, 보라 사탄이 너희를 밀 까부르듯 하려고 요구하였으나 그러나 내가 너를 위하여 네 믿음이 떨어지지 않기를 기도하였노니 너는 돌이킨 후에 네 형제를 굳게 하라"(눅 22:31-32). 예수님께서는 베드로가 마귀의 유혹에 빠지지 않도록 기도하라고 하신 것이다. 그런데 베드로와 다른 제자들은 어떻게 하였는가? 기도할 시간에 기도하지 않아 그들은 결국 하나님의 뜻을 분별하지 못하고 허둥대지 않았는가? 검을 가지고 싸우려 들었고 주님을 버리고 도망하며 배신하지 않았던가?

특별히 주기도문에 나오는 이 시험은 주님의 복음 사역에 관련하여 오는 것임을 알 수 있다. 말하자면 그들이 이 땅에서 하나님 나라의 확장과 그의 뜻의 성취를 위해서 노력하기 때문에 이를 방해하고 대적하는 사탄의 시험임을 알 수 있다. 시험은 이처럼 신약의 성도들이 하나님 나라를 위해서 살기 때문에 당하는 영적인 시험인 것이다. 또한 하나님의 자녀로서 참된 믿음을 지키고 살려고 하기 때문에 원수인 사탄으로부터 오는 여러 가지 방면의 시험임을 알 수 있다.

그래서 요한복음 17장 15-17절에서는, 예수님께서 제자들의 믿음의 승리를 위해서 중보기도를 드리는 것을 볼 수 있다. "내가 비옵는 것은 그들을 세상에서 데려가시기를 위함이 아니요 다만 악에 빠지지 않게 보전하시기를 위함이니이다 내가 세상에 속하지 아니함 같이 그들도 세상에 속하지 아니하였사옵나이다 그들을 진리로 거룩하게 하옵소서 아버지의 말씀은 진리니이다."

하지만 하나님께서는 진리를 믿지 않고 계속하여 불의를 좋아하는 자들에게 사탄의 시험에 빠지도록 허락한 것을 데살로니가후서 2장 9-12절에서 볼 수 있다. "악한 자의 나타남은 사탄의 활동을 따라 모든 능력과 표적과 거짓 기적과 불의의 모든 속임으로 멸망하는 자들에게 있으리니 이는 그들이 진리의 사랑을 받지 아니하여 구원함을 받지 못함이라 이러므로 하나님이 미혹의 역사를 그들에게 보내사 거짓 것을 믿게 하심은 진리를 믿지 않고 불의를 좋아하는 모든 자들로 하여금 심판을 받게 하려 하심이라."

그러므로 "시험에 들게 하지 마옵시고"라는 이 기도는 "시험의 희생물이 되지 않게 하옵시고" 혹은 "시험에 지지 말게 하옵소서"라는 의미이다. 즉, 예수님께서는 마귀가 주는 시험에 빠지지 않기를 간구하라고 가르치신 것이다. 특별히 예수님께서는 겟세마네 동산에서 본문과 똑같은 형식으로 "시험에 들지 않도록 기도하라"고 말씀하셨다. 이것을 보면 이 시험은 일반적인 시험이 아닌 사탄으로부터 오는 시험임을 알 수 있다.

삼킬 자를 두루 찾아다니는 마귀의 시험을 당하지 않을 자는 세상에 아무도 없다. 그러므로 예수님께서는 제자들에게 '마귀로부터 오는 시험을 만나지 않도록 기도하라' 고 가르치시는 것이 아니다. 그보다는 오히려 비록 주님의 제자들이 마귀의 시험을 만난다 하더라도 마귀의 수중에 떨어지지 않고 그 모든 시험을 극복하고 승리하기를 하늘 아버지께 기도하라는 것임을 알 수 있다.

이어서 주님께서는 "다만 악에서 구하시옵소서"라고 기도하라고 가르치셨다. 직역하면 "도리어 우리를 그 악으로부터 구원하소서"이다. 여기서 "악"($\tau o\hat{u}\ \pi o\nu\eta\rho o\hat{u}$)은 중성 혹은 남성의 의미를 모두 가진다. "악"을 중성으로 보면 악한 조건이나 상황을 의미할 것이다. 그러나 만약 남성으로 본다면 "그 악한 자"란 의미로 앞부분의 시험에 빠뜨리는 자, 즉 마귀로부터 구하여 달라는 간구로 볼 수도 있다.

예수님께서는 시험하는 자(마 4:3)를 씨 뿌리는 비유에서 악한 자로 말씀하셨다(마 13:19). 왜 예수님께서 악에서 구원해 주시기를 기도하라고 하셨는가? 영적 승리의 길이 기도에 있기 때문이다. 또한 그 악한 자인 마귀와의 전쟁에서 승리하는 길은 하나님의 도움에 있기 때문이다. 우리의 힘만으로는 승리할 수 없다는 것을 주님께서는 너무나 잘 알고 계셨던 것이다. 그래서 사도 바울도 에베소서 6장 10절 이하에서 마귀와의 영적 전투에서 승리하기 위해 전신갑주를 취하라고 명령하고 있다. 그리고 더불어 마귀와의 전쟁과 시험에서 승리하기 위해 또한 성령 안에서 수시로 기도하라고 권면했다.

요한계시록 2장 8-10절에서는 사단의 위장된 무리들의 공격에서도 승리하여 주님의 칭찬을 받은 서머나 교회를 볼 수 있다. "서머나 교회의 사자에게 편지하라 처음이며 마지막이요 죽었다가 살아나신 이가 이르시되 내가 네 환난과 궁핍을 알거니와 실상은 네가 부요한 자니라 자칭 유대인이라 하는 자들의 비방도 알거니와 실상은 유대인이 아니요 사탄의 회당이라 너는 장차 받을 고난을 두려워하지 말라 볼지어다 마귀가 장차 너희 가운데에서 몇 사람을 옥에 던져 시험을 받게 하리니 너희가 십 일 동안 환난을 받으리라 네가 죽도록 충성하라 그리하면 내가 생명의 관을 네게 주리라."

서머나 도시 자체는 부요한 도시였다. 그러나 서머나 교회는 온갖 핍박으로 인해 실제적으로 궁핍하였다. 그럼에도 불구하고 그리스도께서는 서머나 교회를 향해 부요하다고 인정하시고 칭찬하셨다. 이것은 육신적으로는 궁핍하나 내적으로 정결하고 부요함을 의미한다(눅 12:21; 고후 6:10; 딤전 6:17,18; 약 2:5). 이는 외적으로는 부요하나 내적, 영적으로 궁핍했던 라오디게아 교회와는 정반대의 모습이다(요 3:17).

서머나에는 유대인들이 많이 거주하고 있었다. 그들 가운데는 서머나의 유력한 위치에 오른 자들이 많아서 기독교를 박해하고 믿음을 방해하였다. 예를 들면 황제 숭배를 이용하여 거짓된 말로 로마 제국을 충동해서 서머나의 감독이었던 폴리갑을 처형한 것을 볼 수 있다. 이들은 예수 그리스도를 구주로 믿지 않았다. 그들은 자신들이 아브라함의 혈통인 것을 천국 시민권으로 오해하여 더욱 기독교인들을 박해하였다. 실제로 초대 교회 여러 이단들과 잘못된 사상들 가운데 유대주의는 가장 무서운 기독교 진리의 훼방자였다.

주님께서는 서머나 교회를 핍박한 유대인들의 영적 실체를 밝히셨다. 서머나의 유대인은 단순한 인간들의 모임이 아니라 사탄의 회, 곧 사탄의 모임이었다는 것이다. 그들의 실체는 사탄의 하수인이었으며, 그리스도와 하나님의 적대자였던 것이다(요 8:31-47).

예수님께서 이 짧은 기도문에서 마지막으로 "시험에 들지 않기를, 그리고 악에서 구원해 주시기를" 기도하라고 하신 깊은 뜻은 무엇일까? 여기에는 영적인 이유가 있다. 예수님께서는 우리 힘으로 원수 마귀와 싸워서 이길 수 없음을 잘 알고 계신다. 그래서 공중 권세 잡은 자, 악한 영적 권세를 잡은 자와 싸움에서 늘 승리하기 위해서 하늘 아버지께 도움을 구하라는 것이다. 하나님의 자녀로서 참된 믿음을 지키고 살려고 하면 할수록 공격하여 넘어뜨리려는 원수 마귀가 있다는 것이다. 영적 전쟁을 기억하라는 것이다. 예수님께서는 원수 마귀가 여러 가지 시험과 공격으로 택한 자녀들을 무너뜨리려는 악한 흉계를 너무나 잘 알고 계신다.

그래서 하늘 아버지께 "시험에 들지 않기를, 그리고 악에서 구원해 주시기를" 기도하라고 하신 것이다. 영적인 공격에서 승리를 위한 기도는 얼마나 소중한 기도의 가르침인가? 예수님께서는 믿음으로 사는 자들을 흔드는 사탄의 시험에서 승리하는 길을 가르쳐 주신 것이다. 하늘 아버지께 그 악한 자인 사탄의 권세에서 구하여 주시기를 기도하라고 하신 것이다. 사탄의 정체와 영적 전쟁의 실체를 바로 알고, 하늘 아버지께 부르짖음으로 믿음 가운데 승리하라는 것이다.

"나라와 권세와 영광이 아버지께 영원히 있사옵나이다 아멘"(마 6:13下).

한글성경에서는 본문의 기도문을 ( )안에 넣었다. 왜냐하면 주요 고대 사본(시내 사본, 바티칸 사본, 베자 사본 등)과 누가복음의 주기도문에는 이 내용이 없기 때문이다. 후기 사본(레기우스, 센트골)에서만 이 내용이 존재한다. 그래서 일부 성경학자, 주석학자들은 본문이 예수님께서 직접 가르치신 것이 아니라 기도나 찬미가 끝난 후에 송영을 부르는 유대인의 관습에 따라 후대에 추가된 것으로 보기도 한다.

그러나 이 문구를 원본의 일부로 보는 학자들도 있다. 이 내용은 기도를 마치는 데 중요한 부분이라는 것이다. 하나님의 통치가 이루어지는 "나라"(βασιλεία)와, 그 나라를 하나님의 나라가 되게끔 하는 "권세"(δύναμις)와, 하나님의 나라가 이루어짐으로써 드러나게 될 "영광"(δόξα)이 영원토록 아버지의 것이라는 고백이기 때문에 그렇다는 것이다. 또 여기에서 "아버지께 있다"(σου εστιν)라는 말은 "당신의 것이다"라는 말이다.

결론적으로 마지막 절은 "이 모든 기도를 왜 하늘 아버지께 드리는가?"에 대한 근거와 이유(ὅτι)를 보여 준다. 직역하면 "왜냐하면 나라와 권세와 영광이 아버지께 영원히 있기 때문입니다"이다. 즉, 이 모든 기도를 응답하실 권세와 능력과 영광이 오직 아버지께 있기 때문에 구하는 것임을 알 수 있다.

성도들은 이미 하나님의 자녀가 되었고 이미 사탄의 세력에서 해방되었다. 그리고 이미 하나님 나라의 시민이 되었고 이미 의롭다함을 얻어 구원함도 얻었다. 그런데 왜 주님은 일용할 양식과 죄 용서와 시험과 악으로부터 해방을 기도하라고 하셨는가? 그것은 아직도 여전히 성도는 한편으로 사탄의 위협 아래 놓여 있기 때문이다. 아직도 여전히 죄와의 싸움이 끝나지 않았기 때문이다. 그리고 사도 바울의 고백처럼 여전히 육신의 죄의 유혹에서 자유하지 못하기 때문이다. 그리스도인들은 아직도 온전한 하나님의 나라를 기다리고 있는 도상 위의 나그네이기 때문이다.

{ 우리가 들어야 할 하나님의 음성은 무엇인가? }

　주기도문의 가르침의 후반부에서 들어야 할 하나님의 음성은 무엇인가? 하나님의 자녀들에게는 자녀들을 돌보시는 하늘 아버지가 있으니 필요한 도움을 하늘 아버지께 구하라는 것이다. 이 세상 헛된 것에 도움을 청하지 말라는 것이다. 엉뚱한 미신에 마음을 빼앗기지 말라는 것이 아니겠는가?
　다른 것을 생각지 말고 이 악한 세상에서 하늘 아버지께서 다스려 주시기를 구하라는 것이다. 왜냐하면 하나님께서 다스리시는 곳에 생명과 평강과 자유가 있기 때문이다. 땅의 양식도, 영생하는 양식도 하늘 아버지께 있으니 하늘 아버지께 구하라는 것이다. 그리고 죄를 회개하고 죄 사함의 은총을 구하라는 것이다. 왜냐하면 하늘 아버지의 은총을 누리는 출발점이 죄 사함에 있기 때문이다. 그리고 마지막으로 인간의 힘으로는 이길 수 없는 영적인 공격자, 원수 마귀가 있으니 하늘 아버지께 지켜달라고 기도하라는 것이다.
　주기도문을 통해 예수님께서 가르쳐 주신 기도와 우리가 우리 욕심대로 구하는 기도가 얼마나 다른지를 돌아볼 필요가 있다. 예수님께서 가르쳐 주신 기도는 참으로 짧고 간단하다. '하나님께서 우리의 믿음·삶·가정을 다스려 주시기를, 일용할 양식을 주시기를, 죄를 용서하여 주시기를, 그리고 시험과 악에서 건져 주시기'를 구하라는 것이다. 그런데 이 짧은 기도 속에 하나님의 자녀들이 이 세상에서 실족하지 않고 영육간에 승리할 수 있는 기도가 다 들어 있지 않은가? 기도를 많이 하는 것이 능사가 아닐 것이다. 하늘 아버지의 은총을 누리는 기도, 영적으로 승리하는 기도, 구할 바를 바르게 구하는 기도를 드려야 하지 않겠는가?

17. 요셉의 형통과 하나님의 섭리 (창 39:1-10)

{ 생각해 볼 점들 }

요셉의 고난과 형통은 성도들에게 위로와 소망을 주는 유명한 말씀 중 하나다. 요셉은 어린 나이에 애굽에 노예로 팔려 갔다. 견디기 어려운 시련이었을 것이다. 그런 그가 절망하지 않고 감당하기 어려운 고난을 이겨 냈다. 그래서 요셉은 고난을 이기고 영광에 이르는 승리의 표상이기도 하다.

혹자는 말한다. 고난을 이기는 요셉의 이러한 믿음이 요셉을 총리라는 영광의 자리에 이르게 했다고. 그래서 길이 보이지 않는 자들에게 요셉은 등대와 같은 인물이라고 말한다. 미래에 대한 비전을 가지는 요셉은 결코 무너지지 않았다. 그래서 요셉과 같이 꿈을 꾸라고 말한다.

본문을 보면 노예로 팔려온 요셉이 형통한 자가 된 것을 볼 수 있다. 이유가 무엇인가? 간단하다. 성경은 이렇게 말한다. "여호와께서 요셉과 함께 하시므로 그가 형통한 자가 되어." 그러므로 혹자는 이렇게 말기도 한다. 하나님께서 함께 하신 자는 요셉과 같이 형통한 자가 된다는 것이다. 감옥에 들어가도 고난을 극복하는 자는 대제국 애굽의 총리에 이를 수 있다는 것이다.

그런데 한 가지 짚고 넘어갈 것이 있다. 과연 요셉 사건은 한 개인의 고난과 그 후의 형통함만을 나타내는 성공의 모델에 불과한 것인가? 고난 중에서 믿음을 지키고 승리하는 자는 하나님께서 존귀한 자로 세워 주신다는 것이 전부인가? 성경의 사건들은 하나님의 약속과 섭리 속에서 보아야 하지 않겠는가?

성경은 하나님의 언약의 책이다. 하나님께서는 약속하신 뜻을 이루기 위해 모든 역사를 섭리하신 것을 볼 수 있다. 요셉의 모든 사건도 그렇다. 요셉이 형통케 됨은 하나님을 경외하는 요셉 한 개인의 영광에서 끝나서는 안 된다. 요셉의 고난과 형통을 큰 그림 안에서 본다면 하나님께서 아브라함에게 약속하신 그 언약 안에서 해석해야 하지 않겠는가? 원문에서는 요셉의 고난과 형통함을 어떤 차원에서 말하는가? 그것이 궁금하다. 원문에서 하나님의 음성을 들어보자.

{ 원문에서 듣는 하나님의 음성 }

1. 하나님의 언약과 섭리

"요셉이 이끌려 애굽에 내려가매 바로의 신하 친위대장 애굽 사람 보디발이 그를 그리로 데려간 이스마엘 사람의 손에서 요셉을 사니라"(창 39:1).

하나님께서 아브라함에게 약속하신 그 언약 안에서 요셉 사건을 바라보자. 본문 1절은 이렇게 시작한다. "요셉이 이끌려 애굽에 내려가매." 이 사건은 창세기 37장 28, 36절 사건에 이어 계속됨을 알 수 있다. 요셉은 자의가 아닌 형들에 의해 노예로 팔려 갔다.

여기서 "이끌려"(לֻקַּח)라는 말은 "내려가다"라는 말이다. 그런데 사역 수동태(הֻקַּד)다. 문법 그대로 그는 누군가에 의해 끌려간 것을 알 수 있다. 요셉이 내려간 상황은 참으로 불행하고 비참한 현실이었다. 그러나 요셉이 팔려간 사건이 단순한 한 개인의 불행한 사건에 불과한가? 그렇지 않다. 여기에도 하나님의 놀라운 섭리가 있음을 알 수 있다.

창세기 15장 12-14절을 보자. 하나님께서는 먼 장래를 보시고 아브라함에게 이러한 사실을 미리 말씀하셨다. 그의 자손이 이방에서 객이 되어 사백 년 동안 종살이를 할 것이라고 말씀하셨다. "객"(גֵר)이란 말은 무엇을 말하는가? "객"이란 "체류자", "일시적인 거주자"를 의미하는 단어이다. 아브라함의 자손은 사백 년 동안 애굽에 일시적으로 체류하다가 곧 사대 만에 다시 약속의 땅으로 돌아올 것이라고 하나님께서 약속하셨다.

창세기 45장 7-8절을 보면 형들에게 팔려 애굽에 끌려간 사실에 대해 요셉이 하나님의 관점에서 해석한 것을 볼 수 있다. "하나님이 큰 구원으로 당신들의 생명을 보존하고 당신들의 후손을 세상에 두시려고 나를 당신들보다 먼저 보내셨나니 그런즉 나를 이리로 보낸 이는 당신들이 아니요 하나님이시라 하나님이 나를 바로에게 아버지로 삼으시고 그 온 집의 주로 삼으시며 애굽 온 땅의 통치자로 삼으셨나이다."

하나님의 섭리가 때로는 은혜 가운데, 때로는 고통과 아픔 가운데 이루어지는 것을 보게 된다. 요셉이 불행하게 형들의 손에 팔려 애굽에 이끌려 왔다. 요셉은 형들이 자신을 노예로 팔았던 사건을 하나님께서 앞서 보내셨다고 해석하고 있지 않은가? 요셉은 자신이 애굽으로 팔려간 사건 속에는 하나님의 놀라운 역사가 있었음을 깨달았던 것이다. 하나님의 언약 안에서 자신의 사건을 해석한 것이다. 하나님의 사람들이라면 적어도 하나님의 뜻 안에서 삶을 이렇게 해석할 수 있는 관점이 있어야 하지 않겠는가?

본문에서 요셉은 하나님을 "그 하나님"(הָאֱלֹהִים)이라고 말한다. 왜 "그 하나님"인가? 이는 이스라엘의 하나님, 조부들의 하나님, 자신들을 택하시고 인도하신 그 언약의 하나님을 강조한 것임을 알 수 있다.

바로의 신하 친위대장 애굽 사람 보디발이 이스마엘 사람의 손에서 요셉을 샀다. 요셉이 바로의 신하 친위대장 애굽 사람 보디발의 노예로 팔린 것이 우연인가? 왜 하필이면 애굽의 고위관리인 친위대장의 집 노예가 되었는가? 그리고 친위대장 노예 중 하필이면 들에서 일하는 노예가 아니라 가정총무가 되었는가? 여기에 하나님의 섭리를 읽을 수 있지 않은가? 하나님의 사람들의 삶에는 우연이 없다. 다만 합력하여 선을 이루시는 하나님의 섭리만이 있을 뿐이다.

이는 마치 모세가 이스라엘 지도자로 훈련받기 위해 공주의 아들이 된 것과 같은 하나님의 섭리를 보게 된다. 요셉이 보디발의 노예로 들어감으로써 종국적으로 그가 총리가 되었다. 이것은 하나님께서 요셉에게 보여 주신 꿈의 실현이었다. 그리하여 하나님께서는 요셉이 단순한 부잣집의 노예가 아니라 고위직 권력자의 집으로 팔려 가게 하신 것이다. 그러나 요셉의 꿈이 실현된 것은 개인의 영광에 그치는 사건이 아니다. 이 점을 놓쳐서는 안 된다.

하나님께서는 요셉에게 보이신 그 꿈을 이루시기 위해 섭리하셨다. 그러나 그것은 요셉 개인의 영광이었는가? 물론 일차적으로는 그럴 수 있다. 그러나 하나님의 섭리는 다른 데 있었다. 언약을 이루어 가시는 데 있었다. 요셉의 꿈을 이루시는 하나님의 심중에는 택한 백성에게 하신 언약이 있었던 것이다.

요셉이 하나님의 계획에서 갖는 위치와 의의는 무엇인가? 노예의 자리에서 총리로 오른 하나님의 은총인가? 아니면 요셉을 통하여 약속의 백성을 기근의 위기에서 건지시는 하나님의 섭리였는가? 요셉에게 보여 주신 하나님의 꿈은 자신의 꿈을 이루는 것이 아니라 언약의 백성을 위한 하나님의 계획이었다.

성경에서 한 개인의 영달을 지나치게 강조하다 보면 하나님의 섭리와 계획을 놓치는 엄청난 우를 범하고 지엽적인 문제로 전락하게 된다. 또한 이 지엽적이고 편협한 해석을 성도들의 삶에 바로 적용하게 되면 이차적인 어리석음을 범할 수도 있다. 우리는 요셉의 사건을 이렇게 한 개인의 신앙의 승리로 미화하고 그것을 성도들의 삶에 적용시키는 조급함을 경계하고 모든 사건 속에 역사하시는 더 크신 하나님의 섭리를 놓치지 말아야 한다.

물론 그 꿈은 요셉의 먼 장래의 영광이었다. 그러나 요셉을 영광의 자리에 오르게 한 것도 하나님의 뜻이 있었다. 그가 노예로 팔리고 후에 총리가 된 것에 대해 창세기 45장 5절과 50장 20절을 보면 하나님 언약의 섭리 안에서 이렇게 해석한 것을 볼 수 있다. "당신들이 나를 이 곳에 팔았다고 해서 근심하지 마소서 한탄하지 마소서 하나님이 생명을 구원하시려고 나를 당신들보다 먼저 보내셨나이다"(창 45:5), "당신들은 나를 해하려 하였으나 하나님은 그것을 선으로 바꾸사 오늘과 같이 많은 백성의 생명을 구원하게 하시려 하셨나니"(창 50:20).

성경의 사건들을 구속사적 언약의 섭리 안에서 바라보아야 한다. 하나님께서 요셉 사건을 언약의 섭리 속에서 선으로 바꾸셨다. 본문의 "바꾸다"(חשב)의 문자적 의미는 "엮다", "공작하다"라는 말이다. 이것이 요셉을 향한 하나님의 섭리였다. 이 요셉을 통해 하나님께서는 언약의 백성을 애굽으로 가게 하셨다. 요셉이 애굽으로 가는 선발대였던 셈이다. 그런데 누가 요셉이 노예로 팔려 가는 이 고통 속에서 하나님의 섭리를 볼 수 있겠는가? 하나님께서 모든 사건을 엮고 계셨던 것이다.

결국 하나님께서 아브라함에게 말씀하신 대로 아브라함의 후손이 애굽으로 내려간 것이다. 훗날 요셉의 초청으로 그들이 애굽으로 가고 있는 도중에 하나님은 야곱에게 애굽으로 이주하는 것을 두려워 말라고 말씀하셨다(창 46:1-4). 왜냐하면 하나님께서는 이스라엘을 애굽에서 큰 민족으로 번성케 하신 뒤 다시 가나안으로 인도하실 것이기 때문이었다(창 15:13-16).

2. 언약의 백성과 함께 하시는 하나님

"여호와께서 요셉과 함께 하시므로 그가 형통한 자가 되어 그의 주인 애굽 사람의 집에 있으니"(창 39:2).

요셉 사건에서 가장 핵심적인 문장은 2절의 말씀이다. 그것은 "여호와께서 요셉과 함께하시므로"라는 구절이다. 본문을 "하나님께서 요셉과 함께 하시므로"라고 기록할 수도 있었을 것이다. 그러나 모세는 하나님 대신에 여호와라고 기록하고 있다. 그 의도가 무엇인가?

대체적으로 여호와는 언약의 하나님, 택한 백성 이스라엘의 하나님을 지칭하는 데 주로 사용되는 것을 볼 수 있다. 언약의 하나님이신 여호와, 이스라엘을 택하신 여호와이신 그 하나님께서 요셉과 함께 하셨다는 것이다.

여호와께서는 왜 요셉과 함께 하셨는가? 그것은 하나님께서 요셉을 통하여 이루실 언약이 있었기 때문이다. "함께 한다"(היה את־)는 것은 하나님께서 택한 백성에게 베푸시는 하나님의 최고의 은총이다. 그리고 "함께 한다"는 의미는 하나님의 뜻, 곧 언약을 이루시는 자들을 통해 하나님께서 일하시는 방식이기도 하다.

창세기는 하나님께서 택하신 백성, 곧 아브라함, 이삭, 야곱과 함께 하셨던 하나님을 볼 수 있다.

"그 때에 아비멜렉과 그 군대 장관 비골이 아브라함에게 말하여 이르되 네가 무슨 일을 하든지 하나님이 너와 함께 계시도다(אלהים עמך)"(창 21:22), "그 밤에 여호와께서 그에게 나타나 이르시되 나는 네 아버지 아브라함의 하나님이니 두려워 말라 내 종 아브라함을 위하여 내가 너와 함께 있어(אתך אנכי) 네게 복을 주어 네 자손이 번성하게 하리라 하신지라"(창 26:24),

"네 자손이 땅의 티끌 같이 되어 네가 서쪽과 동쪽과 북쪽과 남쪽으로 퍼져나갈지며 땅의 모든 족속이 너와 네 자손으로 말미암아 복을 받으리라"(창 28:14),

"내가 너와 함께 있어(אנכי עמך) 네가 어디로 가든지 너를 지키며…"(창 28:15).

여호와께서 요셉과 함께 하신 결과는 무엇인가? 그것은 "형통한 자"가 되었다고 말한다. "형통하다"(צלח)라는 것은 무슨 의미인가? 국어사전에는 "형통하다"라는 것을 "모든 일이 뜻과 같이 잘되어 감"이라고 말한다. 본문에서 형통이란 "적당하다", "유익하다", "번영하다", "번성하다", "성공하다", "이롭다"라는 말이다. 이 말은 사역형(מצליח)이므로 "번영케 하다", "유익하게 하다"라는 의미이다. 그러므로 학자들은 본문의 "형통한 자"를 본인만 형통한 것이 아니라 "주위 사람까지 유익하게 만드는 자", "번영케 하는 자"라는 의미로 해석한다.

창세기 39장 3절을 보자. 하나님의 은혜로 요셉 자신이 형통케 된 것을 볼 수 있다. 그런데 또한 39장 5절의 내용을 보면 요셉으로 인해 보디발의 집과 모든 소유에 복이 임한 것을 볼 수 있다. 이것을 보면 '주위 사람까지 형통케 한다'는 의미로서 사역형이 쓰인 이유를 알 수 있다.

요셉은 그의 주인 애굽 사람의 집에 있었다. 본문의 "그의 주인 애굽 사람의 집에 있으니"라는 말은 중요한 것 같아 보인다. 여기에서도 하나님의 섭리를 볼 수 있다. 본문의 "집에"(בְּבֵית)라는 말은 전치사 "안에"(ב)라는 말과 "집", "가족"(בַּיִת)의 합성어이다.

부유한 집에는 많은 종들이 있다. 집 밖에서 일하는 종들도 있고 집 안에서 일하는 종들이 있다. "집에"(בְּבֵית)라는 말은 "집 안에"라는 말이다. 이 단어를 보면 하나님께서 요셉을 집 안, 곧 가정에서 일하도록 섭리하신 것을 알 수 있다. 사실 집 안에서 일하다가 요셉은 보디발의 아내의 유혹으로 투옥된 것이다. 결국 이 일로 요셉은 감옥에서 왕의 신하들을 만나게 되었다. 그리고 생각지도 못한 애굽의 왕을 대면하는 데까지 나가게 된 것이다. 도처에서 숨겨진 하나님의 섭리를 엿볼 수 있다.

"**그의 주인이 여호와께서 그와 함께 하심을 보며 또 여호와께서 그의 범사에 형통하게 하심을 보았더라**"(창 39:3).

주인 보디발이 요셉에게서 본 것이 두 가지였다. 첫째는 여호와께서 요셉과 함께 하신 것이다. 여기서 "보다"(רָאָה)라는 말은 단순히 "보다"라는 말 외에도 "인지하다", "발견하다", "깨닫다"라는 말이다. 시간이 지남에 따라 보디발은 하나님께서 요셉과 함께 하신다는 사실을 발견하고 깨달은 것이다.

둘째는 여호와께서 요셉의 범사에 형통케 하심을 본 것이다. 그렇다면 "범사"(כל אשר־הוא עשה)란 무엇을 말하는가? 직역하면 "그의 손으로 행한 모든 일"이란 의미이다. 즉, 요셉이 관여하는 모든 일이다. 하나님께서 요셉이 하는 모든 일들을 형통케 하신 것이다. 그 이유는 하나님께서 요셉과 함께 하셨기 때문이다. "형통하다"(מצליח)라는 말은 사역형(מצליח)이다. 요셉 스스로 형통케 되는 은총을 얻은 것이 아니다. 하나님께서 그렇게 하신 것이다. 하나님께서 요셉의 삶이 형통하도록 은혜를 베푸신 것임을 알 수 있지 않은가?

> "요셉이 그의 주인에게 은혜를 입어 섬기매 그가 요셉을 가정 총무로 삼고 자기의 소유를 다 그의 손에 위탁하니"(창 39:4).

요셉이 그의 주인에게 은혜를 입었다는 것은 무슨 말인가? 직역하면 "그래서 요셉이 그의(그 주인의) 눈들 안에서 은혜를 발견했다"라는 말이다. "주인에게"(בעיניו)라는 말을 직역하면 "그의 눈 안에"(בעיניו)라는 말이다. 즉, "그의 주인의 눈 안에서"라는 의미이다. 쉽게 말하면 요셉이 그 주인의 눈에 들었다는 말이다.

이 구절은 히브리어의 관용구다. 이 말은 인간의 감정이 가장 잘 드러나는 눈을 통해 상대방의 호의를 발견한다는 생각이 담긴 표현이다. 이 표현 속에서 요셉이 행하는 모든 일들이 그 주인 보디발의 눈에 든 것을 알 수 있다.

이러한 표현을 출애굽기 15장 26절에서도 볼 수 있다. "이르시되 너희가 너희 하나님 나 여호와의 말을 들어 순종하고 내가 보기에(בעיניו) 의를 행하며 내 계명에 귀를 기울이며 내 모든 규례를 지키면 내가 애굽 사람에게 내린 모든 질병 중 하나도 너희에게 내리지 아니하리니 나는 너희를 치료하는 여호와임이라."

요셉이 주인에게 은혜를 입은 것이다. "은혜를 입어"에서 "입다"(מָצָא)라는 말은 "발견하다", "획득하다", "알다", "만나다", "찾아내다", "우연히 마주치다", "나타나다"라는 말이다. 요셉이 이렇게 주인의 눈에 들어 은혜를 입게 된 것은 3절의 말씀에 있다. 왜 그런 것인가?

그것은 그 주인이 여호와께서 요셉과 함께 하시고 그의 범사를 형통케 하심을 보았기 때문이다. 비록 종으로 팔려 왔지만 요셉은 정성을 다해 주인을 섬긴 것을 알 수 있다. 왜냐하면 "섬기다"(שָׁרַת)라는 말이 강조형(מְשָׁרֵת)이기 때문이다. 이것을 보면 요셉이 힘을 다하여 성실하게 섬긴 것을 알 수 있다. 뿐만 아니라 이 "섬기다"라는 말이 중요한 인물이나 통치자를 섬기는(대하 22:18, 에 2:2) 데 쓰인 것을 보면 요셉이 집안일 중에서도 특히 시위대장 보디발을 개인적으로 시중들었던 것을 알 수 있는 대목이다.

그래서 주인은 요셉을 가정총무로 삼았고 그의 모든 것을 위탁한 것이다. "총무로 삼다"(פָּקַד)란 "맡기다", "돌보다", "감독하다", "위탁하다"라는 말로 사역형이다(הִפְקִיד). 이는 주인이 요셉을 온 집안을 돌보는 자로 임명한 것을 알 수 있다. 그래서 모든 것을 요셉에게 위임했다. "위임하다"(נָתַן)라는 말은 "주다", "놓다", "두다", "허락하다", "맡기다"라는 말이다. 자기 소유를 다 위탁한 것을 보면 보디발이 요셉을 얼마나 신뢰했는지 알 수 있다. 사실 보디발의 요셉에 대한 신뢰의 근거는 하나님께서 함께 하시므로 형통한 자가 되었다 사실에 있었다.

"그가 요셉에게 자기의 집과 그의 모든 소유물을 주관하게 한 때부터 여호와께서 요셉을 위하여 애굽 사람의 집에 복을 내리시므로 여호와의 복이 그의 집과 밭에 있는 모든 소유에 미친지라"(창 39:5).

5절 서두를 직역하면 "그리고 그때부터 일이 일어났다"(וַיְהִי מֵאָז)라는 말로 시작된다. 즉, 보디발의 집에 복이 임하는 시점을 본문은 "요셉이 주관한 때부터"라고 말한다. 참으로 놀랍지 않은가? 이방인의 집에 복이 임하다니 말이다.

여기서 "주관하다"(פָּקַד)라는 말은 "맡기다", "돌보다", "감독하다", "위탁하다"라는 말로서 사역, 완료형이다(הִפְקִיד). 어떤 의미로 해석해야 하는가? 보디발이 요셉으로 하여금 가정총무의 일을 보도록 맡긴 때부터이다. 그런데 완료형이므로 가정총무로 삼은 이후로 계속하여 여호와의 복이 임한 것을 알 수 있다.

하지만 복이 임한 것은 애굽 사람의 집과 소유였지만 여호와께서는 요셉을 위해서 한 것이라고 성경은 말한다. 누구 때문인가? 무엇 때문인가? 이것이 중요하지 않는가? 바로 요셉 때문이었다.

여기에서 "복을 내리시다"(בָּרַךְ)라는 말을 살펴보자. 이 복은 물질과 소유와 번영을 지칭하는 단어다. 그러므로 이 온 집과 그 땅에 복이 임한 것을 볼 수 있다. 이 말이 강조형(בֵּרַךְ)이므로 하나님께서는 풍성하게 복을 내리신 것을 알 수 있다.

여호와께서 그 애굽 사람의 집에 복을 내리시므로 여호와의 복이 그의 집과 밭에 있는 모든 소유에 미치게 된 것이다. "복이 미치다"에서 "미치다"(הָיָה)라는 말은 "있다", "되다", "일어나다", "존재하다", "발생하다"라는 말이다. 그러므로 요셉 때문에 보디발의 온 집과 그 땅에 복이 임한 것을 알 수 있다. 보디발의 집이 복을 받는 것을 보면서 우리는 창세기 12장 3절에서 아브라함과 그의 자녀들에게 하셨던 약속의 성취를 볼 수 있다. "너를 축복하는 자에게는 내가 복을 내리고 너를 저주하는 자에게는 내가 저주하리니 땅의 모든 족속이 너로 말미암아 복을 얻을 것이라 하신지라."

이 언약은 종국적으로 예수 그리스도를 통하여 땅의 모든 족속이 복을 받을 것이라는 말씀이다. 그러나 아브라함과 그의 후손을 통해 다른 사람들이 복을 받게 됨을 볼 수 있다. 고 김익두 목사의 말처럼 "예수는 내가 믿고 복은 다른 사람이 받은 것"이다.

요셉을 통해 좁게는 보디발의 집안이, 그리고 넓게는 흉년으로 인해 온 애굽뿐만 아니라 인근 나라까지 그리고 택한 이스라엘 백성까지 기근에서 생명을 건지는 복을 얻게 된 것이다. 여기에서 우리는 복이 하나님께서 함께 하심을 통해, 그리고 하나님께서 함께 하시는 자들을 통해 임한 것을 알 수 있다.

"주인이 그의 소유를 다 요셉의 손에 위탁하고 자기가 먹는 음식 외에는 간섭하지 아니하였더라" (창 39:6 上).

보디발이 요셉을 전적으로 신뢰한 모습을 6절에서 볼 수 있다. 보디발은 그의 소유를 전적으로 요셉의 손에 위탁했다. "위탁하다"(עזב)라는 말은 "버리다", "뒤에 남기고 가다", "져버리다", "무시하다"라는 말이다. 4절에서도 보디발이 요셉에게 모든 것을 위탁한 것을 알 수 있다.

4절의 "위임하다"(פקד)라는 말은 "허락하다", 맡기다"라는 말이다. 그런데 본 6절의 "위탁하다"(עזב)라는 말은 그보다 훨씬 강한 어조임을 알 수 있다. 여기서 "위탁하다"라는 것은 모든 것을 맡긴 후 잊어버리고 생각하지 않을 정도로 모든 권한을 맡긴 것을 알 수 있다.

그리고 음식 외에는 간섭하지 않는 것을 보면 보디발이 얼마나 요셉을 깊이 신뢰했는가를 알 수 있다. "간섭하지 아니하다"라는 말은 직역하면 "그에게 있어서 어떤 것도 그는 알지 못했다"라는 말이다. 한글 성경에는 "어떤 것"(מאומה)이라는 말이 번역되어 있지 않았다.

본문에서 알지 못했다는 말이 무슨 의미인가? 여기서 "안다"(ידע)라는 말은 "경험과 체험을 통해서 안다"라는 말로 완료형이다. 요셉에게 맡긴 이후 보디발은 집안일에 대해서 실제로 아는 것이 없었다는 의미이다. 즉, 보디발이 그만큼 요셉을 신임하여 모든 일을 맡겨서 자신이 먹는 것을 제외하고는 집안일이 어떻게 돌아가는지 제대로 아는 것이 없었다는 말이다. 보디발은 어떤 것이든 관심을 두지 않았을 만큼 요셉을 전적으로 신임하였던 것을 알 수 있다.

보디발은 하나님께서 그의 종 요셉과 함께 하심을 보고 있었다. 뿐만 아니라 요셉이 손으로 하는 모든 일을 하나님께서 형통케 하심도 알고 있었다. 그렇지만 보디발이 요셉을 전적으로 신뢰했다는 것은 요셉의 정직성과 책임성, 신뢰성도 보았기 때문이 아니겠는가? 하나님을 믿는 자들이 오늘날 이러한 정직과 책임과 신뢰를 보여 주지 못한다면 세상은 그리스도인들을 신뢰하지 않을 수밖에 없다. 일을 맡기지 않을 것이다. 자신의 성공은 자신의 인격과 능력을 떠나서는 이야기할 수 없다는 것을 기억할 필요가 있다.

요셉은 용모가 빼어나고 아름다웠다. 이 구절부터 새로운 사건이 시작되는 것을 알 수 있다. 이 요셉의 외모로 인해 보디발의 아내의 유혹과 감옥에 갇히는 발단이 되었기 때문이다. "빼어나고 아름다웠다"(יפה)라는 말은 동의어 반복이다. 이 말은 "아름다운", "매력적인", "잘 생긴"의 의미이다. 즉, 요셉은 용모에 있어서, 보기에도 매력적이었다. 주인이 신뢰할 만한 일 처리에 대한 능력과 인격적인 신뢰, 그리고 매력적인 외모는 보디발의 아내를 사로

잡을 수밖에 없었던 것이다.

3. 유혹을 이기는 믿음의 사람 요셉

"그 후에 그의 주인의 아내가 요셉에게 눈짓하다가 동침하기를 청하니"(창 39:7).

"그 후란", 직역하면 "그리고 이러한 일들 후에 일이 일어났다"라는 말이다. 즉, 요셉이 주인의 전적인 신임하에 가정총무로서 모든 일에 충성스럽게 섬겼던 일들이 있은 후에 이 일이 일어났다는 것이다.

그렇다면 시기적으로 볼 때 그 후란 언제를 말하는가? 창세기 37장 2절에는 요셉이 십칠 세에 노예로 팔려 갔다고 기록하고 있다. 그리고 30세에 그가 총리가 된 것을 보면 약 13년 정도 노예 생활을 한 셈이다. 그 가운데서도 약 2년 간(창 41:1)의 감옥살이를 제외하면 보디발의 집에서 11년째 노예생활을 하고 있었던 것으로 볼 수 있다. 이것을 미루어 보면 이제 요셉은 약 28세 정도의 건강한 청년이 되었음을 알 수 있다.

보디발의 아내는 요셉에게 눈짓을 했다. "눈짓을 하다"(נשא)라는 말은 "들어 올리다", "불타다", "높이다", "열망하다"라는 말이다. 그러므로 이 말은 요셉을 향해 눈길을 보낸 것으로 그 눈길 속에 요셉을 향한 불타는 열망이 있었음을 알 수 있다. 요셉을 강렬하게 유혹한 것이다.

보디발의 아내는 요셉에게 동침하기를 요구했다. 종에게 명령한 것이다. 원문에는 "동침하다"(שכב)라는 말 뒤에 "나와 함께"(עמי)라는 말이 있다. 즉, 보디발이 노골적으로 요셉에게 나와 함께 눕자고 명령한 것이다. 멸망에 이르는 유혹이 찾아 온 것이다. 요셉으로서는 생애 최대의 위기인 셈이다.

> "요셉이 거절하며 자기 주인의 아내에게 이르되 내 주인이 집안의 모든 소유를 간섭하지 아니하고 다 내 손에 위탁하였으니 이 집에는 나보다 큰 이가 없으며 주인이 아무것도 내게 금하지 아니하였어도 금한 것은 당신뿐이니 당신은 그의 아내임이라 그런즉 내가 어찌 이 큰 악을 행하여 하나님께 죄를 지으리이까"(창 39:8-9).

요셉은 이 유혹을 거절했다. 여기서 "거절하다"(מאן)라는 말은 강조형이다(מאן). 무슨 말인가? 이는 요셉이 유혹을 거절한 정도가 아니라 완강하게 거절한 것임을 알 수 있다. 주인이 자신을 신뢰하여 모든 것을 간섭하지 아니하고 자신에게 맡겼다. 하지만 아내는 다르다. 요셉은 자기 자리를 알고 있었다. 자기가 누군지 알고 있었다. 요셉이 전권을 위임받았어도 주인이 금했던 한 가지는 아내였기 때문에 죄를 범할 수 없었다.

요셉은 세 가지 면에서 보디발 아내의 죄를 지적하며 그녀의 양심을 일깨우려 노력한 것으로 보인다.

첫째, 자신을 신뢰하는 주인을 배신하는 것이 얼마나 큰 악행인가를 인식시켜 주었다. 둘째, 하나님 앞에서의 믿음의 정조를 보여 주었다. 사실 요셉이 가장 두려워했던 것은 불륜이 하나님께 범죄가 된다는 사실이었다. 그래서 요셉은 "그런즉 내가 어찌 이 큰 악을 행하여 하나님께 죄를 지으리이까"라고 강변했다.

본문에서의 "죄를 짓다"라는 말은 완료형이다(וחטאתי). 어떤 의미인가? 죄를 지은 그 죄는 없어지지 않고 계속됨을 암시하는 것이 아니겠는가? 죄는 대가를 치르거나 혹은 사함을 받기까지는 없어지지 않는다. 세월이 간다고 죄가 하나님의 목전에서 잊혀지거나 묻히지 않는다.

민수기 32장 23절은 이 점을 잘 보여 준다. "너희가 만일 그같이 아니하면 여호와께 범죄함이니 너희 죄가 반드시 너희를 찾아낼 줄 알라."

요셉이 두려워하는 것은 보디발보다 하나님께(אלהים) 죄가 된다는 사실이었다. 하나님께 범죄하면 하나님의 동행하심이 끝나 버린다. 그리고 그 인생의 형통함도 끝나 버린다. 이 진리를 확실하고 알고 있는 요셉은 단호하게 죄의 길을 거부한 것이다.

그리고 요셉의 죄에 대한 인식이 참으로 독특한 것을 볼 수 있다. 보디발의 아내와 동침하면 일차적으로 누구에게 악을 저지른 것인가? 남편인 보디발이 아니겠는가? 손해배상을 해도 보디발에게 해야 할 것이다. 이것이 세상 이치다. 그런데 요셉은 죄에 대해 달리 말한다. 자기가 죄를 짓는 것은 하나님께 대한 범죄라고 고백하지 않는가? 왜 그런가? 그럴 만한 이유를 요셉은 알고 있었다. 즉, 요셉은 죄란 곧 하나님의 뜻, 하나님의 법을 어기는 것이라고 생각한 것이다. 왜 그런가? 그것은 창조자이신 하나님께서 세우신 법을 범한 것이기 때문이다. 요셉은 이 진리를 알고 있었다.

하나님께서는 다윗이 우리아의 아내 밧세바를 범했을 때 그 죄에 대하여 사무엘하 12장 9-10절에서 이렇게 말씀하셨다. "그러한데 어찌하여 네가 여호와의 말씀을 업신여기고 나 보기에 악을 행하였느냐 네가 칼로 헷 사람 우리아를 치되 암몬 자손의 칼로 죽이고 그의 아내를 빼앗아 네 아내로 삼았도다 이제 네가 나를 업신여기고 헷 사람 우리아의 아내를 빼앗아 네 아내로 삼았은즉 칼이 네 집에서 영원토록 떠나지 아니하리라 하셨고."

범죄한 행위는 여호와의 말씀, 곧 하나님을 업신여기는 행위라는 것이다. 충격적인 말씀이다. 이러한 깊은 의미를 요셉은 알고 있었기 때문에 보디발의 아내와의 불륜은 다름 아닌 하나님의 말씀을 업신여기는 행위요, 오직 율법을 세우신 하나님께 범죄한 행위라고 말했던 것이다. 여기서 "업신여기다"(חטא)라는 말은 "멸시하다", "경멸하다", "모욕하다", "얕보다"라는 말이다. 죄는 하나님을 업신여기는 참으로 무서운 것임을 알 수 있지 않은가?

"여인이 날마다 요셉에게 청하였으나 요셉이 듣지 아니하여 동침하지 아니할 뿐더러 함께 있지도 아니하니라"(창 39:10).

여인은 날마다 요셉에게 청했다. 본문의 "청하다"(דבר)라는 말은 강조형이다(כְּדַבְּרָהּ). 그럼 어떻게 해석해야 하는가? 이 말은 "그녀가 끈질기게 말을 했다"라는 의미임을 알 수 있다. 그러므로 이 여인이 날마다 끈질기고 집요하게 유혹했던 것을 알 수 있다.

이 여인은 날마다 집요하게 청했으나 요셉은 듣지 않았다. 그리고 동침하지 않았다. 본문에서의 "동침하다"라는 말은 직역하면 "그녀의 곁에 눕다"라는 말이다. "동침하지 않았다"라는 말은 요셉은 그녀의 곁에 눕지 않았다는 말이다. 뿐만 아니라 함께 있지도 않았다. 본문의 "함께"는 "그녀와 함께"(עִמָּהּ)라는 단어로 되어 있다.

요셉의 승리의 길이 "그녀의 곁에", "그녀와 함께" 하지 않은 데 있음을 알 수 있다. 시험을 받을 때 그것을 이기는 것도 중요하다. 하지만 처음부터 유혹의 장소 및 대상을 멀리하는 것도 승리의 훌륭한 지혜이지 않겠는가? 사탄의 유혹은 집요하고 끈질기다는 것을 알 수 있다.

11절 이하의 말씀에서는 요셉의 승리와 보디발의 아내의 모함 때문에 투옥되는 것을 볼 수 있다. 하지만 창세기 39장 21-23절의 말씀과 같이 요셉은 감옥에서도 여호와께서 함께하심으로 승리한 것을 볼 수 있다. "여호와께서 요셉과 함께 하시고 그에게 인자를 더하사 간수장에게 은혜를 받게 하시매…간수장은 그의 손에 맡긴 것을 무엇이든지 살펴보지 아니하였으니 이는 여호와께서 요셉과 함께 하심이라 여호와께서 그를 범사에 형통하게 하셨더라."

시편 1편처럼 요셉은 죄인의 길에 서지 않았다. 악인의 꾀를 따르지 않았다. 그리고 오만한 자리에 앉지 아니했다. 오직 하나님과 동행하며 여호와의 말씀을 지킨 것이다. 그러므로 하나님께서 그와 함께 하여 시냇가에 심겨진 나무처럼 은총을 얻게 하신 것이다. 무조건 하나님께서 나와 함께 하심만을 간구할 것이 아니라 하나님께서 나와 함께 하실 만한 영적인 상태를 만들어 가야 하지 않겠는가?

{ 우리가 들어야 할 하나님의 음성은 무엇인가? }

본문에서 들어야 할 하나님의 음성은 무엇인가? 성경은 어떤 사건이든 하나님의 언약과 섭리 안에서 해석해야 한다는 것이다. 요셉의 고난과 영광도 마찬가지다. 요셉은 원치 않게 애굽에 팔려 갔다. 그러나 여호와께서 함께 하시므로 형통한 자가 되었다.

요셉의 고난의 승리는 영광으로 가는 통로였는가? 물론 일차적으로는 그렇다. 그러나 하나님의 섭리는 다른 데 있었다. 하나님께서 요셉과 함께 하신 이유가 어디에 있는가? 언약을 이루어가는 데 있지 않았는가? 요셉의 꿈을 이루시는 하나님의 심중에는 언약이 있었다.

그 조상들에게 하셨던 언약, 곧 가나안 땅을 선물로 받을 것과 자손이 하늘의 별처럼 많아질 것이라는 언약 말이다. 그래서 요셉은 자신의 영광보다 하나님의 언약의 성취를 창세기 45장 7절에서 이렇게 말하지 않았는가? "하나님이 큰 구원으로 당신들의 생명을 보존하고 당신들의 후손을 세상에 두시려고 나를 당신들보다 먼저 보내셨나니."

성경에서 한 개인의 영광을 지나치게 강조하다 보면 하나님의 섭리와 계획을 놓치는 엄청난 우를 범하고 지엽적인 문제로 전락하게 된다. 또한 지엽적이고 편협한 해석을 성도들의 삶에 바로 적용하게 되면 이것 또한 이차적인 어리석음을 범할 수도 있다. 우리는 요셉의 사건을 이렇게 한 개인의 신앙의 승리로 미화하고 그것을 성도들의 삶에 적용시키는 조급함을 경계하고 모든 사건 속에 역사하시는 더 크신 하나님의 섭리를 보아야 한다. 요셉 사건 속에 역사하시는 하나님의 섭리를 보면서 신앙의 삶을 하나님의 시각으로 해석하는 지혜를 배워야 할 것이다. 여기에 승리하는 신앙의 지혜가 있기 때문이다.

18. 고넬료 신앙에서 결정적으로 부족한 것 (행 10:1-8)

{ 생각해 볼 점들 }

　세상 사람들은 모든 종교는 하나로 통한다고 말한다. 기독교는 사랑을, 불교는 자비를, 유교는 인을 가르친다고 한다. 사랑과 자비가 곧 종교의 본질이라고 말한다. 얼마 전 세상을 떠난 고 법정 스님이 쓴 종교의 본질에 관한 글을 본 적이 있다. "부처님도 하느님도 또 수많은 인류의 성자, 사상가들도 모두가 한결같이 '사랑을 베풀라', '자비를 베풀라', '이웃과 나누라,' '보시하라'는 말씀을 하고 계신다. 그 본질은 어느 종교에서도 다르지 않다. 보시와 베풂이라는 그 본질은 진리의 영역이다. 베풀고 보시하는 길은 참된 삶을 살기 위해서라면 누구나 가야 할 근본이 되는 가르침이요, 진리인 것이다."
　고 법정 스님은 하느님도, 부처님도 모두 '사랑을 베풀라', '자비를 베풀라', '이웃과 나누라'고 말씀하신다는 것이다. 그리고 이렇게 사랑을 베풀고, 자비를 베풀고, 이웃과 나누는 삶이 각 종교의 근본이 되는 가르침이요, 진리라고 말한다.

　　종교를 갖지 않는 사람들의 말을 한번 들어보자. 소설가 이외수라는 사람이 있다. 그는 종교 본질에 대해서 이렇게 말했다. "테레사 수녀를 보라. 그녀는 한 평생을 신의 가르침을 실천하는 데 쏟았지 가르침에 대해 논쟁하거나 이교도를 굴복시키기 위해 힘을 쏟은 적이 없다. 힌두교를 믿는 병자라고 해서 문을 걸어 잠근 적이 없었으며 자신이 돌보는 병자에게 예배 참석과 헌금을 강요하지 않았다. 그녀는 오로지 신의 가르침대로 끝없이 사랑하고 끝없이 자비로웠을 뿐이다. 그것이 바로 종교의 본질이다."

　　이 소설가는 종교를 어떻게 생각하고 있는가? 종교의 핵심적인 진리를 어떤 것으로 믿고 있는가? 그는 "오로지 신의 가르침대로 끝없이 사랑하고 끝없이 자비를 베푸는 것, 바로 그것만이 바로 종교의 본질"이라고 말한다. 종교의 가르침의 핵심은 다른 것이 아니라 사랑하고 자비를 베푸는 데 있을 뿐이라고 말한다.

　　스님도, 소설가도 종교의 본질을 어떻게 이해하고 있는가? 종교의 본질이란 사랑을 베풀고, 자비를 베풀고, 이웃과 나누는 것이라고 말한다.

　　그렇다면 본문에 나타난 고넬료의 신앙은 어떤가? 이들의 관점으로 보면 고넬료는 종교의 본질에 이른 자 같이 보이지 않는가? 더 이상 부족한 것이 없는 사람처럼 말이다. 왜냐하면 고넬료는 사랑과 자비를 베풀고 살았기 때문이다. 뿐만 아니라 그는 경건한 사람이었다. 하나님을 경외하는 사람이었고 구제에 힘썼다. 한마디로 이웃에 사랑과 자비를 베풀고 살았다. 입술에 그친 신앙이 아니라 행동하는 신앙이었다. 뿐만 아니다. 기도에 힘쓴 사람이었다. 그래서 고넬료 신앙을 본받아야 한다는 설교도 듣게 된다.

　　그런데 하나님께서는 고넬료에게 베드로를 청하여 말씀을 들으라고 하신다. 고넬료의 신앙에 부족한 무엇이 있는 것 같다. 무엇이 문제인가? 그것이 궁금하다. 원문에서 주님의 음성을 들어보자.

{ 원문에서 듣는 하나님의 음성 }

1. 고넬료의 신앙

"가이사랴에 고넬료라 하는 사람이 있으니 이달리야 부대라 하는 군대의 백부장이라 그가 경건하여 온 집안과 더불어 하나님을 경외하며 백성을 많이 구제하고 하나님께 항상 기도하더니"(행 10:1-2).

예수님께서는 승천하시기 전 제자들에게 성령의 권능으로 복음이 온 세상에 전파될 것을 말씀하셨다. 사도행전 10장을 큰 그림에서 보면 그 위치가 드러난다. 성경을 볼 때는 숲도 보아야 하지만 산도 함께 볼 필요가 있다.

사도행전 10장을 보면 지금까지 유대인을 중심으로 전파된 복음이 이방인들에게도 본격적으로 전파되기 시작한 것을 볼 수 있다. 고넬료라는 사람이 이방인의 회심의 그 출발에 서 있는 것을 알 수 있다. 천국 복음이 온 세상으로 전파되기 위하여 유대의 경계를 넘은 것이다. 하나님께서 아브라함에게 "네 씨로 말미암아 천하 만민이 복을 받으리니"(창 22:18) 하고 약속하셨던 그 놀라운 구원의 은총이 실현되는 것을 볼 수 있다.

이방인의 회심의 그 출발에 서 있는 고넬료는 누구였는가? 그는 이달리야 부대의 백부장이었다. 당시 백부장의 부대는 300~600명의 군인으로 구성되어 있던 것으로 보인다. 따라서 이 부대는 오늘날의 대대 병력 정도일 것이다. 고넬료는 이 부대의 백부장이었다. 백부장은 100명의 군인을 통솔하는 사람이다. 그런 점에서 고넬료는 오늘날의 중대장급에 속하는 지휘관으로 볼 수 있다. 그는 임무를 마치는 날 로마로 되돌아 갈 것이다. 천국 복음을 듣고 하나님의 자녀가 된 그가 로마에 돌아가면 천국 복음을 증거하지 않겠는가? 복음이 땅 끝까지 전해지지 않겠는가?

2절을 보면 고넬료의 간단한 소개에 이어 그의 신앙에 대해 기록하고 있다. 그는 경건한 사람이다. 교회에서 가장 많이 쓰는 말이 경건이지 않은가? 그런데 자세히 생각해 보면 그 의미가 쉽게 잡히지 않는다. 경건이란 무엇을 말하는가? "경건"(εὐσεβής)이란 "잘", "좋은" 의미의 "유"(εὖ)와 "경외하다", "경배하다", "예배하다", "헌신하다"라는 "세보마이"(σέβομαι)와의 합성어이다.

그러므로 "경건"(εὐσεβής)이란 하나님을 경외함으로 나타난 행동, 즉 경건함 속에서 표현된 거룩한 행동을 가리킴을 알 수 있다. 참고로 경건을 의미하는 다른 단어인 "율라베스"(εὐλαβής)도 있다. 이 말은 외적인 행동보다는 특별히 내적 존재, 즉 영혼의 특성을 묘사하는 경건함을 가리키는 데 쓰인 것을 알 수 있다(눅 2:25, 행 2:5, 8:2).

2절에서 고넬료의 경건함은 세 가지 모습으로 나타나고 있는 것을 볼 수 있다. 첫째는 온 집안과 더불어 하나님을 경외한 것이다. "경외하다"라는 말은 무엇을 말하는가? "경외하다"(φοβέω)라는 말은 문자적으로 "두려워하다"라는 말이다. 그런데 이 말이 현재 분사형이다(φοβούμενος). 이것을 보면 고넬료가 그의 온 집안과 더불어 항상 하나님을 두려워하는 믿음으로 살았던 것을 볼 수 있다. 한결같은 믿음의 사람인 것 같지 않은가?

학자들은 고넬료가 할례를 받지 않아서 유대인의 회중에 들지는 않았지만 유대인의 율법과 관습, 그리고 하나님을 경외하는 사람이었다고 말한다.

성경에는 이와 비슷한 인물을 또 볼 수 있는데 마태복음 8장에 기록된 백부장이다. 백부장은 가버나움에 있었다. 백부장은 사랑하는 종이 병들자 예수님께 도움을 청했다. 예수님께서는 '말씀으로 종을 낫게 해 달라'는 그 백부장의 믿음을 보시고 그 종을 고쳐 주셨다. 그리고 예수님께서는 백부장의 그 놀라운 믿음을 칭찬하셨다. 믿음에 있어서는 유대인보다는 이방인들이 예수님께 칭찬받은 경우가 많은 것을 보면 참으로 놀랍지 않은가?

둘째로 고넬료는 많은 구제 활동을 했다. 고넬료는 도움이 필요한 자들에게 손을 내밀고 궁핍한 자들을 경제적으로 많이 도왔다. 이 "구제"($\ell\epsilon\eta\mu o\sigma\acute{u}\nu\eta$)란 말이 "긍휼", "자비"($\acute{\epsilon}\lambda\epsilon o s$)를 의미하는 말에서 나왔다. 구제란 남을 불쌍히 여기는 것이다. 자비를 베푸는 일이다. 구제는 유대인의 가장 중요한 덕목 중의 하나이기도 하다. 고넬료는 이방인이었지만 유대인의 신앙을 좇아 행하였던 마음이 따뜻한 사람이었음을 알 수 있다.

셋째 고넬료는 항상 하나님께 기도드렸다. 3절을 보면 고넬료의 기도생활을 엿볼 수 있다. 고넬료는 제 구 시에 기도드리는 가운데 환상을 보았다. 제 구 시란 오후 3시경이다. 유대인은 하루 세 번, 즉 아침, 정오, 저녁에 기도를 드렸다. 고넬료는 아마 유대인들의 관습에 따라 오후 3시경에 기도했던 것으로 보인다. 고넬료는 기도의 사람이었음을 알 수 있다.

> "하루는 제 구 시쯤 되어 환상 중에 밝히 보매 하나님의 사자가 들어와 이르되 고넬료야 하니 고넬료가 주목하여 보고 두려워 이르되 주여 무슨 일이니이까 천사가 이르되 네 기도와 구제가 하나님 앞에 상달되어 기억하신 바가 되었으니"(행 10:3-4).

이렇게 하나님을 경외했던 고넬료는 제 구 시, 즉 오후 3시쯤 기도를 드리는 가운데 환상을 보았다. "환상"이란 무엇인가? "환상"(ὅραμα)이란 "눈으로 보다", "마음으로 보다", "인지하다", "알다"를 의미하는 "호라오"(ὁράω)라는 말에서 유래되었다. 그러므로 이 "환상"이란 "이상"(vision), "광경"(spectacle), "시야"(sight)를 의미한다. 이것은 사람의 상상이 아니라 하나님께서 영적으로 보여 주신 어떤 광경이다.

어떤 환상이었는가? 고넬료는 기도 중에 하나님의 사자가 자기에게 와 있는 환상을 본 것이다. 하나님께서 고넬료의 눈을 열어 자기에 와 있는 하나님의 사자를 보게 하신 것이다. 놀란 고넬료는 천사를 보고 "주여"라고 소리쳤다. 사람이 아닌 하나님께서 보내신 메신저인 것을 알아 본 것이다.

그때 천사가 고넬료에게 이렇게 말했다. "네 기도와 구제가 하나님 앞에 상달되어 기억하신 바가 되었으니." 고넬료에게는 얼마나 감격적인 말씀이었겠는가? 자신의 부족한 경건이 주님께 상달되어 기억하신 바 되었으니 말이다. 위의 "상달하다"(ἀναβαίνω)라는 말은 문자적으로 "올라가다", "일어나다", "나타나다"라는 말이다.

이 말은 구약의 제사적 용어임을 알 수 있다. 제사 중 번제(עֹלָה)가 "위로 올라가다"(עָלָה)라는 말에서 나왔기 때문이다. 고넬료의 기도와 구제가 번제처럼 하나님께 올려진 것이다. 고넬료의 기도와 구제가 상달되었다는 것은 또한 그의 삶이 얼마나 경건했는가를 반증하는 것이지 않는가? 고넬료의 삶이 하나님께서 기뻐받으실 만한 향기로운 제물이 된 것이다. 사도 바울이 로마서 12장에서 말한 산제물이 바로 이런 삶일 것이다.

그리고 또한 살펴보아야 할 단어가 "기억하다"(μνημόσυνον)라는 말이다. 본문에는 명사로 되어 있다. 직역하면 "기념물", "기억"이라는 말이다. 이 단어도 구약에서 볼 수 있다. 레위기 2장 2절, 5장 12절, 6장 8절을 보면 하나님께 드리는 제물과 관련하여 "기념물"(אַזְכָּרָה)이란 말이 나온다. 기념물이란 인간 편에서는 풍성한 소산을 주신 하나님의 은혜를 기억하여 드리는 제물이다. 그러나 하나님 편에서는 하나님의 마음을 기쁘시게 하여 하나님의 기억에 남을 만한 제물이란 뜻이다.

그렇다면 고넬료의 구제와 기도가 기념물이 되었다는 것은 무슨 뜻이겠는가? 하나님께서 진실한 자의 제물을 기억하시듯 고넬료의 구제와 기도를 기억하셨다는 것이다.

"네가 지금 사람들을 욥바에 보내어 베드로라 하는 시몬을 청하라 그는 무두장이 시몬의 집에 유숙하니 그 집은 해변에 있다 하더라 마침 말하던 천사가 떠나매 고넬료가 집안 하인 둘과 부하 가운데 경건한 사람 하나를 불러 이 일을 다 이르고 욥바로 보내니라"(행 10:5-8).

하나님을 경외하고 기도에 힘 쓴, 그리고 구제의 손길을 폈던 고넬료는 신앙적으로 부족함이 없어 보인다. 그런데 하나님께서는 천사를 보내어 고넬료에게 베드로를 청하라고 말씀하셨다. 왜 하나님께서는 고넬료에게 베드로를 청하라고 하시는 것인가? 고넬료의 신앙에 무슨 부족한 것이 있어서 하나님께서는 천사를 통해 욥바에 있는 베드로 사도를 청하라고 말씀하신 것인가?

고넬료가 기도 중에 환상을 보았다. 그 환상 중에 하나님께서 보내신 천사가 나타나 이렇게 말했다. "네 기도와 구제가 하나님 앞에 상달하여 기억하신바가 되었다." 고넬료의 기도와 구제가 하나님 보좌 앞까지 올라갔다는 말이다. 하나님께서 고넬료의 신앙의 삶을 인정하시고 받으셨다는 것이지 않는가? 하나님이 보시기에, 고넬료가 하나님을 경외함과 사람들을 구제하는 것과 기도에 있어서 진실함이 있었다는 것이다.

우리는 이런 고넬료의 삶처럼 하나님께서 인정하시는 경건생활이라면 족하지 않겠는가? 고넬료의 신앙은 입술뿐인 그리스도인들을 부끄럽게 할 만하다. 그래서인지 가끔 고넬료의 신앙을 본받으라는 설교를 듣기도 한다. 그런데 고넬료의 신앙에 무엇인가 결정적으로 부족한 것이 있어 보인다. 고넬료의 신앙이 하나님께 상달되고 기억하신바 되었으면 그것으로 충분할 텐데 말이다. 그러나 하나님께서는 고넬료에게 사도 베드로를 청하라고 하셨다. 이 점을 놓쳐서는 안 된다.

2. 고넬료의 신앙에서 부족했던 것

사도행전 11장 13-14절을 보면 왜 하나님께서 사도 베드로를 청하라고 했는지 그 이유를 알 수 있다. "그가 우리에게 말하기를 천사가 내 집에 서서 말하되 네가 사람을 욥바에 보내어 베드로라 하는 시몬을 청하라 그가 너와 네 온 집이 구원 받을 말씀을 네게 이르리라 함을 보았다 하거늘."

이 말씀은 고넬료 집에 있었던 일을 사도 베드로가 예루살렘 교회에 보고하는 내용이다. 사도 베드로가 예루살렘에 갔을 때 할례자들은 베드로를 비난했다. 왜냐하면 베드로가 무할례자인 고넬료의 집에 들어가 함께 어울리며 식사를 했기 때문이었다. 그러자 사도 베드로는 자신이 왜 고넬료의 집에 갈 수밖에 없었는지 그 사연에 대한 설명했는데 그 내용이 13-14절 말씀이다.

고넬료는 베드로에게 천사가 자신에게 이렇게 말했다고 전했다. "네가 사람을 욥바에 보내어 베드로라 하는 시몬을 청하라. 그가 너와 네 온 집이 구원 받을 말씀을 네게 이르리라."

이 말을 듣고 어떤 사도가 순종하지 않았겠는가? "베드로가 오면 너와 네 온 집이 구원 받을 말씀을 들려 줄 것이다." 이런 말을 들으면 가야 하지 않겠는가? 하나님께서 죄인이 구원을 얻기 위해 말씀을 증거하라는데 어떤 사도가 거부할 수 있겠는가? 그래서 베드로는 고넬료 집에 갔다고 해명한 것이다.

베드로가 고넬료의 집에 가서 복음을 전할 때 어떤 역사가 일어났는가? 사도행전 10장 34-43절의 말씀이 베드로의 설교 내용이다. 설교 내용은 어떤 것들인가? 하나님께서 예수님에게 성령을 부으사 병든 자와 마귀에 눌린 자를 자유롭게 하셨다는 것이다. 오직 예수님의 이름을 힘입어야 죄 사함과 영생을 얻는다는 것이다. 구원의 주님은 십자가에 못 박히셨으나 사망권세를 이기시고 부활하셨다는 것이다.

이 놀라운 복음을 듣자 구원의 역사와 함께 고넬료의 집에 성령이 임한 것을 사도행전 10장 44-46절에서 볼 수 있다. 성령이 임했다. 성령은 증거의 영이다. 생명의 말씀이 바르게 선포되는 곳에 성령의 역사는 항상 임한 것을 볼 수 있다. 베드로의 설교는 참으로 간단하다. 그러나 그의 설교는 복음의 핵심을 망라하고 있다.

설교자가 유의해서 볼 대목이 아닌가? 설교자는 세상 철학과 폭넓은 다른 지식을 말하는 자가 아니다. 개그맨도 아니요, 단순한 윤리 선생도 아니다. 하나님께서 설교자를 세우신 것은 그 복음에서 주님의 음성을 듣고 회개하여 구원을 얻게 하는 데 있다. 고넬료의 집안 식구들은 예수님의 복음을 듣고 구원을 받았다. 그리하여 이방인들 가정에 성령이 임하여 방언을 하고 하나님을 찬양했다. 주님을 영접하고 나서 얼마나 놀라운 변화가 일어났는가?

이제 우리는 고넬료의 신앙을 다시 한 번 생각에 볼 필요가 있다. 그리고 그가 구원에 이르는 데 무엇이 부족했는지 살펴보아야 할 필요가 있다. 고넬료는 분명 하나님을 두려워하는 마음으로 섬겼다. 그리고 하나님께서 기뻐하시는 구제에 힘썼다. 뿐만 아니라 하루에 세 번씩 하나님께 늘 기도드리는 데 힘썼다. 그러나 구원에 이르는 복음을 듣지는 못했다. 베드로에게 예수 그리스도의 구원의 복음을 듣고서야 구원을 받은 것이다.

앞에서 우리는 고 법정 스님과 이외수 소설가가 생각한 종교의 본질을 잠시 살펴보았다. 그들은 종교의 본질이 무엇이라고 믿고 있었는가? '사랑'과 '자비'라는 것이다. 그것이 종교의 본질이라고 생각했다.

최근에 입적하신 고 법정 스님의 한 미발표 원고가 발표되었다. 그것은 신약성경에 대한 단상이었다. 미발표 원고에는 "정말로 나에게 진실과 소극적 저항(passive resistance)의 가치를 깨우쳐 준 것은 신약성서였다. 내가 '산상수훈'에서 '앙갚음하지 말아라 누가 오른뺨을 치거든 왼뺨마저 돌려 대라' 그리고 '원수를 사랑하고 너희를 박해하는 사람들을 위하여 기도하여라 그래야만 너희는 하늘에 계신 아버지의 아들이 될 것이다'와 같은 구절을 읽었을 때 정말로 뛸 듯이 기뻤다"라고 적혀 있다.

고 법정 스님은 산상수훈에서 깨달은 것이 무엇이었을까? 그것은 바로 사랑과 자비를 베푼 자가 하늘에 계신 아버지의 아들이 된다는 말씀이었던 것 같다. 그래서 종교의 본질이 사랑과 자비에 있다고 본 것 같다. 그러나 참으로 아쉬운 점이 있다. 그것은 하나님의 자녀가 되는 길에 대해 예수님께서 말씀하신 "물과 성령으로 다시 나야 한다"라는 거듭남의 진리를 함께 깨닫지 못한 것이다.

만약에 사랑과 자비가 구원에 이르는 종교의 본질이라면 고넬료는 부족한 것이 없는 사람이다. 그렇지 않은가? 그는 경건한 신앙인이었다. 이웃에게 사랑과 자비를 베푼 사람이었다. 늘 기도에 힘쓰고 하나님을 경외하는 사람이었다. 그러나 그에게 한 가지 결정적으로 부족한 것이 있었다. 그는 길이요, 진리요, 생명이신 예수님을 몰랐다. 이웃에게 선을 행하는 신앙은 있었으나 영생에 이르는 길은 몰랐던 것이다.

하나님께서는 고넬료에게 무엇이 부족한지 너무나도 잘 알고 계셨다. 하나님께서는 이 사랑의 삶이, 단순한 기도의 삶이 구원에 이르는 길이 아님을 알고 계셨다. 그것이 거듭나는 진리의 길이 아님을 알고 계셨다.

그래서 하나님께서는 베드로를 청해 구원의 복음을 들으라고 하셨던 것이다. 베드로 설교의 핵심은 무엇인가? 베드로는 사랑과 자비를 베풀고 살면 구원을 얻을 것이라고 설교했는가? 아니다. 죄 사함을 얻어 구원에 이르는 길은 오직 예수님뿐이라고 증거했다. 오직 예수님만이 마귀의 권세에서 우리를 자유롭게 하여 하나님의 자녀가 되게 하신다고 설교했다. 예수님만이 최후 심판자이심을 알게 한 것이다.

하나님께서 고넬료에게 "그가 너와 네 온 집의 구원 얻을 말씀을 네게 이르리라"고 말씀하신 대로 베드로는 구원 얻을 말씀을 전했다. 예수 그리스도를 증거한 것이다. 그래서 고넬료 온 집안이 구원의 복음을 듣고 성령의 역사로 거듭나고 구원을 받지 않았는가?

오늘 본문 고넬료의 사건은 기독교라는 종교의 본질이 무엇인가를 다시 한 번 보여 주는 사건이었다. 세상 사람들이 말한 대로 "모든 종교는 다 하나로 통한다. 모든 종교의 본질은 사랑과 자비다"라는 생각은 단지 세상 사람들의 생각일 뿐인 것을 알 수 있다. 기독교 복음의 본질은 생명의 구원에 있다. 죄로 죽은 자가 예수 그리스도를 믿음으로 영원한 생명을 얻는 것이 구원의 본질이다. 물론 이것은 하나님의 사랑에서 비롯된 것이다. 그러므로 성경은 '하나님은 사랑'이라고 말한다. 그 하나님의 사랑의 핵심이 바로 영원한 생명을 죄인에게 주시는 것이다. 이 하나님의 사랑의 핵심이 무엇인가를 놓쳐서는 안 된다.

사도 요한은 이것을 요한복음 20장 31절에서 명쾌하게 말하고 있다. "오직 이것을 기록함은 너희로 예수께서 하나님의 아들 그리스도이심을 믿게 하려 함이요 또 너희로 믿고 그 이름을 힘입어 생명을 얻게 하려 함이니라."

이 말씀은 성경을 기록한 목적의 핵심을 제대로 찌르고 있지 않은가? 성경의 핵심은 바로 예수님이 하나님의 아들 그리스도이심을 믿게 하기 위함이요, 또한 예수님을 믿고 영생을 얻게 하기 위함이다. 고넬료 사건은 사랑과 선행 때문에 구원받을 수 없음을 확실하게 보여 준다. 다만 사랑과 선행은 영생 얻은 자가 마땅히 행하고 살아가야 할 길인 것이다. 우선순위가 뒤바뀌어서는 안 된다.

요한일서 4장 10-11절의 말씀은 구원받은 백성이 하나님의 사랑을 실천하고 사는 것이 마땅함을 보여 주고 있다. "사랑은 여기 있으니 우리가 하나님을 사랑한 것이 아니요 하나님이 우리를 사랑하사 우리 죄를 속하기 위하여 화목 제물로 그 아들을 보내셨음이라 사랑하는 자들아 하나님이 이같이 우리를 사랑하셨은즉 우리도 서로 사랑하는 것이 마땅하도다."

하나님께서 우리를 사랑하사 우리 죄를 위하여 화목제물로 예수님을 보내셨다. 예수님 때문에 우리는 모든 죄를 용서받고 영생을 얻었다. 죄인 된 우리들이 이런 사랑을 받았으니 우리도 서로 사랑하는 것이 마땅하다는 것이다.

{ 우리가 들어야 할 하나님의 음성은 무엇인가? }

본문에서 들어야 할 하나님의 음성은 무엇인가? 사랑을 베풀고, 어려운 이웃에 손을 펴고 기도에 힘쓰는 것, 그 자체로도 하나님께서 기억하실 만한 아름다운 행위인 것은 분명하다.

그러나 본문의 사건은 참된 신앙이란 이방인 고넬료처럼 하나님께 상달되고 기억될 만한 구제와 선행에 힘쓰는 것이 전부가 아님을 보여 주고 있다.

그렇게 살아야 하나님께 복을 받는다고 이해해야 하는가? 본문에서 말하고자 하는 것이 그것이 핵심인가? 그렇게 이해하면 본문에서 하나님께서 말씀하시고자 하는 의도를 놓치게 된다.

우리는 베드로를 청하라는 하나님의 의도를 깨달아야 한다. 고넬료가 하나님을 경외하고 구제에 힘썼으나 그 선한 행위가 생명이 거듭나는 구원에 이르는 길이 아니라는 것을 깊이 새겨야 한다. 즉, 생명이 거듭나는 구원이 선한 행위와 단순한 사랑의 행위에 있다고 착각해서는 안 된다는 것이다. 구원에 이르는 길은 오직 예수님뿐이라는 것이다. 구원에 이르는 길은 다른 가르침에 있는 것이 아니라 오직 예수님의 말씀에 있다는 것을 알라는 것이다.

그래서 하나님께서는 선한 행위와 기도생활에 힘쓴 고넬료에게 베드로 사도를 초청하여 구원 얻을 말씀인 예수님에 대한 복음을 듣게 하신 것이다. 왜냐하면 고넬료에게는 구제와 선행과 기도는 있었으나 죄 사함을 받고 거듭나는 구원의 복음을 듣지 못했기 때문이다.

성경 말씀의 우선순위를 잊어서는 안 된다. 하나님께서 먼저 우리에게 원하시는 것은 죄에서 돌이켜 회개하고 예수님을 믿어 영원한 생명을 얻는 것이다. 하나님의 자녀가 되는 것이 먼저라는 것이다. 그리고 하나님의 은혜로 영생을 얻었으면 하나님의 자녀로서 사랑을 베풀고 사는 것이 마땅하다는 것이다.

19. 영의 눈이 열려 새로운 세계를 보는 자 (민 24:1-9)

{ 생각해 볼 점들 }

모든 인간은 눈을 가지고 있다. 그런데 놀라운 것은 이 눈의 종류가 한 가지만 존재하는 것이 아니라는 것이다. 육신의 눈도 있고, 지식의 눈도 있다. 그리고 영의 눈도 있다. 이것을 보면 어떤 눈을 가졌느냐에 따라 보이는 세계가 있고 보이지 않는 세계가 있다.

요즈음 들짐승을 잡으려는 밀렵꾼들이 극성을 부리고 있다는 뉴스를 종종 듣게 된다. 멧돼지나 고라니, 오소리들이 다니는 길목에 덫과 올가미를 놓는다. 많은 동물들이 올가미와 덫에 걸려 발이 상하고 그곳에서 나오려고 몸부림치다가 빠져 나오지 못하고 죽고 만다.

야생 동물들이 덫과 올가미가 눈에 보이지 않아서 걸려든 것인가? 그렇지 않다. 동물들도 볼 수 있는 눈이 있다. 덫이 눈에 들어온다. 그런데 왜 덫에 걸려서 죽게 되는 것인가? 눈이 있으나 그 덫이 무엇인지 아는 눈이 없어서 그렇다. 동물도 사물을 보는 육의 눈은 있다. 그러나 지식의 눈이 없다. 이 덫이란 기구가 도대체 무엇인지 아는 지식이 없기 때문에 걸려든 것이다.

이렇게 지식의 눈은 중요하다. 인간은 동물보다 더 높은 지식을 가지고 있다. 산에 가 보라. 그렇게 많은 덫이 있어도 그 덫에 걸려서 신음하고 있는 사람을 본 적이 있는가? 없을 것이다. 왜 그런가? 인간은 그 덫이 무엇인가를 알고 있다. 덫에 대한 지식의 눈이 있기 때문이다.

그러나 인간에게는 인간 스스로 가질 수 없는 신비한 눈이 하나 더 있다. 그것은 바로 영의 눈이다. 영의 눈은 육의 눈과 지식의 눈이 볼 수 없는 영의 세계를 보는 눈이다. 인간이 이해할 수 없는 이 영적인 눈은 하나님께서 열어 주시는 눈이다. 이것은 영적인 신비다. 세상 지식이 많은 사람은 지식의 눈은 밝을 수는 있다. 그러나 하나님께서 열어 주지 않는 한 영의 세계에 대해서는 아무것도 알지 못한다.

본문은 발람의 영의 눈이 열린 말씀이다. 어떻게 발람의 영의 눈이 열려서 전에 보지 못하던 세계를 보게 되었는가? 그것이 궁금하다. 원문에서 주님의 음성을 들어보자.

{ 원문에서 듣는 하나님의 음성 }

1. 성령의 역사로 눈이 열린 발람

오늘 본문의 말씀은 점쟁이요, 술사인 발람의 영의 눈이 열린 사건에 대한 말씀이다. 이스라엘 백성이 험한 광야 40년을 다 마치고 가나안 땅 입구인 모압 지경까지 왔다. 그러자 위협을 느낀 모압 왕 발락이 점쟁이요, 술사인 발람을 불러 그에게 뇌물을 건네주면서 이스라엘 백성을 저주해 달라고 부탁했다.

이제 땅의 전쟁이 아니라 영적 전쟁이 벌어진 것이다. 사탄의 저주를 퍼부어 이스라엘을 망하게 해 달라는 것이다. 이 이방 왕도 사탄의 권세를 알고 있었던 것 같다. 사탄도 능력이 있지 않은가? 그런데 하나님께서는 사탄의 역사를 막아 버리신다. 저주 대신 발람의 입을 통하여 오히려 이스라엘 백성을 축복하게 하셨다. 그 자세한 내용이 민수기 22-23장에 기록되어 있다. 본문을 보면 하나님께서 발람의 눈을 여시는 것을 볼 수 있다.

"발람이 자기가 이스라엘을 축복하는 것을 여호와께서 선히 여기심을 보고 전과 같이 점술을 쓰지 아니하고 그의 낯을 광야로 향하여 눈을 들어 이스라엘이 그 지파대로 천막 친 것을 보는데 그 때에 하나님의 영이 그 위에 임하신지라"(민 24:1-2).

민수기 23장에는 발람의 두 가지 축복의 예언이 나온다. 발람은 이스라엘을 저주하라는 모압 왕 발락의 정중한 청탁을 받았다. 그런데도 발람의 입에서는 저주가 아니라 축복의 말이 나오고 말았다. 왜 그랬을까? 그 이유가 있다. 민수기 23장 5-8절을 보자. "여호와께서 발람의 입에 말씀을 주시며 이르시되 발락에게 돌아가서 이렇게 말할지니라 그가 발락에게로 돌아간즉 발락과 모압의 모든 고관이 번제물 곁에 함께 섰더라 발람이 예언을 전하여 말하되 발락이 나를 아람에서, 모압 왕이 동쪽 산에서 데려다가 이르기를 와서 나를 위하여 야곱을 저주하라, 와서 이스라엘을 꾸짖으라 하도다 하나님이 저주하지 않으신 자를 내가 어찌 저주하며 여호와께서 꾸짖지 않으신 자를 내가 어찌 꾸짖으랴."

발람의 입에서 어떤 말이 터져 나오는가? 발락이 자기더러 야곱을 저주하라고 했다는 것이다. 그런데 발람은 오히려 이렇게 고백한다. "하나님이 저주하지 않으신 자를 내가 어찌 저주하며 여호와께서 꾸짖지 않으신 자를 내가 어찌 꾸짖으랴." 그렇다. 인간은 인간일 뿐이다. 만사를 자기 뜻대로 섭리하시는 분은 하나님이시다. 하나님께서 저주하지 않으신 자를 저주할 수가 없는 것이다.

그리고 두 번째 예언과 관련하여 민수기 23장 16-20절을 보자. "여호와께서 발람에게 임하사 그의 입에 말씀을 주시며 이르시되 발락에게로 돌아가서 이렇게 말할지니라 발람이 가서 본즉 발락이 번제물 곁에 섰고 모압 고관들이 함께 있더라 발락이 발람에게 이르되 여호와께서 무슨 말씀을 하시더냐 발람이 예언하여 이르기를 발락이여 일어나 들을지어다 십볼의 아들이여 내게 자세히 들으라 하나님은 사람이 아니시니 거짓말을 하지 않으시고 인생이 아니시니 후회가 없으시도다 어찌 그 말씀하신 바를 행하지 않으시며 하신 말씀을 실행하지 않으시랴 내가 축복할 것을 받았으니 그가 주신 복을 내가 돌이키지 않으리라."

이방의 술사인 이 발람에게 말씀을 주시는 자가 누구신가? 하나님이시다. 위의 19절에서는 '하나님께서 어떤 분이신가'를 자세히 밝히고 있다. 하나님께서는 인간이 아니시기에 거짓말을 하지 않으실뿐더러 그 말씀하신바는 반드시 행하신다. 하나님께서는 절대로 변치 않으시며 후회하지 않으신다.

본문의 "후회"(םחנ)라는 단어는 "한탄하다", "뉘우치다", "뜻을 돌이키다"라는 말이다. 특별히 하나님과 관련하여 사용될 때에는 "변개하다"(삼상 15:29), "뜻을 돌이키다"(렘 18:8)라는 뜻으로 사용된다. 그렇다면 하나님께서 "후회가 없으시다"라는 말은 결코 마음을 바꾸지 않으시며 자신의 언약을 취소하지도 않으신다는 뜻임을 알 수 있다. 그러면서 발람은 "내가 축복할 것을 받았으니 그가 주신 복을 내가 돌이키지 않으리라"고 말했다.

여기서 잠깐 이스라엘이 어떤 백성인가를 살펴볼 필요가 있다. 하나님께서 아브라함을 택하시고 어떻게 말씀하셨는가? 창세기 12장 2-3절을 보자. "내가 너로 큰 민족을 이루고 네게 복을 주어 네 이름을 창대하게 하리니 너는 복이 될지라 너를 축복하는 자에게는 내가 복을 내리고 너를 저주하는 자에게는 내가 저주하리니 땅의 모든 족속이 너로 말미암아 복을 얻을 것이라 하신지라."

하나님께서는 친히 "너를 축복하는 자에게는 내가 복을 내리고 너를 저주하는 자에게는 내가 저주하리니 땅의 모든 족속이 너로 말미암아 복을 얻을 것이라"고 하셨다. 아브라함, 그리고 이스라엘은 얼마나 복된 자인가? 생사화복의 주인이신 하나님께서 지켜 주시겠다니 말이다.

뿐만 아니다. 창세기 15장에서 하나님께서는 아브라함에게 또 놀라운 은혜의 말씀을 하신 것을 볼 수 있다. "아브람아 두려워하지 말라 나는 네 방패요 너의 지극히 큰 상급이니라." 방패와 상급, 이 두 은총만 있다면 인간에는 더 이상 바랄 것이 없다. 방패와 상급이 되신 하나님께서만 계시다면 인간에게 더 이상 무엇이 부족하겠는가?

"너를 축복하는 자에게는 내가 복을 내리고 너를 저주하는 자에게는 내가 저주하리니." 하나님께로부터 이러한 은총을 받고 사는 사람들이 택함 받은 백성, 이스라엘이었다. 그런데 발락이 상대를 잘못 고른 것이다. 이스라엘 백성의 방패와 상급이 무엇인지를 몰랐던 것이다. 이스라엘을 저주하는 자는 도리어 그 자를 저주하시겠다고 하나님께서는 약속하지 않으셨는가?

하나님께서 방패가 되어 주시면 어떠한 저주도 의미가 없다. 두려워할 것도 없다. 그러니 발락이 발람에게 아무리 이스라엘을 향해 저주를 요청해도 그 입에서는 저주가 나갈 수 없었다. 왜냐하면 하나님께서 지켜주고 계시기 때문이다. 이런 인간의 영역 밖인 영적 전쟁에서 하나님께서 자기 백성을 지켜주고 계시는 데도 원망과 불평 속에 살아가고 있는 이스라엘 백성은 이 사실을 알고나 있는지….

발람은 하나님께서 이스라엘 백성을 축복하는 것을 좋아하시는 것을 깨닫고 점술을 쓰지 않았다. "점술"(םסק)이란 말은 "복술", "점", "사술"이란 말로 "점을 치다", "예언하다", "주문을 속삭이다", "예지하다"(םסק)라는 말에서 나왔다. 여호수아 13장 22절을 보면 발람을 점술가로 말하고 있다. 여기에서 "점술"은 "카쌈"(םסק)이란 말로 "예언하다", "점을 치다"라는 말이다(신 18:10, 미 3:11).

구약성경을 보면 예언이란 단어가 몇 가지 있다. 하나는 "카쌈"(םסק)이란 단어이고 다른 하나는 "나바"다(אבנ). "나바"(אבנ)의 문자적인 의미는 "말하다", "알리다", "노래하다", "부르다" 등의 뜻을 가지고 있다. "카쌈"(םסק)이란 말은 대체적으로 이방 점술사와 관련된 말이다. 반면 "나바"(אבנ)는 하나님의 선지자들의 예언과 관련된 단어임을 알 수 있다. 이것을 보면 발람은 하나님의 선지자가 아니라 잠시 하나님께 붙들린 이방 점술가인 것을 알 수 있다.

하나님의 역사 때문에 발람은 점술을 쓰지 않았다. 직역하면 "그가 점술을 만나기 위해 가지 않았다"라는 말이다. 무슨 의미인가? 이전의 두 번의 신탁에서 발람은 혼자서 다른 장소로 갔었다. 그러나 이번에는 점술을 위한 어떤 징조를 구하기 위해 자기만의 장소나 방법을 찾지 않은 것이다.

학자들은 발람이 구한 점술이 무엇인지 알 수 없으나 점술가만의 어떤 비밀스러운 주문으로 보고 있다. 추측하건대 이방의 점술가들이 악한 영과 관련되어 있다고 본다면 점술을 구한 것은 마치 오늘날 귀신에 붙들린 강신무의 점괘와 같은 것일 수도 있다. 발람은 하나님의 역사 때문에 이것을 포기한 것이다.

발람의 육신의 눈이 이스라엘을 저주하기 위해 바라본 곳은 분명히 광야였다. 광야는 이스라엘 백성이 진을 치고 있는 곳이었다. 그런데 놀라운 일이 벌어졌다. 발람의 눈에는 그 광야가 황량한 광야로 보인 것이 아니라 복된 이스라엘의 모습으로 보였기 때문이다.

어떻게 이런 놀라운 일이 벌어진 것일까? 대답은 간단하다. 민수기 24장 2절의 말씀을 보면 된다. "하나님의 영이 그 위에 임하신지라." 하나님의 영이 발람에게 임하자 그의 눈이 열린 것이다. 그런데 본문의 "임하다"(היה)라는 말을 잠시 살펴볼 필요가 있다. 이 단어는 "하야"(היה)로 "되다", "있다", "발생하다", "일어나다"라는 뜻이다.

또한 이 단어는 과거형이다(היה). 하나님의 영이 계속적으로 내재하여 함께 하신 것이 아님을 알 수 있다. 하나님의 영이 역사할 때만이 그가 하나님의 도구가 될 수 있음을 알 수 있다. 그러한 예를 이사야 45장에 기록된 고레스 왕의 경우에서도 볼 수 있다. 고레스 왕은 하나님을 알지 못했다. 그런데도 고레스 왕은 하나님의 역사를 위해 잠시 쓰임을 받았다. 발람도 그렇다. 하나님의 영이 임하자 하나님의 말씀을 전하게 되고, 그의 눈이 열리며, 전능자의 이상을 보게 된 것이다.

"그가 예언을 전하여 말하되 브올의 아들 발람이 말하며 눈을 감았던 자가 말하며 하나님의 말씀을 듣는 자, 전능자의 환상을 보는 자, 엎드려서 눈을 뜬 자가 말하기를"(민 24:3-4).

"그가 예언을 전하여 말하되"를 직역하면 "그가 비유를 말했다. 그리고 신탁을 말했다."라는 의미다. 여기에서 "말하다"(נאם)라는 단어는 단순히 "말하다"라는 단어가 아니다. 이 말은 "계시", "예언", "말씀"이란 뜻으로 오로지 하나님의 말씀하심에 대해서만 사용되는 특별한 용어다. 따라서 본문에서 발람이 말한 것은 하나님의 계시를 선포한 것이다.

그래서 영어번역본(NIV)에서는 "그가 그의 신탁을 말하다"(he uttered his oracle)라고 번역한다. 하나님의 영이 임하자 발람에게 몇 가지 놀라운 일이 벌어진 것을 볼 수 있다. 하나님의 계시, 곧 신탁을 선포하기 시작한 것이다. 그와 동시에 또 아래와 같은 일이 벌어졌다.

첫째로 영의 눈이 열렸다. 그래서 발람은 스스로를 "눈을 감았던 자"로 말한다. 원문에는 "눈을 뜬 자"(שתם)로 되어 있다. 우리말 성경은 전에 눈을 감았던 것을 강조하기 위해 "눈을 감았던 자"로 의역한 것 같다. 여기서 "뜨다"(שתם)라는 말은 수동태다. 스스로 영의 눈이 열린 것이 아니다. 전에는 볼 수 없었던 영의 세계를 볼 수 있도록 하나님께서 눈을 열어 주신 것이다.

육신의 눈, 그리고 지식의 눈, 그리고 사탄의 역사로도 열리지 않았던 눈을 하나님께서 열어 주셨다. 이방 점쟁이가 어떻게 영안이 열리겠는가? 하나님께서 하실 일이 있으셔서 발람의 눈을 열어 주신 것뿐이다.

둘째로, 발람은 이렇게 말한다. 하나님의 영이 임하자 자신이 "하나님의 말씀을 듣는 자"가 되었다고 말한다. 여기에서 "말하다"(נאם)라는 단어는 하나님의 계시를 의미하는 신탁을 말한다. 성령이 역사하자 하나님의 음성이 들린 것이다. 하나님께서 하실 일이 있어서 이렇게 이방 점쟁이가 하나님의 음성을 들을 수 있도록 귀를 열어 주신 것이다.

인간이 하나님의 음성을 들을 수 있다는 것 자체가 얼마나 놀라운 역사인가? 왜냐하면 하나님의 음성에는 생명이 있고 구원이 있기 때문이다. 성령의 역사 없이는 어떤 인간도 하나님의 음성을 들을 수 없다. 깨달을 수도 없다.

주님의 말씀이 들리고 믿어지는 것은 모두 성령의 역사요, 은총인 것이다.

셋째로, 발람은 이렇게 말한다. 하나님의 신이 임하자 자신이 "전능자의 이상을 보는 자"가 되었다는 것이다. 얼마나 놀라운 은총인가? 성령이 역사하자 그는 하나님께서 보여 주시는 환상을 보게 되었다. 육의 눈으로 볼 수 없는 신령한 세계를 본 것이다.

여기에서 발람이 말한 전능자란 단어를 살펴볼 필요가 있다. "전능자"(שַׁדַּי), "솨다이"란 말은 하나님의 언약과 관련된 칭호다. 전능자란 말이 처음 사용된 것은 하나님께서 아브라함과 언약을 맺으시면서 자신을 전능한 하나님으로 계시하신 때부터였다(창 17:1). 이후로 이 칭호는 하나님의 언약 안에 있는 족장들에게 땅과 후손을 약속하신 하나님으로 나타난 것을 볼 수 있다.

특별히 전능자는 언약을 이루는 데 있어서 능력과 지혜와 모든 것이 완전하다는 의미로 계시된 특별한 하나님의 칭호였다. 그러므로 발람이 전능자의 이상을 본다는 것은 족장들과 언약을 맺으시며 그들에게 보여 주고 약속하셨던 복의 내용을 본다는 의미도 담겨 있다.

넷째로, 발람은 이렇게 말한다. 하나님의 신이 임하자 자신이 "엎드려서 눈을 뜬 자"가 되었다는 것이다. 성령의 역사로 쓰러져 영의 눈이 열리게 되었다는 것이다. 감겨 있던 눈이 뜨인 것이다. 여기서 "엎드리다"(נָפַל)는 "떨어지다", "넘어지다", "눕다", "전복하다"라는 말이다. 이 말을 보면 발람이 부지불식간에 쓰러진 것을 알 수 있다. 기도하거나 절하기 위해서 엎드린 것이 아니라 하나님의 영이 임하자 그 강력한 힘에 의해 쓰러진 것이다.

이 강력한 하나님의 능력으로 쓰러진 발람이 눈을 뜨게 된 것이다. "눈을 뜨다"(גָּלָה)는 "발가벗기다", "제거하다", "열다", "드러내다"라는 말로 수동태다(גָּלוּי). 문자적으로는 "벗겨진 자", "드러내진 자", "열리게 된 자"란 말이다. 발람 스스로 눈이 열린 것이 아님을 알 수 있다. 하나님께서 눈을 여신 것이다.

2. 눈이 열려 새로운 세계를 보게 된 발람

하나님께서는 왜 이렇게 이방 점쟁이 발람의 영의 눈을 열어 주시고, 하나님의 음성을 들려 주신 것인가? 그 이유가 무엇인가? 그것은 자신이 저주하려 했던 이스라엘 백성이 어떤 백성인가를 하나님께서 보여 주시려고 했기 때문이다. 영의 눈이 열리자 발람은 택한 백성의 참 모습을 보고 감탄하고 찬양한 것을 볼 수 있다. 그 말씀이 민수기 24장 5-9절의 말씀이다.

> "야곱이여 네 장막들이, 이스라엘이여 네 거처들이 어찌 그리 아름다운고 그 벌어짐이 골짜기 같고 강 가의 동산 같으며 여호와께서 심으신 침향목들 같고 물 가의 백향목들 같도다 그 물통에서는 물이 넘치겠고 그 씨는 많은 물 가에 있으리로다 그의 왕이 아각보다 높으니 그의 나라가 흥왕하리로다 하나님이 그를 애굽에서 인도하여 내셨으니 그 힘이 들소와 같도다 그의 적국을 삼키고 그들의 뼈를 꺾으며 화살로 쏘아 꿰뚫으리로다"(민 24:5-8).

성령의 역사로 영의 눈이 열린 발람의 첫 번째 감탄이 무엇인가? "야곱이여 네 장막이, 이스라엘이여 네 거처가 어찌 그리 아름다운고." 이스라엘 백성이 지금 어디에 있는가? 거처가 어디인가? 풀 한 포기 나무 한 그루 없는 거칠고 메마른 광야가 아닌가? 지금 그들은 먹을 것도, 마실 것도 없는 죽음의 땅, 광야에 있다. 햇볕만이 내리쬐는 천막 속에서 산 지가 무려 40년이나 되었다.

그들은 광야에 대해 어떻게 불평했는가? 민수기 20장 4-5절에서 그들의 원망과 불평의 소리를 들을 수 있다. "너희가 어찌하여 여호와의 회중을 이 광야로 인도하여 우리와 우리 짐승이 다 여기서 죽게 하느냐 너희가 어찌하여 우리를 애굽에서 나오게 하여 이 나쁜 곳으로 인도하였느냐 이 곳에는 파종할 곳이 없고 무화과도 없고 포도도 없고 석류도 없고 마실 물도 없도다."

이스라엘 백성은 "우리와 우리 짐승이 다 여기서 죽게 하느냐?"라고 불평하고 있다. 그리고 이렇게 원망하고 있다. "우리를 애굽에서 나오게 하여 이 악한 곳으로 인도하였느냐." 이스라엘 백성은 광야는 사람이 살 수 없는 악한 곳이라고 원망하고 불평하고 있다. 그들은 이렇게 광야를 죽음의 땅이요, 악한 곳이라고 불평하며 살아왔다.

그런데 영의 눈이 열린 발람은 광야에 있는 야곱의 장막을 뭐라고 감탄하고 있는가? "야곱이여 네 장막들이, 이스라엘이여 네 거처들이 어찌 그리 아름다운고 그 벌어짐이 골짜기 같고 강 가의 동산 같으며 여호와께서 심으신 침향목들 같고 물 가의 백향목들 같도다."

이 말을 이스라엘 백성이 들으면 어떨 것 같은가? 광야의 삶이 힘들어 죽을 지경인데 열불이 나고 속이 뒤집히지 않겠는가? 아마도 발람이 옆에 있었으면 이스라엘 백성에게 돌에 맞아 죽었을 것이다. 한번 생각해 보자. 지금 밑바닥 인생을 기고 있는데 옆에서 "참 복도 많은 인생입니다. 당신의 인생은 시냇가에 심겨진 나무와 같습니다"라고 하면 어떨 것 같은가? 축복으로 들리겠는가, 아니면 비아냥거림으로 들리겠는가?

같은 광야를 바라보는 데 이스라엘 백성과 발람이 보는 눈이 왜 이렇게 다른 것인가? 그것이 바로 영의 눈의 차이가 아니겠는가? 그렇다면 이스라엘 백성은 영의 눈이 감겨 있었는가? 하나님의 음성을 듣지 못하고 살아왔는가? 아니다. 이스라엘 백성은 발람보다 더 생생하게 더 엄청난 하나님의 기적을 보고 살아왔다. 그런데 왜 이렇게 이스라엘 백성의 눈에는 힘든 광야만 보였던 것인가? 그것은 원망과 불평 때문에 영의 눈이 감겨 버린 것이라고 볼 수밖에 없다.

"야곱이여 네 장막들이, 이스라엘이여 네 거처들이 어찌 그리 아름다운고." 원문에는 "어찌 그리 아름다운고"라는 말이 서두에 나와 있다. 직역하면 "참으로 행복하도다 야곱이여 네 장막들이, 이스라엘이여 네 거처들이"이다. 여기에서 "아름답다"를 가리키는 "토브"(טוב)라는 말은 "행복하다", "선하다"라는 말이다. 야곱의 장막은 참으로 행복하다고 감탄을 하고 있다. 발람의 눈에 거칠고 메마른 광야인 야곱의 장막이 아름답게 보인 이유가 무엇이겠는가? 발람의 눈에 험한 광야인 야곱의 거처가 왜 이렇게 행복하게 보였겠는가?

그 이유는 단 한 가지뿐이다. 그것은 이스라엘 백성의 거처에는 하나님께서 함께 계셨기 때문이다. 광야 길이지만 야곱의 장막은 하나님의 품 안에 있었기 때문이다. 그들은 하나님께서 물가에 심으시고 돌보시는 침향목과 백향목과 같았기 때문이다. 이보다 더 큰 은총이 어디 있겠는가? 이보다 더 큰 행복이 어디 있겠는가? 뿐만 아니라 발람은 택한 이스라엘 백성에게 행하실, 그리고 그들을 통해 이루실 놀라우신 하나님의 역사를 보고 감탄한 것이다. 이 복된 모습을 본 발람이 야곱의 장막을 어찌 부러워하지 않을 수 있겠는가?

우리는 어떠한가? 초라하게 보이는 우리의 거처에도 하나님께서 함께 계심을 믿는가? 우리의 거처도 전능하신 하나님의 품 안에 있음을 믿고 있는가? 하나님께서 우리와 함께 하시며 우리가 하나님의 품 안에 있는 것보다 더 큰 은총이 어디 있겠는가? "내 영혼이 은총 입어"라는 찬송가를 작사한 사람은 아마 이러한 은총을 누렸던 것 같다. 3절 가사가 그렇게 보인다. "높은 산이 거친 들이 초막이나 궁궐이나 내 주 예수 모신 곳이 그 어디나 하늘나라."

초막에 살아도 주님과 함께 천국의 은총을 누리는 행복한 성도들이 있다. 그러나 저택에 살아도 감옥같이 사는 사람도 참으로 많다. 광야에 있어도 야곱의 장막이 행복한 것처럼 초라한 장막에 살아도 주님과 함께 사는 곳이 천국인 것이다.

발람은 이스라엘이 "그 벌어짐이 골짜기 같고 강 가의 동산 같으며 여호와께서 심으신 침향목들 같고 물 가의 백향목들 같도다"라고 찬양한다. "그 벌어짐이 골짜기 같고"라는 말은 "그들이 골짜기처럼 펼쳐졌다"라는 말이다. 왜냐하면 "벌어지다"(נטה)라는 말이 "뻗다", "펴다", "펼치다"라는 말로 수동태(נטה)이기 때문이다. 하나님께서 그렇게 하신 것이다.

그리고 이스라엘의 모습이 강 가의 동산 같았다. 여기에서 "동산"을 의미하는 "깐나"(גנה)는 "정원", "과수원"이란 말로서 자연 상태의 정원이 아니다. 이 "동산"은 울타리나 벽으로 보호를 받고 있는 그런 동산 혹은 과수원을 의미한다. 강 가의 동산과 같은 이스라엘은 얼마나 복된 사람들인가? 그들은 하나님께서 울타리가 되어 주신 동산과 같은 복을 누리고 있는 것이다.

또한 이스라엘은 여호와께서 심은 침향목과 백향목 같다고 말한다. 하나님께서는 이스라엘을 심으시고 돌보시는 과원지기로 묘사되고 있다. 하나님께서 친히 동산을 만드시고, 물을 대시며, 친히 울타리가 되심으로 이스라엘을 동산에 심겨진 백향목 같이 번성케 하신다는 것이다. 이런 하나님의 보호하심을 받고 있는 이스라엘을 보는 데 발람이 어찌 감탄을 하지 않겠는가?

이스라엘의 복된 모습은 계속된다. "그 물통에서는 물이 넘치겠고 그 씨는 많은 물 가에 있으리로다 그의 왕이 아각보다 높으니 그의 나라가 흥왕하리로다." 물이 귀한 팔레스타인의 지리적(地理的) 조건하에서 물이 풍족할 것이라고 예언한 것은 앞으로 이스라엘의 번성과 풍요가 어떠함을 알 수 있다. 또한 "그 씨는 많은 물 가에 있으리로다"라는 말은 무슨 의미인가? 씨앗은 궁극적으로 이스라엘 후손을 의미한다. 그들이 물 가에 있다는 것은 곧 이스라엘 후손이 항상 생명의 기쁨 및 넉넉한 평화와 번영을 누리게 될 것에 대한 약속이다.

그런데 왜 본문에서는 아각 왕과 하나님을 비교하였을까? 애굽 왕을 바로라 하고, 로마의 황제를 아우구스투스라고 부른 것처럼 아각이란 아말렉 왕들의 일반적인 칭호다. 발람의 예언 중에 유독 아말렉 왕호가 들먹여진 것은 출애굽할 때 이스라엘을 최초로 공격한 강력한 족속이었을 뿐 아니라(출 17:8,16), 그 당시 열국 중에 가장 세력을 떨치고 있었기 때문이다.

그런데 "그의 왕은 아각보다 높을 뿐만 아니라 그의 나라가 흥왕할 것"이라고 예언하고 있다. 직접적으로는 이스라엘의 영광을 말하는 것으로 보인다. 그러나 학자들은 "그의 왕"(מַלְכּוֹ)과 "그의 나라"(מַלְכֻתוֹ)가 단수로 되어 있는 것은 특별한 한 왕과 그 왕이 다스리는 나라를 의미하는 것으로 이를 메시아와 하나님 나라로 봐야 한다고 말하고 있다. 메시아가 나올 나라가 어떻게 세상 나라에 의해 멸망하겠는가?

일개 아말렉 왕과 그의 나라와 비교가 될 수 있겠는가? 그의 나라, 곧 하나님의 나라는 흥왕한다는 것이다. 여기에서 "흥왕하다"(נָשָׂא)라는 말은 "들어올리다", "높이다", "일어나다"라는 말로 재귀형이다(נִשָּׂא). 재귀형이란 주어 자신의 위엄을 강조한다. 그래서 문법을 살려서 번역하면 "그의 나라가 스스로 일어날 것이다"라는 의미다. 하나님의 나라는 하나님께서 스스로 세우실 것이다. 그 누구도 돕거나 방해할 수 없다는 것이다.

"꿇어 앉고 누움이 수사자와 같고 암사자와도 같으니 일으킬 자 누구이랴 너를 축복하는 자마다 복을 받을 것이요 너를 저주하는 자마다 저주를 받을지로다"(민 24:9).

본문의 말씀은 하나님께서 지키시고 보호하신 이스라엘은 마치 사자와 같다는 것이다. 어떤 사람이 사자를 감히 일으킬 수 있겠느냐는 것이다. 그러면서 하나님께서 주신 예언으로 이렇게 마치는 것을 볼 수 있다. "너를 축복하는 자마다 복을 받을 것이요 너를 저주하는 자마다 저주를 받을지로다."

처음에 술사 발람에게 모압 왕 발락이 걸었던 기대(22:6)가 이제 여기서 오히려 거꾸로 선포되고 있다. 저주가 축복으로 변한 것이다. 누가 하나님의 다스림을 거역할 수 있겠는가? 하나님께서 복 주시는 백성을 누가 감히 저주할 수 있겠는가? 설사 저주한다고 그 저주가 임하겠는가? 임할 수가 없는 것이다.

발람의 이 축복의 예언은 일찍이 이스라엘의 조상 아브라함에게 하신 하나님의 약속과 똑같아 보인다(창 12:3). 실로 복의 근원이신 하나님께서는 언약의 백성인 아브라함의 후손들(이스라엘)을 복의 전달자로 삼으시고, 그들을 통해 세상에 참된 복(구원과 생명 등)이 퍼져 나가게 하셨다. 그리고 나아가 하나님의 나라를 그들을 통해 이루시고자 계획하신 것이다.

그렇기 때문에 이스라엘은 발락의 생각대로(22:6) 결코 외적 요인으로 인해 축복을 받거나 저주를 받을 그런 나라는 아니었다. 오히려 이스라엘에 대한 태도 여하에 따라 타민족이 복과 저주의 기로에 서게끔 되어 있었다. 그것이 하나님의 경륜이요, 섭리였다. 이스라엘이 그러한 특권을 지니게 된 것은 장차 이스라엘을 통해 인류의 구세주, 곧 메시아인 예수 그리스도가 나올 것이기 때문이었다. 지금 발람은 하나님의 영에 감동되어 그러한 사실을 예언하고 있는 것이다.

하나님께서 발람의 감긴 눈을 열어 주셨다. 그러자 자신이 저주하려 했던 이스라엘 백성이 이렇게 복 받은 백성이요, 행복한 백성이라는 사실을 보게 된 것이다. 발람은 이스라엘 백성을 축복하면 하나님께서 복을 베풀어 주시지만 만약 이스라엘 백성을 저주하면 하나님께서 자신을 저주하신다는 것을 알게 된 것이다. 이스라엘 백성의 보호자는 하나님이라는 것을 깨달은 것이다. 이것이 택한 백성이 누리는 은총이 아니겠는가?

그 어떤 백성도 하나님의 백성을 손대지 못하도록 보호하신다는 것을 발람은 본 것이다. 발람은 영의 눈이 열리자 하나님께서 택하신 이스라엘 백성이 얼마나 존귀하고 복된 백성인가를 알게 되었다. 만약 이스라엘 백성이 행복한 자신의 모습과 하나님께서 동행하신 복된 모습을 제대로 보았다면 무슨 불평 속에 살았겠는가? 은혜 속에 살면서도 은혜인 줄 모르면 감사도 평강도 없는 법이다. 그렇지 않은가? 죄악 때문에 복된 삶을 볼 수 있는 영적인 눈이 감겨져 버린 그것이 문제일 뿐이다.

{ 우리가 들어야 할 하나님의 음성은 무엇인가? }

본문에서 들어야 할 하나님의 음성은 무엇인가? 오늘 말씀을 보면서 우리의 영의 눈은 어떻다고 생각하는가? 내 육신의 눈으로 나를 보는 데서 그쳐서는 안 된다. 육신의 눈으로, 지식의 눈으로만 내 삶을 보아서는 안 된다는 것이다.

영의 눈으로, 말씀으로 우리를 보아야 한다. 그러면 광야에 있어도 하나님께서 함께 하신 야곱의 장막이 행복한 것처럼 우리 장막도 행복하다는 것을 깨닫게 될 것이다. 광야에 있어도 이스라엘 백성이 물 가에 심어진 백향목 같이 우리도 그러함을 알 수 있을 것이다.

그러나 은혜 가운데 살면서도 영의 눈이 감겨 은혜인 줄 모르면 어찌 감사할 수 있겠는가? 감사가 나오지 않는데 무슨 마음에 평강이 있겠는가? 하나님 품 안에 살면서도 그것이 아버지의 품인 줄 모르면 어떻게 찬송이 나오겠는가? 성령과 말씀으로 우리 영의 눈이 밝아져 하나님께서 베푸신 은총의 세계를 바로 보게 될 때에야 비로소 우리가 얼마나 행복한 자인가를 깨닫게 되지 않겠는가? 하나님의 자녀가 되어 하나님과 동행하는 복된 자가 되었으면서도 은혜를 깨닫지 못하고 있다면 무엇 때문에 그 은총을 바로 보지 못하는지 살펴볼 일이다.

20. 하나님께서 기뻐하시는 예배란? (미 6:1-8)

{ 생각해 볼 점들 }

기독교 신앙의 가장 중요한 핵심은 예배라고 말한다. 예배에 성공하면 신앙생활에 성공하는 것이라고 말하기도 한다. 요즈음 신앙생활의 화두 중 하나는 예배의 회복이다. 예배의 회복이 필요하다고 외친다. 도대체 예배에서 무엇이 문제이기에 예배가 회복되어야 한다는 것인가?

예배의 회복이란 무엇을 말하는가? 의견들이 분분하다. 혹자는 예배를 드리는 자의 마음과 자세가 회복되어야 한다고 말한다. 예배의 회복이란 예배 중의 회개를 통한 감격과 감동이 있는 예배로 돌아가는 것이라고 말한다. 그런데 요즈음 예배는 회개도, 정성도, 열정도, 감격도 없다는 것이다. 또한 예배의 중심이 하나님이 아닌 예배자 자신의 유익에 있는 것이 문제라는 것이다. 이들은 오직 하나님을 위한 예배로 회복되어야 한다고 말한다. 그래서 예배에서 하나님의 하나님 되심이 선포되고 하나님의 주인 되심이 회복되어야 한다는 것이다. 하나님께 영광을 돌리고 그를 기쁘시게 하는 것이 예배의 근본적인 목적이고, 예배자의 자세라는 것이다.

또한 혹자는 말한다. 단순히 예식을 따라 드리는 교회 안에서의 예배가 전부가 아니라는 것이다. 삶 속에서 예배가 드려져야 한다는 것이다. 그런데 어떤 그리스도인은 "자신은 삶의 현장에서 늘 예배를 드린다"라는 것이다. 자신은 주일 날 예배당에서만 예배를 드리는 것이 아니라 가정에서, 출근할 때, 직장에서 말씀을 읽고 찬송하고 기도를 드리고 있다는 것이다. 교회 앞을 지날 때면 그 교회를 통해 주의 복음이 널리 전파되고 부흥되도록 기도하면서 예배를 드리며, 회사에 도착해서는 직장을 주신 하나님께 감사기도를 드리고 오늘 하루도 하나님의 인도하심으로 맡은 일을 잘 수행할 수 있기를 간구하며 예배를 드린다는 것이다.

이것이 삶 속에서 드려지는 예배인가, 아니면 삶 속에서 예식을 따라 드리는 예배인가? 성경은 구약시대나 신약시대나 두 종류의 예배에 대해 말씀하고 있음을 볼 수 있다. 하나는 성전 안에서, 예배당 안에서 드리는 예식을 따라 드리는 예배다. 그리고 또 다른 하나는 삶 속에서, 거룩한 산제물로서의 예배이다.

거룩한 삶의 열매는 없고 형식적인 예식을 따라 드리는 제사에 대해 미가 선지자는 책망한다. 하나님께서 기뻐하신 삶 속에서 드려지는 예배란 무엇인가? 그리고 진정한 예배의 회복은 무엇인가? 그것이 궁금하다. 원문에서 삶 속에서 하나님을 기쁘시게 하는 제사가 어떤 제사인지 주님의 음성을 들어보자.

{ 원문에서 듣는 하나님의 음성 }

1. 배은망덕한 이스라엘에 대한 하나님의 탄식

"너희는 여호와의 말씀을 들을지어다 너는 일어나서 산을 향하여 변론하여 작은 산들이 네 목소리를 듣게 하라 하셨나니 너희 산들과 땅의 견고한 지대들아 너희는 여호와의 변론을 들으라 여호와께서 자기 백성과 변론하시며 이스라엘과 변론하실 것이라 이르시기를 내 백성아 내가 무엇을 네게 행하였으며 무슨 일로 너를 피롭게 하였느냐 너는 내게 증언하라"(미 6:1-3).

인간이 견디기 어려운 고통 중의 한 가지는 아마도 배신일 것이다. 인간은 사랑과 믿음에 대해 다른 사람에게 배신을 당하게 되면 다시는 그 사람의 얼굴을 보지 않는다. 그리고 배신당한 충격에서 쉽게 헤어 나오지 못한다. 본문에서는 이스라엘에게 배신당한 하나님을 볼 수 있다. 하나님께서는 이스라엘 백성을 택하시고 온갖 사랑을 베푸셨다. 그런데 배은망덕한 이스라엘이 그들의 아버지이신 하나님을 배신한 것이다.

그런데도 하나님께서는 배은망덕한 이스라엘을 포기하지 않으시고, 미가 선지자를 통해 배신당한 아픈 마음을 토로한 것을 볼 수 있다. 미가 선지자는 이스라엘 백성들에게 외친다. 왜 하나님의 사랑과 은혜를 배신하게 되었는지 한번 말해 보라고 말이다. 그리고 산과 작은 산들과 땅의 견고한 지대들이 증인들이니 그들 앞에서 그 이유를 밝혀 보라는 것이다.

공동번역에서는 1절을 이렇게 번역했다. "잘 들어라. 야훼께서 말씀하신다. 일어나 산악을 향해 변명해 보아라. 할 말이 있거든 언덕들에게 말해 보아라." 하나님께서는 범죄한 이스라엘을 향해 배신에 대하여 할 말이 있으면 산들과 언덕들 앞에서 한번 변명해 보라는 것이다.

왜 하나님께서는 말을 알아들을 수도 없는 땅과 산들을 증인으로 부르셨는가? 땅과 산들이야말로 변함없는 신실한 역사의 증인이기 때문이다. 산과 언덕은 하나님께서 말씀하신 이스라엘의 죄를 보고 있었다는 것이다. 뿐만 아니라 오랜 세월 동안 하나님께서 이스라엘에게 어떻게 사랑과 은혜를 베푸셨는지 잘알고 있다는 것이다. 배은망덕한 이스라엘은 기억하지 못할지라도 오랜 세월 동안 모든 것을 묵묵히 보아 오고 들어 왔던 산과 언덕은 신실한 증인이라는 것이다.

그리고 난 후 이제 미가 선지자는 산들과 땅의 견고한 지대들더러 하나님의 변론을 한번 들어 보라는 것이다. 하나님께서도 한 말씀하시겠다는 것이다. "내 백성아 내가 무엇을 네게 행하였으며 무슨 일로 너를 괴롭게 하였느냐. 너는 내게 증언하라." 여호와께서 백성과 쟁론하시려고 할 때도 산들과 견고한 지대들은 증인으로서 부름을 받는다. 왜냐하면 산들과 견고한 지대들은 이스라엘 역사와 더불어 하나님께서 이스라엘 백성에게 행하신 모든 은총의 산증인이기 때문이다.

배은망덕한 이스라엘에 대해 아픈 마음을 털어놓을 길이 없는 하나님께서 하늘을 향해 소리치시는 것을 이사야 1장에서도, 그리고 성경 여러 곳에서도 볼 수 있다(신 4:26; 렘 2:12). "하늘이여 들으라 땅이여 귀를 기울이라 여호와께서 말씀하시기를 내가 자식을 양육하였거늘 그들이 나를 거역하였도다 소는 그 임자를 알고 나귀는 그 주인의 구유를 알건마는 이스라엘은 알지 못하고 나의 백성은 깨닫지 못하는도다 하셨도다 슬프다 범죄한 나라요 허물 진 백성이요 행악의 종자요 행위가 부패한 자식이로다 그들이 여호와를 버리며 이스라엘의 거룩하신 이를 만홀히 여겨 멀리하고 물러갔도다"(사

1:2-4).

하나님께서 오죽 말씀하실 곳이 없으셨으면 "하늘이여 들으라 땅이여 귀를 기울이라"고 탄식하셨겠는가? 자식을 양육했는데 그 자식이 자신을 거역했다는 것이다. 소는 임자를 알고 나귀는 자기 주인을 알지만 택한 자식인 이스라엘은 하나님을 배신했다는 것이다. 생명과 사랑을 받고 살아가는 하나님의 자녀가 하늘 아버지의 이런 고통과 탄식의 소리를 듣는 것이 얼마나 민망스러운 일이겠는가!

하나님께서는 자기 백성과 변론하시겠다고 하셨다. "자기 백성과 변론하시며"에서 "변론"(רִיב)은 옳고 그름을 다투는 논쟁을 말한다. 그리고 뒤의 "이스라엘 자손과 변론하시겠다"라는 말씀에서 "변론"(יכח)이란 "논쟁하다", "바로잡다", "견책하다", "교정하다"라는 말이다. 우리말 성경은 같은 변론으로 번역했지만 다른 단어가 사용되어 있다. 무슨 의미인가? 하나님께서는 이스라엘 백성과 옳고 그름을 가리신 후에 그 죄에 대해서는 반드시 짚고 넘어가시겠다는 말씀이다. 죄와 허물에 대해서는 책망하고 징계하시겠다는 것임을 알 수 있다.

그러면서 하나님께서는 "내 백성아 내가 무엇을 네게 행하였으며 무슨 일로 너를 괴롭게 하였느냐 너는 내게 증언하라"고 아픈 마음을 토로하신다. 무슨 일로 괴롭게 했는지 한번 말해 보라는 것이다. 여기서 "괴롭게 하다"(לאה)라는 말은 "견디지 못하다", "슬프다", "감정이 상하다", "지치다", "기진하다"라는 말로 사역 완료형이다(הֶלְאֵתִיךָ). 그럼 어떤 의미이겠는가? "지금까지 의도적으로 너를 상하게 만들고, 지치게 만든 적이 있으면 한번 말해 보라"는 뜻이다.

이스라엘 역사를 보면 과거에 엄청난 고통과 징계와 심판을 받은 것이 사실이다. 인근 강대국에 의해 시달림을 받기도 했다. 힘든 세월을 보냈다. 그런데도 하나님께서는 오해하지 말라고 말씀하신다. 의도적으로 까닭 없이 힘들게 한 적이 없다는 것이다. 고통과 환난이 있었다면 그 이유가 어디 있는지 변론해 보자는 것이다. 우리도 이 음성을 들어야 하지 않겠는가?

예레미아애가 3장 32-33절을 보면 징계 속에 나타난 하나님의 따뜻하고 숨겨진 사랑과 자비를 읽을 수 있다. "그가 비록 근심하게 하시나 그의 풍부한 인자하심에 따라 긍휼히 여기실 것임이라 주께서 인생으로 고생하게 하시며 근심하게 하심은 본심이 아니시로다."

여기에서 하나님의 백성에 대한 숨겨진 하나님의 사랑과 자비를 볼 수 있다. 주께서 인생으로 고생하게 하시며 근심하게 하심이 본심이 아니라는 것이다. 본심이란 무엇을 말하는가? "본심"(מִלִּבּוֹ)이란 "-으로부터"라는 "민"(מִ)과 "마음"을 의미하는 "레브"(לֵב)의 합성어. 본심이란 "그의 마음으로부터"라는 말이다. 인생으로 고생하게 하시며 근심하게 하심은 하나님 본마음으로부터 나온 것이 아니라는 말씀이다.

그렇다면 하나님의 본마음은 무엇인가? 하나님은 사랑이시다. 다만 죄에서 새롭게 하시려고 잠시 아픔과 고통, 근심을 당하게 하실 뿐이다. 하나님께서는 회개하여 새롭게 되면 우리를 긍휼히 여기신다. 택한 백성에 대한 징계에 대해 오해해서는 안 된다. 하나님께서는 죄를 징계하시고 새롭게 할 뿐 절대로 택한 백성을 멸망시키려는 뜻은 없으시다. 이점을 잊어서는 안 된다.

2. 과거에 이스라엘 백성에게 베푸신 사랑의 회고

"내가 너를 애굽 땅에서 인도해 내어 종 노릇 하는 집에서 속량하였고 모세와 아론과 미리암을 네 앞에 보냈느니라 내 백성아 너는 모압 왕 발락이 피한 것과 브올의 아들 발람이 그에게 대답한 것을 기억하며 싯딤에서부터 길갈까지의 일을 기억하라 그리하면 나 여호와가 공의롭게 행한 일을 알리라 하실 것이니라"(미 6:4-5).

배은망덕한 이스라엘 백성을 향해 하나님께서는 과거에 베푸신 사랑과 은혜를 회고하면서 말씀하셨다. 하나님께서는 이스라엘 백성을 종 노릇하는 애굽 땅에서 속량하셨다는 것이다. "속량하다"(פדה)라는 말은 "몸값을 주고 석방하다", "구출하다", "구해내다", "구원하다"라는 말이다. 쉽게 말하면 "속량하다"라는 말은 반드시 값을 치르고 생명을 구원한다는 말이다. 하나님께서는 유월절 어린 양의 피로 애굽의 노예에서 해방시켜 주신 것이다.

말로만 구원해 주신 것이 아니라 생명을 주고 죽을 생명을 살려 주신 것이다. 그리하여 오늘까지 생명의 은총을 누리게 된 것이다. 하늘의 생명을 얻은 우리도 그렇지 않은가? 하나님께서는 십자가에서 예수님의 생명과 죄로 죽을 우리 생명을 맞바꾸신 것이다. 이것이 구속이다. 이 구원을 위해 하나님께서 모세와 아론과 미리암을 보내셨다는 것이다. 하지만 모세와 아론이 스스로 일어나 애굽의 종살이에서 이스라엘 백성을 해방시킨 것이 아니라는 사실을 알라는 것이다.

그리고 하나님께서는 모압 왕 발락이 발람을 불러와 이스라엘을 저주케 하려 했던 것을 생각해 보라는 것이다. 그때 하나님께서 어떻게 그 저주에서 이스라엘을 지켜주셨는가를 말이다. 이스라엘 백성이 험한 광야 40년을 다 마치고 가나안 땅 입구인 모압까지 왔을 때였다. 그러자 위협을 느낀 모압 왕 발락이 점쟁이요, 술사인 발람을 불렀다. 그리고 발람에게 뇌물을 건네주면서 이스라엘 백성을 저주해 달라고 부탁했다.

땅의 전쟁이 아니라 영적 전쟁이 벌어진 것이다. 발락은 발람을 불러들여 이스라엘에게 사탄의 저주를 퍼부어 망하게 해 달라는 부탁을 했다. 이 이방 왕도 사탄의 권세를 알고 있었던 것 같다. 그래서 사탄의 능력을 이용하려고 했던 것이다. 그런데 하나님께서 어떻게 하셨는가? 사탄의 역사를 막아 버리셨다. 하나님께서 저주 대신 발람의 입을 통하여 오히려 이스라엘 백성을 축복하게 만드시지 않았는가?

발람은 이렇게 외쳤다. "하나님이 저주하지 않으신 자를 내가 어찌 저주하며 여호와께서 꾸짖지 않으신 자를 내가 어찌 꾸짖으랴(민 23:8)." 이는 하나님께서 저주하지 않으신 자를 내가 어떻게 저주하겠느냐는 말이다. 발람은 저주는커녕 오히려 이스라엘을 이렇게 축복하고 만 것을 볼 수 있다. "너를 축복하는 자마다 복을 받을 것이요 너를 저주하는 자마다 저주를 받을지로다(민 24:9下)." 이스라엘이 알지 못한 가운데 하나님께서 어떻게 발람의 저주에서 지켜주셨는지 기억하라는 것이다.

그리고 또한 싯딤에서 길갈까지의 일을 기억하라는 것이다. 무슨 말인가? 그곳에서는 무슨 일이 있었는가? 싯딤과 길갈은 약속의 땅 가나안 안에 있는 지역들이다.

그렇다면 약속의 땅 가나안에서 하나님께서 행하신 놀라운 일들을 생각해 보라는 말씀이다. 싯딤과 길갈은 어떤 곳인가? 싯딤은 여호수아가 요단강 건너편의 여리고 성을 정탐하기 위해 두 명을 보낸 장소이다(수 2:1). 길갈은 법궤로 인해 갈라진 요단을 건너 여리고 정복을 위해 처음을 진을 친 곳이다(수 4:19). 그러므로 싯딤은 광야 생활의 종착점이요, 길갈은 가나안 땅의 첫 도착지요, 출발점이었다. 누가 여기까지 인도하셨는가? 하나님이시다.

싯딤에서 길갈까지의 사건은 미디안의 패배, 요단 강을 건넘, 여리고를 무너뜨림 등을 의미한다. 뿐만 아니라 이스라엘은 길갈에 진을 치고 하나님께서 가르쳐 주신 방법으로 철옹성이었던 여리고 성을 무너뜨리고 정복하였다(수 6:1-27). 하나님은 이스라엘이 출애굽하여 가나안 땅을 정복하는 과정에서 경험하였던 초자연적 역사를 상기시킴으로 하나님 자신이 결코 이스라엘에게 불성실하지 않으셨음을 변증하고 계신 것이다.

하나님께서는 이 과거를 상기시키면서 "나 여호와가 공의롭게 행한 일을 알리라 하실 것이니라"고 말씀하신다. 여기서 "공의롭다"(צדקות)라는 말은 "정직", "칭의", "의로움"이란 말이다. 그렇다면 하나님께서 공의롭게 행하셨다는 말은 무슨 뜻인가? 이 말이 하나님께 사용될 때에는 하나님께서 신실하셔서 이스라엘과 맺었던 언약을 성실하게 지키신다는 것을 가리킨다. 출애굽에서 가나안 정복에 이르기까지 과거를 한번 돌아보라는 것이다. 그러면 하나님께서 조상들에게 언약하신 그 언약을 변치 않고 어떻게 신실하게 지키셨음을 알 수 있을 것이라는 말이다.

3. 하나님의 뜻을 알지 못한 이스라엘의 잘못된 신앙

"내가 무엇을 가지고 여호와 앞에 나아가며 높으신 하나님께 경배할까 내가 번제물로 일 년 된 송아지를 가지고 그 앞에 나아갈까 여호와께서 천천의 숫양이나 만만의 강물 같은 기름을 기뻐하실까 내 허물을 위하여 내 맏아들을, 내 영혼의 죄로 말미암아 내 몸의 열매를 드릴까"(미 6:6-7).

위 본문 6-7절을 거두절미하고 보면 이 말씀은 이스라엘 백성의 신실한 믿음의 고백인 것처럼 보일 수 있다. 그러나 사실은 그렇지 않다. 이것은 신실한 믿음의 사람이 하나님께 드리는 헌신의 고백이 아니다. 본문은 하나님께서 과거에 베푸신 사랑과 인도하심에 할 말이 없는 이스라엘 백성의 변명일 뿐이다.

하지만 이 답변은 이스라엘 백성의 답변이 아니다. 이것은 마치 이스라엘이 말하는 것처럼 선지자 미가 자신이 이스라엘의 변명을 대신하고 있는 것이다. 이스라엘 백성의 생각을 들어보면 그들의 신앙이 하나님의 마음을 읽지 못한 형식적인 제사 신앙에 붙들려 있는 것을 알 수 있다.

배은망덕한 불신앙을 책망한 하나님의 책망에 대해 그들은 어떻게 말하는가? 회개했는가? 그들은 마음을 찢는 회개가 없었다. 거룩한 삶에로의 결단이 있었는가? 없었다. 그들은 어떻게 말하는가? "하나님께 제사를 드리면 될까요?" 하고 말한다. "무엇을 가지고 높으신 하나님께 경배할까" 하고 말한다. 경배란 하나님을 높이며 절하며 예배하는 것을 말한다.

일반적으로 하나님께 경배하는 단어는 대체적으로 "절하다", "엎드리다"라는 의미의 "솨하"(שָׁחָה)라는 단어와 "섬기다", "봉사하다"라는 의미의 "아바드"(עָבַד)가 쓰인다. 그런데 여기에서 "경배하다"라는 단어는 이 두 단어가 아니다. "카파프"(כָּפַף)다. 이 말도 "굽히다", "절하다", "구부리다"라는 말이다. 하지만 이 말은 "비굴해지다"는 의미로 사용되며 강한 힘과 권세에 의해 굴복을 당한 자가 보이는 굴종이라는 의미로 쓰인 것을 볼 수 있다(시 145:14, 146:8).

그렇다면 이스라엘 백성이 높으신 하나님을 경배한다는 속마음이 무엇인지를 알 수 있지 않는가? 그들은 사랑에 감격하고 은혜에 감사하여 신령과 진정으로 경배하는 것이 아님을 알 수 있다. 다만 하나님의 징계와 심판이 두려워 굴종적이고 형식적인 제사로 경배하겠다는 것이 아니겠는가?

그들 마음에는 제사로 모든 것이 해결될 것이라고 믿었던 것 같다. 그래서 "내가 번제물로 일 년 된 송아지를 가지고 그 앞에 나아갈까" 하고 말한 것이다. 왜 일 년 된 송아지를 언급하는 것인가? 번제물 일 년 된 송아지는 일반적으로 많이 사용된 가장 적절한 제물이었기 때문이다(출 12:5; 레 9:2,3).

그리고 이어서 "천천의 숫양이나 만만의 강수 같은 기름을 기뻐하실까" 하고 말한다. 여기에서 "기뻐하다"(יִרְצֶה)라는 말을 좀 살펴볼 필요가 있다. 이 말은 "호의적으로 받아들이다", "결정하다", "만족시키다", "매수하다"라는 말이다. 그런데 이 말에 의문사(ה)가 붙어 있다. 직역하면 이렇다. "저희가 여호와께 천천의 숫양이나 만만의 강물 같은 기름을 드리면 만족하시겠습니까?" 하는 말이다.

무슨 뜻이겠는가? 이스라엘 백성은 '이 많은 제물로 혹시 하나님의 마음을 만족시킬 수 있지 않을까' 하는 생각을 하는 것이다. 극단적으로 생각하면 '제물로 하나님의 마음을 매수할 수 있지 않을까' 하는 불순한 마음이다. '지성이면 감천이 되지 않겠느냐' 는 생각이다. 제물로 하나님의 마음을 사려는 것이다. 얼마나 황당한 생각인가?

뿐만 아니다. "내 허물을 위하여 내 맏아들을, 내 영혼의 죄로 말미암아 내 몸의 열매를 드릴까" 하고 말한다. 이들의 정성이 점점 깊어간다. 처음에는 일 년 된 송아지에서, 다음으로는 셀 수 없는 천천의 숫양이나 만만의 강수 같은 기름으로 드리겠다는 것이다. 그리고 영혼의 죄를 위하여 자기 생명보다 소중한 자신의 자녀까지 드리면 되겠느냐는 것이다.

영혼의 죄란 무엇을 말하는가? 여기에서 "영혼"이란 "네페쉬"(נֶפֶשׁ)로 "영혼", "삶", "생명"을 가리키는 말이다. 여기에서 영혼이란 단순한 영만을 가리키는 말이 아니다. 그러므로 영혼의 죄란 지나온 삶에서 지은 죄를 말하는 것이다. 이 정도 제물이면 허물과 죄를 용서받고 하나님의 환심을 살 수 있지 않겠느냐는 생각이다.

그러나 잘못된 길로 들어선 것이다. 그것이 하나님께서 기뻐하시는 길이 아니었다. 솔직히 말하면 영적 질병을 돈으로 치유하겠다는 발상이 아니겠는가? 제물로 하나님의 환심을 사겠다는 말이다.

얼마 전 일본을 대표하는 도요타 자동차가 기술 결함의 은폐로 인해 전 세계 고객으로부터 비난을 받은 적이 있다. 결국 엄청난 자동차 리콜 사태가 벌어졌다. 왜 이런 사건이 터지게 되었는지 몇 가지 시사하는 바가 있다. 리콜과 관련하여 이 회사의 문제점이 드러났다. 첫째, 도요타 자동차가 소비자들의 결함에 대한 작은 제보를 오랜 기간 무시했다는 것이다. 대지진도 반드시 징조가 있은 후에 오지 않는가? 경고를 무시한 것이다.

둘째 더 중요한 것이 있다. 그것은 도요타 자동차가 로비를 통해 성장했다는 점이다. 기술 결함의 문제를 부정한 방법으로 해결해 온 것이다. 비용 절감과 회사 이미지를 훼손하지 않기 위해 정치적 로비를 택했던 것이다. 기술 결함의 문제를 해결하는 길은 로비가 아니다. 기술 결함을 해결하는 길은 로비가 아니라 리콜하여 고치는 데 있지 않은가?

이스라엘 백성도 죄의 길에서 하나님의 은혜를 입는 것에 대해 착각하고 있었다. 도요타 자동차처럼 문제를 바르게 해결하지 않고 로비로 무마하려고 했던 것이다. 하나님의 기뻐하시는 길이 공의를 행하고 인자를 사랑하고 하나님과 겸손히 행하는 것이었는데 제사로 로비를 하려 했던 것이다. 그들은 하나님이 어떤 분인지 바로 알지 못했던 것 같다.

4. 하나님이 기뻐하시는 제사

"사람아 주께서 선한 것이 무엇임을 네게 보이셨나니 여호와께서 네게 구하시는 것은 오직 정의를 행하며 인자를 사랑하며 겸손하게 네 하나

님과 함께 행하는 것이 아니냐"(미 6:8).

제사로 하나님의 환심을 사겠다는 어리석은 신앙에 대해 미가 선지자는 어떻게 말하는가? 하나님께서 선한 것이 무엇인가를 이미 보이셨다는 것이다. "보이셨다"라는 말은 무슨 뜻인가? "보이다"(נגד)라는 말은 "정면에 두다", "알리다", "선포하다", "설명하다", "전하다"라는 말로 사역, 완료형이다(הִגִּיד). 하나님께서 이미 많은 선지자들을 통해 주께서 기뻐하시는 삶이 무엇인지 다 알게 하셨다는 것이다. 선포하게 하셨다는 것이다. 그래서 하나님의 뜻을 밝히 알고 있지 않느냐는 것이다.

제사의식 자체로는 하나님을 기쁘시게 할 수 없음을 성경 여러 곳에서는 말하고 있다. 이사야 1장을 보자. 하나님께서는 헛된 제물을 다시 가져 오지 말라고 하신다. 성회와 아울러 악을 행하는 것을 견딜 수 없다는 것이다. 하나님의 길로 행하지 않으면서 제물로 하나님께 드리는 그런 제사는 받지 않으시겠다는 것이다.

주께서 선한 것이란 다름 아닌 "오직 정의를 행하며 인자를 사랑하며 겸손하게 네 하나님과 함께 행하는 것"임을 알 수 있다. 이것을 하나님께서 구하신다는 것이다. "구하신다"라는 말이 무슨 뜻인가? "구하다"(דרשׁ)라는 말은 "묻다", "찾다", "요구하다"라는 말이다. 하나님께서 백성에게 요구하시는 것이 "오직 정의를 행하며 인자를 사랑하며 겸손하게 네 하나님과 함께 행하는 것"이라는 말씀이다.

먼저 하나님께서 요구하시는 삶인 정의를 행하는 것에 대해 살펴보자. 여기에서 "정의"(מִשְׁפָּט)란 "정의", "판결", "법"을 말한다. 이 말은 재판관이 바른 판결을 내리거나 말과 행동에서의 정직함을 의미하는 데 쓰인다. 하나님께서 요구하시는 것이 바로 높은 윤리와 도덕성임을 알 수 있다. 공의는 하나님 백성이 살아가는 삶의 방식이다. 공의는 함께 살아가는 공동체에 고통을 주는 착취와 압박, 그리고 불의와 뇌물과 위증의 죄악으로부터 지켜 주는 울타리이기도 하다.

그렇다면 정의를 행하는 것이 무엇인가? 세상에서 정직하게 살라는 것이다. 이러한 삶이 단순한 도덕과 윤리에 불과한가? 잠언 21장 3절은 하나님께서 의와 공평을 어떻게 생각하시는가를 보여 준다. "공의와 정의를 행하는 것은 제사 드리는 것보다 여호와께서 기쁘게 여기시느니라."

이 말씀을 통하여 하나님께서 의와 공평을 행하는 것을 얼마나 귀히 여기시는가를 가늠할 수 있지 않은가? 의와 공평을 행하는 것을 제사드리는 것보다 하나님께서 기쁘게 여기신다는 것이다. 정직이 바로 하나님께서 기뻐하시는 삶 속의 제사라는 말씀이 아니겠는가?

그렇다면 세상 욕심 때문에 진실을 잃어버리는 것은 삶 속에서의 예배에서 실패한 것 아니겠는가? 세상 욕심 때문에 거짓으로 타협하는 것은 삶 속에서의 예배에 실패한 것이다. 예배당 안에서 찬송을 부르고, 기도를 드리고, 헌금을 드리는 것은 누가 못하겠는가? 그러나 믿음을 지키기 위해 정직하게 사는 것은 쉽지 않은 일이다. 진실을 지키는 것은 죄의 유혹과의 전쟁이다.

그리고 하나님께서 요구하시는 삶인 인자를 사랑하는 것에 대해 살펴보자. "인자"란 "헤세드"(חסד)로 "인애", "자비", "연민"이란 말이다. "헤세드"의 가장 기본적인 의미는 하나님께서 자기 백성에게 베푸시는 언약적 사랑이다. 영어에서는 "loving-kindness"(인자), "mercy"(자비), "steadfast love"(한결 같은 사랑)로 번역하고 있다.

학자들은 "헤세드"(חסד)란 "힘", "꾸준함", "사랑"의 교차개념이 작용하고 있다고 본다. "헤세드"(חסד)를 이해함에 있어서 이 세 가지 의미를 함께 파악하지 못한다면 이 단어가 지닌 의미의 풍성함을 놓치게 된다. 힘과 꾸준함이 결여된 사랑은 감상적일 수밖에 없다. 그리고 힘과 꾸준함이 있어도 사랑이 없으면 그것은 기계적인 관계에 불과하다. 사랑에는 그 사랑을 지킬 만한 힘과 꾸준함이 동반되어야 한다.

그렇다면 인자를 사랑하라는 것은 무슨 말씀인가? 하나님께서 언약의 백성을 변함없이, 한결 같은 사랑으로, 그 크신 능력으로 사랑한 것 같이 서로 사랑하라는 것이다. 어려운 자를 향해서 손을 펴라는 것이다. 고통당하는 자와 짐을 함께 지라는 말씀이다.

어려운 사람을 향해 도움을 주는 것이 단순한 선행에 불과한가, 아니면 예배인가? 히브리서는 이 선행과 나눔을 단순한 사랑이라고 말씀하고 있지 않다. 이 선행과 나눔을 하나님께서 기뻐하시는 제사라고 말하고 있지 않은가? 히브리서 13장 16절을 보자. "오직 선을 행함과 서로 나누어 주기를 잊지 말라 하나님은 이같은 제사를 기뻐하시느니라." 선을 행하는 것, 사랑을 서로 나눠 주는 것, 이것이 하나님께서 기뻐하시는 예배요, 제사라고 말씀하고 있는 것이다.

이에 대해서 호세아 6장 6절에서도 동일한 하나님의 음성을 들을 수 있다. "나는 인애를 원하고 제사를 원하지 아니하며 번제보다 하나님을 아는 것을 원하노라." 여기에서 인애가 바로 "헤세드"(חֶסֶד)다. 하나님 사랑, 이웃 사랑이 없는 제사는 무익하다는 것이다. 하나님께서는 이런 사랑을 찾으신다는 것이다.

마지막으로 하나님께서 요구하시는 삶인 겸손하게 네 하나님과 함께 행하는 것에 대해 살펴보자. 하나님께서는 우리에게 하나님과 동행하는 것만큼 하나님 앞에서의 겸손을 요구하신다. 겸손이란 무엇인가? "겸손"(צנע)이란 "겸손하다", "낮아지다"라는 말로 사역형이다(הצנע). 창조주 하나님 앞에 자신을 쳐서 낮아지게 하는 것이다. 겸손이란 내면의 의지적인 작용임을 알 수 있다.

겸손은 하나님을 하나님으로 인정하는 것이요, 또한 동시에 인간의 피조물 됨을 자각하고 인정하는 태도가 아니겠는가? 그렇다. 겸손히 하나님과 동행하는 것이란 하나님께서 내 모든 삶의 주인이시라는 겸손한 고백이다. 내 뜻대로 살면서 어떻게 하나님과 동행할 수 있겠는가? 자기 주장을 굽히지 않는 교만한 자는 하나님과 동행할 수 없다. 하나님께서는 교만한 자를 물리치신다. 삶 속에서 겸손히 하나님과 동행하지 않는 것은 예배자의 삶이 될 수 없는 법이다.

인자를 사랑하는 것, 공의를 행하는 것, 겸손히 하나님과 함께 행하는 것이야말로 삶 속에서 드려지는 제사가 아니겠는가? 결국 어떤 제사가 열납되는가? 아이러니컬하게도 성전 밖에서, 교회당 밖에서의 삶이 교회 안에서의 예배의 열납됨을 결정한다는 사실이다. 예배의 회복이 무엇인가? 교회당 안에서는 신령과 진정으로 예배를 하는 것이며, 세상에서는 거룩한 산제물의 삶을 사는 것 아니겠는가?

{ 우리가 들어야할 하나님의 음성은 무엇인가? }

본문에서 들어야 할 하나님의 음성은 무엇인가? 이스라엘 백성은 소와 양을 가지고 하나님께 나아갔다. 오늘 우리는 무엇을 가지고 하나님께 나아가야 하는가? 우리는 찬송과 기도와 헌금을 가지고 하나님께 나아간다. 그러나 하나님께서는 '공의'와 '인자'와 '겸손히 주와 동행하는 삶' 도 가지고 나오라고 말씀하신다. 우리는 종교적인 예식을 가지고 나아간다. 그런데 하나님께서는 삶 속에서의 예배가 아직 끝나지 않았다고 말씀하시지 않는가? 종교적인 예배뿐만 아니라 거룩한 삶도 함께 가져오라는 것이다. 정직의 열매도 가져오고, 사랑의 열매도 가져오고, 자비의 열매도 가져오고, 하나님과 동행한 삶의 열매도 가져오라고 말씀하신다.

예수님께서도 마태복음 23장 23절에서 이와 똑같은 말씀을 하셨다. "화 있을진저 외식하는 서기관들과 바리새인들이여 너희가 박하와 회향과 근채의 십일조를 드리되 율법의 더 중한 바 정의와 긍휼과 믿음은 버렸도다 그러나 이것도 행하고 저것도 버리지 말아야 할지니라."

짐승의 제사를 드리고 십일조를 드리는 것도 중요하다. 그러나 그보다 더 중요한 것이 있다. 예수님께서는 그 율법 중에서 더 중하게 여기는 '의' 와 '인' 과 '신' 을 행하라고 말씀하지 않으셨는가?

그렇다면 '의' 란 무엇인가? '의' 란 오늘 본문 미가서 6장의 '공의' 인 것이다. 그리고 '인' 은 '인자' 를, '신' 은 '겸손히 하나님과 동행하는 것' 이다. '의' 와 '인' 과 '신', 곧 이는 세상의 삶 속에서 드려지는 예배가 더욱 중요하다는 말씀이다.

그런데 우리는 어떠한가? 우리는 교회 예배당 안에서 드리는 예배에만 목숨을 걸고, 혹시 거기서 모든 예배가 끝났다고 오해하는 것은 아닌가? 교회 예배당 안에서 드리는 예배는 시작에 불과하다. 예배를 드리고 예배당 문 밖을 나서 보라! 그 순간 만만치 많은 예배가 세상 속에서 그리스도인들을 기다리고 있을 것이다. 이것을 잊어서는 안 될 것이다. 세상으로 나가는 순간 정직한 삶을 통하여, 사랑을 통하여, 겸손히 주님과 동행을 통하여 하나님께 온전히 드려야 할 예배가 기다리고 있다는 것을 명심해야 하지 않겠는가?

21. 땅의 것을 잃고 하늘의 것을 얻은 사람 (눅 16:19-31)

{ 생각해 볼 점들 }

　땅의 것이 전부라고 믿고 사는 사람들이 있다. 그런 사람들은 땅의 것에 목숨을 건다. 그런데 하늘의 것을 믿고 사는 사람들도 있다. 하늘의 것을 믿고 사는 사람들은 땅의 것에 목숨을 걸지 않는다. 왜냐하면 하늘의 것을 깨달았고 맛보았기 때문이다. 하늘의 것은 영원하기 때문이다. 하늘의 것은 완전한 실체이기 때문이다. 그래서 심령이 가난한 채 살아간다. 이것은 세상이 알 수 없는 하늘에 속한 진리요, 영적인 신비다.

　한번 생각해 보자. 그리스도인의 신앙함이 만사형통에 있는가? 주님을 경외하고 살아가는 것이 이 땅의 소원성취에만 있는가? 그런데도 하늘의 것에 목숨을 걸고 살면 만사형통한다고 외치는 소리를 들을 수 있다. 혹자는 "사랑하는 자여 네 영혼이 잘됨 같이 네가 범사에 잘되고 강건하기를 내가 간구하노라"(요삼 1:2) 하는 이 말씀을 그리스도의 3중 축복이라고 말하기도 한다. 그렇기도 하다. 영혼이 잘되는 것이 어찌 복이 아니겠는가? 범사가 잘되는 것이 어찌 은총이 아니겠는가? 강건함이 왜 하나님께서 베푸신 은총이 아니겠는가?

그러나 사실상 주님을 경외하는 자들 중 물질적으로 넉넉하지 못한 채 사는 사람들도 많다. 고결한 신앙, 향기 나는 신앙으로 살아가는데 늘 변변치 못하게 사는 자들도 많다. 영혼이 잘되면 반드시 범사가 잘되는가? 어느 정도 잘되야 범사가 잘되는 것으로 판단할 수 있는가?

본문을 보면 땅의 것을 잃고 비참하게 사는 한 초라한 사람이 나온다. 거지 나사로다. 그런 그가 죽어 아브라함의 품에 안긴 것을 보면 그는 믿음의 승리자처럼 보인다. 분명 그는 땅의 것은 잃은 사람이다. 하지만 영원한 하늘의 것을 얻은 사람이다. 그런데도 그의 삶은 평생 범사가 형통하며 강건함의 은총을 누리지는 못한 것 같다. 그의 믿음에 문제가 있는가? 우리는 땅의 것을 얻지 못하면 너무 성급하게 신앙에 무슨 문제가 있는 것으로 생각하는 경향이 있다. 자기 신앙에 대해 자책한다.

가난 속에서 투병하며 힘들게 생을 살았던 하나님의 사람, 거지 나사로는 땅의 것을 잃었지만 하늘의 것을 얻은 사람이다. 나사로는 어떻게 하여 아브라함의 품에 안기는 은총을 누렸는가? 그것이 궁금하다. 원문에서 예수님의 음성을 들어보자.

{ 원문에서 듣는 하나님의 음성 }

1. 이 땅에서의 부자와 거지 나사로의 삶

"한 부자가 있어 자색 옷과 고운 베옷을 입고 날마다 호화롭게 즐기더라 그런데 나사로라 이름하는 한 거지가 헌데 투성이로 그의 대문 앞에 버려진 채 그 부자의 상에서 떨어지는 것으로 배불리려 하매 심지어 개들이 와서 그 헌데를 핥더라"(눅 16:19-21).

예수님께서는 부자와 거지 나사로에 대한 말씀을 하셨다. 이 말씀은 비유인가, 사실인가? 혹자는 비유라고 말하기도 한다. 그러나 혹자는 예수님께서 거지의 이름을 나사로라고 언급하신 것을 보면 이것은 비유가 아니라 실제적인 사건이라고 보는 학자도 있다. 그리고 누가도 예수님의 이 말씀을 기록하면서 비유라고 말하지 않는다. 비유인지, 실제적인 사건인지 확실치는 않은 것 같다.

예수님께서 먼저 이 땅을 살아가는 두 사람에 대해 말씀하신다. 참으로 대조적이다. 한 사람은 거지다. 그리고 한 사람은 부자다. 그런데 삶이 땅에서 끝나지 않는다는 사실이다. 삶이 땅에서 끝나지 않는다는 사실은 궁금하기도 하지만 매우 두려운 일이기도 하다. 왜냐하면 죽음 이후 어떤 세계가 있는지 아는 사람도 없고 죽음 이후를 대비할 방법도 모르기 때문이다.

땅에 속한 자들이 아무리 지혜롭고 아는 것이 많은 것 같지만 한계가 있다. 땅에 사는 인간의 한계를 극명하게 보여 준 말씀이 요한복음 3장 31절이다. "땅에서 난 이는 땅에 속하여 땅에 속한 것을 말하느니라." 그렇다. 땅에서 난 사람은 땅으로부터 온 것이다. 그리고 땅에서 태어난 사람은 땅에 속한 것만을 말할 뿐이다. 하늘에 대해서도, 영원에 대해서도 알 수가 없다.

이에 대해 칸트도 인간 이성의 한계를 적나라하게 고백하지 않았던가? "인간의 이성은 어떤 종류의 인식, 곧 영혼, 세계, 신에 있어서는 대답할 수 없다. 그것은 그 문제가 인간 이성의 모든 능력 바깥에 있기 때문이다." 사람이 알면 얼마나 알겠는가? 이는 인간의 이성이 모든 것을 인식할 수 있는 것은 아니라는 겸손한 고백일 것이다.

그런데 본문에서 예수님께서는 죽음 이후, 영원의 세계에 대해서 말씀하셨다. 그것은 영원이 있음을 알라는 것이요, 영원에 이르는 길로 가라는 말씀이 아니겠는가?

먼저 부자의 땅의 삶을 보자. "한 부자가 있어 자색 옷과 고운 베옷을 입고 날마다 호화롭게 즐기더라." 예수님께서는 몇 마디의 단어로 부자가 어떤 삶을 살고 있는가를 적나라하게 말씀하셨다. 자색 옷과 고운 베옷이란 어떤 옷들인가? 이 옷들은 귀족이나 부호들, 제사장들이 입는 겉옷과 속옷을 말한다(출 39:1-2). 복장을 보면 이 부자는 단순히 재물만 많은 사람이 아니라 지위도 높은 사람임을 가늠할 수 있다.

또한 부자가 호화롭게 즐긴 것을 보면 그가 어떤 생활을 했는가를 알 수 있다. "즐기다"(εὐφραίνω)라는 말은 "행복해하다", "기쁘게 하다", "즐겁게 하다"라는 말이다. 그런데 이 "즐기다"라는 말의 쓰임새를 보면 악한 즐거움인 것을 볼 수 있다. 왜냐하면 이 말이 세속적인 것을 즐기거나(눅 12:19) 악한 것을 즐기는 데 쓰이고 있기 때문이다(계 11:10).

부자는 이런 세속적인 파티를 매일 즐기는 것을 알 수 있다. 왜냐하면 이 "즐기다"라는 말이 현재 분사형이기 때문에 그렇다(εὐφραινόμενος). 부자는 그 많은 재물을 개인적인 향락과 세상 즐거움에 허비한 것으로 보인다. 부자는 자신이 재물의 청지기임을 모르고 있다. 마치 자신이 자신의 영혼과 자신의 재물에 있어 영원한 소유자처럼 말이다.

성경을 보면 하나님께서 베푸신 은총으로 부자가 된 사람이 많다. 아브라함도, 이삭도, 야곱도, 욥도 그렇다. 성경 어디를 보아도 부 자체가 악한 것으로 말하는 곳은 없다. 문제는 재물의 사용에 있지 않겠는가? 세상에는 죽은 돈, 미친 돈, 살리는 돈이 있다. 사람이 돈을 어떻게 사용하는가에 따라 그 돈은 죽은 돈도 되고, 미친 돈도 되고, 살리는 돈도 되지 않겠는가?

누가복음 16장 20절을 보면 또 다른 한 사람이 나온다. 나사로라고 하는 거지다. 부자와는 참으로 대조적인 인물이다. 힘든 삶을 살고 있다. 몸은 헌데 투성이다. 개들이 거지의 헌데를 핥고 있었다. 이 거지는 생계를 위해 부자의 대문 앞에 살아야만 했다. 그렇지 않으면 살 길이 없었던 모양이다.

여기서 "거지"($\pi\omega\chi$ós)란 말이 참으로 흥미롭다. 이 말은 "웅크리다", "두려움으로 위축되다", "굽실굽실하다"라는 "프톳소"($\pi\tau\dot{\omega}\sigma\sigma\omega$)에서 나온 말이다. 거지란 몸도 마음도 가난과 두려움으로 위축되고 웅크리며 사는 사람이 아니겠는가? 그러나 그의 이름은 참으로 아름답다. "나사로"($\Lambda\dot{\alpha}\zeta\alpha\rho o s$)란 "하나님이 돕는 자"라는 의미다. 나사로는 이름 그대로 하나님의 도움을 바라며 살아가는 믿음의 사람이었는지 모른다.

그런 그가 부자의 대문 앞에 버려졌다. 거지는 거동하기도 불편했는지 아마도 누가 거기에다 던져 놓다시피 한 것 같다. 왜냐하면 "버려지다"($\beta\dot{\alpha}\lambda\lambda\omega$)라는 말은 "던지다"라는 말로 수동태기 때문이다($\dot{\epsilon}\beta\dot{\epsilon}\beta\lambda\eta\tau o$). 던져진 것이다. 가난과 질병은 같이 온다더니 나사로가 그런 것 같다. "헌데를 앓다"($\dot{\epsilon}\lambda\kappa\dot{o}\omega$)라는 말은 종기나 궤양을 말한다. 그런데 이 말이 분사 완료형($\epsilon\dot{i}\lambda\kappa\omega\mu\dot{\epsilon}\nu os$)인 것을 보면 그는 오랫동안 투병생활을 하고 있는 것을 알 수 있다.

그가 먹는 음식은 부자의 상에서 떨어진 음식들이었다. 나사로는 이 음식으로 배를 채우려고 했다. 그러나 그나마도 여의치 않았던 것 같다. 왜냐하면 "배불리려 하매"에서 "하매"($\dot{\epsilon}\pi\iota\theta\upsilon\mu\dot{\epsilon}\omega$)가 "갈망하다", "마음에 두다", "간절히 바라다"라는 말로써 굶주린 나사로가 늘 먹으려고 허덕였던 것을 알 수 있기 때문이다. 이것을 보면 부자가 거지의 고통은 마음에 두지 않았던 것 같아 보인다. 거지 나사로는 먹을 것에 주리고 있는데 그에게 다가 온 것은 먹을 것이 아니라 어슬렁거리는 개들뿐이었다.

사람들은 거지 나사로가 부자 곁에 가면 먹을 것이 있으려니 하여 대문 앞에 던져 놓았는데 그렇지도 않았던 모양이다. 먹을 것은 부자에게서 나오는 것이 아니라 긍휼이 여기는 하나님의 손에서 나오는 것이 아니겠는가? 예수님께서도 하늘 아버지께 일용할 양식을 구하라고 하셨다. 때로 사람을 쳐다보다가 비굴해지고 더 비참해지는 경우가 많다. 하늘 아버지를 아는 자들은 힘 있는 사람을 쳐다볼 것이 아니라 하늘 아버지를 붙들어야 낙심하지 않게 되고 비참해지지 않는 법이다.

2. 죽음 이후의 부자와 거지 나사로의 삶

"이에 그 거지가 죽어 천사들에게 받들려 아브라함의 품에 들어가고 부자도 죽어 장사되매 그가 음부에서 고통중에 눈을 들어 멀리 아브라함과 그의 품에 있는 나사로를 보고 불러 이르되 아버지 아브라함이여 나를 긍휼히 여기사 나사로를 보내어 그 손가락 끝에 물을 찍어 내 혀를 서늘하게 하소서 내가 이 불꽃 가운데서 괴로워하나이다 아브라함이 이르되 얘 너는 살았을 때에 좋은 것을 받았고 나사로는 고난을 받았으니 이것을 기억하라 이제 그는 여기서 위로를 받고 너는 괴로움을 받느니라 그뿐 아니라 너희와 우리 사이에 큰 구렁텅이가 놓여 있어 여기서 너희에게 건너가고자 하되 갈 수 없고 거기서 우리에게 건너올 수도 없게 하였느니라"(눅 16:22-26).

누가 이 세상을 떠나면 그만이라고 했는가? 22절 이하의 말씀을 보면 삶이란 땅에서 끝나지 않음을 보여 준다. 어찌된 일인지 거지 나사로는 천사들에게 받들려 아브라함의 품에 들어가고 부자는 음부에 떨어져 말할 수 없는 고통을 당하고 있다. 땅에서 거지로 비참하게 살았던 나사로의 삶을 보면 누가 그를 복된 자라고 말하겠는가?

그러나 죽음 이후에는 땅의 법칙이 적용되지 않는가 보다. 시편 49장 17절은 인생의 삶과 죽음에 대해 이렇게 말한다. "그가 죽으매 가져가는 것이 없고 그의 영광이 그를 따라 내려가지 못함이로다." 그렇다. 부자는 죽을 때 그의 부를 가져가지 못했다. 뿐만 아니라 그가 누렸던 영광도 그를 따라가지 못했다. 땅의 것들은 땅에서 끝나는 법이다.

상황이 역전되었다. 헌데를 핥으며 부자의 집에서 먹고 남은 음식에 목을 메고 살았던 거지는 평강과 안식을 누리고 있다. 거지는 천사들에 받들려 아브라함의 품에 들어갔다. "받들려 들어가다"라는 말은 무슨 뜻인가? "받들려 들어가다"($ἀποφέρω$)라는 말은 "인도되다", "데려가다"라는 말로 수동태다 ($ἀπενεχθῆναι$).

나사로가 스스로 아브라함의 품으로 간 것이 아니다. 갈 수도 없다. 천사들의 인도함을 받은 것을 알 수 있다. 아브라함의 품은 어디를 말하는가? 성도가 천국에 들어가기 전까지 임시로 머무는 곳으로 천주교에서 주장한 연옥과 같은 곳인가, 아니면 천국의 다른 표현인가? 의견이 분분하다.

성경에는 천국과 관련된 다양한 표현들이 사용되고 있음을 볼 수 있다. 사용 용례를 보면 "천국", "낙원", "아브라함의 품", "처소", "아버지 집" 등등이다. 특별히 "아브라함의 품"에 대해서 살펴보자. 아브라함의 영혼이 천국에 있다는 사실은 여러 곳에서 엿볼 수 있다(히 11:10,16; 마 8:11).

그리고 낙원을 천주교에서 주장한 연옥으로 생각하는 경우도 있다. 그러나 천국에 있는 생명나무(계 22:2)가 낙원에도 있는 것을 보면(계 2:7) 낙원과 천국은 같은 곳임을 알 수 있다. 예수님께서 십자가의 강도에게 "오늘 네가 나와 함께 낙원에 있으리라"고 말씀하신 것은 천주교의 주장처럼 낙원은 연옥과 같은 곳이 아니라 낙원이 곧 천국임을 말씀하신 것이다.

이 세상을 떠나는 날 우리 영혼이 어떻게 하나님 품으로 스스로 찾아갈 수 있겠는가? 그러나 걱정할 것 없다. 하늘 아버지께서 자녀를 위해 천사를 보내 데려오도록 하시기 때문이다. 천사들이라는 것을 보면 주의 자녀가 세상을 떠날 때 한 명의 천사가 아니고 하늘 아버지께서 몇몇의 천사들을 보내신 것을 알 수 있다.

사람은 홀로 이 세상에 왔고 홀로 죽음을 맞이한다. 그러나 두려워하지 말자. 성도는 세상을 떠날 때 혼자가 아니다. 하늘 아버지께서 보내 주신 천사들의 손을 잡고 가기 때문이다. 얼마나 큰 은총인가?

부자도 죽었다. 부자는 거창한 장례식을 치른 것을 알 수 있다. 반면 거지 나사로는 장사되었다는 말도 없다. 초라하게 죽은 것 같다. 어떻게 묻혔는지도 모른다. 그러나 거창하게 장례를 치른 부자의 영혼은 어떻게 되었는가? 죽은 부자를 천사들이 인도하는 것을 볼 수 없다. 후기 유대교 사상에 따르면 의로운 사람이 죽으면 그 영혼을 선한 천사들이 받들어 모셔 가고, 악한 자가 죽으면 악귀들이 데려간다고 한다. 좌우간 부자는 음부의 불꽃 가운데 끔찍한 고통을 당하고 있다.

"음부"($ᾅδης$)란 어떤 곳인가? 지옥인가? 문자적으로는 "눈에 보이지 않는 곳"으로 죽은 영혼들의 거처다. 그런데 본문을 보면 음부란 불꽃 가운데 고통을 당하는 곳임을 알 수 있다. 그래서 섣불리 음부를 지옥으로 보는 사람들도 있다. 그러나 요한계시록 20장 13절을 보면 음부는 지옥이 아니라 불신자들이 최후 심판 때까지 갇혀 있는 곳임을 알 수 있다. 결국 부자는 거지 나사로와는 달리 최후 심판 때까지 음부에서 고통을 당했음을 알 수 있다.

불꽃 가운데 고통 중에 있는 부자가 아브라함에게 도움을 청한다. 나사로를 보내 그 손가락 끝에 물을 찍어 뜨거운 고통에서 시원하게 해 달라는 것이다. 상황이 바뀌었다. 땅에 있을 때에는 거지 나사로가 부자의 도움을 갈망했었다. 그런데 죽음 이후 불 속에서 견딜 수 없는 고통을 당하고 있는 부자가 나사로의 도움을 갈망하고 있다. 여기의 "고통 중"에서 "중"(ὑπάρχω)이란 "있다", "이다"라는 뜻으로 현재 분사다(ὑπάρχων). 문자적으로는 "고통이 계속 되고 있음"을 알 수 있다. 이것을 보면 음부란 불 가운데 끊임없이 고통을 당하는 곳임을 알 수 있다.

뿐만 아니다. "불꽃 가운데서 괴로워하나이다"라는 말을 보아도 그 고통이 계속됨을 알 수 있다. 왜냐하면 "괴로워하다"(ὀδυνάω)라는 말은 "극도로 아프게 하다", "고통스러워하다"라는 말로 현재형(ὀδυνῶμαι)이기 때문이다.

아브라함은 거지 나사로와 부자가 죽은 후에 왜 각각 다른 곳에서 위로와 고통을 받고 있는지에 대해서 이렇게 말한바 있다. "아브라함이 이르되 얘 너는 살았을 때에 좋은 것을 받았고 나사로는 고난을 받았으니 이것을 기억하라 이제 그는 여기서 위로를 받고 너는 괴로움을 받느니라."

언뜻 잡히지 않는 말씀 같다. 살았을 때 좋은 것을 누리는 사람은 음부에 떨어지고 고난 속에 산 사람은 천국의 은총을 누린다는 말인가? 아브라함은 부자에게 "얘 너는 살았을 때에 좋은 것을 받았고"라고 말했다. 직역하면 "얘 너는 살았을 때에 너의 좋은 것들을 받아 누렸고"라는 말이다. "좋은"(ἀγαθός)이란 "선한", "유익한", "즐거운", "행복한" 등의 의미다.

그렇다면 "너의 좋은 것들을 받아 누렸다"라는 것은 무슨 말인가? 그것은 부자가 자기 생각에 좋은 것들, 행복한 것들, 자기 생각에 기쁘고 유익한 것들을 즐기고 누렸던 것을 알 수 있다. 왜냐하면 "너의"(소유 대명사)라는 말은 곧 "너를 위하여"라는 뜻으로 "너의 좋은 것들"은 "너를 위하여 좋은 것들을"을 의미하기 때문이다. 부자는 자기가 원했던 것들을 따라 살았다. 이 의미를 살려 영어 번역본(NEW LIVING BIBLE)에서는 이렇게 번역했다. "평생 너는 네가 원했던 모든 것들을 가졌다"(during your lifetime you had everything you wanted).

그렇다. 부자는 하나님도, 영생도, 나사로도 보이지 않았다. 자기를 위해 좋은 것들에 마음을 빼앗긴 채 한 평생을 끝내 버렸다. 요한일서 2장 16절의 말씀은 자기 욕망만을 위해 살았던 부자 같은 사람들을 향한 말씀이기도 하다. "이는 세상에 있는 모든 것이 육신의 정욕과 안목의 정욕과 이생의 자랑이니 다 아버지께로부터 온 것이 아니요 세상으로부터 온 것이라."

아버지께로부터 온 것들을 붙잡고 살지 않았으니 어찌 아버지 계신 곳으로 갈 수 있겠는가? 그래서 아브라함은 부자를 향하여 "너는 괴로움을 받느니라"고 말한 것이다. 예수님께서 말씀하신 대로 부자는 넓은 길로 갔던 것이다. 그 길은 크고 넓어서 찾은 이가 많았지만 멸망의 길이었다.

아브라함은 이어서 거지 나사로에 대해서도 한마디 했다. "나사로는 고난을 받았으니 이것을 기억하라 이제 그는 여기서 위로를 받고 너는 괴로움을 받느니라." 고난을 받은 나사로는 이제 위로를 받고 있다는 것이다. 나사로가 받은 고난은 무엇이었는가? 그것이 궁금하다. 가난과 질병의 고난이었는가? 가난과 질병이 그를 천국으로 인도하게 했단 말인가?

부자는 자기를 위해 좋은 것을 좇아갔다. 그러나 나사로의 고난은 그 경우가 다르다. 학자들은 나사로의 고난에 "자기"($a\dot{v}\tau ov$)라는 말이 없음에 유의한다. 자기가 자초한 고난이 아니라 하나님께서 주신 생명의 길에서 당하는 고난이라는 것이다. 본문에서 "고난"($\kappa\alpha\kappa\acute{o}s$)이란 문자적으로는 "무가치한", "귀찮은", "해로운"의 의미다.

그러므로 고난이란 아마도 땅의 육신을 즐겁게 하는 데는 아무 유익도 없고 해롭고 무가치한 것들인 것 같다. 믿음의 삶이 세상 사람들의 눈에는 어떻게 보이겠는가? 무가치하고 어리석고 쓸 데 없는 일로 보이지 않겠는가? 나사로는 믿음을 지키기 위해 꿋꿋이 십자가의 길로 갔던 것이다. 이 길은 좁은 문이다. 길이 협착하여 찾는 이가 적지만 생명으로 인도하는 문이다. 거지 나사로는 그 길로 갔던 것이다. 믿음의 선한 싸움을 싸우고 달려갈 길을 마친 순례자인 거지 나사로는 아브라함의 품에서 위로를 받고 있다.

그렇다면 "위로"는 무엇을 의미하는가? "위로"($παρακαλέω$)란 "격려하다", "위로하다"는 말로 현재 수동태다($παρακαλεῖται$). 누구에게 위로를 받는 것인가? 하나님께. 예수님께서는 산상수훈에서 "애통하는 자는 복이 있나니 저희가 위로를 받을 것임이요"라고 말씀하셨다. 요한계시록 7장 17절은 "하나님께서 그들의 눈에서 모든 눈물을 씻어 주실 것임이라"고 말씀한다.

부자는 음부에서 괴로움을 받고 있다. 이 말도 현재 수동태다($ὀδυνᾶσαι$). 누구에게 괴로움을 받는가? 하나님께. 공의의 심판장이신 하나님께서 그 행한 대로 갚으신 것이 아니겠는가? 거지 나사로는 땅의 것은 잃었다. 그러나 하늘의 것은 받은 사람이다. 무엇이 은총인가? 가난 때문에, 고통 때문에, 망한 것 때문에 주님을 만났고 영생을 얻었다면 그 고난은 은총이다.

그러나 많은 재물 때문에, 잘 나간 것 때문에, 많이 배운 것 때문에, 주님을 만나지 못했다면 그것이 은총이겠는가? 부자 청년을 보자(마 19:16-22). 그 청년은 영생을 얻기 위해 예수님께 나왔다가 재물이 많으므로 근심하며 돌아가지 않았는가? 영생의 길을 가로막았던 그 재물이 그에게 은총이었는가?

시각 장애인으로 평생 사역한 김선태 목사가 있다. 최근에 김 목사는 『땅을 잃고 하늘을 찾은 사람』이란 책을 냈다. 그리고 그 출판을 기념해서 어떤 목사가 이렇게 글을 썼다. "김선태 목사님은 잃은 것이 많은 분이다. 목사님은 고향을 잃었고, 가족을 잃었고, 눈을 잃었다. 목사님의 말대로 땅을 잃은 분이다. 그러나 김 목사님은 찾은 것이 많은 분이다. 영원한 하늘의 본향을 찾았고, 그리스도를 찾았고, 영원을 찾았다. 목사님의 말대로 하늘을 찾은 분이다. 목사님은 많은 것을 잃었고 많은 것을 찾은 분이다. 목사님이 잃은 것은 많지만 찾은 것에 비하면 지극히 작은 것이다."

그렇다. 시각 장애인인 김 목사는 땅의 것을 잃었다. 그러나 하나님 안에서 풍성한 하늘의 것을 얻었던 것이다. 마치 거지 나사로처럼 말이다.

아브라함은 부자에게 위로와 고난의 이유를 말한 후에 덧붙여 음부와 천국은 서로 오갈 수 없음을 말한다. "그뿐 아니라 너희와 우리 사이에 큰 구렁텅이가 놓여 있어 여기서 너희에게 건너가고자 하되 갈 수 없고 거기서 우리에게 건너올 수도 없게 하였느니라."

여기서 "너희와 우리 사이"란 무엇을 말하는 것인가? 그것은 음부와 천국과의 거리를 말하는 것이다. 왜냐하면 "구렁텅이"(χάσμα)란 말이 "깊이 갈라진 틈", "공간", "심연"을 의미하기 때문이다. 음부와 천국 사이에는 가까이 할 수 없는 심연, 혹은 공간이 놓여 있다. 여기서 "놓여 있다"(στηρίζω)는 말은 "확고하게 두다", "견고하게 세우다", "굳게 고정시키다"라는 말로 완료수동태다(ἐστήρικται). 이 말을 보면 천국과 음부 사이는 넘나들 수 없도록 하나님께서 처음부터 견고하게 만드신 것을 알 수 있다.

3. 구원의 은총은 기적이 아니라 믿음에서

"이르되 그러면 아버지여 구하노니 나사로를 내 아버지의 집에 보내소서 내 형제 다섯이 있으니 그들에게 증언하게 하여 그들로 이 고통 받는 곳에 오지 않게 하소서 아브라함이 이르되 그들에게 모세와 선지자들이 있으니 그들에게 들을지니라 이르되 그렇지 아니하니이다 아버지 아브라함이여 만일 죽은 자에서 그들에게 가는 자가 있으면 회개하리이다 이르되 모세와 선지자들에게 듣지 아니하면 비록 죽은 자 가운데서 살아나는 자가 있을지라도 권함을 받지 아니하리라 하였다 하시니라"(눅 16:27-31).

부자가 음부의 고통 중에서 후회하는 것이 너무나 안타깝다. 하나님 나라의 은총은 어린아이 같이 순전한 마음으로 복음을 받아들이는 자의 몫임을 다시 한 번 느낄 수 있지 않은가? 땅에 사는 동안 천국 복음을 업신여기고, 자기 좋을 대로 산 부자의 후회가 참으로 안쓰러워 보인다.

부자는 아브라함에게 참으로 간절한 부탁을 한다. "그러면 아버지여 구하노니 나사로를 내 아버지의 집에 보내소서 내 형제 다섯이 있으니 그들에게 증언하게 하여 그들로 이 고통 받은 곳에 오지 않게 하소서." 나사로를 보내어 내세의 천국과 음부의 실상을 알게 하여 고통받는 음부에 오지 않게 해 달라는 간절한 간청이다.

부자는 자기처럼 자기 형제들이 자기 생각에 좋은 것들, 행복한 것들, 자기 생각에 기쁘고 유익한 것들만을 즐기다가 이런 고통을 당하지 않게 해 달라는 것이다. 죽은 부자가 음부에서 비로소 불신자의 내세의 실상을 바로 깨닫고 도움을 청하고 있다. 부자는 죽은 나사로가 살아나 가서 자기 형제들에게 그 실상을 증언하면 회개하고 믿을 것으로 생각한 것 같다.

그러나 아브라함의 대답은 의외였다. "아브라함이 이르되 그들에게 모세와 선지자들이 있으니 그들에게 들을지니라 이르되 모세와 선지자들에게 듣지 아니하면 비록 죽은 자 가운데서 살아나는 자가 있을지라도 권함을 받지 아니하리라." 무슨 말인가? 기적이 믿음에 이르게 하는 것이 아니라는 말이 아니겠는가? 기적이 믿음을 창출하는 것은 아닌 것 같다.

성경에서 믿음은 그리스도의 말씀을 들음에서 난다고 말한다(롬 10:17). "듣다"(ἀκούω)라는 말은 귀로 단순히 듣는 것이 아니라 "이해하다", "귀를 기울이다", "순종하다"라는 것을 말한다. 모세와 선지자들의 말씀을 순종하지 않으면 죽은 자가 살아나서 말해도 권함을 받지 않는다는 말이다. "권함을 받지 않는다"라는 말이 무슨 뜻인가? "권하다"(πείθω)라는 말은 "설득하다", "믿다", "신뢰하다", "동의하다"라는 말로 미래 수동태다(πεισθήσονται). 그러면 무슨 말인가? 모세의 선지자들의 말씀을 듣고 순종하지 않는 자들은 죽은 자가 살아나서 내세의 진리를 말해도 설득당하지 않는다는 말이다. 받아들이지 않는다는 것이다.

기적은 믿음을 창출하는가? 그렇지 못한 것 같다. 사례를 보자. 예수님께서 죽은 나사로를 살리셨다. 인간사에 이보다 더 놀라운 일이 있겠는가? 예수님께서 생명의 주인이심을 보여 주는 기적이다. 그런데 이 기적을 본 사람들의 반응이 어떠했는가? 그들은 예수를 죽이려고 모의했다(요 11:53). 그뿐인가? 예수님께서는 죽은 지 사흘 만에 부활하셨다. 그런데도 그들은 믿지 않았다(눅 24:11, 25).

하나님께서 그들을 구원하신 방법은 무엇인가? 사도 바울은 고린도전서 1장 21절에서 이렇게 말한다. "하나님의 지혜에 있어서는 이 세상이 자기 지혜로 하나님을 알지 못하므로 하나님께서 전도의 미련한 것으로 믿는 자들을 구원하시기를 기뻐하셨도다."

하나님께서는 어떻게 죄인들을 구원하시는 것을 기뻐하시는가? 기적인가? 인간의 뛰어난 설득력인가? 본문에서는 "전도의 미련한 것으로 믿는 자들을 구원하시기를 기뻐하셨도다"라고 말한다. 전도는 미련한 것 같아 보인다. 그런데 이 미련하다는 말이 "신비", "비밀"(μυστήριον)이란 말에서 나왔다. 전도에는 영적인 신비와 비밀이 있다. 그것에는 인간의 설득만 있는 것이 아니라 성령과 말씀이 역사하는 신비가 있는 것이다.

사람들에게 영생, 천국, 그리고 지옥에 대해서 말하면 이렇게 말한다. "죽어 봐야 알지 어떻게 알 수 있어?" 그렇다. 맞는 말이다. 죽어 보면 안다. 죽어 보면 부자가 음부에서 불 가운데 극심한 고통을 당하는 것 같이 확실히 알 수 있다. 그러나 문제는 죽은 후에는 구원의 기회가 없다는 사실이다. 부자도 죽고 나서 천국과 지옥을 생생하게 깨달았다. 그렇지만 자신은 구원의 기회를 잃어버린 것이다. 기껏해야 아직 땅에 살아 있는 형제 다섯을 음부에 오지 않도록 복음을 듣게 하려고 애를 쓸 뿐이었지 않는가?

{ 우리가 들어야할 하나님의 음성은 무엇인가? }

본문에서 들어야 할 하나님의 음성은 무엇인가? 주님은 사후 생명에 대한 우리의 호기심 때문에 이 말씀을 하신 것은 아니다. 생명이 있는 동안 영원한 생명의 길을 선택하라는 것이다. 죽음 이후에는 땅과는 다른 하나님의 공의와 심판의 법칙이 존재함을 알라는 것이다.

사람이 아무리 부유하고 겉으로 높임을 받고 세상적인 쾌락을 많이 누리고 산다고 해도 그가 하나님의 구원을 받지 못하면 죽음 이후에는 전혀 다른 세계를 맞이한다는 것이다. 거지 나사로는 땅의 것은 잃은 사람이었다. 그러나 하늘의 것을 얻은 사람이다. 무엇이 은총인가? 가난 때문에, 고통 때문에, 망한 것 때문에 주님을 만났고 영생을 얻었다면 그 고난은 은총이지 않는가? 부자 청년을 보자. 그 청년은 영생을 얻기 위해 예수님께 나왔다가 재물이 많으므로 근심하며 돌아가지 않았는가? 영생의 길을 가로막았던 그 재물이 그에게 은총이었는가?

성경은 두 가지 생명에 대해 말씀하신다. 하나는 물리적인 생명, 곧 생물학적인 생명을 지칭하는 "비오스"(βιος)다. 또 다른 하나는 영원한 생명을 의미하는 "조에"(ζωη)다. 땅의 생명이 끝나면 그것으로 끝나는 것이 아니라 영원한 생명이 있다. 예수님께서는 이 영원한 생명을 주시려고 이 땅에 오신 것이다.

비록 땅에서는 고난을 받아도 하나님의 길로 간 자는 땅의 삶이 끝나는 날 하나님께서 약속하신 영생의 은총을 누리게 된다. 그래서 예수님께서 넓은 길이 아니라 생명에 이르는 좁은 길로 가라고 하신 것이다. 영원한 복을 누리는 자가 누구인가? 땅의 생명이 아닌 하늘의 생명을 얻어 아브라함의 품에 거하는 자들이 아니겠는가?

참고문헌

1. 성경

· 두란노 성경출판팀,「연대기성경」(도서출판 두란노, 1995).

· 외경위경편집부,「외경위경전서」전 10권(도서출판 기독교문화사, 1985).

· 한글 개역개정성경

· 한글 표준새번역

· 허성갑,「히브리어직역 구약성경」(말씀의 집, 2006).

· 헬라어 구약성경: SEPTUAGINTA: Rahlfs, R.(ed.). Stuttgart, 1935/1979.

· 헬라어 신약성경: Novum Testamentum Graece. 27th.: Nestle, E., /Aland, K., (eds.). Stuttgart, 1993. The Greek New Testament: Aland, K., /Aland, B., /Karavidopoulos, J.,/ Martini. C. M., /Mtzger Bruce M., 4th. res. ed. Deutsche Bibelgeselschaft, 1994.

· 히브리어 성경: BHS: Ellinger K./ Rudolph W. (eds.). Biblia Hebraica Stuttgartensia. Stuttgart, 1967/1977.

· 히브리어 신약성경: הברית החדשה: The New Testament in Hebrew and English. The Society for Hebrew Scriptures(2nd ed.), Middlesex, 1993.

· King James Version

· New English Bible

· New American Standard Bible

· New Revised Standard Version

· New Living Bible

· New International Version

2. 사전 및 주석류

· Aharoni, Yohanan, *The Macmillan Bible Atlas*, Macmillan, 1993.

· Balz, H. and Schneider, G. eds. *Exegetical Dictionary of the New Testament*, 3 vols. Eerdmans, 1981.

· Barclay, W., *The Daily Bible series*. rev. ed. 18 vols.Westminster Press, 1975.

· Barton, John, and Muddiman, John, ed. *The Oxford Bible Commentary*, Oxford, 2001.

· Bauer, W., *A Greek-English Lexicon of the New Testament and Other Early Christian Literature*. re. and aug. by Gingrich, F. W. and Danker, F. W., 2nd ed. Chicago Press, 1979.

· Botterweck, G. J., and Ringgren, H., eds. tr. by Green, David. E., *Theological Dictionary of the Old Testament*, 15 vols. Eerdmans, 1974ff.

· Brown, colin, ed., *New International Dictionary of the New Testament Theology*, 4 vols. Zondervan, 1986.

· Brown, Francis, and Driver, S.R., and Briggs, C.A., *Hebrew and English Lexicon of the Old Testament*, Oxford, 1951.

· Bruce, F. F., gen ed. *The New International Commentary on the New Testament*, 18 vols. Eerdmans, 1974.

· Buttrick, George A., ed. *The Interpreter's Bible*, 12 vols. Abingdon Press, 1957.

· Buttrick, George A., ed. *The Interpreter's Dictionary of the Bible*, 5vols. Abingdon Press, 1962.

· Calvin, John, *Calvin' New Testament commentaries*, 12 vols. Eerdmans, 1972.

· Calvin, John, *Calvin' Old Testament commentaries*, 30 vols. Eerdmans, 1948.

· Cowley, A. E., *Gesenius' Hebrew Grammar*, Oxford, 1990.

· Davidson, Benjamin, *The Analytical Hebrew and Chaldee Lexicon*, Zondervan, 1970.

· Driver, Samuel R., and Plummer, Alfred and Briggs, Charles A., *The International Critical Commentary on the Holy Scriptures of Old and New Testament*, 40 vols. T&T Clark, 1980.

· Friedman, Richard Elliott, *Commentary on the Torah*, Harper, 2001.

· Hendriksen, W., *New Testament Commentary*, 15 vols. Bannerof Truth

Trust, 1973.

· Harris, R. Laird, ed. *Theological Wordbook of the Old Testament*, 2 vols. Moody Press, 1980.

· Harrison, R. K., gen ed. *The New International Commentary on the Old Testament*, 22 vols. Eerdmans, (reprint) 1991.

· Hubbard, David, and Baker, Glenn, and Metzger Bruce, *Word Biblical Commentary*, 52 vols. Thomas Nelson, 1987.

· Jenni, Ernst, and Westermann, Claus, *Theological Lexicon of the Old Testament*, tr. by Biddle, Mark E., 3 vols. Hendrikson, 1997.

· Kaiser Jr., Walter C., and Davids, Peter H., and Bruce, F. F., and Brauch, Manfred T., *Hard Sayings of the Bible*, Inter Varsity, Eerdmans, 1996.

· Keil, C. F., and F. Delitzch, *Commentary on the Old Testament*, 10 vols. Eerdmans, 1968.

· Kittel, G., and Friedrich, G., eds. tr. by Bromiley Geoffrey W., *Theological Dictionary of the New Testament*,10 vols. Eerdmans, 1964ff.

· Koehler, Ludwig, and Baumgartner, Walter, *Hebrew and AramaicLexicon of the Old Testament*, tr. by Richardson, M. E. J., 4 vols. E. J. Brill, 1994.

· Lenski, R. C. H., *The Interpretation of the New Testament*, 12 vols. Augsburg, 1943.

· Lust, J., and Eynlkel, E., and Hausepie, K., *A Greek-English Lexicon of the Septuaginta*, 2 vols. Deutsche Bibelgeselschaft, 1992.

· Manton, Thomas, *The Complete Works of Thomas Manton*, 22 vols. Maranatha, 1970.

· Morris, Leon, ed. *Tyndale New Testament Commentaries*, 20 vols. Inter Varsity, Eerdmans, 1961.

· Moulton, Harold K., ed. *The Analytical Greek Lexicon Revised*, Zondervan, 1978.

· Moulton, J. H., *A Grammar of New Testament*, 4 vols. T&T Clark, 1963.

· Owens, John Joseph, *Analytical Key to the Old Testament*, 4 vols. Baker, 1990.

· Renn, Stephen D., ed. *Expository Dictionary of Bible Words*, Hendrikson, 2005.

· Robertson, A. T., *A Grammar of the Greek New Testament in the light of historical research*, Broadman Press, 1934.

· Rogers III, Cleon L., and Rogers Jr, Cleon L., *The New Linguistic and Exegetical Key to the Greek New Testament*, Zondervan, 1998.

· Sara, Nahum M., ed. *The JPS Torah commentary*, 3 vols. The Jewish Publication Society, 1989.

Smith, J. B., *Geerk-English Concordance to the New Testament*, Herald Press, 1955.

· VanGemeren, Willam A., ed. *New International Dictionary of the Old Testament Theology & Exegesis.* 5 vols. Zondervan, 1997.

· Wallace, Daniel B., *Greek Grammar Beyond The Basics*, Zondervan, 1997.

· Wevers, John William, *Notes on the Greek text of Genesis*, Scholars, 1993.

· Wevers, John William, *Notes on the Greek text of Exodus*, Scholars, 1992.

· Wevers, John William, *Notes on the Greek text of Leviticus*, Scholars, 1997.

· Wevers, John William, *Notes on the Greek text of Numbers*, Scholars, 1982.

· Wevers, John William, *Notes on the Greek text of Deuteronomy*, Scholars, 1978.

· Wiersbe, Warren W., *The Bible Expository Commentary*, 2 vols. Victor Books, 1989.

· Wiersbe, Warren W., Wiersbe's, *Expository Outlines on the Old Testament*, Victor Books, 1993.

· Wiseman, D. J., ed. *Tyndale old Testament Commentaries*, 18 vols. Inter Varsity, Eerdmans, 1967.

· BKC(The Bible Knowledge Commentary), 전30권, 도서출판 두란노, 1987.

· Gaebelein, Frank E., The Expositors Bible Commentary, 엑스포지터스 번역위원회 역, 전 6권(서울: 기독지혜사, 1982).

· 제자원 편집, 「옥스퍼드 원어성경대전」, 전130권(서울: 제자원, 2006).

· 한글학회 엮음, 「우리말 큰 사전」(서울: 어문각, 1992).

3. 번역 서적

· Adams, Jay E., 「기독교 상담 신학」(A Theology of Christian Counseling), 유근상/원준자 공역(크리스챤, 2002).

· Roger T.Beckwith, 「성경에 나타난 제사법 연구」(Sacrifice in the Bible), 김병길 역(도서출판 그리심, 1998).

· Benware, Paul N., 「모든 이를 위한 구약성경 개론」(Survey of the Old Testament), 곽철호 역(요단출판사, 1995).

· Benware, Paul N., 「모든 이를 위한 구약성경 개론」(Survey of the New Testament), 곽철호 역(요단출판사, 1995).

· Brooks, James A., Winbery, Carlton L., 「신약성경 헬라어 구문론」(Syntax of New Testament Greek), 하문호 역(성광문화사, 1993).

· Chisholm Jr. Robert B., 『구약원어성경 주석에서 강해까지』(From exegesis to exposition: a practical guide to using Biblical Hebrew), 류근상 역(크리스찬출판사, 2003).

· Carson, D. A., 『성경해석의 오류』(Exegetical fallacies, second edition), 박대영 역(성서유니온선교회, 2002).

· Davidson, A. B., 『데이빗슨 히브리어 문법 제 26판』(An introductory Hebrew grammar: with progressive exercises in reading, writing and pointing), 이영근 역(크리스찬다이제스트, 1996).

· De Hann, M. R., 『예수의 피』(The chemistry of the blood), 문홍일 역(두란노서원, 1996).

· Dickason, C. F., 『천사: 사탄과 귀신론』(Angles, Elect and Evil), 김달생 역(성광문화사, 1981).

· Fuller, Daniel P., 『성경의 일관성』(The unity of the Bible), 박경범 역(은성, 1994).

· Geisler, Norman L., 『구약성경개론』(A popular survey of the Old Testament), 윤영탁 역(도서출판 엠마오, 1988).

· Goldsworthy, Groeme, 『성경을 어떻게 설교할 것인가?: 강해설교의 성경신학적 적용』(Preaching the Whole Bible as Christian Scripture), 김재영 역(한국성서유니온 선교회, 2003).

· Hendricksen, William, 『내세론』(The Bible on the life hereafter), 오성종 역(새순출판사, 1992).

· Jukes, Andrew, 『성경의 제사법』(The law of the offerings), 김영배 역(생명의 말씀사, 1984).

· Kaiser, Walter C., 『현대설교에서 천대받는 구약 성경』(The Old Testament in contemporary preaching), 김영철 역(여수룬, 1994).

· Kaiser, Walter C., 『새롭게 본 구약』(Toward Rediscovering the Old Testament), 김의원 역(도서출판 엠마오, 1989).

· Kaiser Jr., Walter C., 『새로운 주경 신학 연구: 구문론적 분석』(Toward and Exegetical Theology), 김의원 역(도서출판 엠마오, 1990).

· Kistemaker, Simon, 『예수님의 비유』(The Parables of Jesus), 김근수/최갑종 공역(기독교문서 선교회, 1994).

· Ladd, George E., 『신약과 비평』(The New Testament and Criticism), 원광연 역(크리스찬다이제스트, 1997).

· Lloyd-Jones, D.M., 『성령세례』(Joy Unspeakable), 정원태 역(기독교문서선교회, 1990).

· Lloyd-Jones, D.M., 『성령론』, 홍정식 역편(새순출판사, 1993).

· Lutzer, Erwin W., 『분별: 성경이 NO!라고 말하는 것들』(Who are you to judge?), 조계광 역(생명의말씀사, 2004).

· Lloyd-Jones, D.M., 『목사와 설교』(Preaching & Preachers), 서문강 역(기독교문서선교회, 1994).

· MacArthur Jr., John, 『강해 설교의 재발견』(Rediscovering Expository

Preaching), 김동완 역(생명의 말씀사, 1995).

· Metzger, Bruce M., 『사본학』(The Text of the New Testament: its transmission, corruption, and restoration), 강유중/장국원 공역(기독교문서선교회, 1979).

· Morris, Leon, 『속죄의 의미와 중요성』(The Atonement), 홍용표 역(생명의말씀사, 1990).

· Murray, Andrew, 『계약신앙』(The Two Covenants), 이성강 역(기독교 문서선교회, 1993).

· Ramm, Bernard, 『성경해석학』(Protestant Biblical Interpretation), 정득실 역(생명의말씀사, 2000).

· Robertson, O. Palmer, 『계약신학과 그리스도』(The Christ of the Covenants), 김의원 역(기독교문서선교회, 1995).

· schultz, Samuel, 『구약총론』(The Old Testament speaks), 송인규 역(생명의말씀사, 1999).

· Sherman, Dean, 『모든 그리스도인을 위한 영적전쟁』(Spiritual Warfare), 이상신 역(예수전도단, 1994).

· Silva, Moises, 『성경어휘와 그 의미: 어휘의미론 서론』(Bible words and their meaning), 김정우/차정규 역(성광문화사, 1992).

· Silva, Moises, 『교회는 성경을 오석해 왔는가?』(Has the church misread the Bible?), 심상법 역(솔로몬, 2002).

· Stott, John R. W., 「오늘날의 성령의 사역: 세례 · 충만 · 열매 · 은사」(Baptism and Fullness : the work of the holy spirit today), 조병수 역(한국기독교교육연구원, 1983).

· Stuart, Douglas, Fee Gordon D., 「성경해석 방법론」(Old and New Testament Exegesis), 김의원 역(기독교문서선교회, 1994).

· Tenny, Merrill C., 「신약개설」(New Testament survey), 김근수 역(기독교문서선교회, 1994).

· Torrey, R. A., 「성령의 사역」(The Person & work of the Holy Spirit), 이성강 역(기독교문서선교회, 1992).

· Tozer, A. W., 「세상과 충돌하라: 세상과 동행할 것인가, 성령님과 동행할 것인가」(Tozer speaks to students), 이용복 역(규장, 2005).

· Weber, Robert E., 「예배학」(Worship - old and new), 김지찬 역(생명의말씀사, 1999).

· Willard, Dallas, 「영성훈련: 삶을 변화시키시는 하나님의 방법에 대한 이해」(The Spirit of the Disciplines: understanding how God changes lives), 엄성옥 역(은성, 1993).

· W. E. Vine's, 「신구약 원어해설 연구」 전14권(Expository Dictionary of New Testament Word), 번역위원회(서울: 벧엘성서간행사, 1986).

· Wuest, Kenneth S., 「신약성경의 황금덩어리 약속들」(Wuests word studies from the Greek New Testament), 번역위원회 역(요단, 1993).

· Wuest, Kenneth S., 「삶의 위대한 진리들」(Wuests word studies from the

Greek New Testament), 번역위원회 역(요단, 1993).

· 토마스 로빈슨, 「위대한 바이블 연대기」, 엄재호 역(안국문화, 1998).

4. 국내서적

강병도, 「QA 시스템 성경연구시리즈」, 전15권(기독지혜사, 1986).

고재봉/이환익, 「성경해석자를 위한 신약 헬라어 구문론」(침례신학대학출판부, 1996).

김호식, 「성서론」(도서출판 갈릴리, 2002).

박수암, 「신약연구개론」(장로회신학대학출판부, 1998).

박수암, 「신약주석 마태복음」(대한기독교서회, 2004).

박수암, 「신약주석 히브리서」(대한기독교출판사, 1994).

박수암, 「신약주석 요한계시록」(대한기독교출판사, 1995).

박종기, 「산상설교: 그때와 지금」(한국장로교출판사, 2008).

박창건, 「신약성서 주석방법론」(목양서원 아카데미아, 1991).

선한용, 「시간과 영원」(성광문화사, 1994).

안유섭, 『원어로 여는 성경』(도서출판 프리셉트, 2002).

왕대일, 『새로운 구약주석(이론과 실제)』(성서연구사, 1996).

왕대일, 『신앙공동체를 위한 구약성서이해』(성서연구사, 1995).

이동원, 『청중을 깨우는 강해설교』(요단출판사, 1994).

이병렬, 『유다적 배경에서 구약다시보기』(페트라, 1999).

이병렬, 『내 백성 이스라엘』(페트라, 1988).

이정우, 『헬라어문법(중급)』(도서출판 영문, 1996).

이형원, 『구약성서비평학입문』(침례신학대학출판부, 1995).

최갑종, 『1세기 문맥에서 본 주기도문연구: 기원, 본문, 그리고 해석』(성광문화사, 1985).

한종수, 『개역성경과 헬라어 표준원문 비교연구』(기독교문서선교회, 1997).